欲周览经世之大法，必自杜佑《通典》始矣。

——曾国藩《圣哲画像记》（1895）

国家社科基金『冷门』绝学专项

『《通典》边疆史地文献的史料来源及疏误集证』

（2018VJX103）阶段性成果

礼制与边疆

《通典》与中国制度传统

顾涛 主编

凤凰出版社

图书在版编目（ＣＩＰ）数据

礼制与边疆 ：《通典》与中国制度传统 / 顾涛主编
. -- 南京 ：凤凰出版社，2024.4
ISBN 978-7-5506-4180-8

Ⅰ. ①礼… Ⅱ. ①顾… Ⅲ. ①典章制度－中国－唐代
②《通典》 Ⅳ. ①D691.5

中国国家版本馆CIP数据核字(2024)第066019号

书　　　名	礼制与边疆——《通典》与中国制度传统
主　　　编	顾　涛
责 任 编 辑	郭馨馨
装 帧 设 计	陈贵子
责 任 监 制	程明娇
出 版 发 行	凤凰出版社(原江苏古籍出版社)
	发行部电话025-83223462
出版社地址	江苏省南京市中央路165号,邮编:210009
照　　　排	南京凯建文化发展有限公司
印　　　刷	南京新洲印刷有限公司
	江苏省南京市六合区雨花路2号,邮编:211500
开　　　本	652毫米×960毫米　1/16
印　　　张	26.5
字　　　数	368千字
版　　　次	2024年4月第1版
印　　　次	2024年4月第1次印刷
标 准 书 号	ISBN 978-7-5506-4180-8
定　　　价	98.00元
	(本书凡印装错误可向承印厂调换,电话:025-57500228)

目 录

序 篇

政制书写与《通典》模式

《礼典》与汉唐礼制

《通典》与汉唐边疆

序 篇

略谈《通典》的意义

张国刚

　　唐代著名典志史著作、杜佑(735—812)撰著的《通典》,是中古史学者案头的必备书。杜佑出身于城南杜氏家族,先祖杜预《春秋左氏传注》,是现存最早的《左传》的权威注疏。杜预还是一位军事统帅,西晋平吴的统一战争中,杜预被晋武帝任命为西路军统帅。唐诗《西塞山怀古》"王濬楼船下益州,金陵王气黯然收"中的王濬直取金陵,他就是杜预的部下。

　　杜佑以门荫入仕(父亲杜希望曾任主管外事工作的鸿胪卿,从三品)。门荫入仕在唐代曾经出了很多人才,比如杜佑之前的开元名臣姚崇①,杜佑之后的会昌权相李德裕。杜佑并不是一个书呆子,他在地方上任职多年,以处理兵刑钱谷之类事务见长。与先祖杜预是学问家和政治家一样,杜佑也具有学者兼能臣的品质。在德宗朝,他历任节度使、三司使、同平章事(宰相)等重职。《西塞山怀古》的作者刘禹锡曾参与永贞革新,与杜佑交往甚多。杜佑还被王叔文等作为与宦官集团斗争的盟友(杜佑挂名掌管财政的三司使,王叔文为副使掌实权)。但是,杜佑最具有历史意义的贡献是具有开创意义的史学名著《通典》。

一、 为什么会有《通典》

　　中国史学自《尚书》《春秋》以及《史记》《汉书》以来,素有经世致用的传

---

　　① 姚崇是挽郎入仕,也属于门荫的一种变途。

统。而唐宋经世史学中,《通典》《通鉴》最具代表性。

可是,《资治通鉴》有一个很大的缺陷,宋元之际的学者马端临在肯定《资治通鉴》贯通古今的同时,又指出了其缺失:"然公之书详于理乱兴衰,而略于典章经制,非公之智有所不逮也,编简浩如烟埃,著述自有体要,其势不能以两得也。"①尽管马端临体察司马温公的难处,但是他依然认为,历朝兴亡的原因未必相似,但对典志的因革损益,却必须融会贯通,原始要终。总之,治国理政需要《通典》这样的书。此其意义一。

三代文明,孔子最推崇周礼。周制尚德礼(导之以德,齐之以礼),秦制尚政刑(导之以政,齐之以刑),其折中形态就是汉朝的"霸王道杂之",以及之前的过渡时期高祖至文景时期的"黄老之术"。因此,西汉之前的历史,可以看成是周制与秦制的轮替、较量与折冲的过程,至汉武帝名为"独尊儒术",实则悉延百家之学,儒表法里、德主刑辅、礼法合治的治理结构,于是定型。

此后,迄于唐宋,则是在佛教入华的助推下,儒家思想走向礼制化、理学化,尤其是从"礼经"向"五礼"(依《通典》是吉、嘉、军、宾、凶)框架转变中的礼制化。五礼制度自汉朝唱始,西晋定制,南朝萧梁成型,唐《开元礼》集大成,从而为杜佑《通典》的《礼典》(前六十五卷沿革,后三十五卷撮要开元礼)提供了编纂基础。汉唐间历史的分分合合,也需要一部"通典"勾连起大一统国家的历史联系。此其意义二。

《通典》意义的第三个方面,与典志书本身发展历程有关。《通典》的基础来自刘秩的《政典》,影响《政典》的则是开元二十五年(737)成书的《唐六典》。

《唐六典》不仅对唐代制度详尽地分类记录,而且很重视所列职官制度的古今源流。每一职官从机构到名称,都用附注小字的方式,追溯黄帝以来的发展渊源。虽立足当下,却力求一个"通"字。我推测,正是《唐六典》这种编纂方式影响了刘秩编纂《政典》,从而进一步影响到《通典》的编纂;而《通

---

① [元]马端临:《文献通考·自序》,北京:中华书局,2011年,第1册,第1页。

典》则直接启发了郑樵《通志》和马端临《文献通考》等典志体历史著作。

如果再进一步追溯的话，唐朝初年史学求"通"的风气已经展开。唐太宗时期《晋书》的"志"和《隋书》的"志"（完稿在唐高宗初年），都是贯通数朝的典制史作品，而且互相对接，叙述了东汉至唐以前的典制沿革。

总之，时代的需要、制度史的发展以及史学著作本身的发展，为《通典》这一划时代的典章制度著作的出现提供了基础。

二、《通典》的贡献

200 卷篇幅的《通典》，《礼典》100 卷；中华书局《通典》标点本 5500 多页，《礼典》超过 2600 页，约占一半体量。这都显示出"礼仪"在国家政治生活中的意义得到高度重视，是唐宋社会以"礼"入"法"进程的重大表现；也是时人解决和协调对《礼记》经、传认识之矛盾的重大成就。司马光《资治通鉴》卷一开门见山的评论就是强调"礼"对于国家秩序的意义，正是这种时代氛围的反映。《四库提要》"大唐开元礼"（150 卷）条说：杜佑《通典》虽然比"两唐书"礼志详赡，但"其讨论古今，斟酌损益，首末完具，粲然勒一代典制者，终不及原书之赅洽"。肯定还是《开元礼》原原本本的记录要更好。

就礼制而论，郑樵《通志·二十略》的《礼略》仅 4 卷，简陋过盛，而且几乎抄自《通典》。《文献通考》有《王礼考》22 卷，另有《郊社考》《宗庙考》，整个礼的体系已经不是"五礼"制度。这说明《通典·礼典》一百卷，确实成了"三通""十通"谱系中的绝响。后来者没有人像杜佑那样，对于"礼典"抱有如此的兴趣。

但是，《通典》的创新工作，却不在《礼典》。

历来论及史部类例源流，都说典志体如《通典》是由纪传体"志"（《史记》是"书"）发展而来、是"志"的专书化。二十四史中的"选举志""兵志"为《新唐书》所首创，但是，《新唐书》的这两种志都来自《通典》，是杜佑的首创。在这里，我们看到的是政书《通典》影响了二十四史"志"的编纂，而不是相反。其他七"典"，都是杜佑秉承了前人的体例而加以贯通改造。《通典·兵典》疏于具体制度（主要引李靖《兵法》），《新唐书·兵志》也有这个毛病。《通典·选举典》于贡士源流以及唐人的举（科举）、选（铨选）制度记载颇详，这在《新唐书·选举志》中也有表现。

《通典》的资料穷搜载籍，自不待言。但是，杜佑也力求补充新知，比如《经行记》。杜佑族侄杜环怛逻斯之役（751）被俘后在西亚、北非生活了十余年，762 年搭乘商船回国，写下了《经行记》。这一年 27 岁的杜佑在淮南幕府任职，距离他完成《通典》上呈（801）有将近 40 年，应该属于搜集资料时期。

杜佑同时代还有三个人与西亚知识有关。贞元元年（785）出使黑衣大食的宦官杨良瑶（736—806），因为其墓志前几年发现而为人所知。[①] 与唐朝同朝为官、《皇华四达记》的撰者宰相贾耽（730—805）。另一个就是上面说的《经行记》作者杜环（约生于 730 年）。杨良瑶比杜佑年轻一岁，比贾耽晚死一年，他们三人都活到了 70 多岁。假如 751 年杜环被俘时的年龄在 20 岁左右，即成丁之际，那么，他应该出生在 730 年前后，与族叔杜佑以及德宗朝重臣贾耽、杨良瑶属于同一代人。换言之，贾耽、杨良瑶通过同僚杜佑分享杜环的海外经验，可能性非常之大。

《经行记》被收入《通典》卷一九二、卷一九三《边防典》中。杜佑曾在西亚蕃客云集的广州担任岭南节度使，德宗贞元年间（785—804）曾任宰相之职。杜环的游历、杨良瑶的出使（影响贾耽完全可能）以及他们的见闻成为杜佑认识西亚地区的资料来源。

杜佑编纂《通典》的目的是"将施有政"（《进通典表》）。他认为六经中的"父子君臣之要道"等固然重要，但是"率多记言，罕存法制"。他要致力于将礼乐刑政等"法制"文献加以疏通编纂，"上自黄帝，至于我唐天宝之末，每事以类相从，举其始终，历代沿革废置及当时群士议论得失，靡不条载，附之于事。"把各项制度的古今演变及有关利弊得失的议论，汇编于一书，弥补

---

① 参见拙著《文明的边疆》第二篇《诸神入华》"中古丝路上的西游记"，北京：中信出版社，2020 年。

前人缺少贯通性"法制"史著作的空白,以"往昔是非,可为来今龟镜"。

《通典》的内容安排,依次是《食货》《选举》《职官》《礼》《乐》《兵》《刑法》《州郡》《边防》九个门类。把"食货"(经济问题)排在头等位置的史书,秉承了《尚书·洪范》"八政"把"食""货"置于前列的传统。

总之,新内容、新知识、新体例,就是杜佑《通典》的主要贡献。

三、 比较的视野:礼典与法典

杜佑生活的时代是 8 世纪后半叶到 9 世纪早期。此时,欧洲的政治拼图正在形成过程之中;东邻日本与韩国刚刚从唐朝学会如何拼写本民族文字。东亚姑且不论,我们看欧洲。

在西欧,杜佑比号称欧洲之父的查理曼大帝(742—814)年长几岁,二人属于同时代人。查理曼活了 72 岁,杜佑活了 77 岁,都属于古稀人物。查理曼(红桃 K)死后,他的子孙瓜分了帝国,842 年的《凡尔登条约》,帝国被分裂为西法兰克、东法兰克和中法兰克三个王国,它们是今日欧盟三个主要经济体法兰西、德意志和意大利的雏形。

在东欧,杜佑死后半个世纪,北欧来的"瓦良格"人留里克(Ryurik, Grand Duke Novgorod,862—879 在位)才开始建立基辅罗斯。

真正与中国有可比性的西方国家,是拜占庭帝国(Byzantine Empire),即东罗马帝国,就是前举杜环《经行记》中的拂菻国,又叫大秦。

杜环《经行记》对拜占庭帝国的记载有近两百字,内容比较具体:"拂菻国在苫国(叙利亚)西,隔山数千里,亦曰大秦。其人颜色红白,男子悉着素衣,妇人皆服珠锦。好饮酒,尚干饼,多淫巧,善织络。或有俘在诸国,守死不改乡风。琉璃妙者,天下莫比。王城方八十里,四面境土各数千里。胜兵约有百万,常与大食相御。西枕西海,南枕南海,北接可萨、突厥。"[1]

与唐太宗同时代的拜占庭皇帝希拉克略(610—641 在位),是拜占庭帝

---

① 　[唐]杜佑《通典》卷一九三《边防典九·大秦》,北京:中华书局,2016 年,第 5252 页。

国历史上最有名的皇帝之一,略次于查士丁尼一世(527—565 在位)。希拉
克略倒霉的是,他虽然打败了萨珊波斯人的进攻,却因为两败俱伤,为阿拉
伯人的崛起提供了机会。经过百年奋斗,阿拉伯人建立了倭马亚王朝,中
国史书上称之为白衣大食(661—750)。750 年白衣大食为阿巴斯王朝
(750—1258)即黑衣大食所灭,杜环《经行记》叫"亚俱罗(库法)"。杜环已
经注意到了阿拉伯人扩张兼并:"今吞灭四五十国,皆为所役属,多分其兵
镇守,其境尽于西海焉。"①8 世纪后半叶开始,黑衣大食处于巅峰时期,加
上拜占庭帝国因为破坏圣像运动带来的内部纷争与皇权不稳,东罗马帝国
陷入低谷。只是在 9 世纪,黑衣大食内乱,而拜占庭帝国则因马其顿王朝
(867 建立)的崛起而开始了一个新的兴盛时期。杜佑生活时代的东罗马帝
国,正是从低谷走向繁盛的过渡阶段。

　　拜占庭帝国对于欧洲最重要的遗产之一是编纂了罗马法。查士丁尼
一世在 6 世纪开其端。东罗马法律教学以《查士丁尼法学阶梯》为基础。
740 年(杜佑 5 岁的时候),《民法大全》出版了简要本,而且去掉以往切割肢
体之类的酷刑。9 世纪末又编纂了一部 60 卷的修订版的帝国法典。② 这
个时期与杜佑生活并编纂《通典》的年代相距并不远。也就是说,在唐朝人
热衷编纂礼典的时候,罗马人在编纂法典。

　　罗马法典与唐朝的礼典是两种不同的文明体系。他们之间有什么区
别呢? 我想重点是两个方面。首先是"礼"与"法"的区别。礼是行为规范,
法也是行为规范。但是,后者侧重权利和义务,物权法是其重要核心;前者
侧重秩序与尊严,尊卑有序是其要旨。其次是"制"与"治"的区别。制者,
典章制度,所谓盛世修典,灿然完备,属于文化盛事;治者,治理规则,涉及
政治与经济利益的规范。我们今天将"法制社会"改成"法治社会",就是一
种进步。

　　随着历史的推移,东罗马帝国的统治核心区逐渐远离西欧,今日的土

---

　　① 〔唐〕杜佑:《通典》卷一九三《边防典九·大食》,第 5264—5265 页。
　　② 〔英〕朱迪斯·赫林:《拜占庭:一个中世纪帝国的传奇历史》,李潇阳译,上海:上海社
会科学出版社,2020 年,第 96—97 页。

耳其、巴尔干半岛、西亚地区,是其主要统治区域。东罗马帝国的制度与文化也与西欧渐行渐远。10世纪中叶(北宋初)东罗马编纂了一本叫作《典仪论》的大书,是拜占庭皇帝——"生于紫室者"①君士坦丁七世(913—920、945—959在位)时期编纂的,该书序言很可能也出自这位皇帝之手。

《典仪论》的内容涉及的是礼仪规范,特别是在君士坦丁堡城内举行的很多宗教游行时的规定。参加者除了皇帝以外,还有数十乃至数百名世俗和宗教领袖,甚至官员们的家人。《典仪论》详细规定了皇帝路经的地点,列举了不同节日的不同着装要求,臣民们不同的欢呼词(有的口号需要用已经消失数百年的拉丁语),以及仪式后宴会上餐桌的摆放位置,等等。可谓繁文缛节。

君士坦丁七世很重视这些细节,在《典仪论》的前言中,皇帝明确说,拜占庭帝国丢弃了罗马帝国的仪式传统,结果使国家"毫无美感",而他的目标就是重拾传统,让仪式成为"平整干净的镜子,映照出帝国的荣光",并让皇帝"以秩序和尊严来驾驭权力"。你看,"秩序与尊严",就是礼仪活动要达到的目的。②

我们发现,随着东罗马帝国的"东方化",典礼越来越成为政治生活中的重要准则。"生于紫室者"君士坦丁七世就是其父母(利奥六世与佐伊皇后)为了证明其高贵血统而创立的称谓。紫色需要用名贵的石材制作,仅能从埃及进口,历来是宫廷专用色彩。这种用某种颜色或者质料象征某种垄断性身份的礼仪,也愈益"东方化"。

在《典仪论》大行其道的公元10世纪,拜占庭安娜公主嫁给了莫斯科大公、大名鼎鼎的弗拉基米尔大公(1176—1212)。他的祖母圣奥尔加(Saint Olga,约890—969)是第一个皈依了东正教的基督徒,除了祖母的影响外,弗拉基米尔大公选择东正教作为斯拉夫人的国教,就是看中了拜占

---

① "生于紫室者":意思是正统皇嗣。紫室,是皇后所居之处,以房间涂上珍贵的紫色而得名。

② 〔英〕克里斯·威克姆:《罗马帝国的遗产》,余乐译,北京:中信出版社,2019年,第403—495页。

庭帝国庄严隆重的典礼仪式。蒙古人的金帐汗国征服斯拉夫人之后,蒙古人血统和遗产也主要由以俄罗斯人为主体的莫斯科大公国继承。

1453 年,东罗马帝国被奥斯曼人消灭,拜占庭君士坦丁十一世的侄女佐伊逃到罗马,改名索菲亚公主(1449—1503),于 1469 年被教皇保罗二世做媒,嫁给了莫斯科大公伊凡三世(1440—1505)。东正教的教廷中心也从君士坦丁堡转移到了莫斯科,所以莫斯科号称第三罗马(君士坦丁堡号称第二罗马)。俄罗斯人不仅都喜欢取弗拉基米尔这个名字(如列宁、普京),而且俄罗斯国徽上也继承了拜占庭帝国的双头鹰形象。为什么俄罗斯人看起来像西方,其实总是带着东方的行事方式? 是不是因为规范权力的罗马法典,逐渐让位于定尊卑秩序的礼典呢?

如果说,以上所言只是历史的观察的话,属于事实判断的范畴。那么,从价值层面而言,有两点思考:第一,"礼治"与"法治"是东西方治理侧重点的差异,各有特定的历史贡献与价值。采用礼治或采用法治,是各自历史发展过程中,权力博弈、治理结构和社会发展的必然选择,各有其历史意义。第二,东方文明在走向现代化过程中,势必要从礼治走向法治。但是,东方国家比如中国的现代化,理应会将礼治传统融化在法治实践中。而这也许是"中国式现代化"的内容之一。

【2022 年 11 月 3 日,2023 年 5 月修改】

【作者单位:清华大学历史系】

利用《通典》进行制度史研究有广阔空间

吴丽娱

感谢顾涛老师的邀请,有幸能来参加会议,并在这里发言。本次"《通典》与中国制度史研讨会"的召开,无疑有着十分重要的意义,在这方面,我与顾老师的看法一致。这里我想就会议议题谈三点看法:

一、 传世史书与制度史研究的关联和意义

改革开放以来,古代史包括中古史研究取得进步和成就,与新史料的发现和运用有着直接的关系,以致目前学界的眼光常常更多地聚焦于简帛、文书和墓志等,课题的选择也往往因新史料产生。这一方面当然使学术取得了开拓和进展,但另一方面,过分依赖和重视新史料加上急功近利的心态,也产生了一些负面影响。即对核心的、特别关系制度史的史籍,重视程度减少,包括《通典》《开元礼》《唐六典》等,目前用到往往只是检索,贯通性阅读、钻研减少,意味着本来应具备的基本功被忽略了。其结果是基础性的制度史研究少人问津,成了薄弱环节,甚至很少人开课。这限制了研究的领域和思维,阻止了学术向更深和更广度发展,长此以往,必然会导致某些研究领域的衰落和断层。虽然有些史书确已千百遍地为人们深耕和利用,但还有许多问题等着我们重新认识和发掘。多年以前,有感于同行研究敦煌吐鲁番文书硕果累累,我曾说过要是把同样精力放在《全唐文》上(当然这是指广义的《全唐文》,《通典》自然在内),也许会取得更大成就的话,只是在当时并没有引起共鸣。我想主要是由于这样做需要长期的积

累,下更大的工夫,相比文书出成果要难和慢许多吧! 所以我们现在开这个会,或许代表着一种传统研究方式和理念的回归,提醒我们要对如《通典》这样一些有代表性、开创性的传世史书和相关制度史研究引起重视,以便能够打下更深厚、坚实的基础,从整体上拓宽我们的研究路径和视野。

这里既提到制度史,还要说到我的导师王永兴先生,王先生是讲制度史最多的老师。我在读研究生的时候,王先生讲唐史,连带各种制度:官制、经济、法律、地理。讲制度同时结合唐代史书:两《唐书》和《唐六典》、《资治通鉴》与《通典》等,另外也结合敦煌吐鲁番文书。他说做文书研究出发点是唐史,不能只做文书,两者的结合很重要。所以我虽然从新史料——包括敦煌吐鲁番文书和天一阁明本《天圣令》以及新发现墓志中受益匪浅,但在做相关课题时,并没有放弃对传世史料的发掘和运用,个人的研究也一直是"两边抱"的。尤其是制度史,我觉得始终是研究唐史的骨架和纲梁。比如政治史很重要,但只有结合制度史,才能理解其深层次的底蕴。例如对武则天与唐高宗的关系以及她的干政,有很多不同看法,但如能结合她对礼法(《显庆礼》和龙朔格)制作的参与和主持,就会得出不容置疑的结论。所以制度性的内容非常关键,对制度类的史书要反复阅读,越熟悉越好,也要更多更广泛地加以研究,在这方面有所创获。

二、 关于杜佑和《通典》

具体到《通典》,这部当今所存最早的典章制度通史、专书,《旧唐书·杜佑传》有"其礼乐刑政之源,千载如指诸掌"的评价。虽然它记载的内容上千年,被使用、研究也是上千年,但仍需要有新的突破和贡献。而研究《通典》和相关制度史,我认为仍然有两个方面不可或缺,其中之一就是对杜佑本人的认识与对《通典》本身的阅读和思考。需要站在唐朝经学、唐朝学术的角度,对杜佑制作《通典》的内容方式及特色,杜佑写作《通典》的思路、观点和用意进行反思,也要与所在时代和杜佑的生平结合。从本次会议的目录来看,有一些讨论已向这个方向发力。《通典》起始的大历初

(766)是唐国家社会走向安定的开始,到贞元十七年(800)上表献书,历三纪即 36 年。我们必须理解这个时代人们在动乱结束之后,迫切希望回归所谓开元盛世的心态和努力。王永兴先生在讲《通典》时,特别要我们注意李翰序所言经邦立事,师古随时和四库馆臣"凡历代沿革悉为记载,详而不繁,简而有要,元元本本,皆为有用之实学,非徒资记问者可比"的评价。王先生强调的是"有用之实学",而"实学"正是当时当代最实际、最切中时弊的追求。所以,杜佑是那个时代的仁人志士之一。不过,他与其时或善于呼啸奔走、或力图用文章道义警醒世人的一些人士不同,是试图用制度沿革的书写轨迹来恢复传统,提供借鉴。《通典》的八典,从《洪范》八政出发,都是围绕当时治政最为实用的典章制度,也即所谓实学。其中开元制度是《通典》树立的目标,与安史之乱后,特别是代宗、德宗时代恢复开元盛世的理想和主张是一致的。

这一点我想可以礼典为例。《通典》据说是在刘秩《政典》35 卷基础上增修的。其中《礼典》100 卷,包括沿革部分和《开元礼纂类》,恰当全书 200 卷之一半,《乐典》7 卷在外,在《通典》中占有最大分量。其中的绝大多数篇章无疑都是杜佑所增。可见杜佑的关注,以礼乐为重心。杜佑有"制礼以端其俗,立乐以和其心"的说法,但其本质是看重礼乐的实用意义,与欧阳修"三代而下,治出于二,礼乐为虚名"的看法相反。值得注意的,刘秩《政典》是开元时所创。而《通典》除了《纂类》集中《开元礼》的内容外,沿革中涉及唐代,也多有"具(或备)《开元礼》""如《开元礼》"的说明,可见唐代部分主要是围绕《开元礼》为基本内容。除《开元礼》之外,沿革中出现的唐代书名只有《大唐元陵仪注》。为何如此? 显然是因为《开元礼》因袭《显庆礼》而缺少了帝王凶礼国恤,用《元陵仪注》是对开元凶礼的补充,更何况此书面世时间在德宗即位初,与《开元礼》精神是一致的。另外在对《开元礼》校勘的过程中可以发现,《通典》在补充和解读《开元礼》的过程中还引用了《唐六典》,这充分说明杜佑自觉执行了朝廷回归开元制度的方针政策。

对于研究《通典》而言,人们常常会关注杜佑本人的一些评议和观点。但除此之外,了解杜佑如何记述、反映了哪些制度和问题很有必要,而在讨论具体制度时也一定会注意到所用书目和史料，这些则与杜佑个人的官职经历分不开。借助《旧唐书》本传和其他一些史料，我们知道杜佑从代宗初为润州刺史（后任浙西观察、淮南节度使）韦元甫幕僚始，一生任职的主要或大部分时间都在东南——淮南、浙西、岭南，建中初虽被征入朝，历工部、度支郎中，又与韩洄分判度支、盐铁，任"权勾当江淮水陆运使"。"时方军兴，馈运之务悉委于佑，迁户部侍郎判度支"。又从贞元五年任淮南节度使，直至贞元十九年入朝。所以杜佑不仅熟悉地方政务，更有主掌财赋的经历。这决定了《通典》中某些内容和材料的来源。例如《食货典·赋税下》唐天宝天下赋税计账、国用军用收支、诸郡土贡，以及《丁中》中的宇文融的刮户及开、天户口总数，这些资料并不在史书记载范围之内，而杜佑可以掌握，是由于其掌管财政的原因。

不仅如此，一些资料的来源或与杜佑身在江淮的人际关系有关。例如《选举典·杂议论下》仅引沈既济和赵匡的议论二篇。沈既济乃苏州吴县人，而赵匡为《春秋》学派的掌门人之一。有一点很重要，《春秋》学派啖助、赵匡、陆质兴起的活动区域正是在江淮。啖助曾任临海尉、丹阳主簿，卸任后还生活在那里。赵匡大历五年在宣歙陈少游幕下，曾至丹阳拜访啖助，后随使府迁浙东。陆质据说曾师事啖助十余年，大历中又在淮南陈少游幕下。那么杜佑是否与之有交往，而他与新《春秋》学派及后来的永贞集团关系值得考察，因为两者是有连带关系的，而这或者对《通典》的撰作不无影响（《礼典·禘袷下》即以贞元十一年陆质言为结束）。

另外，杜佑的思想是与唐代整体社会思潮密不可分的。在这方面《开元礼》修撰所体现的"改撰"《礼记》与"折中"唐礼精神是否对杜佑产生影响也值得探讨。杜佑关于制度的书写一般包括古典、中古沿革、唐代新制三个部分。所以李翰序以为《通典》之作，"必参古今之宜，穷终始之要，始可以度其古，终可以行于今"。这里涉及杜佑对古典今事的态度，意味其书体现了古"今"制度变化，也体现了经学古制与当代应用结合的意向。唐后期的《春秋》学派和永贞革新很重要的一个特点是举起"大中之道"的旗帜，所谓"中"不是简单地取中调和，而是包含贯通古今、承认变化和赞同革新的追求。那么杜佑在《通典》的撰作中对此有无接受和体现,其政治取向如何,也是应当深入的问题,这就涉及杜佑的思想和识见。在这些方面,我们也许可以更进一步进行探讨。

三、利用《通典》进行制度史研究

研究《通典》的第二个方面,自然是利用《通典》的史料进行制度史研究。在这方面,《通典》有其独特、不可替代的方式与贡献。李翰序说《通典》:"故采五经群史,上自黄帝,至于有唐天宝之末。每事以类相从,举其始终,历代沿革废置及当时群士论议得失,靡不条载。附之于事,如人支脉,散缀于体。"所以《通典》所采,既有经传群史,也有能够反映废置沿革的各种书籍议论,此外又有唐朝令格制敕、户籍账簿等,包罗万象,而且时间不限于天宝而是直到德宗贞元时代,后者是最独具一格的。能够充分利用《通典》史料进行研究的典型是李锦绣的《唐代财政史稿》。她用天宝收支大账结合敦煌吐鲁番文书复原了唐前期的支度国用,即财政预算的计划实施,另外贡赋等也是其书依据的资料。她关于《通典》的研究还有与余太山合著的《〈通典〉西域文献要注》。当然我们古代史研究所唐宋研究室以《天圣令》为基复原唐令,不少依据也是来自《通典》。

利用《通典》进行礼制研究最有广阔空间,无论是《纂类》还是沿革部分都是如此,这项研究目前正在开展。我曾通过《大唐元陵仪注》讨论了皇帝的丧礼国恤。另外沿革部分关于汉魏南北朝时期的礼制和所用资料最值得关注,这些资料反映的是学术史,《通典》由于重视沿革,所以是所有研究中古史的学者必读之物。我曾对《礼论》类著作的发展特色与经学变革关系做过讨论,就是受到《通典》所载《石渠礼议》和东晋南朝《礼论》类著作的启发。这些资料很多恐怕不一定取自长安的史馆秘阁,而有可能来自江淮当地,由此也证明江淮的人文荟萃和学术文化源流。而其所代表的学术思潮和思想倾向,以及礼制变革的名目内容等都有探讨的价值。

至于《开元礼纂类》的研究,则必须与《开元礼》结合,这也是明了《通典》与《开元礼》关系的一个途径。前不久，我们唐宋研究室开办了《大唐开元礼》的读书班。《开元礼》怎么读？我提出一个意见，就是读《开元礼》要从目录开始。目录可以使我们对《开元礼》的格局、内容对象有一个初步的印象，而且有些问题，也从不同版本目录和序例文字的校勘中产生了。其中的不同正出自《通典》的《开元礼纂类》对《开元礼》名目的改动（如皇帝视学与皇帝、皇太子视学，皇子束脩和皇太子束脩、皇帝遣使巡抚诸州和宣抚诸州）。总的来说，《开元礼纂类》很大程度上就相当于《开元礼》的一个版本，也是《开元礼》后来版本参照修改的依据，因此《通典》对于《开元礼》的校勘有很大意义，这在今天也是同样。但"纂类"不等于原书，两书在各个细部都有许多差别，目录之外的部分更是如此，很多改动与时代变化及杜佑本人的写作用意有关。所以前人校勘中有些照录《开元礼纂类》的地方还是有不少问题的。目前读书刚刚开始，有许多问题还待发现。以上只是在个人研究中涉及《通典》的一些想法，不成格局，仅供大家参考。

【作者单位：中国社会科学院古代史研究所】

内藤湖南进讲考

——为何以杜佑《通典》为主题

〔日〕福原启郎 撰　韩前伟、范云飞 译

序　言

昭和六年（1931）一月二十六日，内藤湖南（本名内藤虎次郎，1866—1934）亲临进讲①，主题是杜佑的《通典》（正式名称为"唐杜佑及其著书"）。

湖南一生经历少年、青年时期（1866—1887，小学教导主任）、新闻记者（评论员）时期（1887—1907，明治时代）、大学教师时期（1907—1927，大约是大正时代。如上所述，大约每 20 年可分为一个时期，共三时期）、隐居时期（1927—1934，昭和时代，晚年），进讲是在隐居时期，也就是他 66 岁的时候（昭和天皇当时 30 岁）。

那么，他为什么要以杜佑的《通典》为主题呢？由此可以看出当时湖南所关心的问题，该问题的解决对于思考隐居时期湖南的学术倾向也会有所帮助。

---

① 　在内藤湖南自己的文章中，也可见"进讲""御进讲"。"进讲"的表记，也有冠上表示谦虚的前缀（《新明解国语辞典》第四版，东京：三省堂，1989 年）"御"（吴音"go"）的"御进讲"，湖南自己使用"进讲"的地方（例如书信"上京是进讲前一天""昭和六年一月廿六日御进讲始汉书进讲案"中一"杜佑及其著书"的开头"现在此进讲"，三"结语""此为唐代政治家兼学者杜佑之论，进讲达天听"。但省略"御"而加"奉"），本文原则上使用"进讲"。

此外，有关湖南的研究在各方面、各领域数量众多，但不知为何，没有关于湖南进讲的专论。

在本论文中，将概述湖南进讲（第一章），《昭和六年一月廿六日御讲书始汉书进讲案》（第二章），分析《进讲案》之前湖南关于杜佑《通典》的论著（第三章），探讨其隐居时期与学术、时局相关的活动（第四章），在此基础上探寻杜佑《通典》成为进讲主题的理由（第五章）。

一、 内藤湖南的进讲

（一）讲书始与进讲

进讲是指在讲书始的仪式上给天皇等贵人讲课。讲书始的仪式与歌会始的仪式一样①，是传到皇室文化的一环，也是宫中活动之一。现在，每年1月，在皇居宫殿松间，人文科学、社会科学、自然科学三个领域的学问权威人士将向天皇、皇后进讲（每人约15分钟）。皇族也列席，日本学士院会员、日本艺术院会员、下次进讲者列席陪听。②

讲书始的仪式始于明治二年（1869）正月在京都御所进讲《日本书纪》《论语》的"讲释始"，明治五年（1872）开始称为"讲书始"，③是有关于国书、

---

① 与"纳"相对，带有"始"字的另一种宫中仪式是皇后御养蚕始仪和御养蚕纳仪。

② 湖南也在进讲一年前列席陪同。昭和五年（1930）2月9日写给林平造的书信中有一节写道："御讲书始仪无事相终，归庄致候。"《内藤湖南全集》卷一四《书简》。

③ 讲书起源于中国、日本的传统。"讲书"原本是对佛教、儒学中的经典、经书内容的讨论，"进讲"则是对皇帝（天皇）、皇太子、皇子等身份高的人讲授学问，两者相结合。曹魏时16岁的高贵乡公髦行幸太学，就《易经》《尚书》《礼记》的内容与各担当博士进行讨论。（"讲《易》""讲《尚书》""讲《礼记》"，《三国志·魏书·三少帝纪》高贵乡公髦甘露元年〈256〉四月丙辰。参见福原启郎：《西晋の武帝司马炎》，东京：白帝社，1995年，第108—109页。68岁的梁武帝行幸同泰寺，阐述《大般若涅盘经》《摩诃般若波罗蜜经》的意义。《梁书·武帝本纪下》中大通三年（531）十月己酉至乙卯、十一月乙未至十二月辛丑条。《南史·梁本纪》中作"说《涅槃经》""说《般若经》"。）

皇室自古以来就有讲授儒学经书的"御讲书"（天皇年幼时，有根据《御注孝经》的"御读书始"），江户幕府在纲吉、家宣时代每年正月初也有讲书。参见 Kadokawa 编：《天皇皇后两陛下接受的特别讲座：讲书开始的进讲》，2020年。另外，有人认为这直接受到了武家的正月活动"讲筵"的影响。参见川田贞夫《国史大辞典》。

汉书(汉籍)的进讲(后来又增加了洋书)。最初,同一个人一般会担任数年,例如《汉书》为元田永孚等。大正十五年(1926)公布的《皇室仪制令》第五条规定"讲书始式及歌会始式,于一月宫中行之","讲书始"与"歌会始"同时被规定化、明文化。① 第二次世界大战以前的进讲内容,因为是在正月的喜庆仪式中,所以避免浅显的主题,以君德和国家兴亡相关的题目为主,②多采用国书中的《日本书纪》《万叶集》,《汉书》中的《尚书》《周易》《论语》等。③ 昭和十一年(1936)由羽田亨进讲的讲书始情况是,每人进讲 25分钟,旅费 100 日元,进讲的委托几乎是在一年前传达。④ 另外,当时昭和天皇本人也不是被动接受进讲,而是积极参与其中,对进讲的内容提出要求。⑤ 昭和二十八年(1953)开始,像现在一样从三个方面进行选择。近年,平成二十一年(2009)吉川忠夫以"后汉·六朝时代中国人的佛教接受"为题进行了进讲。⑥

————————

① 《皇室仪制令》在昭和二十二年(1947)废止。

② Kadokawa 编:《天皇皇后两陛下接受的特别讲座:讲书开始的进讲》所载细田润次郎谈话内容。

③ 渡边健哉根据《昭和天皇实录》制作的大正十一年(1922)至昭和二十八年(1953)的讲书始中的国书、汉书、洋书进讲题目表(渡边健哉:《羽田亨的"满蒙"理解——以昭和十一年的讲书始为线索》,金泽大学第三届"金毓黻与东亚史研究会"资料,2018 年 2 月 28 日。)从大正十一年到昭和二十年(1945)之间的汉书进讲题目共 19 次(除去无讲书始的 5 年),其中与《论语》有关的有 7 次,与《尚书》有关的有 3 次,与《大学》《中庸》《周易》《毛诗》有关的各有 1次,其他的包括湖南的杜佑及其著作在内,共 5 次,多数与儒学的四书五经有关。

④ 参见渡边健哉:《羽田亨的"满蒙"理解——以昭和十一年的讲书始为线索》。进讲的时间、旅费参见《仪式祭典录》(特定历史公文书)。

⑤ 《百武三郎日记》昭和十二年 6 月 24 日:"关于经史御进讲一事,先后两次召见侍从长,传达为避免引起部分人的宣传或批判,需注意进讲人选之意。"(关于定例进讲),昭和十四年 10 月 27 日,"(天皇)指出最近存在京都学派等哲学性地研究历史的风潮,进讲者不可为这类人,可为进行科学研究的学者。另外,关于国史研究者,对于皇室的事情没有任何批评议论,万事皆可的进讲,即使听了也毫无用处。接着,他再次召见侍从长,提出意见说,新经济学家等的极端学说,担心可能被其同化,所以不可选用,可以让稳健的进讲者来介绍各种学说"(百武三郎是当时的侍从长)。参见渡边健哉:《羽田亨的"满蒙"理解——以昭和十一年的讲书始为线索》。

⑥ 宫内厅官网(kunaicho. go. jp 2021 年 11 月 7 日查阅)。国史大辞典编辑委员会编(1979—1997)《国史大辞典》,吉川弘文馆的"讲书始"项目(川田贞夫执笔);Kadokawa 编:《天皇皇后两陛下接受的特别讲座:讲书开始的进讲》;皇室事典编辑委员会监修:《想了解的日本皇室》,角川 Sofia 文库,2009 年(未见)。

另外必须注意的是,进讲并不仅仅存在于讲书始。如果用《昭和天皇实录》来确认昭和六年湖南进讲的前后情况的话,第二天的27日(星期二)是宫内省御用负责人清水澄的"行政法"相关内容在该年第一次例行进讲,该年的星期二是"行政法",星期五是清水的"皇室令制"定期进讲。另外,29日(星期四)副岛道正做了题为《关于日英美关系》的演讲,约两个小时。

(二) 内藤湖南的进讲

有关昭和六年(1931)内藤湖南进讲的史料并不多(进讲当日拍摄的湖南肖像照可见于《全集》第七卷的卷首等处①)。虽然是二手史料,但在宫内厅(2016)《昭和天皇实录》第五(东京书籍)中,昭和六年1月26日(星期一)"讲书始"条的开头如下:

> 上午十点,于凤凰间,临讲书始。国书为……汉书为帝国学士院会员内藤虎次郎著《唐杜佑及其著书》,西洋书为……分别进讲。皇后未出席。……②

昭和六年(1931)1月26日(星期一),在皇宫宫殿(明治宫殿)的"凤凰间"(表御殿内),上午十点开始的讲书始中,湖南进讲《唐杜佑及其著书》。

湖南进讲的资料中有很多书信和汉诗。进讲前后湖南在自己的书信中写道:"上京是进讲前一天,即廿五日的特快。"(日期为昭和六年1月15日),"御讲书始进讲,工作顺利,卸下重担。托您的福,没有特别疲劳,一开始有些紧张,请放心不必挂念。"(日期为同年2月3日。)③可以认为湖南没

---

① 参见《全集》第七卷后记。

② 国书为黑板胜美,洋书为铃木梅太郎。皇后没有出席是因为在叶山逗留(参见《实录》同年同月28日条)。《实录》接着说:"本次讲书始中首次涉及自然科学领域。"此外,该年的歌会始日期为讲书始的三天前,即同月23日。

③ 《全集》卷一四《书简》,第651号,昭和六年(1931,66岁)1月15日(瓶原村寄/东京市外目黑町中目黑一千番地原田庄左卫门收);第652号,2月3日(瓶原寄/京都市(注转下页)

有什么问题，顺利地完成了进讲。青江舜二郎(1966)在《龙的星座：内藤湖南的亚洲生涯》(朝日新闻社)第五章"晚年"的"奉迎文"(第401页)中写道"天皇似乎很明白我的话"，"结束讲课回到瓶原的湖南似乎不完全是这样"(信息来源不详)，接着，提到了以下汉诗。

　　汉诗有七言绝句《庚辛之际纪恩诗》三首。[①]"庚辛之际"指的是从庚午到辛未的时期，也就是昭和五年(1930)到昭和六年(1931)的年末年初。以下列举原文，试读一二：

　　　　致君尧舜羞无术，屏迹岩阿已五春。春服今朝挥老泪，经筵征到白头臣。

　　　　诏催丹驾趁瑶墀，凤阁霞开日影移。坐觉光辉照颜色，天威咫尺执书时。

　　　　蒙恩当日伏丹墀，葵藿倾心老不移。非古是今唐相议，敷扬聊复答明时。

这大概是咏唱进讲时的"感激"心情。[②]"屏迹岩阿已五春"指的是他在瓶原隐居了五年。"凤阁"是举行讲书始的皇宫凤凰间。"葵藿倾心"是慕德尽臣下之心的意思。"非古是今唐相议"是指唐朝宰相杜佑的"非古是今"，即进步史观的议论。

　　据说湖南的进讲是由狩野亨吉推荐。[③]

　　可能是因为史料较少，几部湖南的评传(三田村泰助、小川环树等人)

(续上页注)外嵯峨对岚山房/大谷莹诚收)；另外，第650号，昭和五年(1930,65岁)12月6日(瓶原村寄东京市外目黑町中目黑一千番地原田庄左卫门收)，"小生乘十日超特快进京。十一、十二两日将在京停留，十二日可前往学士院，晚餐可在院内享用。"这或许和第二年的进讲有关。

　　①　《全集》卷一四《湖南诗存》，第302页；又，青江舜二郎：《龙的星座：内藤湖南的亚洲生涯》，东京：朝日新闻社，1966年，第401页；砺波护：《内藤湖南》，收入今谷明等编：《20世纪的历史学家们(2)》，东京：刀水书房，1999年，第46页。

　　②　砺波护：《内藤湖南》，收入今谷明等编：《20世纪的历史学家们(2)》，第46页。

　　③　青江舜二郎：《龙的星座：内藤湖南的亚洲生涯》，第401页。(信息来源不详。)

都不谈进讲或说得不多。①

二、 内藤湖南《昭和六年一月廿六日御讲书始汉书进讲案》

本章分为（一）概要、（二）"杜佑及其著书"、（三）"正文的解释及批评"、（四）"结语"、（五）小结之顺序论述《昭和六年一月廿六日御讲书始汉书进讲案》。

（一）概要

内藤湖南在进讲中实际说了些什么已经无从得知，但其文案《昭和六年一月廿六日御讲书始汉书进讲案》（以下简称《进讲案》②）尚存。③

该《进讲案》的构成为：

> "正文及参考一、参考二"（约 1100 字）
> 一"杜佑及其著书"（约 1200 字）
> 二"正文的解释及批评"（7200 字左右）
> 三"结语"（近 650 字）

由这三部分构成，从字数之概数可以看出，其二"正文的解释及批评"为主要内容。

开头的"正文与参照一、参照二"（史料）为资料，从"此间读正文"（二

---

① 　参见第 20 页注③。其中鹿角市先人显彰馆编《鹿角伟人》提到了和井内贞行和湖南，而竹村博志（先人显彰馆研究员）的"内藤湖南"则在开头的一"光荣"中写到"开始讲书""进讲"。结尾为"日进无疆"。参见鹿角市先人显彰馆编：《鹿角伟人》，鹿角市教育委员会，1993 年。

② 　"汉书"为国书、洋书、汉书的汉书。

③ 　《全集》第七卷内藤乾吉的"后记"。进讲一年后昭和七年（1932）4 月，在《支那学》第六卷第二号刊登，《研几小录》（昭和三年〈1928〉4 月刊行）再次收录在筑摩书房出版《内藤湖南全集》第七卷，1970 年。在重新辑录时，作为《研几小录》"补遗"两篇中的一篇被增入。

"正文的解释及批评")处来看,该资料可能是作为印刷品事先分发给昭和天皇等贵人的。

资料由"正文"和"参照"组成。

"正文"是"通典卷四八立尸义"(《通典》卷四八《礼典·吉礼·诸侯大夫士宗庙·立尸义》)"议曰"之后的文章。

"参照"有两条,"参照一"为《通典》卷一八五《边防典》序","参照二"为"《理道要诀》"的佚文 2 条(《困学纪闻》卷五和卷六)。

"正文""参照一""参照二"都是杜佑的著作,列举了在中国失传的"古俗"实例。①

进讲中,在二"正文的解释及批评"开头的"此间读正文"处,湖南注释"正文"即《通典》卷四八立尸义,又提到"与此几乎同义之文"的参照一,"同样的议论"的参照二。②

(二)"杜佑及其著书"

总结一"杜佑及其著书"的内容,首先进讲主题为《通典·礼典》的一节(立尸义),在此基础上论述杜佑。杜佑曾为唐德宗、顺宗、宪宗三朝宰相,唐代宰相中"有学术渊源之士"颇多,其中杜佑的"礼制掌故之学"与贾耽的地理学并有"拔群之称"。

接下来有关《通典》。德宗贞元十七年(801),杜佑献上《通典》二百卷,"其苦心三十余年而编著"。《通典》是"述礼制沿革,综括上古至唐代"③的

---

① "立尸义"中列举的 8 个实例(以下为方便起见,加上①—⑧的编号。①祭立尸〈代形〉,②殉葬,③生食,④住树上或穴藏,⑤不修墓,⑥手食,⑦同姓婚,⑧不讳名)以《通典》的"立尸义""边防典序"和《通典》的摘要《理道要诀》的佚文 2 条的对应关系的话,"立尸义"(①),①②③④⑤⑥⑦⑧,与①相对,《边防典序》是④⑤⑥①(⑧),《理道要诀》的佚文(《困学纪闻》卷五)是⑥①②,同(《困学纪闻》卷六)是⑧。"立尸义""边防典序"《理道要诀》佚文共同列举的是①⑥⑧(③⑦是参照《通典·边防典》序,未提及《理道要诀》)。

② "正文的解释及批评"中写道:"与此几乎同义之文,见于该书卷一八五《边防典》序,每项有注,明其土俗学研究之态度,即参照之一,是也。又如《理道要诀》中也有同样议论者,此书今佚,其文可见于王应麟《困学纪闻》卷五及卷六中。参照之二,是也。"

③ "如宋代朱子,以其作为礼制之学,应专设一科。"(译者按:参见黎靖德编:《朱子语类》卷八四《礼一·论考礼纲领》:"《通典》亦自好设一科。"北京:中华书局,1986 年,第 2182 页。)

"旷代名著"。

关于杜佑的其他著作，有概括《通典》主旨的《理道要诀》十卷，"盖《通典》之精粹几尽于此书者也"，遗憾的是明末以后已佚亡。《管子指略》二卷也早就散佚。

下面进入对杜佑及其著作的评论。杜佑是"中国史家中司马迁之后的第一人"。[①] 杜佑作为史学家最卓越的是"存于明言非古是今之主义"，"即佑将中国与周围蛮夷诸国相比，其长处在于自古以来文化进步之实绩，是其人种优越而圣哲之人络绎不绝渐次革除弊俗"。[②]

杜佑的卓见不仅体现在承认文化进步方面，还体现在"研究方法的卓越"。杜佑在研究经书中的"礼俗"时，将其与四夷的"土俗"进行比较，即"近时土俗学（民俗学和民族学分化以前的叫法）的研究法。一千两百年前就有了与现在法国的东洋学者们在中国学研究中所使用的最新方法相同学术用意的人，其头脑的明敏应该说是真正值得敬佩"。

最后，（湖南）说："故微臣谨辩，以为佑已反覆论辩其卓见，朱子、王应麟等也已注意之，故举其章节，以达天听。"这是叙述以杜佑进步史观的议论文章为进讲的主题。

综上，虽然湖南以"杜佑及其著书"为题，但关于杜佑的描述很简略，主要集中在其著书《通典》《理道要诀》《管子指略》，特别是《通典》《理道要诀》的特征及其意义上。最后，湖南大加称赞作为史学家的杜佑，他列举了杜佑在著作中所见的两大卓见，即进步史观和民俗学、民族研究法。

（三）"正文的解释及批评"

进入二"正文的解释及批评"，开篇指出《通典》二百卷中的一百卷，即二分之一是《礼典》，理由是"自六朝至唐重视礼制之结果"，"今进讲的章

[①]　杜佑壮年时，因精通实务被宰相杨炎提拔。这些言论都是"有根柢无陷入空谈之弊，所谓坐而言起而行之者"。"后世学者认为《通典》是'掌故之书'，是不恰当的。知其真意者只有朱子等一二人，朱子认为《理道要诀》乃非古是今之书，绝不只将其看作偏就讽讥之言。"

[②]　朱子和王应麟最注重杜佑的这一论述。后世学者讥评其妄，认为其"可笑之至"。

节"是《礼典》中的"立尸义"章(卷四八《礼典·吉礼·诸侯大夫士宗庙》),关于立尸,杜佑的意见在末节,接着(湖南)宣读"正文"(立尸义末节),参考参照一(《边防典》序,几乎同义的内容)①、参照二(《理道要诀》,同样的议论)两篇文章,叙述杜佑的立论意图。

首先湖南将杜佑议论的开头一节"古之人朴质,中华与夷狄同"译为"关于古代人民的朴质,中华之习俗亦与四方之夷狄相同",以及"其事证应举八项以示之",在杜佑的议论中,接着举例说明体现"朴质"的具体事例,即古代"礼俗"①—⑧。然后,加上两点补充说明(第一点,包括杜佑在内,中国古代文化的标准是周代的习俗,"从今天公平的角度来看"视角也有问题;第二点,杜佑列举的八项内容中有参照文论及值得重视的项目,也有不是的项目,下面有详有略地加以说明)。

接着进入八项中最重要的①第一项"祭立尸"(祭祀立代形之人)的说明②。杜佑根据经书、主要是《礼记》来阐述"尸的由来"③。其大略为,"尸"是"神象而凡鬼神无声无形者",所以"孝子"以尸为其"象"(替身)在祭祀中"享"(招待)之。也就是说,以某人代替鬼神,供奉"酒牲"(酒和肉)。

各种祭祀均有立尸(《诗·大雅·凫鹥》篇郑玄笺),但其中最重要的是祭祀祖先的宗庙祭祀。以下论述宗庙祭祀中的细节,如"尸必以孙"等。另外,介绍"颇奇习俗"之后,"更奇者为""祭时尸自食其所供之物,而尸献毕尸复劝祭所之主人饮食","《朱子语类》中也有:'当初献时,尚自齐整。至三献后,人皆醉了,想见劳扰。'朱子也这样想象着,'惊愕'地说,至此笑曰:'便是古人之礼,也不可晓。'"④另外还补充说:"此习俗与我朝祭祀尚严甚异。"

---

　　① "每项有注,明其土俗学研究态度。"

　　② "最重要之事"见于参照文(《通典》边防典序和《理道要诀》佚文),朱子也曾提及,后世学者也有所注意。

　　③ 引用"今日不知之古书之文"来补充。

　　④ 特别是在夏殷周三代中,周"旅酬六尸"(只始祖后稷之尸发爵不受旅,不受返杯也,其余六尸即后稷以后的昭、穆二尸,文王、武王二尸,文王之穆、武王之昭二尸),"主人献尸,尸酢主人,主人受酢,又向第二位献酒,依次献酬,最后在庙里举行宴会,尸和主人皆醉饱"。十分劳扰。然以为子孙与祖宗一气相传,气类感格,语言饮食,祖考如在,以慰孝子顺孙之思。(译者按:此乃湖南檃栝朱子数条语录之内容,参见黎靖德编:《朱子语类》卷九〇(注转下页)

　　杜佑认为"此古之礼"是"弊俗未改之物","秦汉以后被废除,是其进步也",北魏"先觉者"高允上奏禁绝立尸①、《周书》《隋书·蛮夷传》中提到巴梁一带秋季祭祀"用尸"。② 而且,湖南认为在日本的祭祀中并没有立尸的习俗。③

　　最后,湖南对近世学者进行了猛烈的批判。如阎若璩认为"立尸"是"古法",不认为是弊俗,提到何焯认为杜佑的立尸之论是谬论,以经书为绝对标准("盲从经书"),"不脱非今是古人之常情者",文化的状态没有"公平的意见",断言"和杜佑从根柢意见不同"。(湖南认为)杜佑是以"土俗学的研究"④的态度来批评经书,(近世的学者)"从一开始就难以(与杜佑)比论",与杜佑、朱子等"以文化进步为主义"的学者在"见识"方面有所不同。

　　上文是关于①第一项"祭立尸"的讨论,接下来是:

　　② 第二项"殉葬"

　　③ 第三项"茹毛饮血"(生食,不火食)

　　④ 第四项"巢居穴处"(住在树上或穴藏)⑤

（续上页注）《礼七·祭》,第2309—2311页。)

　　① 参见《魏书》《北史》的《高允传》。

　　② 《周书·异域传上》《隋书·南蛮传》《北史·蛮獠传》等均未见相应记载,不详。"今时"(杜佑同时代)也在郴州道发现尸之遗法,所以说古代中华与夷狄相同。朱子也说"今"(朱子同时代),蛮夷的"瑶洞尸"的遗意,具体说是邵武的密溪村祀中王的神遗留下来的,"古人用尸,自有深意",表示了一定的理解(这一点与杜佑的想法不同)。另一方面,《朱子语类》中说:"古者以先王衣服藏之庙中,临祭则出以衣尸。如后稷之衣,到周时已不在,亦不可晓。"是与杜佑大同小异的意见。(译者按:参见黎靖德编:《朱子语类》卷九〇《礼七·祭》,第2309、2311页。)

　　③ 但是有"持衰"(《魏书·倭人传》,类似"中王")或"神殿(皇甲殿)"等。("神殿"往往存于各国的古神社,是神祭的侍从,每年和神主一样从氏子中选出,负责神社的点灯、清扫等工作,以及防火。见《广辞苑》第二版。)

　　④ 湖南或思考同时期法国的爱德华·夏万纳对古代中国信仰和社的研究,马塞尔·格拉内对古代中国祭礼和《诗经》的研究,亨利·马斯佩罗对道教的研究等。参见菊地章太:《法国东方学之始:奔向博斯普鲁斯的远方》,东京:研文出版,2007年。

　　⑤ 《易经》系辞"上古穴居而野处",《庄子·盗跖》"民皆巢居以避之"。

⑤ 第五项"不封不树"（不在坟墓上埋土种树）①

⑥ 第六项"手食"

⑦ 第七项"同姓婚"（非同姓不婚）

⑧ 第八项"讳名"

省略具体内容的介绍。②

　　有二三处值得注意，第一是②第二项"殉葬"的例子之多。湖南所讲的是《理道要诀》的 3 例（其中 2 例为有殉葬之命而未实行的故事），"略不讲"一段杜佑虽然没有列举，但有湖南自己收集的 7 例（其中 2 例为有殉葬之命而未实行的故事）。湖南之所以执拗地将自己采集的例子补充到书中，或许是因为湖南考虑到了明治天皇驾崩时乃木希典夫妇的殉死（大正元年，1912）。

　　第二，⑥第六项"手食"，"一般很难说现在印度人等文化国民仍会用手抟食，毫无疑问用匕箸是进步的"，湖南提到了印度的饮食文化，将印度人认定为"文化国民"以及使用作为餐具的筷子作为进步的判断标准之一。

　　第三，有些言论反对杜佑的理解。⑦第七项"同姓婚"中有"很难将之（同姓不婚）视作文化的标准，杜佑遵循中国的一般习惯，假定同姓婚姻在商代以前一直存在，周朝之后不再施行"，⑧第八项"讳名"事"此（讳）等亦周朝制度之结果，未必与文化进步之征相似，但杜佑只是认为中国学者常以讳为进步者"。

　　最后，湖南总结道："杜佑结论如下，中华……继生圣哲，渐革鄙风，虽见今日之文化进步，四夷诸国……不生圣哲，不改旧俗也。"③再论周朝以前天地宗庙社稷一切祭享凡皆立尸，而秦汉以后中华不复也，此论也为立

---

①　《易经》系辞"不封不树"，不建造坟墓，不使用棺椁。

②　在经书中，提及中国古代习俗废除的是①②⑦，提及夷狄习俗延续的是①④⑤⑥⑧（日本，①），提及朱子以及后世（近世）学者对杜佑的批判只有①。

③　杜佑的结论为中华地在中央，气正人和，才慧（兼备），继生圣哲，渐革鄙风，如今日文化之进步，四夷诸国地偏，气象粗犷，不生圣哲，不改旧俗也。

尸义之结论,故"斥言曰:或有以古为是者,重祭尸礼,则今日亦学之者,实乃甚凝滞执着,不知其文化之进步"。

（四）"结语"

在三"结语"中,首先总结上述结论（"中国之圣贤之立义,未必皆是古非今之保守说"①。然而,后世的学者大多热衷于崇拜古代。其中杜佑具有"卓识",其"研究态度""尤有超越古今者"。将"土俗学研究"应用于解释经史,断定古礼的一部分也是陋俗的残存,"文化进步的发明,堪称两千年来无双"②）,接着提到朝见之仪中（"陛下"〈昭和天皇〉）敕语中的"我国的国是在于日进,在于日新"（"符合中国圣贤的古义"。③ 实际用作典故）,最后叙述进讲"杜佑之论"的理由。进讲到此结束。

朝见仪式上的"陛下（昭和天皇）"敕语,是指大正十五年（1926）12月25日大正天皇驾崩,昭和天皇践祚、改元,昭和元年（1926）12月28日昭和天皇践祚后的首次朝见仪式的敕语,宫内厅（2015）《昭和天皇实录》第四（东京书籍）昭和元年12月28日（星期二）条中写道:

> 践祚后朝见之仪……德川侍从长（德川达孝）将敕语书奉持御前呈献天皇,天皇宣读。敕语曰:
>
> 朕赖皇祖皇宗之威灵,继承万世一系之皇位……
>
> 当今世局正际会通之运,人文恰膺更张之期,则我国之国是,在日进,在日新,博中外之史而征之,审得失之迹而鉴之,进而循其序,执其

① 孔子在《论语・八佾》中说"周监于二代,郁郁乎文哉,吾从周",荀子（法后王之说）,《春秋公羊传》"拨乱反正","由衰乱之世,经升平之世,至太平之世"。

② 《通典》引用《管子》"凡读古人之书,盖发明新意,欲随时制事,其道无穷。若一二模解,则同胶柱刻舟耳",即为此意。

③ 所谓"古义",指的是在古代原本的意义（《新明解国语辞典》第四版）、过去正确的道理（《新字源》旧版,东京:角川书店刊,1968年）,参见《古义学》。《易经・益》卦的"日进无疆",《大畜》卦的"日新之所谓盛德",《大学》（引用汤盘铭）的"苟日新,日日新,又日新"。秋田县鹿角市先人显彰馆中有湖南所书"日进无疆"匾额,《湖南》杂志每年刊登小学生关于"日进无疆"的优秀作文。

中,是深所用心也。

　　夫斥浮华,尚质实,戒模拟,勖创造,日进以乘会通之运,日新以启
更张之期,人心惟同,民风惟和……

关于这一敕语,有一本湖南自己解说的小册子《拜见大御语》。①

值得注意的是,开头的"中国圣贤之立义,未必皆是古非今之保守说"。
即"中国圣贤之立义",换句话说,经书中也有表示"非古是今"的词语,敕语
引用了经书中的词语作为典故(《易经·益卦》《大畜卦》和《大学》)。进讲
的内容(其中"非古是今"的精神)与敕语中经书之语("中国圣贤的立义"
"中国圣贤的古义")相连接。

进讲"杜佑之论"的理由(相当于湖南自身对"何以杜佑《通典》为主题"
的回应),第一是湖南作为学者的"本分"("明确从事学问者的本分"。"从
事学问者"指的是湖南自身吗?"本分"即职责),其次是表彰杜佑("表彰湮
没许久为后世学者所不顾的杜佑之卓识,阐发其潜光")。

（五）小结

《进讲案》不过是《通典·礼典》中的"立尸义"(其"议曰"之后)的解说、
论评(二"正文的解释及批评")。

"立尸义"中杜佑论述的"非古是今"的具体例子"古俗"(专为经书。加
上"古书"),其中尤以"立尸"为重点对象。

杜佑、湖南主张的是进步史观("非古是今")(也见于经书、敕语)。这
种进步史观与华夷思想相结合。进步史观("非古是今",圣哲的职责)与华
夷思想结合,这是杜佑的模式。(在中华,三代为古俗,秦汉以后逐渐消亡
〈也有从殷到周的转换等时间差〉。夷狄则一贯为古俗。是否有进讲场合
的顾虑,考虑到日本〈倭〉呢?)从某种意义上来说是简单易懂的。

---

　　① 　生生社编,昭和二年(1927)2 月。参见内藤湖南研究会编:《内藤湖南未收录文集》,
名古屋:河合文化教育研究所,2018 年,第 800—805 页,解题为第 903 页。亘理章三郎:《践祚
后朝见御仪敕语衍义》,东京:中文馆书店,1927 年。

与此相对,湖南的讨论结构则较为复杂。湖南的议论("非古是今"的立场)中有杜佑的议论(同样是"非古是今"的立场。提及先行的高允。湖南并非全部肯定)(嵌入结构),再加上朱子的议论("非古是今"的立场)和后世学者的议论("是古非今"的立场)。例如,夷狄"立尸"的具体事例,不仅杜佑提到了,朱子也提到了;关于古代中国殉葬的具体事例,不仅杜佑列举了,湖南自己也列举了。

最后,作为进讲"杜佑之论"的理由,湖南自身举出了作为学者的"本分"和对杜佑的推崇,也可以说对"为什么以杜佑《通典》为主题"作出解答。

三、 内藤湖南《进讲案》以前关于杜佑《通典》的著述

本章以(一)《中国史学史》和《中国史学史概要》、(二)《拟策一道》、(三)《〈通典〉的作者杜佑》为顺序,考察湖南在《进讲案》以前关于杜佑《通典》的著述。

(一)《中国史学史》与《中国史学史概要》

首先分析、探讨进讲近十年前的讲演录《中国史学史》和近六年前的讲演录《中国史学史概要——从〈史记〉到清初》。《中国史学史》导源于京都大学在大正八、九、十年度(1919、1920、1921)的"中国史学史"第二回授课。[①]《中国史学史概要》是"中国史学史"在大正十四年度(1925)进行第三回讲授"清朝的史学"的时候,以"中国史学史(从《史记》到清初)"作为简略的开场白而进行的。这些都收录在其《全集》第十一卷中。

对杜佑《通典》最为概括的记述见于《中国史学史概要》(加着重号为关

---

① 《中国史学史》首先是湖南自己在京都大学的讲义,接着由神田喜一郎和内藤乾吉(湖南的长子)整理,昭和二十四年(1949)由弘文堂发行。附录的《中国历史思想的起源》(1933)的演讲稿,刊登在《史林》第 19 号第 1 号(1934),《章学诚的史学》(1928)的演讲稿,刊登于《怀德》第 8 号(1930)。《中国史学史概要——从〈史记〉到清初》(内藤乾吉假拟标题,附有内藤乾吉的《例言》、神田喜一郎的《跋》)收录在昭和四十四年(1969)筑摩书房发行的《内藤湖南全集》第十一卷中(加上了内藤乾吉的《后记》、伊藤道治的《索引》)。

键词、关键句)。①

> 此(《史通》出现)后史学进入了另一个时代,其间又有着《隋书·经
> 籍志》《史通》等所没有注意到的,但又是史学史上所应该注意的事情。
> 一是对于历史事实的记载,在纪传、编年体之外采取了类书的体
> 例。……在后来,于帝王备忘录以外,又出现了为了历代词臣写作四
> 六文、美化文章而提供材料的类书,其中有汇集历史上记事的,是与史
> 书的志类相关的著作,其中有称为杰作的杜佑的《通典》。当然,这些
> 书只是出于备忘录目的而编纂的,但是其中一旦由那些有史学意识的
> 人编纂的话,就出现了非常的杰作。像《通典》那样的著作,一方面虽
> 然是类书,但另一方面在对事情的分类撰述之间,还能够对认识其沿
> 革、了解事情原因结果、领会其如何进展的原理等作出阐释。中国史
> 学家虽然许多都是以古代为标准,具有复古思想的,但是《通典》却不
> 同,是基于现代比古代更进步的这一观点的著述。以这种类书体例撰
> 著的史书有时会被史家忽视,认为某些著作完全就是类书,或作为史
> 书看待的话也更多是作为政书,认为是关于政治的著述。其实类书并
> 不仅仅限于政治,其价值即便予以最小估计的话,也应该视其为历史
> 备忘录,更何况最上乘者还有像《通典》那种重视所有事物沿革,而且
> 认识其进步的撰著。②

整理起来,《通典》乃类书的体裁、以备忘录(帝王、历史)为目的、汇集
历史的材料、与史书之志类有关、作为类书对各种事情进行分类而认识事
情的沿革、承认现代比古代进步的("最上乘的")著作。

---

① 《全集》,第 489—490 页。
② 译者按:本文所引内藤著作,采用〔日〕内藤湖南著:《中国史学史》附录《中国史学史
概要——从〈史记〉至清初》,马彪译,上海:上海古籍出版社,2008 年,第 384—385 页。着重号
为福原启郎所加。如无特别说明,本文所引内藤《中国史学史》《中国史学史概要》皆采用此
译本。

关于类书这个特征,《中国史学史》中又说道:"史书中,特别是正史中属于《书》《志》部类的内容,即政治上主要事件,从唐代被编入类书开始,这种体例一直持续到了后代,唐杜佑《通典》以及其后而起的《会要》就是这种书籍。《通典》是大著作,而不是单纯作为类事之书的编纂。虽然也区别为部类,但著述目的却在于阐明历史古今变迁原因结果的著作。这种编纂方法虽与类书有些相似,但主旨上却不能说是类书。……《通典》不论其目的还是内容都不能说是类书……"①虽说其形式(体裁)是类书云云,但湖南不管怎么说都没有对类书这一点加以重视。

关于进步史观,《中国史学史》中说:"虽然朱子评论杜佑《理道要诀》为《通典》简约本(今已不存),是一部是古非今的著作;但是大体上说《通典》并不是认为只有古代才好,而是具有从沿革上予以考察的、具有进步见解的著作,杜佑是能够充分理解现行制度的,这一点从《杜佑传》是不难了解的。"②另外,关于与进步史观相联系的古今变迁,他说"虽然也区别为部类,但著述目的却在于阐明历史古今变迁原因结果"。③

与此相对,《中国史学史概要》没有指出的是经世论(经世策)的方面(指出了与经世论最为相关的帝王备忘录的方面)。《中国史学史》中说"《通典》中是有经世的观点的,并非单纯作为类书而编纂的","《通典》是为掌握当时政治的贵族阶级提供经世策而撰著的"。④

----

① 第八章《六朝末唐代出现的史学变化》一《类书史学所受的影响》,《全集》,第 177—178 页。(译者按:马彪译本,第 136 页。)

② 第九章《宋代史学的进展》七《郑樵的〈通志〉》,《全集》,第 232 页。(译者按:马彪译本,第 181 页。)另外,关于朱子,"朱子评论杜佑《理道要诀》为《通典》简约本(今已不存),是一部是古非今的著作",指出其"是古非今"的立场。(是对朱子的误解吗?)(译者按:黎靖德编:《朱子语类》卷一三六《历代三》:"'杜佑可谓有意于世务者。'问《理道要诀》,曰:'是一个非古是今之书。'"小注:"《理道要诀》亦是杜佑书,是一个《通典》节要。"第3250 页。按原文作"非古是今",湖南误引作"是古非今",所以福原先生怀疑此乃湖南对朱子的误解。)

③ 《全集》,第 177—178 页。(译者按:马彪译本,第 136 页。)

④ 第九章《宋代史学的进展》七《郑樵的〈通志〉》,《全集》,第 232 页。(译者按:马彪译本第 181 页。)同章九《玉海》与〈文献通考〉》,《全集》,第 251 页。(译者按:马彪译本,第 197页。)另外,《章学诚的史学》中说"《通典》,本是作为对礼制变迁的著述,其中又穿插了关于礼的议论",《全集》,第 478 页;(译者按:马彪译本,第 376 页。)《中国史学史概要》中说:"(《文献通考》从而与《通典》共同作用于后来的史学,成为一种类似文化史的著述。这两(注转下页)

《中国史学史》《中国史学史概要》列举了《通典》作为史书的要点以及作为史书之特征的类书的形式特征，总的来说是消极的；另一方面也列举了内容上的进步史观和与之相关的古今变迁，以及经世论等方面。而且就这一点而言与其他史学史是不同的。①

（二）《拟策一道》

在进讲近三年前作出《拟策一道》。昭和二年（1927）12 月的《拟策一道》（拟作对策一道）是对大正十二年（1923）12 月的"丽泽社策问"（丽泽社同人发起的三道策问）的应答，以应狩野直喜的花甲纪念论文集所求之机。② 丽泽社是大正五年（1916）4 月青木正儿、小岛佑马、本田成之、佐贺东周、冈崎文夫、福井贞一、那波利贞、神田喜一郎等人以狩野直喜、内藤湖南为师而发起的文会。③

《丽泽社策问》曰：

（续上页注）部著作虽说其目的并不一定是为着史学，却不失为史学的重要著述。"《全集》，第497 页。（译者按：马彪译本，第 391 页。）与礼之变迁相关的议论指出其文化史的侧面。

①　顺带一提，在其他关于中国史学史的著作中，蒙文通《中国史学史》（1930—1950 年代的讲义）没有言及《通典》，金毓黻《中国史学史》（初出于 1944 年）第七章《唐宋以来之私修诸史》之四"属于典志之通史专史"中有"杜佑《通典》""《通典》之美善""杜佑《理道要诀》""《通考》与《通典》"诸条目。王树民《中国史学史纲要》（北京：中华书局，1997 年）之七《新史书体裁的创立和史学的新发展》之（二）《〈政典〉〈通典〉〈会要〉——新史书体裁的形成》之（2）有"杜佑撰《通典》"。瞿林东《唐代史学论稿》（北京：北京师范大学出版社，1989 年）下编收入《论〈通典〉在历史编纂上的创新》《论〈通典〉的方法和旨趣》，瞿林东《中国史学史纲》（北京：北京出版社，1999 年）第四章《史学在发展中的转折与创新》有第三节《〈通典〉——第一部宏伟的典章制度史》，由一"杜佑的生涯和《通典》的史学价值"、二"关于社会结构认识的新发展"、三"经邦致用的史学思想的成熟"、四"朴素的历史进化思想和传统门阀观念的冲突"、五"《通典》史论的特色"组成。瞿林东还有《杜佑评传》（南京：南京大学出版社，1996 年）。另外可参见曾井经夫：《中国的历史书——中国史学史》，东京：刀水书房，1984 年；稻叶一郎：《中国史学史研究》，京都：京都大学学术出版会，2006 年。

②　"丽"读为"レイ"或"リ"。"策问"是科举中提出问题的试问文体。《全集》第十四卷，1976 年，集录了《宝左盦文》所收以外的汉文，神田喜一郎整理、编纂《湖南文存》卷一所收。关于 1.《尚书·金腾》；2.《史通》；3. 杜佑的策问。（译者按：又见印晓峰点校《内藤湖南汉诗文集》，南宁：广西师范大学出版社，2009 年，第 149—154 页。）

③　《青木正儿全集》第十卷《年谱》，东京：春秋社，1975 年。与弘文堂（书房）有关，1940 年代刊行《丽泽丛书》。

（ⅰ）"凡其（《四库提要》等对《通典》）所抑扬（毁誉褒贬），①是否得当？"②

（ⅱ）"（《通典》）方之郑《略》、马《考》（《通志》《文献通考》），其所以卓尔不群者安在？"

（ⅲ）"君卿又删其（《通典》）要为《理道要诀》，朱子评谓非古是今之书。今其书已亡，其佚在于何时？"③

（ⅳ）"其体制尚有可征者欤？"

（ⅴ）"其佚文存于他书，能举其一二欤？"

（ⅵ）"朱子所评，后儒所议，皆中其病欤？"

共计六问（为了方便，《策问》的各问附上小写罗马数字，《拟策》的应答附上对应的大写罗马数字）。

《拟策一道》开头叙述了事情经过，接着以"对论：述作于司马子长（司马迁）、刘子政（刘向）之后，莫唐杜君卿若焉。君卿之书，今传《通典》"开始，接下来是对《通典》完成时间的检证，④与开元末年完成的刘秩《政典》的关系，⑤关于"体制"要点的自述（呈上《通典》的上表文），花费的年数（"三纪"），⑥与其他书的比较。

然后列举《通典》的论点。"其论中丁""其论轻重""其论选举""其论职官""其论兵""其论刑"（例如"进子产之铸刑观宜、绌叔向之闲谊行礼"）"若论礼""论边防"（《通典》的篇目依次为食货、选举、职官、礼、乐、兵、刑、州郡、边防），基本上是《通典》篇目的顺序，《食货典》的部分是"中丁""轻重"，省略了

---

①　"其间有挂漏，稍涉繁冗，而取其元元本本，为有用之实学，往往有补经训。"

②　译者按：福原先生将"是否"括注为"是非"，按"是否得当"应连读，而非论《四库提要》所言之是非。

③　译者按：本条冒头"君卿"二字，福原先生误属上读，今径改。

④　"则《通典》杀青，早在大历中，而讨论润色，至贞元十七年，方上之也。"

⑤　"君卿得其书（《政典》），寻味厥旨，以为条目未尽，因而广之，参益《开元新礼》，成书二百卷。"

⑥　"晁氏《郡斋读书志》谓凡三十六年成书者是也。"

《乐典》和《州郡典》,《礼典》和《边防典》为了与后文相联而放置在最后,在此基础上而对杜佑发出"在禹域学者尤为超世独见,盖上下两千年,无此卓识矣"的绝赞。值得注意的是,其在"若论礼、论边防"以下引用了《礼典》立尸义"议曰"以下的大致相同的句子。① 这部分亦见于《进讲案》的正文,是其主题。

接着是对《丽泽社策问》之提问(ⅰ)—(ⅵ)对应的回答(Ⅰ)—(Ⅵ)。

(Ⅰ)对《四库提要》批判的议论("其所征引,间有挂漏,分门子目,稍涉繁冗,补订纠正,至十数条"),回答曰:"确则确矣,于其撰述大谊,要非所急。"对于《四库提要》的评价("其引群经,多存旧诂,《提要》以为有补经训"),说:"然如此之类,乃先唐古书存于今者,往往所有,亦惟偶尔采摭,非有意保残,未足以此为箸作轻重也。"反而不作评价。② 接着又提到引用了《管子·轻重篇》的《通典·食货典·轻重》及《管子指略》,论及杜佑的法家立场。

(Ⅱ)与郑《略》、马《考》(《通志》《文献通考》)比较,《通志》《文献通考》以《通典》为"蓝本",③而与《通典》比较,则断言"镕铸经史,度古行今,发明新意,非其伦已"。

(Ⅲ)(Ⅳ)(Ⅴ)关于《理道要诀》,其亡佚时期为明末以降(Ⅲ)。④ 关于其"体制之可征者",引用《直斋书录解题》《玉海》删录君卿表序、《理道要诀·自序》,《理道要诀》是《通典》的撮要本,便于君主阅览、以熟悉古今重要问题等,最后叙述《理道要诀》的"体制"、即"食货"以下的构成(Ⅳ)。⑤ 关于《理道要诀》之"佚文存于他书者",列举了《困学纪闻》卷五、卷六、卷一四

---

① "中华古制朴质,类今之夷狄有祭立尸焉,有以殉葬焉,有葬无封无树焉,有茹毛饮血焉,有手抟食焉,有巢居穴处焉,有同姓婚焉,有不讳名焉。惟其地中而气正,人性和而才慧,继生圣哲,渐革鄙风。或是古者,犹言祭尸礼重,亦可习之,岂非滞执?"

② 译者按:福原先生引文至"为箸"断句,今径改。

③ 接着论及"而郑变为考古之学,雠讨辩博,虽存别裁,要为书生铅椠之业","马则策学决科之余习,排比类事,但加详赡,无当于述作之谊"。

④ "则其书之佚,在明季以降。"

⑤ 《直斋书录解题》:"盖于《通典》中撮要,以便人主观览。"《玉海》删录君卿表序:"详古今之要,酌时宜可行。"自序云:"隋李文博《理道集》多主于规谏而略于体要,臣颇探政理,窃究始终,遂假问答,方冀发明。第一至第三食货,四选举、命官,五礼教,六封建、州郡,七兵刑,八边防,九、十古今异制议。"

对其书的引用(其中卷五、卷六的引用为《进讲案》的参照二),宋王灼《碧鸡漫志》卷三、卷四、卷五对其书的引用(均为唐代乐曲)(Ⅴ)。①

(Ⅵ)唐宋时期对《通典》《理道要诀》的正面评价,以同时代的权德舆和宋代朱子为例。② 接着列举了后儒(阎若璩和何焯)的批判,以及湖南对此的评论。③

作为对论的《拟策一道》的内容,首先论述《通典》的完成时期,与先出之《政典》的关系,杜佑呈上《通典》的上表文,《通典》的论点,等等。接着叙述对《丽泽社策问》之提问(ⅰ)—(ⅵ)的应答(Ⅰ)—(Ⅵ)。《通典》论点之后半部分④、《理道要诀》之(Ⅴ)的前半部分⑤,对应本文第二章《进讲案》之三"正文的解释及批评"。

另外,昭和三年(1928)春印刷的挥毫草稿百幅之《玉石杂陈》⑥之"子史

---

① "《困学纪闻》(卷五)引其书,谓'周人尚以手抟食','三代之制立祭尸'。'以人殉葬,今戎狄尚有之,中华久绝';又(卷六)引'自古至商,子孙不讳祖父之名,周制方讳,夷狄皆无讳',乃《通典》论礼、论边防之意。又(卷一四)引'宋光禄大夫傅隆,年过七十,手写籍书'。宋王灼《碧鸡漫志》卷三、卷四并引两条,卷五引一条,皆记唐时乐曲之事。是其佚文存于他书者。"另外,"按李文博《治道集》著录《新唐志》法家,久已亡佚,及于近时忽出于敦煌石室,今藏巴黎国民图书馆,经余摄影录出,并观《要诀》,知其青出于蓝矣。"是其大正十三年(1924)7月至十四年(1925)2月滞欧中之事。(译者按:"李文博"讹作"季文博",今据《隋书·李文博传》《旧唐志》《新唐志》改。)

② "权文公德舆以《通典》之作为'诞章闳议,错综古今,经世立言之旨备焉',同时名公,推尊至此,而《朱子语类》则谓《理道要诀》'是一个非古是今之书'。然朱子异时亦谓'《通典》亦自好设一科',则其评《要诀》,非必为贬词。"

③ "后儒不达,阎若璩以立尸乃古法,外裔犹存;何焯又谓读《曾子问》,知君卿论立尸之谬,且难朱子不引经以折之。是已不解君卿'圣哲继生,鄙风渐改'之义,又不通朱子评君卿之意也。论世论人,究往哲之宏旨,难矣。"

④ "若其论礼、论边防,谓中华古制朴质,类今之夷狄有祭立尸焉,有以殉葬焉,有葬无封无树焉,有茹毛饮血焉,有手抟食焉,有巢居穴处焉,有同姓婚焉,有不讳名焉。惟其地中而气正,人性和而才慧,继生圣哲,渐革鄙风。或是古者,犹言祭尸礼重,亦可习之,岂非滞执?是则君卿心知世运之日进,由朴而之文,势之必至。于禹域学者,尤为超世独见,盖上下二千年无此卓识矣。"

⑤ "《困学纪闻》(卷五)引其书,谓'周人尚以手抟食','三代之制立祭尸'。'以人殉葬,今戎狄尚有之,中华久绝';又(卷六)引'自古至商,子孙不讳祖父之名,周制方讳,夷狄皆无讳',乃《通典》论礼、论边防之意。"

⑥ 原本是挥毫的草稿。("经语"十条,"子史语"十条,"宋贤语"十条,"清贤语"十条,"文心雕龙史通"十条,"先唐诗"十首,"唐诗"十首,"唐后诗"十首,"自制诗"廿首,共计百幅。)(译者按:见印晓峰点校:《内藤湖南汉诗文集》,第133—148页。)

语十条"中,有二条与杜佑有关(《全集》第十四卷所收)。一条是对《理道要诀》佚文的摘录(《拟策一道》的前文。《进讲案》之"正文"参照二、①②⑥),另一条是《通典》对《管子》的引用(《拟策一道》之(Ⅰ)。本文第二章《进讲案》第四节"结言"有引用①),《进讲案》的精髓已经显现出来了。

(三)《〈通典〉的著者杜佑》

这是在进讲大约一年前的昭和四年(1929)11 月在龙谷大学史学会大会上所作讲演《〈通典〉的著者杜佑》。下文将讨寻其要旨。

该文首先说明与前一节讨论的《拟策一道》的关系。"关于《通典》的著者杜佑","虽然有《拟策一道》","但因为是用汉文写的","所以再进行浅显易懂地叙述"。

接着叙述杜佑的生平。其生卒年和享年(78 岁),是唐朝中期的宰相,度过了和平的一生,等等。② 以及其受到宪宗的优待、据韩愈《顺宗实录》所知其与王叔文的关系等事,③"在唐代有学问的宰相中,杜佑的学问也是特别好的,其结果就是写出了像《通典》这样的书",总结杜佑的为人,杜佑(《通典》)的政治改革意见,与宋代相比较,"于叙述古来沿革之内,加入他人之议,插入自己意见,静说不可不如此之事"。

其次,引述以往的《通典》读者(荻生徂徕等"近世支那学者们")的反

----

　① "其《通典》引《管子》之时,凡读古人之书,盖欲发明新意,随时制事,其道无穷,若一二模楷,则同胶柱刻舟耳,全外此意。"(译者按:印晓峰点校《内藤湖南汉诗文集》作:"凡问古人之书,盖欲发明新意,随时制事,其道无穷,而况机权之术,千变万化,若一二模楷,则同胶柱刻舟耳。"第 136 页。今考杜佑:《通典》卷一二《食货典·轻重》杜佑自注作:"凡阅古人之书,盖欲发明新意,随时制事,其道无穷,而况机权之术,千变万化,若一二模楷,则同胶柱刻舟耳,他皆类此。"北京:中华书局,1988 年,第 279 页。)

　② "他的一生真是过着唐代宰相的一生","具有代表性的贵族","在宰相中也是有学问的人","贾耽也是与他同时代的人……真的很像。说起来这个时代是需要人才出现的时代","无可挑剔的家世","大体上他的一生都是平和的","他是一个生来就很温和的人。"被认为无抑下之力而被轻视的人","度过了与贵族宰相之名相称的平和的一生吧"。

　③ "有学问也好,有政治上的改革意见也好,但并非具有排除万难之性格的人,而是不妨碍他人的人,正因为如此,才能与有魄力的宪宗相得益彰而被优遇"。韩愈《宪宗实录》"把杜佑与王叔文写得关系很好"。(王叔文认为杜佑不会抱怨,也不会插嘴。)

应,①在列举杜佑著述《通典》《理道要诀》《管氏指略》的基础上,②进入对《通典》的说明。

《通典》之编纂"令人感佩"的是其中有"自己的意见""闪现"之点。③"大体上是为了供政治实用而写的"。④《通典》分为九个部门,其下又各更有细分,论道:"此其对断代史志不满,不久就开始考虑作为国家社会的机关,想要弄明白自古以来的由来。在此要求下,为了知道自古以来制度的沿革而诞生的著作就是《通典》,除了纪传之事,将政治机关的事类分为各部门,通贯古今而记录之,如果从六朝前后开始考虑的话,这未必是杜佑的卓见。"(加着重号部分表明湖南绝不止看到杜佑一个例子。)"成为君主的榜样和训诫的书",其形式是类书。⑤

"以上是从《通典》的形式上所见的点",以下进入对内容的说明。论杜佑在文化、政治方面的进步史观与法家政治论。

进步史观"认为政治、文化是进步的,作为当时的中国人这实在是破天荒的想法"("现代比古代进步这种理想主义的意见,与中国历代史家相比是破天荒的见解")。下文"中国古代之制度风俗同于今(唐)之夷狄",列举了"古礼"(《进讲案》之③"茹毛饮血"、④"巢居穴处"除外,与其①祭祀"立尸"、②"殉葬"、⑤墓葬"不封不树"、⑥"手食"、⑦"同姓不婚"、⑧"不讳名"对应)。⑥ 这些"古礼"之所以在"中国"(中华)消失,是因为出现了

①　"荻生徂徕说他获得了经纶性的知识,但近世支那学者们以《通典》为一种编纂物,对其中所存在的改革意见似无充分理解。"(《拟策一道》"正是要启蒙这一点"。)

②　《理道要诀》是"抄录《通典》要点之书",《管氏指略》"略写《管子》意义之关键"。"其政治论以《管子》为基础。"

③　"二百卷中,《大唐开元礼》有几十卷,所以自己写的有一百三四十卷,但不单是其编纂有劳,更值得佩服的是其间到处闪现的自己的意见。"根据杜佑《进通典表》,其书由典礼而来、模仿周礼的方法编写而成。

④　与之相似的刘秩《政典》三十五卷"因为没有写历史上有用的变革,所以想弥补这一点"。

⑤　"在某种形式上是百科全书式的。据李瀚说《通典》不是类书,而是写对政治有用的东西。此重事实、薄文饰之点,是其所以异于当时之书者,其根本似来自《韩非子》。"

⑥　"今日夷狄祭则立尸。此古礼,祭自己父母之时,受祭者之孙作为替身,坐而受供物。此见载于《礼记》,夷狄今日尚残留之,唐已无此风。又古礼以人殉葬,又葬人而不立冢,此风已于中国绝迹,而夷狄尚残存之。古者以手抓饭而食,然今日只夷狄有此风,中国则使用食器。或讳同姓相婚之事,或讳祖名之事,此至殷代尚无,周代方始,夷狄并无此风。"

"贤人"。① 在追踪杜佑议论的基础上,湖南得出了"所谓今日中国之风俗比古礼进步"的结论。不用说,这正是《进讲案》的主题。与清朝学者相反,湖南对杜佑的意见"古风之消失即为进步"的评价是"显然很优秀,作为中国人其思维方式确实不寻常"。②

在法家政治论的基础上,杜佑的法家思想出现在《通典·食货典》的《轻重篇》对《管子·轻重篇》的摘录和杜佑的注解中。③

接下来论述与同为"三通"的郑樵《通志》、马端临《文献通考》的优劣(与《拟策一道》内容相同),④批判《四库全书总目》对《通典》的评价(与《拟策一道》内容相同),⑤前些年湖南在法国发现李文博《治道集》部分内容,对思考《理道要诀》的内容有很大参考价值,但跟《理道要诀》是"无法比较的"(与《拟策一道》内容相同),⑥叙述朱子对《通典》《理道要诀》的高度评价

---

① "此等皆因为中国居住之土地佳,气候佳,人之性格温和,有学问,亦出贤人,故此等不必要之风从中国消失。"

② "然清朝学者以古礼残留于夷狄之中为可称羡之事,似谓此乃中国之礼之退步。杜佑则作出与之相反的解释,以古风之消失即为进步。两者间虽有根本的意见的差异,然以今日观之,杜佑的意见显然更优秀。总之作为中国人来说,确实有不同寻常的想法。汇集此等关键论点者盖即《理道要诀》。"

③ "很好地理解了《管子·轻重篇》并摘录之,将此加入彼之文章中并自为作注"。"其所云盖读古人之书,以发明新意为最要之事,彼之法家思想即从此《轻重篇》中寻得,此恐为彼所最为注意之点。以孔子之道德主义进行政治,中国由来以此为理想,实际上一般其表为道德主义,其里为法家主义。杜佑表面上如此成行,内里则保持法家意见。"

④ "曾国藩将中国历代圣贤二十二人之像挂在书房中,杜佑、马端临皆在其中。彼门下之刘裕说《通典》不管读了多少遍也不过是类书,并讽刺彼之《通典》不是类书的见解。""把《通典》看作与《通考》一样的类书,是绝对错误的。"

⑤ "以《通典》大体上是掌故之渊源,站在这一立场进行评价,故列举杜佑书中存在之十余条遗漏之点。然杜佑并非以此等遗漏作为问题而写作。又该书将今日所无之佚文引作注释而以为甚佳,然此点即便不是《通典》,唐以前之书殆皆引用古注疏,非惟《通典》也。云《通典》颇存古注,可以说是侥幸,而不可以此为《通典》之功。"(与《拟策一道》内容相同)"此等《四库全书总目提要》之批评乃从自身使用之方便而评论,并未理解写作《通典》的真意,即世界是进步的这种理想主义,以及政治之根本必须是法家主义的真意。不明此根本思想之批评只不过是枝叶的。而此种评论古来多矣。"

⑥ "前几年在法国与石滨纯太郎发现其一部分,据此可知《治道集》乃为劝谏天子之恶而书,未考制度之大体。杜佑对此不满,以制度为重点而写政治之根本要诀,即《理道要诀》。以今日残存之《治道集》来看,无法与《理道要诀》相比拟。"

（尤其是对《理道要诀》"非古是今"的评价）。①

最后，以"杜佑作为一个极为保守的中国人，是一个有着异乎寻常的意见的人。《通典》并非以通史或类书为单一目的而写的，而是要好好玩味学问中阐述经世意见的地方。而且以彼之聪明，也做出了超出目标的结果。《通典》的读者应好好理解上述诸点来阅读"结尾。

综上所述，《〈通典〉的著者杜佑》首先讲述了杜佑的为人，其次论述《通典》。对《通典》的见解分为从形式上所见之点与从内容（文化、政治方面）所见之点、对后世的影响、后世的批判。从内容所见之点第一是文化方面的，"现代比古代进步的理想主义的意见"，第二是政治方面的法家的政治论。《进讲案》（尤其是其二）进一步扩充了《通典》文化方面的内容，即基于进步史观的理想主义的意见。

（四）小结

第二章、第三章按时间顺序整理湖南对杜佑《通典》的见解。

关于作为体裁的类书，可在《中国史学史》《中国史学史概要》《拟策一道》《〈通典〉的著者杜佑》中见到，但在《进讲案》中未言及。

关于经世论、法家的政治论，经世论见于《中国史学史》《〈通典〉的著者杜佑》，但在《进讲案》中未言；法家的政治论见于《拟策一道》《〈通典〉的著者杜佑》，但《进讲案》中未言及。

与之相对，进步史观（"非古是今"）在《中国史学史》《中国史学史概要》《拟策一道》《〈通典〉的著者杜佑》《进讲案》中一贯可见，《拟策一道》《〈通

---

① "朱子答门人之问曰：'《通典》，好一般书。宋欲明前代以来之制度，可参考此《通典》。'此事虽在南宋中止了，但说的是应以《通典》为参考书。又曰'《通典》亦好设一科'，应该别设一科研究《通典》。又说《通典》的议论很好。又说杜佑有意于世务，对《理道要诀》说'非古是今'，此评未必是负面的，毋宁说是与杜佑一样持进步见解。总之，《理道要诀》今日虽是佚书却是成为问题的书。而读《通典》则要略解《理道要诀》的真意。"（译者按：黎靖德编：《朱子语类》卷八四《礼一·论考礼纲领》："《通典》，好一般书。向来朝廷理会制度，某道却是一件事，后来只恁休了。又曰：'《通典》亦自好设一科。'又曰：'《通典》中间数卷议亦好。'"第2182页；又卷一三六《历代三》："'杜佑可谓有意于世务者。'问《理道要诀》，曰：'是一个非古是今之书。'"第3250页。湖南即约此数条而言之。）

典〉的著者杜佑》《进讲案》中引用《通典·礼典》"立尸义"作为案例，《进讲案》中更是具体论述"立尸义"。另外，《进讲案》并未提及经世论、法家的政治论、类书，反过来说，其论集中在进步史观上。用《通典·礼典》"立尸义"来彰显杜佑的进步史观（"非古是今"），这就是"何故以杜佑《通典》为主题"的答案吧。①

四、作为背景的隐栖时期

本章就作为进讲之背景的内藤湖南隐栖时期（1927—1934），按照（一）学问方面、（二）时局方面的顺序进行检讨。

---

①　另外，作为显示湖南对杜佑《通典》的客观性、冷静而不将杜佑绝对视之的例子，有《〈通典〉的著者杜佑》中"除了纪传之事外，将政治机关之事分门别类，贯通古今而记之，如果从六朝左右开始考虑的话，并不一定是杜佑的卓见"，以及《进讲案》中反对杜佑之理解的发言（⑦第七项"同姓婚"、⑧第八项"不讳名"）。

关于朱子对《理道要诀》的理解，《中国史学史》第九章《宋代史学的进展》七《郑樵〈通志〉》中说："朱子评论杜佑《理道要诀》为《通典》简约本（今已不存），是一部是古非今的著作。"对此，《丽泽社策问》中说："（ⅲ）又删其《通典》要为《理道要诀》，朱子评谓非古是今之书。今其书已亡，其佚在于何时？"《拟策一道》（Ⅵ）中有唐宋时代对《通典》《理道要诀》的正面评价，有同时代的权德舆与宋代的朱子，"《朱子语类》则谓《理道要诀》是一个非古是今之书。然朱子异时亦谓，《通典》亦自好设一科。则其评《要诀》，非必为贬词"。《〈通典〉的著者杜佑》中说："朱子答门人之问曰：'《通典》，好一般书。宋欲明前代以来之制度，可参考此《通典》。'此事虽在南宋中止了，但说的是应以《通典》为参考书。又曰'《通典》亦好设一科'，应该别设一科研究《通典》。又说《通典》的议论很好。又说杜佑有意于世务，对《理道要诀》说'非古是今'，此评未必是负面的，毋宁说是与杜佑一样持进步见解。"《进讲案》之一《杜佑及其著书》中说："朱子评《理道要诀》为非古是今之书，绝不只将其看作偏就讽讥之言。"将"是古非今"改为"非古是今"。此外，对于《四库提要》的批判，《丽泽社策问》"凡其所抑扬（其间有挂漏，稍涉繁冗，而取其元元本本，为有用之实学，往往有补经训），是否得当？"《拟策一道》对此做出回答。对日本人进行的讲演《〈通典〉的著者杜佑》的应答为："以《通典》大体上是掌故之渊源，站在这一立场进行评价，故列举杜佑书中存在之十余条遗漏之点。然杜佑并非以此等遗漏作为问题而写作。又该书将今日所无之佚文引作注释而以为甚佳，然此点即便不是《通典》，唐以前之书皆引用古注疏，非惟《通典》也。云《通典》颇存古注，可以说是侥幸，而不可以此为《通典》之功。"（与《拟策一道》内容相同）"此等《四库全书总目》之批评乃从自身使用之方便而评论，并未理解写作《通典》的真意，即世界是进步的这种理想主义，以及政治之根本必须是法家主义的真意。不明此根本思想之批评只不过是枝叶的。"对其加以痛切反驳。正是湖南的这种精神才是《中国史学史》所以成为名著的原因吧。

（一）学问方面

湖南于大正十五年(1926)7 月退休,①昭和二年(1927)8 月隐居于京都府相乐郡瓶原村(现在是木津川市加茂町瓶原地区)的恭仁山庄②。③ 在湖南晚年的隐栖时代,与湖南本人专心于学问的意愿相反,反而忙于接待客人,(根据《全集》第十四卷所收《年谱》,有马斯佩罗夫妇、郭沫若、杨钟羲、郑孝胥,以及根据宫崎市定《内藤史学的真正价值》(《全集》月报 3)的石原莞尔〈狩野直喜的原学生〉等人。④)学问上的成果没有自己所想的那么多吧。如果将《著作目录》(《全集》第十四卷)从昭和二年(1927)8 月到九年(1934)6 月的著作进行分类,按照从多到少的顺序列举其件数的话,有:

> "题跋"(汉文)62 件("题"10 件,"跋"52 件);
> "序"23 件(汉文 18 件,和文 5 件,《魏晋南北朝通史序》等);
> "与""答"(汉文书简)19 件;
> 论文或与之相当的著述 18 件;
> 杂志报道 13 件,讲演 9 件;
> 新闻报道 9 件。

等。⑤

若列举 18 篇论文或与之相当的著述,有:

---

① 授课到昭和二年(1927)6 月为止。顺带一提,其授课题目是"中国中古的文化"。昭和五年(1930)11 月辞去讲师一职。

② 因恭仁宫而命名,现为关西大学所有。

③ 参见小川环树:《内藤湖南的学问及其生涯》《年谱》,小川环树主编:《内藤湖南》,中央公论社"日本的名著"第 41 种,1971 年;三田村泰助:《内藤湖南》,东京:中公新书,1972 年。

④ 参见青江舜二郎:《龙的星座:内藤湖南的亚洲生涯》之《山庄之客》,第 393—398 页。

⑤ 其特征为"题跋""序"等受人之托而作的很多,"题跋""序""与""答"等用汉文所写的很多,包含代作等。

《关于中国文化的研究》

《高丽绀纸金银字经》

《拟策一道》(汉文)

《唐钞曹溪大师传》

《关于三次〈秦边纪略〉》

《关于飞鸟朝中国文化的输入》

《奴儿干永宁寺二碑补考》

《清朝开国时期史料补录》

《影印秘府尊藏宋椠单本〈尚书正义〉解题及〈尚书正义〉撰者考刊者考》

《朝鲜安坚的〈梦游桃源图〉》

《关于香之木所》

《正仓院的书道》

《〈通典〉的著者杜佑》

《贾魏公年谱》

《关于三井寺所藏唐过所》

《昭和六年一月廿六日御讲书始汉书进讲案》

《拟策一道》(汉文)

《与智证大师相关的文牍及其书法》

(其中加着重号的三篇是第二章、第三章提到的关于杜佑《通典》的著述。)①

---

① 此外,讲演中也有《唐代文化与天平文化》《近代中国的文化生活》《章学诚的史学》《话说宋元版》《关于慈云尊者的学问》《中国历史思想的起源》《关于书论的变迁》,新闻报道中也有《〈帝王略论〉的发现》等。其中重要的学问成果是在《全集》第七卷所收的《研几小录》中作为"补遗"而增入的《影印秘府尊藏宋椠单本〈尚书正义〉解题》《昭和六年一月廿六日御讲书始汉书进讲案》、《读史丛录》中作为"补遗"而增入的《贾魏公年谱》《关于三井寺所藏唐过所》。另外,《著作目录》以外与学问相关的,有教科书《新制中等东洋史》(其绪言,昭和六年〈1931〉)等的编集(高木尚子的研究)、自著的整理出版。(昭和三年〈1928〉的《研几小录》《玉石杂陈》,昭和四年〈1929〉的《读史丛录》,昭和五年〈1930〉的《增订日本文化史研究》。第14卷《后记》。)

　　综上,作为隐栖时代湖南学问对象的一种倾向,从《影印秘府尊藏宋椠单本〈尚书正义〉解题》《昭和六年一月廿六日御讲书始汉书进讲案》《贾魏公年谱》《关于三井寺所藏唐过所》等著述之主题,可以看出正处于唐代以及当时中日交流的领域。

　　那么,为何是唐代呢?对于以中国史之全时代为研究对象(宫崎市定同样如此)、重视通史的湖南来说,其在京大任教时期的主要课程"中国上古史"与"中国近世史"之间,其著述中少有的空白就是"中古",亦即六朝隋唐,进入隐栖时期正式着手其中唐代的研究,不正是想要有所填补吗?另外,隐栖之前的授课题目正是"中国中古的文化"。① 但是"中国中古的文化"主要论述贵族成立的过程与经过,并不及六朝的大部分与隋唐。②

　　作为湖南之唐代研究的一个分野,有《唐三君年谱》之编纂。③ 此三位即经学家孔颖达、地理学家贾耽、史学家杜佑。④ 孔颖达的年谱《孔冲远祭酒年谱》于昭和四年(1929)、⑤贾耽的年谱《贾魏公年谱》于昭和五年(1930)

---

　　① 《年谱》大正十二年(1923)的讲课题目是"东洋史概说(中世)"。昭和二年(1927)授课"中国中古的文化"。

　　② 拙文《内藤湖南关于中世贵族形成的思考方式》中将"中国中古的文化"的内容的核心总结为:"由于汉武帝采取了与政治、选举相结合的教育政策,学问、儒学因此得以振兴。其结果,特别是进入东汉时期,礼仪和名节受到重视,并出现了名族。在此之后,礼仪一直到六朝隋唐时期始终受到尊重。而在战国、汉初时期的气节观念的发展中,因为学问与气节结合到一起,遂出现了名节的观念并得到了社会的重视。在其影响下,到了东汉末期,出现了苦节之士、伪善者以及优柔寡断的人物。这些都是'学问的中毒'表现。对此进行纠正并给予批判的,是基于法家思想的曹操、诸葛亮的人才录用以及以老庄思想为背景的正始名士的清谈和竹林七贤的通达行为。但是,主流依然是那些在外顺应体制、在家庭重视礼仪的士人。这一点在政治上则表现为九品中正制定的重视品行的标准。但是,因为方向的误导,使其一变成为重视门阀,贵族(士族)因此而产生。"内藤湖南研究会编著:《内藤湖南的世界——亚洲再生的思想》,名古屋:河合文化教育研究所,2001 年。(译者按:马彪、胡宝华、张学锋、李济沧中译本,西安:三秦出版社,2005 年,第 271—272 页。)

　　③ 《贾魏公年谱》之序。

　　④ "史学家"是小川环树的意译。"三君乃孔冲远、贾魏公、杜岐公。冲远之疏义、魏公之地理、岐公之礼制,并不朽之绝学。"(《贾魏公年谱》序)此"绝学"乃"出类拔萃而优秀的学问"之意(旧版《新字源》之③),而非"中途废绝而不传于后世之学问"之意(《广辞苑》第二版、旧版《新字源》之①)。

　　⑤ 作为《影印秘府尊藏宋椠单本〈尚书正义〉解题》之一节,附载于大阪每日新闻社《景印秘籍大观》第二集《宋椠》,同年十月刊登于《支那学》第五卷第三号,《研几小录》(注转下页)

付印。①与之相对,杜佑的年谱《(杜)岐公年谱》虽有草稿,但并未付印。③

　　与编纂唐代孔颖达、贾耽、杜佑年谱并行,有杜佑及其著作《通典》相关的一系列著述《拟策一道》(汉文)《〈通典〉的著者杜佑》《昭和六年一月廿六日御讲书始汉书进讲案》。

(二) 时局方面

　　此隐栖时期(1927—1934)是战间期,在昭和四年(1929)发生的大恐慌引起世界恐慌,与之相对,日本军国化,对"满洲"(中国东北地区)的战事正在进行,中国南京国民政府对共产党进行"围剿"。如果集中在进讲前后的话,昭和五年(1930)有伦敦裁军会议、台湾的雾社事件,昭和六年(1931)以柳条湖事件为发端的"九·一八"事变爆发、中华苏维埃共和国临时政府在瑞金成立。对于湖南来说,尤其不得不处于与"满洲"(中国东北地区)之动向相关的立场。③

　　此种时局与湖南进讲之主题杜佑《通典》并无直接关系,是否有间接关系则未详。

　　但对于中国,湖南认为其在"坤舆文明"之中广义的文化方面最为进步(昭和三年〈1928〉的讲演"近代中国的文化生活"),其历史发展为王道,欧美、日本的发展反而是变则,与此相关,中国具有"潜势力"。

(续上页注)(昭和三年〈1928〉4月刊行)于《全集》第七卷(1970年刊行)再次收录之际作为"补遗"两篇中的一篇被增入(《全集》第七卷内藤乾吉《后记》)。

　　① 　小川琢治博士还历记念会编:《小川博士还历记念史学地理学论丛》,东京:弘文堂书房,1929年。其中收录的《读史丛录》。于《全集》第七卷(1970年刊行)再次收录之际作为"补遗"两篇中的一篇被增入(《全集》第七卷内藤乾吉《后记》)。

　　② 　《贾魏公年谱》序:"《岐公年谱》亦削稿已成,未及写定,不日当问世。庚午五月。""庚午"为昭和五年(1930)。参见小川环树:《内藤湖南的学问及其生涯》《年谱》,小川环树主编:《内藤湖南》。

　　③ 　其间,内藤湖南自身就"满洲"问题著有《关于"满洲国"的建设》(昭和七年〈1932〉3月)、《关于东方文化联盟的鄙见》(昭和八年〈1933〉6月)、《关于"满洲国"今后的方针》(昭和八年7月),又于昭和八年(1933)10月为了设立"日满文化协会"前往伪满洲国。昭和九年(1934)4月,虽是去世的两个月前,仍有旧友伪满洲国国务总理郑孝胥访问恭仁山庄(有影像)。这种与"满洲"的关系,是批评内藤湖南的一大论据。

五、 为何以杜佑《通典》为主题

为何杜佑《通典》是内藤湖南进讲的主题？针对这一问题，其隐栖时代的学问研究对象倾向于唐代及当时的中日交流（关于《中国上古史》与《中国近世史》之间的六朝隋唐的课程有"中国中古的文化"，至于关于隋唐的著述则较少），其成果有《关于三井寺所藏唐过所》等，其中有唐代孔颖达、贾耽、杜佑年谱的编纂（杜佑年谱最终编成，但没有发表），其与杜佑及其主要著作《通典》有关的著述《拟策一道》（汉文）、《〈通典〉的著者杜佑》都在这一时期著成，《昭和六年一月廿六日御讲书始汉书进讲案》也位于这一进程中。这也算是一种回应。

作为进讲"杜佑之论"的理由（相当于湖南自己对"何故以杜佑《通典》为主题"的回答），第一是湖南作为学者的"本分"（"明从事学问者之本分"。"从事学问者"的湖南自己？"本分"即职责）；第二是表彰杜佑（"表彰久已湮没、不为后世学者所顾之杜佑之卓识，阐发其潜光"）。

若进一步探究，对这一阶段提出的新问题是，《拟策一道》《〈通典〉的著者杜佑》与《进讲案》之内容的共同点与不同点意味着什么？《拟策一道》《〈通典〉的著者杜佑》与《进讲案》最大的共同点是，自《中国史学史》以来，《拟策一道》《〈通典〉的著者杜佑》与《进讲案》始终坚持对《通典》之进步史观（"非古是今"）的见解。最大的不同点是，《进讲案》集中在中华已经失去而残存于夷狄的"古俗"上，其中以"古俗"之一"立尸"作为主要的具体案例进行论述。也就是说，《进讲案》为何集中于"古俗"及其中的"立尸"呢？

另一个遗留的问题是，第二章第四节中提到《进讲案》之三"结言"总结中说到进讲"杜佑之论"的两个理由之一"明从事学问者之本分"的意思。从前后文脉来判断，这种情况下"从事学问者"指的是"从事学问"的湖南自己。那么，湖南的"本分（职责）"具体指的是什么呢？一般来说，应该是担任进讲吧。然而湖南前一年为讲书始之陪席，昭和天皇当时不将四书五经设定为主题，昭和天皇自身对进讲并非被动接受，而是积极对其内容加以要求。虽是后一年的事情，但如果考虑到"国史研究者不对有关皇室之事作任何批评议论，万事皆可的进讲，即便听了也会毫无用处"这种发言的记述（第一章第一节注⑨①《百武三郎日记》昭和十四年 10 月 27 日），那么"本分（职责）"是否包含更为积极的意义呢？

对为何《进讲案》集中于"古俗"及其中的"立尸"的疑问，以及湖南所谓"本分（职责）"具体何指的疑问，以下聊作臆测。在皇室的活动"讲书始仪"中，以"古俗"为主题进行讨论是否合适，天皇祭祀是否也是残存于夷狄的"古俗"的一种，这些问题都被提上议事日程。湖南确实说过"日本祭祀无立尸之习"（《进讲案》二之①，注㉛②），"我朝祭祀尚严肃，乃甚异之习俗"（《进讲案》二之①"立尸"，注㉛），将夷狄之祭祀与日本之祭祀断为不同之物。这让人想起了久米邦武笔祸事件（明治二十五年〈1892〉，《神道乃祭天之古俗》）、折口信夫与大尝祭之秘仪相关的一系列研究（昭和三年〈1928〉之《大尝祭之本义》《"真床覆衾"论》）。③ 三田村泰助说："先生晚年时告诉我神道应该用萨满主义来解释。湖南其实是'危险思想家'。"④湖南本身与皇室有一定的关系（写过《贺今上天皇即位仪式表》等⑤），并不批判天皇制。但是，对于天皇制（着眼于时局的将来），"日本也不一定就没有天皇"⑥，可以看出其清醒的眼光和大胆的看法。⑦

① 　编者注：第 19 页注⑤。
② 　编者注：第 26 页注③。
③ 　内藤湖南研究会编：《内藤湖南未收录文集·祭天古俗说辨义》有批评，第 283 页，其解题在第 848—849 页。
④ 　三田村泰助：《内藤湖南》，第 212 页。同页接着写道："当湖南听猪熊（猪熊浅麿）之有关'大尝祭'之讲演时，对稻叶君山说：'非常有发明之处。支那的祭祀，其中禘尝之礼、满洲的祭神祭天，（它们之间）都有很大关系。'神圣的祭祀在湖南看来也只是民族学的资料。"
⑤ 　代作，汉文，《全集》第 14 卷所收。除此之外，其隐栖时期还有《久迩宫邦彦王之事》（新闻报道，《全集》第 6 卷）、《朝彦亲王之事》（新闻报道，《全集》第 6 卷）、《醍醐天皇一千年御忌表白》（代作，《全集》第 6 卷）等。
⑥ 　内藤戊申：《父亲的学风·回忆》，《筑摩》创刊号（1969）。"清醒目光"参见三田村泰助：《内藤湖南》，第 222 页。正在对话中的矢野仁一对此的反应是惊诧："这太过分了。"
⑦ 　青江舜二郎在《一个谜》中自问："湖南对明治天皇的驾崩没有留下任何诗文，是一个'最大的谜'。""湖南即使是保守的民族主义者，难道完全没有尊皇精神吗？"青江舜二郎：《龙的星座：内藤湖南的亚洲生涯》，第 292—294 页。

六、结　语

关于昭和六年(1931)内藤湖南的进讲,我一直在思考为何以杜佑《通典》为主题。其结论已在第五章阐述,此处不再重复。

但值得注意的是,第四章第二节讨论湖南进讲之内容与当时时局的关系,虽然不能否定有关系的可能性,但可以得出并无直接关系的结论。

但是,作为一种可能性,说起湖南的进讲,我自己联想到同样是1930年代的昭和十四年(1939)5月宫崎市定(1901—1995)以《中国之奢侈的变迁——羡不足论》为题在史学会五十周年纪念大会上的演讲,讨论中国衣食住行的进步、发展。① 因为这两个主题都是中国及其发展进步。进行这一演讲的昭和十四年(1939)正是日本侵华战争(狭义上是1937—1945)的正中间,当时的日本于昭和十三年(1938)公布《国家总动员法》(讲演提到"人力与物力是总动员的结果")、昭和十四年成立国民精神总动员委员会,其口号是"奢侈是敌人"(花森安治创制。把"敌"变为"极好")②,但在此过程中,以中国之奢侈为主题的宫崎市定的内心深处到底在想什么? 是一种韬晦之策吗? 同样,内藤湖南的《昭和六年一月廿六日御讲书始汉书进讲

---

① 参见宫崎市定:《中国之奢侈的变迁:羡不足论》,《史林》第51卷第1号,1940年;收入《宫崎市定全集》第17卷《中国文明》,东京:岩波书店,1993年。概括其内容,即中国衣食住行之奢侈(即日语"赘沢")向着古代、中世、近世三个阶段而展开。仅就饮食来说明的话,古代的奢侈以殷纣王的"酒池肉林""长夜之饮"为代表,其特征就是分量过多。今天的日本也有这样的款待法,例如,在乡下被邀请的话,即使坦白(吃不下)也会被请客的款待法,或者像高中的学生喝酒劝酒一样,重视分量。殷纣王的奢侈,可以说只达到了高中学生的程度。中世纪的奢侈以六朝贵族为代表,他们"为了吃到真正美味的食物而费尽心思"。也就是以从量到质的转换为目标。晋武帝司马炎在其女婿王济那里吃蒸熟的以人乳饲育之豚。贵族、高贵性、平民<贵族、动物(豚等)<人类、从血脉类推。把玉磨成粉而饮之,把金银珠宝抛入井中而饮其水。以理推之,是不能吸收的。加入金粉的日本酒是不科学的。近世的奢侈是合理的奢侈做法。唐朝末期以木炭煮饭。"比石炭火力强,而且特别地除去了烟气,做成木炭用于烹饪,于理可通。"(⇔中世之奢侈,以蜡而炊,不合理。)"我想中华料理恐怕也是从这个时候开始变得好的吧。""中华料理的黎明期。"

② 译者按:原文为"赘沢は敵だ",日语中"敵"除了有"敌人"之意,还有"素敵"一词,意为"极好"。

案》是否也包含对中国时局的微言大义？

以上，拙论中反复进行推论，如果有新材料出现，还想再重新检讨，作进一步探索。

最后，向赐示众多相关材料和意见的六朝史研究会的成员以及赐示大量有关进讲之材料的渡边健哉先生表示谢意。

史　料

《昭和六年一月廿六日御讲书始汉书进讲案》(《内藤湖南全集》第七卷所收《研几小录·补遗》)之"正文与参照一、参照二"。《全集》本使用正字(旧字)，今改为常用汉字。(仍使用《全集》本之句读。)双行小注用小号字体并用《　》圈起。与北宋版《通典》(〔长泽·尾琦 1980—1981〕〔王文锦等1988〕)之字的异同用下划线与【　】表示，据北宋版《通典》所补之处用〔　〕表示。为方便计，"古俗"的具体例子的各项目附上加圈数字①—⑧。①

《通典》卷四十八立尸义

　　议曰。古之人朴质。中华与夷狄同。①有祭立尸焉。②有以人殉葬焉。③有茹毛饮血焉。④有巢居穴处焉。⑤有不封不树焉。⑥有手抟食焉。⑦有同姓婚娶焉。⑧有不讳名焉。中华地中而气正。人性和而才惠。继生【先】圣哲。渐革鄙风。今四夷诸国。地偏【猵】犷气【气犷】。则多仍旧。〔《《具边防序中。》》〕①自周以前。天地宗庙社稷一切祭享凡皆立尸。秦汉以降。中华则无矣。或有是古者。犹言祭尸礼重。亦可习之。斯岂非甚滞执者乎。《按后魏文成帝拓跋濬时。高允献书云。祭尸久废。今风俗则〔损〕取其状貌【兒】类者以为尸祭之。宴好敬之如夫妻。事之如父母。败损风化。黩乱情礼。据文成帝时。其国【国】犹在代北。又按周隋蛮夷传。巴梁间〔俗〕每秋祭祀。乡里美鬓面人。迭

---

①　译者按：今将用字改为规范简化字，仍保留其句读与其他符号，以存原貌。

【送】迎为尸以祭之。今郴道州人。每祭祀迎同姓丈夫妇人。伴神以享。亦为尸之遗法。有以知古之中华则夷狄同也。》》

参照一

人之常情。非今是古。其朴质少事【事少】。信固可美。而鄙风弊俗。或亦有之。缅惟古之中华。多类今之夷狄。④有居处巢穴焉。《《上古中华亦穴居野处。后代圣人易之以宫室。今室韦国及黔中羁縻东诸夷及附国。皆巢居穴处。诸夷狄处巢穴者非少。略举一二。》》⑤有葬无封树焉。《《上古中华之葬。衣之以薪。葬之中野。不封不树。后代圣王易之以棺椁。今鞨鞨国父母死。弃之中野以哺貂。琉球国【琉求国】死无棺椁。草裹尸以亲土而葬。上不起坟。诸夷狄之殡葬。或以火焚。或弃水中。潭衡州蜑人【潭衡州人曰。蜑】。取死者骨。小函子盛。置山岩石间。大抵习俗既殊。其法各异。不可徧【遍】举矣。》》⑥有手团食焉。《《殷周之时。中华人尚以手团食。故礼记云共饭不泽手。盖弊俗渐改。仍未尽耳。今五岭以南人【民】庶。皆手团食。》》①有祭立尸焉。《《三代以前。中华人祭必立尸。自秦汉则废。按后魏文成帝拓跋濬时。高允献书曰【云】。祭尸久废。今风俗父母亡殁。取其状貌【皃】类者以为尸而祭焉。宴好如夫妻。事之如父母。败损风化。黩乱情礼。又周隋蛮夷传。巴梁间风俗。每春秋祭祀。乡里有美鬓面人。迭迎为尸以祭之。今郴道州人。每祭祀迎同姓丈夫妇人。伴神以享。亦为尸之遗法。》》聊陈一二。不能徧【遍】举。《《⑧夏商以前。臣不讳君名。子不讳父名。自有周方讳耳。今夷狄〔则〕皆无讳。如此之类甚众。不可殚论。》》其地偏。其气梗。不生圣哲。莫革旧风。诰训之所不可。礼义之所不及。外而不内。疏而不戚。来则御之。去则备之。前代达识之士。亦已言之详矣。(《通典》卷一百八十五《边防典》序)

参照二

《理道要诀》云。⑥周人尚以手抟食。故记云。共饭不泽手。盖弊俗渐改未尽。今夷狄及海南诸国五岭外人。皆以手抟食。岂若用匕箸乎。①三代之制。祭立尸。自秦则废。后魏文成时。高允献书云。祭尸久废。今俗父母亡。取状貌类者为尸。败化黩礼。请釐革。又周隋蛮夷传。巴梁间为尸以祭。今郴道州人祭祀。迎同姓。伴神以享。则立尸之遗法。乃本夷狄风俗。至周未改耳。②以人殉葬。至周方革。犹未能绝。((原注。秦穆公、魏颗之父。陈乾昔。))今戎狄尚有之。中华久绝矣。(《困学纪闻》卷五)

《理道要诀》云。⑧自古至商。子孙不讳祖父之名。周制方讳。((原注。夷狄皆无讳))(《困学纪闻》卷六)

【日文原刊于河合文化教育研究所编:《研究论集》第十六卷,

名古屋:河合文化教育研究所,2022 年

作者单位:京都外国语大学;

译者单位:山西省委党校;武汉大学中国传统文化研究中心】

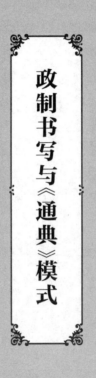

政制书写与《通典》模式

大国礼治何以重要？

——政制崇拜、治体论与儒学社会科学刍议

任　锋

　　从社会科学视野观察儒学思想，是承接现代性转型压力而衍生的应对性命题。通常认为，社会科学是西方文明主导衍生的现代性产物，而儒学思想属于中国或东亚地区的本土文明资源。近四百年来，前者逐渐兴盛，而后者终至沦落。自传统文化展开现代转型以来，国人把几千年的儒学思想传统放置在现代社会科学视野中加以审视，从而形成了以西非中、以今非古的强劲价值导向。伴随现代转型的渐趋稳健和成熟，我们现在或许到了一个重新调整的时刻：儒学传统不再是博物馆意义上的古董，而是从未断绝生机的文明活水；中国社会科学诸多学科在当前纷纷推进本土化的发展方向，而本土资源的深层蕴积无法绕开儒学传统。

　　实际上，在现代转型历程中，对于二者关系的考察也有比较辩证、蕴涵丰富启示的面向，足以成为我们今天调适进路的智识资源。笔者近年来参与发起历史政治学的新兴路径，从政治学视野追溯这个路径的现代谱系，曾以梁启超和钱穆为例加以剖解①。梁启超对于政治学、法学等现代中国社会学科的创立有奠基之功，在其晚期的现代文明反思中逐步调适早期启蒙阶段的儒学判准，为社会科学与儒学传统的良性互动遗留下了珍

----

　　①　任锋：《历史政治学的双重源头与二次启航：从梁启超转向到钱穆论衡》，《中国政治学》2019年第2辑，北京：中国社会科学出版社，第51—69页。

贵线索①。相当程度上继承任公遗志,钱穆不仅是现代极具代表性的史学家、儒学发扬者,其思想学术的社会科学气质尤其值得我们注重②。笔者近年来致力于发掘钱穆作为政治学家、政治思想家的一面,曾称其为 20 世纪最具创发性的政治学人。时论多重视钱穆对于政治传统专制论的抗议,实则这种抗议的另一面是对于西方政治学理论的重重突围和儒学社会科学资源的反复锤炼③。钱穆在政治学、经济学、法学、文化学等领域提出了富含洞见的论述,也从中国文明的系统视野对于现代学术分科做出了具有根本反思性质的"论衡"。笔者曾以"会通为体,分别为用"来概括钱穆先生在现代共和语境中的大义家言④。本文聚焦政制论和礼治论,沿着钱穆的思考路径加以申发("接着说"),试图为我们再思儒学传统与社会科学的关系树立可资借鉴的现代模板。

一、 政制崇拜与立国思维

对于政治制度或曰政治体制的注重在现代中国十分显著,或可说已经形成了某种政制崇拜、政体迷思,学术研究和政治实践受此影响深巨。政制中心性往往被吸纳在以立宪、民主、法治、权力制衡为宗旨的西式现代国家话语系统中,韦伯所揭示的理性化和科层化被视为文明现代性的标配。近期学界对此已有一定反思⑤。

---

① 梁启超:《先秦政治思想史》,北京:中华书局,2016 年;喻中:《梁启超与中国现代法学的兴起》,北京:中国人民大学出版社,2019 年。

② 任锋:《钱穆的法治新诠及其启示:以〈政学私言〉为中心》,《西南大学学报》2018 年第 5 期,第 31—40 页;《君道再还:钱穆宪制思维中的元首论》,《开放时代》2019 年第 2 期,第 136—152 页。

③ 任锋:《立国之道的新和旧:钱穆与中国政治学的自觉》,《中国政治学》2018 年第 1 辑,北京:中国社会科学出版社,第 208—225 页。

④ 任锋:《"会通为体,分别为用"——钱穆〈现代中国学术论衡〉的大义家言》,《开放时代》2021 年第 2 期,第 61—74 页。

⑤ 王绍光:《政体与政道——中西政治分析的异同》,《中国·政道》,北京:中国人民大学出版社,2014 年;侯旭东:《"制度"如何成为了"制度史"》,《中国社会科学评价》2019 年第 1 期,第 68—83 页。

钱穆先生最为一般读者所熟知的作品当推《中国历代政治得失》，这是一本聚焦中国政治制度史的学术讲座记录，至今仍引发公众浓厚的阅读兴趣。钱穆对于政治制度的注重清晰可见，贯穿其学术生涯，比如《中国历史研究法》第二章"如何研究政治史"强调政治专史的重点就在制度，晚年集大成之作《晚学盲言》论述政治社会之部，在章节安排上，第一节"国家与政府"之后就是"中国历史上的政治制度"①。钱穆如何安顿其制度论，这一点最值得留意。笔者曾试图提挟《中国历代政治得失》之隐言微义，阐发其制度论背后的治体论思维②。这里依据《中国历史研究法》《中国史学名著》《现代中国学术论衡》《晚学盲言》等作品再加申论。

钱穆制度论的首要特征在于，他是在一种立国思维的脉络中来定位政制之重要性。在他看来，政治史与关注一般性政事的通史之不同，就在于政治史是以政制为中心，特别注重那些关系到"立国规模"与其"传世共守"的制度③。这种以政制为中心的立国政治关切是贯通古今的，既体现在对于中国政治传统的解释中，也落实在中国现代政治的安顿中。在钱穆看来，中国文明以政治创制能力，或曰政治制度化能力为其特长，这在中国以大一统为基调的政治秩序建构中表现得十分充分。中国能在人类文明史上保持四五千年的持续积极发展，政治上实现较长时期的安定和平，并在现代依然保持了大一统的国家形态，正是由于我们这个文明在政制智慧上较为发达。

理解钱穆的政制观，首先要清楚他的这一立国思维视野，尤其是将这个视野与现代国人更为熟悉的立国政制论进行比较，才能窥见其深意。现代转型以来的立国政制论，最显著的特质在于与中国自身传统的断裂，同时依据西方现代发展经验来树立自我理解和规划的参照系，因此形成唯西

---

①　钱穆：《中国历史研究法》，北京：九州出版社，2012 年；《晚学盲言》，北京：生活·读书·新知三联书店，2018 年。

②　任锋：《"历代政治得失"的微言隐义》，《读书》2020 年第 10 期，第 113—121 页。

③　钱穆：《中国历史研究法》，第 16 页。

学马首是瞻的模仿型立国①。在这个以变革思维为特征的思路下，政制制度论也是以模仿、移植为主，无论是民族主义构建，还是民权民主、立宪法治的体制构建，概莫能外。从这个视野反观中国传统，实在是没有什么资源需要汲取，也没有什么传统需要赓续。模仿型立国进路在晚清恰恰接受了西学以民主政体为绝对中心的现代方案，形成了现代转型透过政体革命毕其功于一役的神圣政制论崇拜②。

严复、梁启超一辈在早期对于神圣政制论贡献巨大，辛亥革命建立共和之后，国家建设的实践历程促成了先贤由变革思维向立国思维的回归转型。从中国政治传统的国家构成来思考现代立国的多方面要素，思想上的某种保守化趋向实际上代表了立国思维的稳健成熟③。对于现代意识形态竞争洞若观火的钱穆，不轻易依附于流行的主义与党派，强调现代中国的立国规划必须认清其悠久深厚的传统根基，认为这是无法回避也不能回避的基本前提。任何现代的立国方案，都需要置于中国自身的客观传统实践中来审视其得失利弊④。不仅如此，中国自身的发展与人类文明整体、世界秩序密不可分，中国以其超大规模体量有其世界责任，大同太平的人类世界秩序必以中国为中心，历史上如此，未来也应当如此。这是我们在现代谈论政制的一个基本出发点。

因此，钱穆的政制观所依托的立国思维有两点现代意味：一方面，要正面充分理解和评价中国立国传统发展起来的政治制度，不能用西方现代某一时期的局部经验作为唯一判准；另一方面，中国立国传统的政治制度，对于人类世界秩序未尝不包含普适价值，这或许需要我们从更大的共同体视野来重估。在古与今、中与外的关系上，不是以其中一面否定另一面，而是把握古今相续、中外依存的一体逻辑，那种以现代西方经验为绝对标准的思路过于短视和褊狭。

---

① 任锋：《立国思想家与治体代兴》，北京：中国社会科学出版社，2019 年。
② 刘训练：《西方古代政体学说的终结》，《政治学研究》2017 年第 5 期，第 23—34 页。
③ 任锋：《现代转型中的礼法新说与治体论传统》，即刊。
④ 任锋：《钱穆的"明夷待访录"》，《政治思想史》2018 年第 4 期，第 1—17 页。

钱穆对于中国立国传统在政治制度方面的表现做了多方面、系统的审视,我们可从以下几个方面加以了解。

首先是政治制度围绕大一统秩序形成的系统与古今两个维度上的通贯性。大一统是中国自封建到郡县时代政治秩序的中心特征,确保了中国作为广土众民国家的"可大可久"①。我们可以从三个层面来理解大一统秩序的构成:追求团结统一、反对分裂割据的秩序意向;以国家组织体系、元首制度、士人政府、礼法传统为中心的一系列政制安排;以儒学为主干而具有开放多样性的文教信仰体系。在政制层面,大一统秩序的制度体现出系统性的通贯精神。钱穆特别强调,中国广土众民,各地的族群、风俗民情、资源多种多样,政制法度在大国宪制中扮演的角色就是将这些多样性有效地整合、凝聚起来。诸如土地制度、税赋制度、军事制度、政治人才选举制度与行政和监察制度相互之间必然有系统配置性。"在一个大一统的政府之下,则必然有其相通合一的统一性的制度。制度有多方面,有法律、经济、军事等一切。但既是在一统一的政府之下,它必然得彼此相通。中国古人称此为一王大法,可见此非枝枝节节的,而实有一共通大道存在。"②不仅如此,大一统国家的宪制精神是在国家的整体凝聚中形成一个积极整合的中心力量,这是它超越帝国政治形态的关键之处。这个精神表现在政治制度的系统通贯性上,就是总体上促进国家的内部融合,逐渐推进地域、阶层和信念形态的开放性与平等性,并在此基础上形成国家中心与四围的积极活泼转化。历史上的郡县制度、科举制度与汉宋儒学传统都是这类制度的重要代表,有力促成了国家的统一、阶层族群区域的平等化与社会整合③。

如果说政制系统的通贯性是一种横向的通贯,那么古今一体就代表了政治制度纵向意义的通贯。钱穆特别强调政制在历史演变上的传统性。

---

① 任锋:《大一统与政治秩序的基源性问题》,《人文杂志》2021年第8期,第80—89页。

② 钱穆:《中国史学名著》,北京:生活·读书·新知三联书店,2005年,第166页。

③ 钱穆:《国史大纲》"引论",北京:商务印书馆,1996年;钱穆:《政学私言》下卷《中国传统政治与儒家思想》,北京:九州出版社,2016年,第123、129页。

政制的通,不仅是一个时代内部制度间的紧密贯通,而且是古今传统上的因革损益。钱穆推崇杜佑《通典》的历史价值,就在于它标志性地开启了"三通""九通"的传统,特别显示出政治演进的传统性和通贯性。政事代有不同,而政制却能保持相对超越于朝代的通贯性,郡县制度、选举制度、监察制度、税赋制度等往往展现出更长时期的延续性。钱穆认为,这一点对于形成绵延深厚的文化和政治认同贡献非同寻常。孔子儒学基于对三代兴替的观察提出因革损益的历史政制智慧,这已透露出中国立国源头的精神基调,在礼法的因承大前提下来看待变化和调适。这种优先强调延续性的文明精神深刻塑造了秦汉以降的历史传统。钱穆经常念及罗马之后再无罗马、汉唐之后中国常存,其要即在这个政制传统性中发现奥秘。杜佑《通典》的价值,在于体现出唐人在政治实践中的伟大气象,既能在三省六部、科举制、均田制和租庸调制度的系统中"通筹全局",也能在继承三代、秦汉传统的意义上"直通古今"①。《通典》透过食货、选举、职官、礼制等分类将历代制度的演进梳理出来,展现出古今制度的承续损益,制度的通贯性由此符合"百世之常道"的典则标准。"朝代、人事可以随时而变,而历朝之典章制度、大经大法,则必贯古今,通彼此,而后可以知其所以然与当然"②。钱穆称道《通典》"立事在乎师古,师古在乎随时",这是平衡古今的政制实践智慧,而现代国人丢掉了师古一环,立事随时沦落,片面取法西洋。"三通""九通"代表的制度史是通史的典范,较之凑集各地区历史片段而编排的所谓世界史更显会通精神。

其次,我们要正视政制在立国宪制中的利弊得失。现代中国转型在政制上面临的一大挑战来自立宪法治话语。严复、梁启超等人的早期启蒙努力孜孜于揭示中国政治传统与现代立宪法治之间的距离。钱穆承续这一议题,在前期思想中对于中国政治传统的法治相关性做了多方面探讨,在晚期学术中立基于礼治积极阐发对于法治的辩证反思。如前所述,大一统

---

① 钱穆:《中国史学名著》,第166页。

② 钱穆:《中国史学名著》,第165页。

国家的整合凝聚离不开法治意义上的政制维系,因此在实践上中国传统不仅有法治,而且尚法重法。从周代宗法礼制文明到秦汉以后的郡县国家,作为国家治理传统的法治历经了长期演进,法度意义上的政制保障了国家长治久安。政治演进的兴衰隆替在很大程度上取决于政制法治的中庸抑或偏至、公忠抑或分裂、适宜抑或失当①。而中国政治思想在理念上对此习以为常,视为当然,因此在对策应付上更为人所知的是儒家矫正尚法积习的德治、人治主张,如黄宗羲对于现实政制的激烈批评,其实更多表达的是儒者之激情,不是平实就情的据实之论。钱穆在这个问题上清晰区分了法治的做法与说法,现代国人却往往只看到批判性的言说而忽视建构性的做法。只要正视中国政治秩序的深厚立国传统,就不会拘泥于现代某一主义的法治标准,去断然否定中国政治实践的重法特质。

《晚学盲言》论中国政治制度,指出中国历史上"无宪法,有制度",《国史新论》《中国历史精神》论中国政治传统,指出政体视角的外在性格,钱穆的这一类主张当然都是在西学挑战下的矫枉之言。他是在启发我们,不能完全拘泥在现代西学的宪法和政体思维中来观察中国政治。"在中国历史上,无宪法,有制度。政府中各种职权之分配,皆有详密之规定。精细周到,远非西方宪法可比"②。钱穆也曾经将传统上长期施行的制度(察举、"大经大典")比拟为"中国的大宪法",或从成文法和不成文法视角解读王室和政府关系③。他自己是逐渐锚定在政治制度范畴来解析中国政治传统的特质,而且倾向于更为积极地肯定中国政制传统的价值。

中国政治传统优先关注的是政治职分,主张选贤与能、设官分职,历史上政府与王室划分清晰,政府与社会融合,政府内部宰相负责最高而综合的职任,选举、考课、监察弹劾各有专职,上下级之间分职综成而又各有定数。这样的制度体系比较富于合理性,有利于长治久安,而较能避免革命性的动荡断裂,钱穆提炼出"政民一体""直接民权""信托政权""士人政府"

---

① 钱穆:《政学私言》上卷《道统与治统》,第 79 页。
② 钱穆:《晚学盲言》一七《中国历史上的政治制度》,第 245 页。
③ 钱穆:《中国历史精神》,第 34 页,《中国历代政治得失》论汉代和清代相权部分。

等命题予以概括。"中国传统政治职权分配特别地细密,各部门各单位都寓有一种独立性与衡平性,一面互相牵制,一面互相补救,政府全局很难普遍腐败,因此留给人以在政治内部自身扭转之希望。"①

钱穆提醒我们观察历史政治,需区分人事与政制,不能把人事问题全部归于政制。即就政制来说,"古今中外,人类历史尚无发现一种绝对有利无弊的政制,亦没有一种可以推行数百年之久而不出毛病的制度。不仅以往如此,将来亦必这如此"②。中国传统政制和现代西方政制,都适用于这个法则。钱穆对中国传统政治本质的缺点有明确总结。它注重职权分配的细密化,弊病是政事不能积极活泼推进,易于停顿麻痹;另外,太看重法制的凝固性和同一性,利于稳定,难于改革变法。"重法过于重人,重职过于重权,重安定过于重动进,重限制过于重放任,此在一大一统政府之庞大机构来适应农业国家之平稳步骤上,正常容易陷于此等病害而不自觉悟,乃终至陷于大病,不可自拔。"③

二、 从政制论到治体论

《晚学盲言》论"中国历史上的政治制度",提出"中国历代传统政治制度多学术性,非权力性",士人政府"乃得成其学术性,而非权力性"④。这一类判断与现代时论大相径庭,其新意在于对单纯运用权力范畴解释政治制度表达其反思。须知,权力、权威、合法性等基本概念,构成了现代政治学的基础理论要素。今人的政治理解多倚重马基雅维里、韦伯以来的西方现代性,强调权力政治与道德的分离、政治对于合法暴力的垄断(以及被统治者对于权力统治的信服)。依据权力来界定政治,几乎成为现代政治学的

---

① 钱穆:《国史新论·中国传统政治》,北京:生活·读书·新知三联书店,2012年,第97页。

② 钱穆:《国史新论·中国传统政治》,第94页。

③ 钱穆:《国史新论·中国传统政治》,第112页。

④ 钱穆:《晚学盲言》一七《中国历史上的政治制度》,第250页。

"天经地义"。

钱穆在基础原理层次强调中国文明关于政治之理解有不同出发点。"政者，正也"强调政治上理想道路的引导性，"社会人事有所不正，政府便该率以正，改其不正以归于正"。治犹如治水，疏导优先于防堵，"国人常连言政教，不言政法。教主化导，法主刑防，此其大不同"①，这是"中国历史上的政治制度"开篇揭示出来的基本原理。接着，钱穆指出，理想需要有人物来领导执行，因此选贤与能是政治一大事。而人物多变，"制度乃定一长期性选择之标准"②。综合起来，"理想、人物、制度，乃中国传统政治最重视之三要项"，这就显示出中国政治传统中的治体论思维，也是我们理解钱穆政制论的基本思维架构。

治体论在中国政治传统中源远流长，秦汉以降自贾谊肇始，历经汉唐演进，至近世发皇，蔚为系统，晚清魏源编纂《皇朝经世文编》仍以治体为政治文献分类的一大范畴③。在现代转型阶段，严复翻译西学，受到治体论传统的深刻影响，以"治制"对译西学的政体④。梁启超《先秦政治思想史》一定程度上复活了治体论的思想生机，在民初共和语境中重估儒家传统和法家的现代价值，显示出这一传统在现代脉络中的潜在能量⑤。

从理论思维上看，治体论透过对于治人、治道和治法的辨析，试图把握优良政治秩序的关键所在（政有体，治有要）。治人、治道和治法，分别代表了政治主体、政治原则和制度方略三个类型要素。扼要地说，从荀子的"有治人，无治法"到黄宗羲的"有治法而后有治人"，显示出治体论内部不同基调的典型表达。总体上，治体论保持了对于政治秩序宪制整合关系的辩证自觉，主体、原则和制度在其中各有位置，价值相对均衡。

---

① ② 钱穆：《晚学盲言》一七《中国历史上的政治制度》，第244页。
③ 任锋：《立国思想家与治体代兴》，北京：中国社会科学出版社，2019年；《治体论的思想传统与现代启示》，《政治学研究》2019年第5期，第72—81页；《中国政学传统中的治体论：基于历史脉络的考察》，《学海》2017年第5期，第37—48页。
④ 王宪明：《语言、翻译与政治：严复译〈社会通诠〉研究》附录〈社会通诠〉（以下简称《社会通诠》），北京：北京大学出版社，2005年，第520页。
⑤ 梁启超：《先秦政治思想史》，第119、219页等各处。

钱穆在《中国历代政治得失》前言中标识政治制度的重要性,同时给出相关七点意见,笔者曾指出"钱七条"体现出传统的治体论思维。钱穆强调现代人的政制崇拜不应轻视制度与人事、时空条件、历史意见和文化传统的复杂关系,就是基于治道与治法、治人与治法辩证关系而展开的思考。钱穆《政学私言》辨析人治与法治、提出法治新诠,也是在治体论传统的延长线上激活关于治法、治人和治道辩证关系的话语。《晚学盲言》论述政治社会人文部分的开篇五节,立纲定调,同样体现出以治体论为思维架构的立国视野:第一节论"国家与政府",其次分别是"中国历史上的政治制度""政与学""政党与选举""权与能"。政治制度对应治法代表的制度方略领域,而"政与学"对应治道即政治原则领域,其他两节主要对应治人即政治主体。开篇五节展现出了治体论的思维架构,以立国为其总,并不断与现代西方民族国家的立国方案进行比较。

《如何研究政治史》提醒现代国人,研究中国政治制度必须注意两点,第一点是不仅仅着眼制度本身,而是会通与此制度相关的一切史实来研究。制度是人事发展中变动性较小的一部分,制度研究对于自身依托的人事变动性不能失去感觉。钱穆喜欢拿人事与制度对举,人事就是指从政治主体出发形成的实践活动。第二点是必须明白制度背后的思想和理论,这就是与治法相关的治道。钱穆特别指出,中西政治传统有一个比较大的差异,西方历史上的政治思想家与政治实践的距离相比中国较大,中国士人政府的传统使得政治思想与政治制度等实践过程结合较为紧密。"中国自秦以下历代伟大学人,多半是亲身登上了政治舞台,表现为一个实践的政治家。因此其思想与理论,多已见诸其当时的实际行动实际措施中,自不必把他们的理论来另自写作一书"[1]。中国的一部政治制度史,就是一部极好的政治思想史。这个特征,值得今天的政治学人好好体会,现代学术分科下政治思想史与政治制度史的教学研究,结构上处于割裂分离的状态,折射出中国政学传统与现代学术体制之间的差异。钱穆对于政治制度的理解,

---

① 钱穆:《中国历史研究法》,第 30 页。

扣紧了政治主体和政治原理,这个思维方式本身即是治体论传统的特色。

无论处于治法、治人和治道中的任何一类要素位置,治体论架构都倾向于思考这一要素与其他二者之间的相互影响与共生依存,可以说治体论的思维宗旨是强调总体的宪制整合关系。这一点对比现代国人形成的政制崇拜,更为均衡地把握到了秩序构成的辩证复杂面,不轻易地将政治运行的关键归因到某一类要素之上。因此我们看到,钱穆十分重视政治制度,然而却不断提醒我们注意政治主体和政治原理的相对影响力。

回到钱穆关于中国政治制度多学术性而非权力性的判断上。这个判断的具体语境是围绕杜佑《通典》而发,“杜氏此书并非其私人之政治哲学。根据历史事实,叙述其各项制度之先后演变,上自创制时之争议,下及演变中对此各项批评。一切意见,详罗无遗。利病得失,无所遁隐,可供后人之参考与抉择。故读杜氏书,便知中国历代传统制度多学术性,非权力性”①。“政与学”一节指出,“中国政学合。秦汉以下,政治以学术为向导。全体政治人员,自宰相以下,皆出于学。先有察举制,后有考试制,为之作规定。王室在政府之上,乃亦同受学。政治在中国,可称为一种学治”②。西方政治传统中,掌握政府者,多属贵族、军人和富人。中国士人的政府传统强调政治主体的贤能品行,相对超越出身、强力与财富等因素的约束。无论是形成政府组织的制度,还是政府组织处理制度事务,中国传统相比起来更强调力量权势之上的道义性、公共性,这是士人政治重视文治、学治的原理导向。

钱穆并非完全否认政治制度的权力性,历史演变中如明清专制的确更能体现出权力斗争的逻辑。更准确地说,他是透过政治主体、政治原理对于政治制度的积极塑造来标识中国文明传统的主导精神。从政治原理来说,钱穆认为中国人的政治观是文化的、道德的,政治是发扬人类文化和道德的机构;西方人的政治国家观是权力的、工具的,人们运用这种权力和工

---

① 钱穆:《晚学盲言》一七《中国历史上的政治制度》,第 250 页。
② 钱穆:《晚学盲言》一八《政与学》,第 266 页。

具实现另外的目的。这造就了"一统"与"分裂"各自成为中外政治的传统特征①。相对于权力论，中国政治理论的一个基本原则是职分论、责任论（职任论），在政治主体的位置上认定其职分和责任②。在政治主体的意识上，中国属于"较偏重于从政以后如何称职胜任之内在条件上，而不注重于如何去争取与获得之外在获得上"，是内倾型而非外倾型。连带民众对于政府常抱一种信托与期待的态度，而非对立与监视的态度，钱穆称之为"信托政权"与"契约政权"的区分③。另外，政府与民众、政府与社会并非敌对分离的抗争关系，而体现一体融合的精神，这是"政民一体"而非"政民对立"④。

治人在中国治体论传统中长期得到优先关注，"有治人，无治法"可以说代表了这一种具体取向。钱穆在现代语境中肯认政治制度的重要性，同时不断指出不能忽视人事，即使是在人民群众地位上升的组织化时代，也不能轻视政治家、政治活动中的领导要素等制度化以外的人事因素。制度变迁自然会产生人事认知，钱穆强调后人应当重视制度演变当期的历史意见。中国历史上历史意见与时代意见能贯通联结，这体现出精深的传统塑造力量，究其实是一种承担了道义政治原则的政治主体在其间前仆后继、师古随时，这是《通典》能够"立事"的要义。钱穆反思中国政治传统的尚法重法弊病，就在于不能充分发挥政治主体的活力。人治与法治的区分体现的是政体论意义上的现代焦虑，而钱穆将其转轨到治体论传统的治人与治法之关系轴上，揭示出更为宏阔的思维架构。现代共和政治的出路，不能局限于师法西方的制度化、制度移植，根本方向在于"看重活的人超过看重死的法，随时好让多数的意见来更改向来规定的法制，让人心在法外多留活动之余地"。自家药方需要切中自家病症，政制崇拜不能造就普适灵丹妙药。"一切政治上的变化，正是活的人要求从死制度中解放。这一根

---

① 钱穆：《中国历史精神》，第 31 页。
② 钱穆：《国史新论·中国传统政治》，第 85—86 页。
③ 钱穆：《国史新论·中国传统政治》，第 115—116 页。
④ 钱穆：《政学私言》上卷《中国传统政治与五权宪法》，第 6 页。

本精神差了，于是从西方抄袭的，只是仍成为一种敷衍文饰虚伪与腐化，始终没有把社会人心要求变化的内在活力引上正路"①。这样的治体论视野，也使得钱穆的政制论能够自觉突破法治逻辑的局限，而在晚期思想中不断强调礼治的中心价值。

三、 从大国宪制到大国礼治

礼治与法治之辨，是现代中国思想的一个枢轴型命题，也是我们思考儒学传统与社会科学的统领性视角。回溯相关论辩，除了晚清司法改革时期的争论，严复西学译著已经触及这个问题，大体依照孟德斯鸠的政体论推崇民主立宪代表的现代法治，将礼治纳于君主政体的良治中定位②。这种表彰西方优越性、批判中国落后性的思维在梁启超早期启蒙学术中展现得淋漓尽致。然而，也正是梁任公，在晚期学思中开始扭转启蒙基调，重估中华文明的传统资源价值。《先秦政治思想史》极具代表性地在肯定法治现代性的同时，为儒家礼治正名，将其置于现代共和的时代语境中加以阐释。法治代表了政府制裁力，而礼治表征扎根于社会民间的国民政治信条、习惯和能力，透过民情风俗体现出秩序更为深远的维度，超越科层化、组织化和制度化，指向秩序主体的活力本性。

钱穆对于梁启超的晚期转向至为激赏，他的礼法论述既承接了严复、梁启超开启的诸多端绪，也在梁启超晚期辨析的基础上做了重大推动。扼要来说，钱穆的礼法新说在前期以《政学私言》为代表，仍然聚焦于回应法治现代性，声明中国在实践上重视法治而思想上致力于矫正尚法偏弊③。在其晚期思想中，论述逐渐从法治中心转变为礼治本位，致力于阐明中国

---

① 钱穆：《国史新论·中国传统政治》，第113页。
② 梁治平：《礼教与法律：法律移植时代的文化冲突》，上海：上海书店出版社，2013年；李猛：《孟德斯鸠论礼与"东方专制主义"》，《天津社会科学》2013年第1期，第44—48页。
③ 任锋：《钱穆的法治新诠及其启示：以〈政学私言〉为中心》，《西南大学学报》2018年第5期，第31—40页。

文明传统的礼治精义,认为礼治代表了更为优良的秩序模式。这一前后转变并非思想上的断裂或转折,而是从一种综合的礼法视野试图全面解释中国政治传统的精神,即涵括法治而不止于法治。"一代之兴,莫不有法,为上下所共遵而不敢逾。然而中国学者终不言法而言礼,盖礼可以包法。孟子曰:'上无道揆,下无法守',道法兼举即礼矣。"主张礼治,并不等于否定法治,"盖礼可以包法"①。所谓"道法兼举",正是主张治道与治法相维的治体论思维,由此超越政制中心论的视野出发,才能更好地帮助人们理解礼治。

现代国人对于法治的追求,与政制崇拜、政体中心论紧密结合在一起。钱穆的礼治新论,在前期部分也受到这种政制主义的影响。而其晚期的礼治本位视野,透显出治体论的传统思维风格,特别注重在立国思维中理解礼治,在秩序系统的原理层面抉发礼治涵义,最终展现出礼治的文明论指向。引导钱穆进行思考的是一种深远的历史政治自觉,即如何理解中国作为超大规模国家的长治久安和文明贡献。他的礼治新论,不仅要解释这个问题的历史过往,更要应对现代挑战,即在现代处境中如何思考中国的世界地位和广大文明价值。

当然,钱穆的这个历史政治自觉,并不是只适用于中国。他深入中国经验,最终是思考面向人类大群的普遍秩序机理。中国不是特殊,不是例外,而是一般性人类文明经验的典型表达,透过多维比较也能从中确认更为优良的秩序机理。

钱穆的礼法辨析将西方视为法治文明的代表,把中国视为礼治文明的代表。围绕这一接近理想型的比较区分,钱穆建立起了一系列对比范畴,由《晚学盲言》第二部分的"礼与法""教育与教化""生命与机械""道德与权力""道义与功利""自然与人为""组织与生发"等篇可窥一斑。礼治逻辑序列,注重的是教化、生命、道德、道义、自然与生发,而法治逻辑序列,注重的是教育、机械、权力、功利、人为与组织。需要注意的是,这个理想型概括,

---

① 钱穆:《政学私言》下卷《战后新首都问题》,第 183 页。

毋宁是一种分析概念的框架。在具体文明历史分析中,中国经验当然也有权力、有斗争、有组织,西方也自有其德性、道义和礼法,双方差异在于系统性的主次轻重比例。从治体论与政体论的类型比较来看,钱穆这一论辩的价值正在于理论上的抽象化和系统化推演。

我们可以从以下视角把握钱穆礼法新论的要点。第一,应当看到钱穆的礼治论强调一个总体生命观,他概括中华文明的根本精神是"通天人,合内外",强调自然与人文、个体与他人、现在与过去、未来的贯通融合,这是礼治的本体基础。在这个基础上,钱穆认为优良政治秩序的主要目的在于实现人类大群体的协和团结。具体对于一个国家来说,就是国家秩序的长治久安("可大可久"),这构成他比较礼治与法治的基本出发点。评价政治秩序的标准,在于考察它是否能促进政治共同体的广大深远融合。

第二,对于政治共同体的广深融合,钱穆认为法治只是确保了一个低限度纽带,无法深入大群成员的内在性情、主体间世界。在政治社会成员之间,利益、物质欲望以及以此为基础的权利的互动联结是一个层面,而精神、价值和行动的深层融合代表了更为重要的生命机体。礼治作为一种秩序模式,更为有力地处理了这个生机领域。钱穆对此曾提出多个视角的解释:礼治提供多种制度措施,使个体运用其主体建构,实现个体与群体、人文与自然、现在与过去和未来之间的融通,在一个广大绵延而非个人主义的意义世界中确立个人价值①;礼治致力于实现等级中的平等、差异中的团结感、生者与逝者的相通②;礼治注重人们情感、习惯和风气的塑造,而不是优先运用政府强制力保障的政令和制度③。思考中国政制,需要把握到礼治与权力论不同这个大前提,"礼之流衍,有各种制度。一切限制与度数,皆为对方留地步,与掌握权力以把持其下之意义大不同"④。

第三,礼治的这一优先关注,自然彰显出政治系统中政制法令以外的广袤领域,引导我们注重治体论视野中治人、治道的体系价值。比如领导

① 钱穆:《灵魂与心》,桂林:广西师范大学出版社,2004年,第32—33页。
②④　钱穆:《现代中国学术论衡》,北京:九州出版社,2012年,第11页。
③　钱穆:《晚学盲言》四二《风气与潮流》,第540页。

者和民众这类主体要素,其政治素质和能力,对于大群社会价值、利益、实践的判断,对于民众政治信条、习惯和道德的引领、凝聚和塑造,要比法治更根本、更先在。钱穆对于政治家及其风度的阐释、对于礼贤传统的宪制肯认,需要在这个层面上领会①。再如首都论,首都虽然不是一个正式政治制度,却与立国宪制和精神之间有着紧密关联。首都的确定,实际上关系到立国精神的取向,包涵了对于国家政治、经济和军事各方面力量的总体战略安排。中国立国传统中的首都安排,实则包涵着一种历史意义上的礼治,对大一统立国影响深远②。

　　钱穆论述周公传统,曾指出礼治是一种政治制度、文教伦理和经济安排紧密融合的治体。政治制度、文教伦理和经济安排的紧密融合,促进形成的是包括政民一体、公私兼顾、政学政教合一、政经合一的一体化秩序理想。以宗法、封建、井田为主的周礼代表了这个秩序理想的原始形态,它有利于形成大群成员尊尊、亲亲和贤贤引导下的广深融合③。钱穆观察以周秦汉宋为代表的中国政治传统,洞察其秩序机理的辩证双重性,即其所谓"中国传统政治,其大群内部之共同生命性,实远超于其外在之组织性之上"④。应当看到,钱穆肯定传统政治的外在组织性,如各项政治制度所代表者,但更应重视他所指出的内部共同生命性。对于中国政治传统形成的礼法混合型秩序,钱穆从礼治视角作出了更为深刻的阐释。钱穆认为中国国家形态早在商周之际就已经确立,从周到秦的封建郡县变迁只是政制转换。政制转换,并不是秩序演进的全部,背后还有更为深厚的治体机理。礼治覆盖之下,天人、政民、政学、政教、政经等多方面融会贯通,即使是在政制(如三省六部)中也体现出一体协和的礼治精神⑤。

————————

① 钱穆:《政学私言》下卷《政治家与政治风度》《法治新诠》等篇。
② 任锋、马猛猛:《"建国于大地之上":钱穆的首都论、立国形态观与文化地理学》,《思想战线》2021年第2期,第93—103页。
③ 钱穆:《周公与中国文化》,《中国学术思想史论丛(一)》,台北:联经出版有限公司,1998年,第157页;《中国文化史导论》,北京:九州出版社,2011年,第43页。
④ 钱穆:《晚学盲言》三六《生命与机械》,第469页。
⑤ 钱穆:《晚学盲言》四四《组织与生发》,第559—560页。

　　钱穆的现代立国方案如《建国信望》透过解释孙中山三民主义,致力于民权(政治制度)、民族(文教伦理)和民生(经济安排)的一体融合。他对于五权宪法的阐释,肯定其重视法治、吸收西方现代政治智慧,同时尝试将其安置在礼法型秩序框架中。为了体现政民一体、信托政权的理念,国会主要负责综合体现民意,平衡各方面关系,五院体制强调考试权和监察权的尊贤精神,强调相互关系的协和而非斗争,贤能政治家如元首在其中扮演积极协调的角色。对于容易形成割裂的党派派系斗争,钱穆主张削弱其体系性影响,主要安排在国会表达民意,控制其对于立法、行政的影响。理想政治目标是公忠不党的民主政治,这个思维方向显示出对于民主政体的提升改造,重在强调民主主义以外的政治原理和政治主体的条件性介入,这仍然是一种治体论思维的现代版本①。在其地方自治论中,礼法型秩序也有典型表达,"政治者,自上言之,乃对下之一种教育而非手段;自下言之,乃对上之一种义务而非权利。故言地方自治,此非在上者对下开放政权以谋妥协;亦非在下者对上争取权利以获自由。若仅此之为意,则自治亦终不过为上下争衡之一局耳"②,要义就在于突破权力论的逻辑来思考共同体政治。今天,国家治理体系现代化的实践,也需要在这个传统自觉下认清秩序脉络,重新认识诸如家庭、农业农村、小共同体、社会贤达的现代治理价值③。这一层,要透过礼治、透过治体论,超越政体论视野束缚,才能准确把握。

　　钱穆在其建构起来的中西理想类型比较中,指出西方人理解政治偏于机械化,中国人更能把握到政治与整个自然人文系统之间的有机联系。西方在天人、政学、政教、政经关系上,强调的是切割分裂、对抗斗争的基本逻辑。基于一体化理念的礼治注重生命体的生发,而西方政治秩序将重心放

　　① 任锋:《"国有与立":钱穆的历史政治思维析论》,《江苏行政学院学报》2021年第1期,第72—80页。
　　② 钱穆:《政学私言》上卷《地方自治》,第59页。
　　③ 黄宗智:《民主主义与群众主义之间:中国民众与国家关系的历史回顾与前瞻愿想》,《文史哲》2021年第2期,第5—15页;曹锦清:《市场、社会与社会建设》,《哈尔滨工业大学学报》2013年第4期,第1—6页。

在组织和制度上面。要想充分把握钱穆的这个比较，需要认清治体论与政体论的系统差异。中国文明强调生发涵括组织、融合组织，法在礼中，礼是道法兼举，背后是治体论中人、道、法均衡兼摄的关系，而西方整体上以组织匡定生命，透过制度来支撑各个组织之间的关系。礼治致力于大群性情融通，礼是秩序大体。西方的特质在于力量、权势的伸张，偏重斗争、分离和对抗。政体论指明最高权力的归属，背后指向权力的切割和斗争。围绕权力的不断分裂对抗，组织化和制度化可以层出不穷，但群体愈分愈离，难以弥合大体。这种基本秩序精神的差异，与钱穆所谓"中国重一统、西方重多统"的判断相一致[①]。心和礼，是优良秩序实现整体凝聚的根本，而建立在权力和制度组织之上的共同体难以实现大规模长时期的整合延续。

中国作为广土众民国家不断更新其大一统模式，西方政治却终不能脱离多统、断裂的历史格局，这是我们衡量不同政治秩序理念时应当关注的首要问题。政体论是西方悠久的政治传统，其根本上导向权力本位的、组织中心的、以分离和抗争为基调的秩序模式。观察中国政治经验，不是说其中没有权力斗争与组织发展，而是要精深把握礼治优先于法治、涵化法治所形成的文明智慧。对于现代中国转型历程，我们目前多强调模仿西方进行制度化、组织化的成功经验，然而还应看到政治整合的传统格局并未完全消失，中国作为超大规模国家的现代建构可能蕴涵了传统秩序机理的某种新生，礼法混合型秩序都经历了现代重建。反思现代西学主导的政治思维，重新展开对于国史乃至世界政治文明的解读，对于我们思考当下的实践道路，无疑提供了极为重要的替代性资源。

礼治与法治的重估、治体论与政体论的比照有助于我们再思儒学与现代社会科学的关系。儒学的现代价值，不在于为建立西式社会科学提供本土资源，而在于为发展新的现代学术体系提供指引。这个判断，依赖于儒

---

　　① 任锋：《共和的政教之维：梁启超论题与钱穆道统说的三个面向》，《武汉科技大学学报》2019 年第 5 期，第 480—488 页。

学持续不断生发于中国乃至更大范围内的人类实践经验，及在现代实践脉络中得到继承与发扬。钱穆依据中国文明传统的经验智慧，在《现代中国学术论衡》中对于我们引入的西式学术体系进行了分科反思，其反思总纲即落定于礼治代表的文明基本精神相对于法治的优良性①。无论是建设中国的宗教学、科学，还是发展中国的政治学、社会学，钱穆提醒我们都应把握中西文明体系的精神差异。中国学术体系重视通人通学，西方重视专家专业，所谓"通"就在于礼所代表的一体化秩序理念，天人、政教、政学、政经等各方面融会贯通，人格培养也围绕秩序的抟成凝聚注重会通综合，尤其在士人代表的群体人角色上得到体现。历史学和政治学是中国学术传统的核心，钱穆《略论中国政治学》归结于礼治与法治的反复比较，阐发其治体论意蕴，也为我们发展历史政治学、再思儒学与社会科学之关系提供了向导②。西方崇尚专家专学，与其政教、政学、政经等各方面的天人分离相应，无论宗教还是科学，都不致力于大群秩序的抟成凝聚，知识就是权力仍不脱离权力组织的支配逻辑③。在"会通其体，分别为用"的精神基调下，钱穆认为西式分科专业化应吸收到"正德、利用、厚生"的大群公共事业中来，人类团结合作、文明竞争而协同合作是积极发展方向。礼治致力于心与礼主导下的知识学术体系的一体融汇，法治主导的现代西式学术并不能真正实现这样的融合，其所培养的专业理性人难以突破现代性铁笼的羁绊。

应对西方法治现代性的挑战，钱穆的礼法新论既展示出大国宪制的广阔传统，也提醒我们领会大国礼治的深厚意蕴。透过其晚年对于礼治秩序的不断析论，我们得以窥见治体论传统在现代语境中的理论潜力，在治体的宪制化与宪制的治体化中生成了丰富的思想启示。现代国人的政治思考长期陷于西学政体论范式之中，对于政治制度的热切关注是国家治理的

---

① 任锋：《"会通为体，分别为用"——钱穆〈现代中国学术论衡〉的大义宏言》，《开放时代》2021年第2期，第61—74页。

② 钱穆：《现代中国学术论衡》，第201—202页。

③ 钱穆：《晚学盲言》三八《道德与权力》，第500页。

重点领域。治体论是中国国家治理传统的珍贵宝藏,对于国家治理体系的现代化意义不容低估。钱穆对于政治制度的历史政治学研讨揭示出儒家社会科学研究的可能性与重要性,大国礼治则预示着通向更具生机活力的国家治理道路。

【作者单位:中国人民大学国际关系学院政治学系】

制度史书写的《通典》模式

——以《礼典》"郊天"为例

顾 涛

作为"三通"之首的杜佑《通典》，拥有不容置辩的历史地位，学者公认它是"我国历史上第一部典章制度通史"，①具有开辟的意义。不过真正使用《通典》者，却仅仅是将它作为唐以前各类典章之总汇的简编，间或可从中觅见若干失传的史料片段，②惊诧为专门史研究的鳞爪秘珍。此书中制度史书写的主体部分，尤其是占据全书一半篇幅的《礼典》一百卷，是否具有原创性，与唐以前的正史的"书志"相较，究竟有何独创的价值，既有研究在这方面的探索显得远远不足。

一、《通典·礼典》的定性与认识转变

如果将《通典》视作史料，其学术价值一度受到质疑与非议，尤其是卷帙浩繁的《礼典》，史料的新颖度明显偏低，虽然也保留了不少唐以前礼议的片段，且因仅见于此书，被清人严可均辑入《全上古三代秦汉三国六朝

---

① 王文锦：《点校前言》，《通典》卷首，北京：中华书局，1988年，第5页。

② 就像王文锦在点校本《通典·点校前言》中所说："杜佑当时所见到的书籍，有不少今已亡佚，幸亏经《通典》引述，许多资料才得以保存。"第4页。曾贻芬在《通典食货典校笺·前言》中也说："杜佑关于唐代诸典制的记载，使很多有关唐代的史料，独依《通典》得以保存。特别是朝廷的诏令和一些有关数字的记载，这些材料是研究唐史的重要论据。"成都：巴蜀书社，2013年，第10页。其他类似的论述甚多，不再一一列举。

文》中；①但大部分史料的来源总不出"史志"和《大唐开元礼》之范围，因而遭受的批评声音也就较为集中，王文锦甚至将此一百卷界定为"最不为人瞩目的《礼典》"。②

清代史学家王鸣盛(1722—1797)的指责具有相当的代表性，他说：

> 九门中礼居其一，然礼共一百卷，自四十一卷起至一百五卷止，既已历叙吉、嘉、宾、军、凶五礼矣，而于一百六卷以下至一百四十卷共三十五卷，俱撮取《大唐开元礼》之文钞腾入之，仍以吉、嘉、宾、军、凶为次，何其繁复乎？③

王鸣盛对杜佑曾高度赞誉，称之为"自古文人罕见其比"，但对《通典》此书却不认为有多么高明，最令他无法理解的就是这《礼典》一百卷。王氏指出了《礼典》一百卷的两大问题：其一是门类居《通典》九分之一，但篇幅却达到一半，这么处理有失平衡还在其次，主要是觉得这部分史料没有什么创新性，故嫌其滞重；其二是其中 35 卷"钞腾"自《大唐开元礼》，"钞誊"也就是指照搬照抄，无新见，无新意，故嫌其"何其繁复"。

王鸣盛的指责，现代学者接受其说者甚众。比如《历史研究》1984 年就曾刊发瞿林东的论文，指出："《通典》以一百卷、占全书二分之一的篇幅写'礼'，其中'沿革篇'六十五卷，'开元礼'三十五卷，不仅失于重复，而尤其

---

　　①　就《通典》在辑佚学上的价值，吴枫、曾贻芬曾指出："《通典》大量引用古代文献资料，其中许多文献今已亡佚，赖有《通典》得以部分保存。如《全上古三代秦汉三国六朝文》中，就有近九百条材料是从《通典》中辑出的。"见《中国大百科全书·中国历史》"《通典》"条，北京：中国大百科全书出版社，1992 年，第 1145 页。时永乐又指出："唐代杜佑编纂《通典》时，博取五经群史，汉魏六朝文集奏疏以及唐人许多著述，征引极富；其引录的不少典籍今已失传，幸赖《通典》才得以保存下来。据笔者粗略统计，严可均的《全上古三代秦汉三国六朝文》，便有 1329 条资料辑自此书。"见《古籍整理教程》，石家庄：河北大学出版社，2003 年，第 237 页。

　　②　王文锦：《点校前言》，《通典》卷首，第 4 页。

　　③　[清]王鸣盛：《十七史商榷》卷九〇《杜佑作通典》，上海：上海古籍出版社，2013 年，第 1329 页。

失于烦琐。这是它在历史编纂上最突出的缺陷。"① 瞿先生所说的两个"最突出的缺陷",与王鸣盛所说基本一致。此外,20 世纪以来又叠加了"彻底否定儒家礼学,视之若废物,弃之如敝履的激进思潮"②的双重冲击,学术界几乎一边倒向对《通典·礼典》的鄙弃与非议。③ 正如谢保成所说的,"对于《通典》一书用了近半篇幅来记述礼仪沿革,长期以来被众多的学者误解,一直指责为其重大缺陷"。④ 正是因为存在着先入为主的偏见,产生了一种心理拒斥,视《礼典》一百卷为废料,故自王文锦等花了大力气整理的点校本问世以来,三十多年问津者可谓寥寥。《礼典》研究的稀缺,也就阻碍了《通典》整体研究的走向纵深。

近年来,有一些学者尝试对非议《通典·礼典》的说法作出辩护,但因未能切中肯綮故而收效甚微。⑤ 另有一些学者开始反思杜佑的撰作宗旨,意识到将《通典》定位成"制度通史"与杜佑的初衷有偏差,应当回归到杜佑编纂此书旨在经世致用、为现实服务上。⑥ 如韩昇所说,"从《通典·礼典》

① 瞿林东:《论〈通典〉的方法与旨趣》,《历史研究》1984 年第 5 期,收入《唐代史学论稿》,北京:北京师范大学出版社,2017 年增订本,第 428 页。

② 韩昇:《杜佑及其名著〈通典〉新论》,《中国学术》第 26 辑,北京:商务印书馆,2008 年,第 121 页。

③ 例如周予同主编《中国历史文选》认为:"由于作者从维护封建礼教观点出发,对'礼'的沿革和种种解说,记述尤其繁冗……通观全书,总不免详略失当。"上海:上海古籍出版社,1980 年,第 41 页。又如仓修良、魏得良《中国古代史学史简编》指出:"对于那些本来不属于史学范畴的'礼',大量地加以记载,几乎占全书篇幅的三分之一,造成臃肿而不协调。"哈尔滨:黑龙江人民出版社,1983 年,第 245 页。又如王锦贵指出:"比较典型的要算编排取舍上的明显失误,例如,《通典》全书惟二百卷,史料价值并不很大的《礼典》竟有百卷之巨,恰恰占去二分之一篇幅。"参见《试论〈通典〉的问世及其经世致用思想》,《北京大学学报》1987 年第 4 期,第 45 页。

④ 谢保成:《隋唐五代史学》,北京:商务印书馆,2007 年,第 263 页。

⑤ 比如谢保成就从《礼典》中零星地挖掘出一些文句,来说明借此可考察冠冕、婚嫁、宗族、丧葬、建筑等社会文化生活,参见谢保成:《隋唐五代史学》,第 263—269 页;又如廖正雄重点分析了杜佑的宗旨应当是为了倡导治国当以"礼乐教化为本",参见廖正雄:《杜佑〈通典〉的编纂创新及其史学思想》,台北:台湾花木兰文化工作坊,2005 年,第 62—65 页;又如郭锋又从思想渊源上试图将杜佑重视礼制教化上接到孔子和荀子,参见郭锋:《杜佑评传》,南京:南京大学出版社,2004 年,第 244—251 页。

⑥ 参见白悦波:《政术与学术:关于〈通典〉的创作初衷及其相关问题的考察》,《唐史论丛》第 31 辑,西安:三秦出版社,2020 年。按:白文在认同韩昇的基础上,进一步论述杜佑经世致用的创作初衷。

来看,杜佑以唐礼为本,删繁要约,编成《开元礼纂类》,作为行事之依据,再探究礼制的沿革损益,另外编纂,与唐礼相衔接,作为行事之参考,目的明确,相辅相成,不可斥为繁复。杜佑耗费巨大的精力编纂礼典,正是施政所需"。① 侯旭东对韩说深表赞许。② 这一认识论上的回归固然重要,但依然不能解决实质问题。因为认识到杜佑以经世致用为目的而创作《通典》者代不乏人,瞿林东早有总结"《通典》一书可以认为是开中国史学史上经世史学的先河"。③ 但即使认识到杜佑的旨趣是为了经世,仍无法消解各家非议产生的症结,即认为《通典》的资料不具备原创性。

因此,根本的问题是出在如何定位《通典》一书的性质。邓国光对此书历代的定性作出了一个很好的概况——"从'类书'而'典故',再提为'政书'而'典制通史'至'百科全书'"。④ 这一认识论在王鸣盛之前早已形成,一脉相承绵延到当代,影响深远,有必要详作检讨。

将《通典》归属为"类书",是自《新唐书·艺文志》以来古代多部官私目录的惯常做法。⑤ 所谓类书,就是分门别类辑录各种文献中的资料编纂成一部工具书,宗旨应当是"全""广"和"保真",延续到现代学术范畴也就成为"百科全书"。《通典》被界定为"典章制度的百科全书",⑥无疑是延续了这一认识论。殊不知这一归类,恰恰是对《通典》纂作机制的最大误解。我们只需将《通典》与史志进行简单对照,即可发现杜佑在史料上做了大量的

---

① 韩昇:《杜佑及其名著〈通典〉新论》,《中国学术》第 26 辑,第 122 页。

② 侯旭东指出:"韩昇先生对《通典》的理解,虽不是学术的主流看法,但在我看来,这种说法更接近《通典》的本意。"参见侯旭东:《"制度"如何成为"制度史"》,收入《多面的制度:跨学科视野下的制度研究》,北京:生活·读书·新知三联书店,2021 年,第 178 页。

③ 瞿林东:《论〈通典〉的方法与旨趣》,收入《唐代史学论稿》,第 420 页。

④ 邓国光:《杜佑〈通典〉的经学本质》,收入《经学义理》,上海:上海古籍出版社,2011 年,第 428 页。

⑤ 参见白悦波所列十二部史志与官私目录对《通典》的归属表,白悦波:《政术与学术:关于〈通典〉的创作初衷及其相关问题的考察》,《ց史论丛》第 31 辑,第 229 页。

⑥ 参见石亮全:《通典:典制的百科全书》,沈阳:春风文艺出版社,1992 年;张荣芳:《通典:典章制度的总汇》卷首导读《典章制度的百科全书》,台北:时报文化出版公司,1987 年,北京:九州出版社,2018 年。按石著在邓国光论文中已提及,张著则在台湾影响比较大,初版早于石著,三十多年后九州出版社予以再版,论述一仍其旧。

删削、改写和转述，不仅门类减缩，每一部分较此前的资料都是做减法，能省则省，可缩就缩，完全不以"全"和"广"为目标，经过杜佑改写的文辞，保真性当然更是谈不上了，只能作为二手文献。《文献通考·经籍考》将《通典》列为"史部·故事类"，乃是延续《隋书·经籍志》将采集朝廷之"发号施令，百司奉之，藏于官府"的书籍专门归为一类的做法；①《直斋书录解题》等将之归入"典故类"，则与《文献通考》的做法大致相仿。要知收集朝廷官府有司的"故事"，同样不是杜佑的主要目标，《礼典》延续自"史志"的四十余卷，看不见杜佑依据宫内档案做了什么明显的增补，其余二十余卷"礼议"，应当也是转录自东晋南朝学者已编成的《礼论》。

《四库全书总目》的纂修官已意识到《通典》之类与类书性质不同，与专记仪注之书亦不同，故而单列为一类"政书类"，而以《通典》打头，云"政书类"是要关注"祖宗创法，奕叶慎守""后鉴前师，与时损益"的政制变迁，②此可谓卓识。韩昇也指出"把《通典》放在'政书类'比较能反映其性质，较诸定义为比较狭小的'制度通史'亦更合理"。③可惜具体到《通典》的提要，四库馆臣同样落入前人"类书"式的俗套庸见，云"其博取五经、群史，及汉魏六朝人文集、奏疏之有裨得失者，每事以类相从，凡历代沿革，悉为记载……考唐以前之掌故者，兹编其渊海矣"。④要知"博取""悉载""掌故""渊海"之类，均是"类书—百科全书"的典型特征，非杜佑之所擅长。

《通典》对此前史料大做减法的实际操作路径，与"类书—百科全书"式求全、求博的价值取向背道而驰。对于杜佑纂作《通典》的用心，其生前挚友李翰在作序时已作出精辟概括，其云《通典》与《艺文类聚》等类书"网罗古今，博则博矣"的做法刚好相反，其采用的标准是"事非经国礼法程制，亦所不录"，其中所录乃"缉熙王猷，至精至纯"者。⑤杜佑本人虽然对其编次

①　[宋]马端临：《文献通考》卷二〇一《经籍考二十八》，北京：中华书局，2011年，第9册，第5763、5771页。

②　[清]永瑢等：《四库全书总目》卷八一，北京：中华书局，1965年，第693页下栏。

③　韩昇：《杜佑及其名著〈通典〉新论》，《中国学术》第26辑，第134页。

④　[清]永瑢等：《四库全书总目》卷八一，第694页上栏。

⑤　[唐]李翰：《通典序》，《通典》卷首，第2页。

之义例与旨意没有集中的交待,不过在《通典》的行文中,也略有连带提及。比如在《食货典》"田制下"的一处小字自注中交待:"国家程式,虽则俱存,今所存纂录,不可悉载,但取其朝夕要切,冀易精详,乃临事不惑。"在《礼典》一开始的"礼序"中又自称:"《通典》之所纂集,或泛存沿革,或博采异同,将以振端木、备顾问者也,乌礼意之能建乎!"①要知"冀易精详"不仅是田制的纂录规则,"振端木""建礼意"也不仅是礼制的纂集目标,整部《通典》都是遵循着这些原则来完成的。

　　方向必须调转,朝着"至精至纯""冀易精详"的求简路径,方可进入《通典》所包孕的杜佑创作之绝大用心。对此,清代史学家章学诚(1738—1801)的把握较为精到。章氏揭示出,《通典》"综核典章,别于史志,义例昭然,不可易矣",其长处在"自为裁制,或删或节","此则著书之独断,编次之通裁,其旨可以意会,而其说不可得而迹泥者也"。② 章氏之所以慧眼所见《通典》的价值体现在"删节",在"独断",在"通裁",与其一生参与编修大量地方志书的丰富经历与心路历程具有密切关系。此后梁启超延续了此说,认为《通典》的诞生,乃是因此前各史之志丛脞繁复,故而"有统括史志之必要","卓然成一创作以应此要求者"。③ 可惜,章学诚说"其旨可以意会",梁启超虽然对"中国凡百学问,都带一种'可以意会,不可以言传'的神秘性"④不敢苟同,但在这个问题上他恰恰也采用点到为止、不作深发的处理法,这种笼统式概括、不予实证的做法,无疑给人一种标签化和印象式的感觉,难以令人信服。

　　金毓黻(1887—1962)是试图探索《通典》创作宗旨的第一人。金先生在他的名著《中国史学史》(1944)中将《通典》与《资治通鉴》并称"美善",反复强调《通典》之最可宝贵处在其"体大思精,简而得要","总览全编,窥其

　　① 〔唐〕杜佑:《通典》卷二《食货典二》、卷四一《礼典一》,第 29、1122 页。
　　② 〔清〕章学诚:《亳州志掌故例议中》《永清县志文征序例》,叶瑛《文史通义校注》,北京:中华书局,1985 年,第 814、789 页。
　　③ 梁启超:《中国历史研究法》第二章,上海:上海古籍出版社,2006 年,第 24 页。
　　④ 梁启超:《科学精神与东西文化》(1922),收入《梁启超谈修身》,南昌:百花洲文艺出版社,2019 年,第 149—150 页。

大略,固以简严为贵"。① 对于章学诚所说的"可以意会"之处,金先生分梳为如下三个方面:

> 熔铸群经诸史,成一家言,简而能备,蔚乎其文,一也;
>
> 记典章制度,明乎因革损益,盖原于诸史之书志……二也;
>
> 言礼一门,多至百卷,鸿博论辩,悉具其中,又能征引古经,时存旧诂,三也。②

金先生所概况的三项,前两项是关键,第三项无疑仍在存掌故的范围内。所谓"熔铸",金先生的解释是:"盖采群经诸史,每事以类相从,举其始终,历代沿革废置及当时群士议论得失,靡不条载。"因此,《通典》最大的价值在于"明乎因革损益",也就是在"精简"而又"得要"的叙事中,以见制度沿革废置的主干与枝叶,以及制度表面是"因"还是"革"之背后的机理与规则。此后,钱穆进一步解释说:"像《通典》这样的书,却该细读。要学他怎样地来写这书,要学到它'详而不烦,简而有要',把群经、诸史、各代文集一起拿来,这一种编纂方法,真是何等体大思精。"③按照金、钱二先生的阐释,如果为了专门史研究的需要去找寻史料,《通典》不如《通考》详赡,《通考》又不如史志翔实,因此杜佑的"至精至纯"反而成为查索的阻碍,不如将《通考》作为导航,更不如直接去史志的渊海中寻宝。研究《通典》之法,乃是为了寻那"体大思精""至精至纯"而去,故应与"群经诸史"作逐条的对比,从制度的变迁中看杜佑删削、裁节、改作、增益等处所作的处理,由此探寻其制度书写的用心与立意。

　　杜佑的制度史书写,形成了一种独特的史学识力与理论原则,金毓黻、钱穆拓开了《通典》研究的一条新路。我们需要下大力气从《通典》的"简

---

① 金毓黻:《中国史学史》第七章,北京:商务印书馆,2010 年,第 270—272 页。

② 金毓黻:《中国史学史》第七章,第 267 页。

③ 钱穆:《中国史学名著·杜佑〈通典〉(上)》,北京:生活·读书·新知三联书店,2005 年,第 171 页。

严"叙事这只锦绣的鸳鸯中,将其金针密缝的织就过程还原出来。下面,我将以《通典·礼典》所载第一项礼制"郊天"为例,尝试对杜佑所寄寓其中的覃思精蕴,略作一些发掘。

二、"周制"建构：熔铸经传，约为法理

《通典·礼典》以杜佑新设定的五礼体系(吉、嘉、宾、军、凶)为框架,逐项列以礼典类目,"郊天"乃是第一大类"吉礼"下的第一个小类,记述历代帝王祭天之制的历时变迁。在每一项礼典之下,《通典》基本上是按照历史演进的次序,分朝代逐代叙述此制的沿革废置,每朝之下所叙史事或详或简,并不一律。"郊天"因是王朝祭礼大典,故而各朝之下均有其事交待,甚至事繁的朝代更是分设各帝王,下隶当时当年所行所议之事;其他有些礼典,往往有所缺省,或省去若干朝代,或仅书某一二朝代,或在某一朝下仅以"因之"二字总括,故《通典》不以详赡足备为追求,是一目了然的。

就《通典·吉礼一》"郊天上"、《吉礼二》"郊天下"以及《开元礼纂类》"吉礼一""吉礼二"所构成的对"郊天"书写单元来看,祭天之制在《通典》中主要包括三大版块:第一是对先秦四代礼制(主要是"周制")的推拟与建构,史料主要依托"五经"(尤其是《周礼》与《礼记》)及其注疏;第二是对秦汉直至唐德宗贞元时期礼制沿革变迁的史事去取与书写,所叙内容与正史"书志"多所重叠而减省;第三是编制《开元礼纂类》作为《礼典》的收尾,主要依据是《大唐开元礼》。这三个版块正是礼制作为国家制度在唐代施行和运作,其渊源、先例及法理的依据所在,故而可统称为唐代制度的三项法源构成。在这三项法源中,秦汉以降主要记载制度因革和施行的实况,间载当时君臣和礼家的"鸿博论辩",由此构成唐人可资取鉴的一种资源库,作为制度执行和适用的案例法源;《开元礼纂类》的编订,则成为玄宗以后的一种制定法源;"周制"作为制度源头的推拟,乃是杜佑熔铸经传、抽绎经义形成的一种建构,与秦汉以后的"实录"式记载不同,通过对"周制"的书

写,杜佑旨在为该项制度建立起一个法理系统。

杜佑对每一项礼制在开头往往追踪"有虞氏""夏后氏""殷人"和"周制"四代,前三代乃是据后世史料作的象征性推测,故而极简,旨在见此制渊源古奥,四代之中重点是在对"周制"的书写。《通典》对"周制"的推拟,基本来自三礼经传,按马端临之说,《通典》乃是将"或散见于百官之职掌,或错见于《礼经》之总论"进行了一番"会通其纲目之详,次第其始终之序"的操作,同时,凡遇到"《礼经》简略,杜氏所叙多以注疏之意补之"。① 之所以需要借助后世经学家的注释予以填充与弥缝,一方面固然是因为经文简略、零散,前后多"阙略不接续",另一方面也是因为诸经传的记述往往非实录,而是出于后世的追记,彼此之间不统一,细节上矛盾、歧出之处不在少数,需经过一番辨析的工夫,才能将之条理成为一连贯的系统。杜佑正是这么做的,他对"周制"的书写,绝非只是简单地抄录经文,而是有意地选取、嫁接、编织经文中的某些记载,将之串联成文,辅以注疏,经过自己的排比分析和经义考释,形成了一个严密的逻辑叙述体系,由此呈现出马端临所说的"叙致颇有条理","通畅易看"的效果。②因此,马端临虽然在立场与观点上与杜佑相异,但在列出了他所赞许的杨复《祭礼》及相关诸儒之说后,仍不惜将《通典》所叙"周制"全文抄录殿于后,由此恰恰造成了《文献通考》叠床架屋的繁琐之弊。

以"郊天"之目下的"周制"为例,《通典》的书写结构包括如下五个部分:(1)冬至圜丘祀昊天上帝,(2)祈穀南郊祀感生帝,(3)五郊迎气,(4)祭天礼仪流程,(5)总说郊丘。前三项乃是从类型学上对祭天所作的区分,第四项是合并叙述祭天礼仪流程,第五项是对其之所以将祭天分设三大类作出理论说明。《文献通考》与《通典》所形成的分水岭,主要就在这一分类模式上。从经学史的学派构成上看,杜佑区别为三类,是依据郑玄之说,即"宗郑康成者,则以天有六名,岁凡九祭。盖以祭位有圆丘、太坛之异,用乐则黄钟、圆钟有差,牲乃骍苍色殊,玉则四珪苍璧,祭名且同称禋祀";而马

---

①②　[元]马端临:《文献通考》卷六八《郊社考一》,第 4 册,第 2106 页。

端临只承认冬至圜丘之祀为唯一的郊天正祭,乃是依据王肃之说,即"宗王子雍者,以为天体唯一,安得有六? 圜丘之与郊祀,实名异而体同"。① 对于郊丘问题上的郑王之争,唐人经疏已有明确交待,杜佑理当心知肚明,今从《通典》的结构和书写上推论其如此处理的缘由,更可以从如下三个方面获得进一步解释。

第一,《通典》的三类区分法与盛唐官方礼典《大唐开元礼》的仪制规定彼此呼应。作为唐代具有法典意义的《大唐开元礼》,在吉礼部分的分类上,即采用皇帝冬至祀圜丘、皇帝正月上辛祈穀于圜丘、皇帝孟夏雩祀于圜丘、皇帝季秋大享明堂四者并列之法,同时立春祀青帝、立夏祀赤帝、季夏祀黄帝、立秋祀白帝、立冬祀黑帝的五郊迎气也与之相并列。虽然圜丘与南郊在坛位上已经合一,不作区分,这是自西晋以来局部采用王肃之说的结果,但是在大框架上仍然采用郑玄的六天之说。既然《大唐开元礼》中以法典的形式明确记载了"并行二礼",那么杜佑对"周制"的建构如果不将二礼分列,则将与唐代礼制的现实运作龃龉不相合,也便无法构成该项礼制的法理之源,整部《通典》的逻辑体系便将随即崩塌,礼制诸项细节也就碎为一地散钱。因此,杜佑既然抱着"施于政事,可建皇极"(李翰序)的目标,就注定了他的理论体系必须与唐制的现实保持一致。不过,在详细斟酌过两种方案之后,杜佑最终固然采用的是从郑不从王,但也并没有彻底摒弃王肃之说。杜佑在新编《开元礼纂类》收入《通典》时,实际上已充分考虑了王肃之说的合理性(详参下文)。

第二,《通典》的三类区分法是建立在唐代礼家理论交锋的结果之上的。杜佑在"总说郊丘"部分就明确交待,对于郑王的"异同之论,国朝最详,具在《郊天篇》下"。②《通典·吉礼二》"郊天下"所收正是唐代对于郊天的仪制规定及各家的论辩之辞。一开始即交待了唐高祖、太宗时期沿用郊丘并祀之制,随即详细收录唐高宗时长孙无忌领衔的奏议(实际上应以礼部尚书许敬宗为核心),辨正王肃之说"符合经典,其义甚明",郑玄之说"违

---

①② ［唐］杜佑:《通典》卷四二《礼典二·吉礼一》,第 1167 页。

弃正经,理深未允",于是下诏"于南郊废郑玄六天之义"。① 然而,这一做法持续了不到十年旋即被高宗废止,故《通典》记之:"乾封初,高宗诏依旧祀感帝。以有司议,又下诏依郑玄义祭五天帝。"②也就是说,王肃郊丘合一之说,在唐高宗年间虽掀起了很大的浪潮,但只是昙花一现,很快就又折回到了圜丘、南郊分祀这一主干框架上。由此可见,《通典》的做法实际上是魏晋以来郊天之制长期施行的实况在学理上的一种折射,又与唐人议礼的结果和《大唐开元礼》的法典规定相呼应,由此形成前后彼此可以参合的礼制运行的法源基础。

第三,《通典》的三类区分法是对经书内在矛盾进行逻辑抽绎的结果。三礼经文中确实存在关于祭天礼仪的不同记载,包括天帝的名号,所在祭位的不同,以及祭时、祭品(包括牲、币、玉)、用乐等诸方面的差异,正如清人黄以周所指出的"圜丘与祈穀郊二祭之礼,经传画然有分"。③ 因此,郑玄正是在离析二者的基础上,将之判别为两套礼仪,即"郑以云苍璧、苍犊、圜钟之等为祭圜丘所用;以四圭有邸、骍犊及奏黄钟之等以为祭五帝及郊天所用"。④ 郑玄的做法,依乔秀岩之说,是"对诸经纬文献进行全面系统的研究,建立了今天我们能够了解大致内容的第一套完整的经学概念体系","能够做到如此大规模,而且精密如此,足以惊人"。⑤ 杜佑对于"周制"的建构逻辑与郑玄在目的论上可以说是一致的,都是在对经书内在矛盾与差异化书写进行深入辨析的结果。宋以来儒者站在王肃说的立场上批评《通典》刻意从郑,恰是带上了一副先入为主的有色眼镜。

在每一项礼典之下,《通典》对于"周制"仪节的书写,更是充分吸纳了

---

① [唐]杜佑:《通典》卷四三《礼典三·吉礼二》,第 1193—1194 页。参见顾涛:《汉唐礼制因革谱》卷六,上海:上海书店出版社,2018 年,第 1071—1072 页。

② [唐]杜佑:《通典》卷四三《礼典三·吉礼二》,第 1195 页。参见顾涛:《汉唐礼制因革谱》卷六,第 1081—1082 页。

③ [清]黄以周:《礼书通故》卷一二《郊礼通故》,北京:中华书局,2007 年,第 612 页。

④ [唐]孔颖达:《礼记正义》卷二五《郊特牲》疏文,北京:中华书局,1980 年,第 1444 页下栏。

⑤ 乔秀岩:《论郑王礼说异同》,收入《学术史读书记》,北京:生活·读书·新知三联书店,2019 年,第 55—56 页。

汉唐经学注疏的成果,而与唐代的官方经学体系保持高度一致。我们将第一项冬至祀圜丘一节铺展开来,分作11句,将杜佑撰写这一节的学理考证过程复现出来,以见其建构的具体步骤。《通典·吉礼一》"郊天上"言冬至祀圜丘正文如下:

> 周制,①《大司乐》云,冬日至,祀天于地上之圆丘。②又《大宗伯》职曰:"以禋祀,祀昊天上帝。"③礼神之玉以苍璧,其牲及币,各随玉色。④牲用一犊。⑤币用缯,长丈八尺。⑥王服大裘,其冕无旒。⑦尸服亦然。⑧乘"玉辂,锡,繁缨十有再就,建太常十有二斿以祀"。⑨罇及荐菹醢器,并以瓦。爵以匏片为之;以藁秸及蒲,但翦头不纳为藉神席。⑩配以帝喾。⑪其乐,《大司乐》云:"凡乐,圜钟为宫,黄钟为角,太蔟为徵,姑洗为羽,雷鼓雷鼗,孤竹之管,云和之琴瑟,云门之舞,冬日至,于地上之圆丘奏之。若乐六变,则天神皆降,可得而礼矣。"①

此段除杜佑明确标注的撷取了《周礼·春官·大司乐》《大宗伯》两篇之外,暗用的经传篇目有《周礼·天官·司服》《春官·巾车》《夏官·节服》,《礼记·郊特牲》《王制》《曾子问》《礼运》《礼器》《祭法》等。杜佑取用经传的方式,有随文直接引用者,比如第②句言祀神之名号,出自《春官·大宗伯》;第⑧句言车旗之制,出自《春官·巾车》;最后一句⑪言用乐之制,出自《春官·大司乐》,此类应加引号以示区别。有约取经义自为之说者,所谓"约取",也就是"约其辞文,去其烦重"(《史记·十二诸侯年表》)的意思,即将经传注疏汇通起来,省去详细的排比考释过程,以精简的语言概括出结论。章学诚《文史通义》所谓"六经不能言,固贵约六经之旨,而随时撰述以究大道也",②即为此意。且就此段这八句略作解析,以见杜佑如何约取经义。

---

① ［唐］杜佑:《通典》卷四二《礼典二·吉礼一》,第1162页。按:圜丘、圆丘同,本文一律使用后世常用的"圜丘"一词,只在《通典》引文中保留"圆丘"一词。

② ［清］章学诚:《文史通义·原道下》,叶瑛:《文史通义校注》,第139页。

第①句总括冬至祀天于圜丘,虽标明取用自《大司乐》,但并非直接引用,而是对此篇中"凡乐……冬日至,于地上之圆丘奏之"一句经义的提取,杜佑从《大司乐》所记奏乐致神的叙述中,提取其逻辑前提,即周王必于冬至祀天于圜丘这一事实,其之所以如此笃定,乃因郑玄已予以考定,此句之下郑注引《礼记·祭法》"周人禘喾而郊稷",与《大司乐》相配,由此确定"此祭天圜丘,以喾配之"。因此,杜佑第⑩句言"配以帝喾",所依据的正是《祭法》及《大司乐》的这一郑注。①

第③句言用玉及牲币之色,主要依据依然是《大宗伯》,经文原作:"以苍璧礼天,以黄琮礼地,以青圭礼东方,以赤璋礼南方,以白琥礼西方,以玄璜礼北方,皆有牲币,各放其器之色。"杜佑显然是取此句经文中的第一小句和最后一小句。将"以苍璧礼天"对应于冬至郊天,同样是采用了郑注的考定:"此礼天以冬至,谓天皇大帝,在北极者也。"然而《周礼》经文言牲币之色,云"各放(仿)其器之色",杜佑则不从郑注"币以从爵"的解释,而是将此"器"确定为前文所言之"玉",并作小字注:"器则玉也,盖取象天色也。"追究其所据,乃是依《礼记》孔颖达正义,在《郊特牲》首句下孔疏:"案《大宗伯》云:'苍璧礼天。'……又云:'牲币各放其器之色。'则牲用苍也。"②可见唐人疏已破郑注,杜氏从之。

第④句言用牲之制,杜佑小字自注已交待其依据是《礼记·郊特牲》"用犊,贵诚也"和《王制》"祭天地之牛,角茧栗"。其实,支撑杜佑确定只用"一犊"的,同样是唐人正义。《郊特牲》首句下孔疏:"郊所以用特牲者,天帝至尊,无物可称,故用特牲。"又《礼器》"祭天特牲"句孔疏:"特,一也。天神尊,尊,质,故止一特也。"③杜氏采之。

第⑤句言用币之制,杜佑小字自注已交待其依据是《礼记·曾子问》郑

---

①　《通典》"配以帝喾"之下,杜佑小字自注交待其依据是《祭法》及《大宗伯》郑注"圜丘以喾配之","大宗伯"当是"大司乐"之误。

②　[唐]孔颖达:《礼记正义》卷二五,阮元校刻《十三经注疏》,北京:中华书局,1980年,第1444页下栏。

③　[唐]孔颖达:《礼记正义》卷二三,阮元校刻:《十三经注疏》,第1432页下栏。

注"制币,长丈八",并推论郑注的依据又是"约逸《巡狩礼》文也"。可见,郑玄正是采用约取古礼之文的方法注经,杜佑与之在方法论上是一致的。另外,杜佑确定"币用缯",经查检可知,同样出自郑玄,《礼运》"故先王秉蓍龟,列祭祀,瘗缯"句下郑注:"币帛曰缯。"

第⑥句言服冕之制,杜佑小字自注已交待其依据是《周礼·天官·司服》"王之吉服,祀昊天上帝则服大裘而冕",并称郑司农注"大裘,黑羔裘",由此推定:"既无采章,则冕亦无旒也。"支撑杜佑确定"其冕无旒"的,乃是郑玄在《夏官·弁师》下的推测"大裘之冕盖无旒"。

第⑦句言尸服之制,杜佑小字自注交待其依据是《周礼·夏官·节服》"郊祀裘冕,二人执戈送逆尸"和《秋官·士师》"祀五帝,则沃尸,及王盥"。其实,杜佑更直接的同样是采用了郑玄之说,《节服》郑注:"裘冕者,亦从尸服也。裘,大裘也。"杜佑据此逆推尸服当如周王祀天之服,并进一步从礼意上给予了一种解释:"以天体质,故王大裘以象之。既尸为神象,宜与王服同也。"

第⑨句言尊爵、荐器之制,杜佑小字自注交待其确定"以瓦""以匏片"乃依据《礼记·郊特牲》"器用陶匏,以象天地之性也"。其实此句所言粗略,需依托孔疏予以补足:"陶,谓瓦器,谓酒尊及豆篡之属,故《周礼》瓶人为篡。匏,谓酒爵。"又《郊特牲》首句下孔疏亦谓:"其祭天之器,则用陶匏。陶,瓦器,以荐菹醢之属。……匏酌献酒,故《诗·大雅》美公刘云:'酌之用匏。'注云:'俭以质。'祭天尚质,故酌亦用匏为尊。"同样,神席用蒲越、藁秸,也出自《郊特牲》:"蒲越、藁(同藁)秸之尚,明之也。"郑注:"蒲越、藁秸,藉神席也。明之者,神明之也。"孔疏:"今礼及隋礼,藁秸为祭天席,蒲越为配帝希,俱藉神也。"[1]杜佑小字自注称"藁秸藉天神,蒲越藉配帝",显然是采用了孔疏,或者说是从隋唐礼制的现实归纳出结论。其所谓"翦头不纳",指蒲草剪了头但不扎缘,以显祭天尚质朴,暂未检得其说来源,恐亦是从隋唐实际的仪制操作中概括得出,用以补充经义之未备。

---

[1]　[唐]孔颖达:《礼记正义》卷二六,阮元校刻:《十三经注疏》,第 1455 页上中栏。

　　由这一段可以看出,杜佑的撰写大字正文力求精简,但信息量颇为充实,对于周王冬至祀圜丘礼制的各种规定予以了尽可能翔实的叙写,写作的方式采用直接引用与约取经义相结合,在不容易一眼看出其依据的地方,则以小字自注的方式略交待其理据。以下对祈榖祀感生帝、五郊迎气、祭天礼仪流程的处理与此约略相仿。从这一叙述结构中,我们不难看出,杜佑对"周制"的书写乃是熔铸经传的结果,他充分吸收了注疏对经传的考证与推论,并辅以己意,在诸多纷杂、不协调的头绪中,给出一种最为理想的、协于经传的法理模型。从这个意义上说,《通典》在经学史上具有重要价值,杜佑的"周制"建构实际上是他对经书进行考辨与研究,对诸项仪制规定的经义之源进行统合的最终结论。基于此我们也应当认识到,杜佑的目标并不是要想达成对周王祭天的复原或实录,而是借助于这一理论上的建构,为唐代现实制度的施行提供一套经典的法理依据。

三、 统括"故事": 主动脉、大关节和制度的分蘖

　　在"周制"的叙写之后,《通典》依朝代、帝王为序,自秦汉一路记载至唐,从史源上看,杜佑或从史志,或采本纪、列传,或作删节,或又补充若干史事,写作手法不可一律,似不容易看出其用心。我在撰作《汉唐礼制因革谱》的过程中,经逐条考释、辨析汉唐礼制的每一个步骤、每一项细节,并与《通典》所记彼此互参,观其增删、留存与挪移的手法,可知杜佑所书实为聚焦于每一项制度演进中的主动脉和大关节,并对酿成制度变迁的分蘖和裂隙之处多所关照,而将制度施行的实况和礼典仪制的枝叶大刀阔斧地进行了砍削。可以说,《通典》瞄准了制度的因革流变,是对制度史上各项重要"故事"的统括。

　　所谓"故事",若采用邢义田对汉制的概括,"一切汉家典制都可包括在内。在汉人的措词里,故事又可称之为'旧事''旧制''旧典''旧仪''典故''古典''行事''成事''典常''前制''汉典旧事''先祖法度''祖宗典故''祖宗故事''国家故事',或仅称之为'旧'","概括而言,故事是往事前例,凡刘

邦创业以来所曾发生的事例,在汉人眼中,都可以是故事"。① 汉代如此,汉代以后亦复如此。"故事"实际上指的就是前代所发生过的某一事件,对后代产生了一定的影响,具有相当的制度效力。比如就"郊天"部分而言,杜佑自己就曾使用"故事"这一语词七次,其中言及"元始故事"二次,即"后汉建武元年,光武即位,为坛营于鄗之阳,祭告天地,采用前汉元始中郊祭故事","明帝即位,永平二年,以月令有五郊迎气,因采元始故事"。所谓"元始故事",指的是西汉末平帝元始五年(5)采纳王莽奏,改定南北郊和祠五帝之仪,此后分别为东汉光武帝和明帝所采用,而"东汉的王朝祭礼已为后世奠定了基本格局乃至细节",因此,西汉末年的"元始故事"便构成"中国古代王朝祭礼发展过程中承上启下的重要环节",②故而杜佑看重如此。另外,邢义田所说的"旧制""旧仪"等,在《通典》的行文中也不断出现,均指此前所行之某项礼仪,被后代所参照、仿效或借鉴,均可包含在"故事"的大范畴之内。

从这个意义上说,杜佑以制度的因革变迁为视角来选取和书写历史事件,他的工作机制正是依据一个"事件等级制"的标准,将他认为在制度结构上具有重要意义的"大事件"提取出来,编制入一个特定的"事件序列",③而不是去钩稽出历代发生了多少相关的大事小事,作尽可能全面的复原和考证。杜佑的宗旨是通过他对事件的去取、排比、组合,形成一个筛选过的事件聚合,借此构建出某项制度演进、发展、转折的逻辑路线。因此,进入《通典》书写范围的每一个事件,在一定程度上均具有"故事"的性质与价值,均在长时段中具有结构性意义。今即以"元始故事"为节点,将此前杜佑所书西汉七帝相关事件作一统观,对隐藏其间的逻辑结构略作阐说,以见《通典》的书写机制。

---

① 邢义田:《从"如故事"和"便宜故事"看汉代行政中的经常与权变》,收入《治国安邦:法制、行政与军事》,北京:中华书局,2011 年,第 383 页。

② 杨英:《祈望和谐——周秦两汉王朝祭礼的演进及其规律》,北京:商务印书馆,2009年,第 534 页。

③ 有关"事件序列"和"事件等级制"的理论分析,参见侯旭东:《什么是日常统治史》,北京:生活·读书·新知三联书店,2020 年,第 65—68 页。

（1）汉高帝时，备祀五帝，又祀九天。西汉初年整体上乃承用秦雍州四時，《通典》行文保留了《史记·封禅书》《汉书·郊祀志上》"故秦时""悉召故秦祀官""如其故仪"等措辞，①可见其关注焦点在制度的承继。刘邦刻意要与秦仪作出区别，故更起北時，又用巫祝，杂入五行、五德、符运等观念，②可见西汉郊天之制在高帝时处在初步探索阶段，尚未形成自己的风格，故而高帝也不亲祀，均由有司行事。

（2）汉文帝时，先亲祠雍五時，又新作渭阳五帝庙、长门五帝坛。《通典》之所以记此二事，因为文帝亲郊五時，标志着汉代正式祭天的开端；而五帝庙的新作，与改正朔、易服色相配套，可见"文帝已开始改革国家祭祀、兴立汉家法式的尝试"。③ 也就是说，渭阳五帝庙、长门五帝坛的新建，是汉代希望摆脱秦仪的重要尝试之一，但是彼时"天神观比较混乱，受神仙方士和谶纬学说的影响很深"，④尚未找到祭天的理论依据。因此，一旦遇到波折，礼典也就无法持续，文帝在十六年（前164）亲祀了一次后，也就懈怠下来，"不亲往焉"。

（3）汉武帝时，先后立泰一坛于长安东南郊与甘泉，并亲祀泰時。认识到祭天当祭泰一神，是汉代郊天在理论上的初步成型，秦蕙田称"自谬忌创为泰一之说，立祠于长安东南郊，则俨然仿佛圜丘之意矣"。⑤ 由此，元朔五年（前124）即在制度史上具有标志性意义，《通典》必详书之。又过十二年，至元鼎五年（前112），采司马谈、宽舒之说，立泰時坛于甘泉，相应祭天仪制确定下来，故秦蕙田予以很高的评价："武帝祠太乙（即泰一）于甘泉，祭后土于汾阴，虽非古南北郊之制，而其意略同。"⑥秦氏之说将杜佑采录

---

① ［唐］杜佑：《通典》卷四二《吉礼一》，第1168页。按：此节引用《通典》原文均出自《吉礼一》，不再一一出注。

② 相关分析可参见杨英：《祈望和谐——周秦两汉王朝祭礼的演进及其规律》，第310—312页。

③ 田天：《秦汉国家祭祀史稿》，北京：生活·读书·新知三联书店，2015年，第119页。

④ 杨志刚：《中国礼仪制度研究》，上海：华东师范大学出版社，2001年，第267页。

⑤ ［清］秦蕙田：《五礼通考》卷六《吉礼六》"圜丘祀天"，北京：中华书局，2020年，第4册，第312页。

⑥ ［清］秦蕙田：《五礼通考》卷六《吉礼六》"圜丘祀天"，第4册，第326页。

的标准和书写的用意揭示得非常清晰。然由《通典》还保留了《汉书·礼乐志》"使童男女七十人俱歌，昏祠至明"及《史记·封禅书》"以木寓马代驹"等仪节，表明此时的祭天仍未跳脱出秦仪的樊篱。因为杜佑在前文书写秦制时，最后特别加了一条自注："时经焚书坑儒，后更无典礼，祠用木寓龙、木寓马，不知何凭，如此乖谬。"①在杜佑看来，秦代祭天之仪与经义（即其眼中的"周制"）相乖戾，而西汉至武帝时新建典礼虽初见雏形，但其仪节仍与"周制"殊不协调。

（4）汉元帝时，延续武帝时所行甘泉祀泰一之礼，又不废秦以来郊雍之仪。故《通典》仅迻录《汉书·郊祀志下》一句概括性的话，称其"遵旧仪，间岁正月，一幸甘泉郊泰畤，西至雍祠五畤"，以见此时郊礼仍处于混杂之地，对于此后的制度发展不构成实质性的影响。

（5）汉成帝时，礼制出现重大转变，修作长安南郊，罢甘泉泰畤、雍五畤。建始元年（前32）发生一次大规模议礼事件，最终以 50∶8 的票数，匡衡、张谭之说胜出，此年在西汉郊天之制演进中具有标志性意义，汉王朝开始摆脱由秦延续而来的郊雍五畤，京城南郊祀天的建设提上议事日程。从甘泉到南郊，并不仅仅是地点上的转移，"'天'从此取代五帝甘泉宫的'太一'，在神学层面上发生了根本的变化"。② 杜佑在自注中特别收录了匡、张之奏，明确给出他们的理据："今当幸长安郊见皇天，反北之太阴，与古制殊矣"，"甘泉泰畤宜徙置长安，合于古礼"。③ 这一段的史源固然是《汉书·郊祀志下》，然《汉志》所收奏议后一句本作"甘泉泰畤、河东后土之祠宜可徙置长安，合于古帝王"，杜佑在删去与此节无关的"河东后土之祠"的同时，暗中将最后三字"古帝王"改成"古礼"。杜佑心目中的"古制""古礼"，正是他在前文着意建构的"周制"，这是他对西汉走出秦仪、走向"周制"理想模型的刻意凸显。因此，对此后成帝不能坚持南郊，迫于各种灾祥异象，泰畤、五畤一度复祀，杜佑在叙事间流露出大为惋惜之意。

---

① ［唐］杜佑：《通典》卷四二《吉礼一》，第 1168 页。
② 杨英：《祈望和谐——周秦两汉王朝祭礼的演进及其规律》，第 455 页。
③ ［唐］杜佑：《通典》卷四二《吉礼一》，第 1170—1171 页。

(6) 汉成帝去世后,皇太后下诏恢复长安南郊,然而汉哀帝登基三年,因病情加重,又一次下诏恢复甘泉泰畤。至此,祀天之坛从元帝时在甘泉,转向成帝即位后的长安南郊,又回向甘泉,成帝去世又恢复南郊,如今哀帝即位又回向甘泉,已四度来回。在田天看来:"复古派与现世派都在争取最高统治者同情,此消彼长,反复拉锯。如果郊祀理论与实施细则无明显推进,这种相持局面就难以打破。"①就此,从事件史的角度可对其中来龙去脉展开详细分析,但杜佑仅从《汉书·郊祀志下》中摘取了"寝疾,博征方士,复甘泉泰畤祀如故,遣有司行事而礼祠焉"一句写入《通典》,②因为从制度演进上看这一来回波折,并无特殊意义。而杜佑留下"征方士""遣有司",却是可以看出在走向南郊的进程中,方士们羁绊与牵制的力量不容小觑。

(7) 汉平帝时,京城南郊之制总算定型,同时单设五郊,这一年是在元始五年(5),也就是西汉的最后一年。这一事件毫无疑问成为郊天制度发展史上的一大里程碑,按田天之说,这一年"国家祭祀制度发生了彻底变革;这一巨变,直接造就了中国古代国家祭祀体系的性格"。③ 由此也就形成东汉以后所谓的"元始故事"(见上文),故《通典》对此时所定仪制的书写较为详细。其中起关键作用的人物是王莽,发端则是早在成帝时的匡衡等儒生,因此,杜佑记曰:"平帝立,王莽奏,宜如建始所行丞相匡衡等议,复长安郊祀如故。"④这一句话,将西汉郊天在走出秦仪、确立南郊最为关键的两个节点、两位历史人物一语揭出。东汉以后,京城南郊的大方向毫无疑问被继承下来,此后所发生的分化与争议,已是基于这一主干而分化出的第二、第三枝权了。

经分析杜佑所选取、并编织进《通典》"郊天上"的西汉时期每一条材料,可以清晰地勾勒出汉代新建郊天之制的几个重大关节,从高帝立雍五畤,到文帝新作五帝庙、武帝立甘泉泰畤,到成帝新修长安南郊、平帝定南

① 田天:《秦汉国家祭祀史稿》,第 240 页。
②④ ［唐］杜佑:《通典》卷四二《礼典二·吉礼一》,第 1171 页。
③ 田天:《秦汉国家祭祀史稿》,第 229 页。

郊礼仪,一条走出秦仪、走向"周制"的制度史演进主动脉跃然纸上。如果全面钩稽西汉郊天之祀的相关史料,丰富程度必远远超过《通典》。① 不说被杜佑完全略掉的惠、景、昭、宣四帝,也有不少郊祀之事,就汉武帝时而言,已"建构起一个巨大繁复的祭祀网络",形成"泰畤—后土祠、雍、泰山三个祭祀中心",并多次巡行,"至泰山 8 次,幸甘泉 13 次,幸雍 10 次","国家以多点控制的方式达成祭祀格局的平衡",②这也就是被《汉书·郊祀志下》称之为宣帝"修武帝故事"者,但从制度史的长时段来看并不构成大关节,因而《通典》也就并不予以采入。杜佑通过这一统括式书写模式,便将与主动脉关系不甚密切的诸多临时性的、一过式的事件,大量地过滤掉了。

依着这一思路往下看,"元始故事"因王莽篡位的波折,真正予以落实要到东汉光武帝建武元年(25)和明帝永平二年(59),分别将南郊祭天、五郊迎气付诸施行,由此奠定汉魏以降礼制演进的地基,故《通典》予以大段载入。魏晋以后,郊天之制从大脉络上来看,产生的根本性裂变是圜丘与南郊的分立,由此形成冬至圜丘祀昊天上帝、孟春南郊祀感生帝的两大主干分叉。这一裂变过程同样经历了较长的历史时期。如果说废止雍地、甘泉祭坛,确立京城南郊,历经整个西汉 175 年的历史,那么三国魏明帝景初元年(237)圜丘初始从南郊分出,一直要到隋文帝开皇年间才正式确立冬至圜丘、孟春南郊分祀之制,如果以辛彦之、牛弘撰成新礼正式颁行的开皇五年(585)为节点,前后经历了整个魏晋南北朝长达 348 年的历史。

这长达三百余年的制度演进过程,对于杜佑的统括式书写在精简度上提出了更高的要求。《通典》竟然在有限的一卷(即"郊天上")中,使用剩下的一半篇幅便完成了这一叙事的全过程。西汉时期尚采用以皇帝为节点的中度统括式书写结构,魏晋以后则更是采用了以朝代为节点的高度概括式书写。采用高度概括式书写,也就意味着《通典》将进一步瞄准并抽绎主动脉和大关节,更需略去各种旁逸斜出的枝杈性事件。

---

① 参见顾涛《汉唐礼制因革谱》卷二对相关史料的钩稽和梳理。按:仅就《史记·封禅书》《汉书·郊祀志》等历史文献来看,叙事的分量较《通典》就已翻了几番。

② 田天:《秦汉国家祭祀史稿》,第 209、179、208 页。

其中对三国魏在明帝景初元年(237)于洛阳新营圜丘的书写,杜佑不仅收录了魏明帝的诏书,而且在小字自注中列出高堂隆的上表和鱼豢之议,可见其重视。此年的郊天之礼,在立春南郊之外开出冬至祀圜丘的一条新路,在制度史上具有标志性意义。可惜,魏明帝之后"终魏代不复郊祀",区别圜丘、南郊的再度提出并正式确立,要到南朝梁武帝天监三年(504),那已经是在高堂隆去世267年之后的事了。但是从制度史上来看,237年标志着分蘖的产生,高堂隆的上表是引发制度发生变革的裂隙,正如西汉成帝时的匡衡、张谭之奏一样。匡衡和高堂隆属于勇于吃螃蟹的第一人,他们提出改制的方案,在当时属于新生事物,受到巨大的阻力和反弹是可以想见的,故而不可能一帆风顺。制度要真正完成变革,需要充足的铺垫,更需要适当的时机,但是当制度的变革完成之后,追溯其分蘖的发生处,应当追到此时。《通典》在体例上正体现出这一思路,杜佑对汉成帝、魏明帝时郊天之制的书写,分别在小字自注中载入匡衡、高堂隆的奏议,可见杜佑对改革引领者的不抹杀,也可见他对制度分蘖处的关注与重视。《通典》在撰作体例上的精详之处,于此又可见一斑。

对于西晋到南朝的郊天,《通典》的书写可谓惜墨如金。西晋武帝泰始二年(266)南郊除五帝位,圜丘并入南郊不别立,太康十年(289)又"复南郊五帝位",这在一定程度上乃是分别取准于王肃上帝即天说和五帝非天说的产物。[①] 不过,对于制度变革背后的理论依据是宗郑(玄)还是从王(肃),并非杜佑关注的重心,《通典》只是简要摘录了当年的"有司奏",而不作推论。经由《通典》的书写,凸显出的乃是制度史上晋武帝对三国魏明帝时郊丘分立之制的主体革除,以及在局部(即南郊设五帝位)的恢复。

东晋在建康新立南郊,然在杜佑眼中"多依汉及晋初仪注""如泰始故事",不具备结构性意义。相较而言,他更关注晋安帝时朝议提出郊天可由宗伯摄事,而被王讷之所否定一事,这又是基于什么考虑? 我们可比较他

---

① 相关研究可参见赵永磊:《天道与人事——王肃禘郊祖宗说复原》,《哲学研究》2023年第1期。

在下一段叙及南朝宋之制,专门记载了孝武帝大明二年(458)因遇雨是否需迁郊举行的一场专门性礼议,结果"遂迁日,有司行事"。在这一段的小字自注中,杜佑摘录了《宋书·礼志三》的礼议内容,又将《宋书·礼志一》中"南郊,自魏以来,多使三公行事"一句殿于后。两相比较可见,东晋王讷之议经杜佑故意揭出,正是对有司摄事不得进入制度规定的坚持;然而到南朝宋代的大明礼议,竟使有司摄祭堂而皇之地进入了制度史。南朝的宋、齐、梁、陈四代,在郊天之制上的贡献更多的是在礼典的具体仪节上,比如刘宋确立了祖配之制,萧齐确立间岁一祀及郊坛形制,梁武帝时更是经过多次博议,细部多所改定,仪注渐趋精密。《通典》的处理基本上都是采用大字揭出结论,小字概括礼议的重要理据,无特别凸显之处。

《通典》对梁武帝天监三年(504)何佟之又一次提出圜丘与南郊当分祀这一事件的处理,值得作些分析。这一年应该说是对三国魏高堂隆之说的再启,而且何佟之进一步区别了二祭在礼意上的区别,冬至圜丘,义在报天,立春南郊,义在祈穀,对此后来不少学者曾给予不少高誉。[1] 可是《通典》对此事的处理却显得过于淡化,大字正文只字不提,只是在一条小字自注中列出了何氏之说。这是不是杜佑的疏忽?恐怕不应当如此看待。今考现存梁代史料,于正月行南郊之祀的记载不下数十次,却并未有见在冬至祀圜丘的确凿记载,那么可以作出推测:何佟之所定仪制很可能最终未能付诸行用。即使梁代冬至祀圜丘确有施行而失于记载,那么也可以看出梁代对南郊孟春祈穀之祭的重视要远胜于冬至,正如秦蕙田所指出的:"武帝改祈穀于孟春,而《本纪》亲郊,皆以正月上辛。观天监十六年、普通二年诏明以'句芒首节,平秩东作'为词,则其为祈穀甚明,是当时分冬至、孟春为二,反以孟春为重也。"[2]可见梁代虽然在理论上已认识到西晋以来"二至之祀合于二郊"的结构应当予以突破,但并未达成共识,在现实中很可能未完成郊、丘分祀的制度实践。这一制度的真正实现,要到隋文帝建国之

---

① 参见顾涛:《汉唐礼制因革谱》,第 31、602—603 页。

② [清]秦蕙田:《五礼通考》卷二一《吉礼二十一》"祈穀",第 2 册,第 875—876 页。

后。因此，《通典》在隋文帝之下，方才给予确立冬至圜丘、孟春南郊并行之制的明确书写。

隋文帝于开皇四年（584）、十三年（593），孟春南郊，又于开皇十年（590）、十二年（592）、十八年（598）、仁寿元年（601），冬至祀圜丘，可见二祭已断然分开，这些具体施行情况，当然不会进入《通典》的书写，但《通典》已在制度上载入隋礼在圜丘、南郊仪制上的各项差异，包括所祀神明、配帝、从祀、祭品等。从直接的来源上看，北周"正月上辛，祀昊天上帝于圜丘"，"又祀所感帝灵威仰于南郊"，圜丘、南郊所祭神祇已作区分，固然对隋制具有一定的铺垫作用；但二祭在北周时尚未在时日上区别开，冬至郊天尚未进入大祀，可见北周与隋之间有明显距离，不具备直接的承继关系。再反观北齐之制，原本亦在正月祀圜丘，但《通典》明确载入"后诸儒定礼，圜丘改以冬至祀之"，南郊则仍在正月，"祀所感帝灵威仰"，①可见隋礼与北齐之间的联系较北周更为紧密。由此，借由《通典》"郊天"的制度史书写，我们可以抽绎得一条大脉络，隋礼乃是上承自北齐与萧梁之制的结果，这也就是陈寅恪反复论证的，"隋文帝虽受周禅，其礼制多不上袭北周，而转仿北齐或更采江左萧梁之旧典，与其政权之授受，王业之继承，迥然别为一事"。② 从这个意义上说，隋开皇礼是充分融汇了北朝、南朝礼制因革的成果，而梁代何佟之所议正是隋制得以正式分辟为两条路径的分蘖之处，杜佑置于小字自注中揭出，正合其体例。

四、　钞誊抑或新裁：从《大唐开元礼》到《开元礼纂类》

《通典·礼典》在组成结构上，前 65 卷"沿革"按五礼体系分类，类下依序排列各项礼制，后 35 卷则收入新编的《开元礼纂类》，依与之前各项礼典

---

①　［唐］杜佑：《通典》卷四二《礼典二·吉礼一》，第 1180 页。按：此句史源在《隋书·礼仪志》。

②　陈寅恪：《隋唐制度渊源略论稿·礼仪》，北京：生活·读书·新知三联书店，2004 年，第 57 页。

相同次序排列。若需对某项礼制形成全面认识，需将前后相应的两部分内容结合起来，形成某一项礼制的书写单元，以作前后统观、参详。就"郊天"的书写单元而言，《礼典》六十九、七十所收《开元礼纂类》"吉礼一""吉礼二"是其不可分割的组成部分。《纂类》的编制，表面上看确实就是将《大唐开元礼》的150卷经大幅删节而成，而且古人又无写作凡例的习惯，再加上后世学者已失去杜佑撰作时"将施有政，用乂邦家"①的现场语境，难以体察到《纂类》仪制删节处理的用意，很容易跌入王鸣盛般"钞腾"的评骘。有鉴于此，我们在对"郊天"礼制的历史因革作过疏释之后，也尝试对蕴含在《纂类》"撮取"过程中的"裁制"工夫作一些发掘，将《纂类》的体例略举一二，以期发凡之效。

初步概括《开元礼纂类》"郊天"部分内容，可得杜佑的新编工作在体例上有如下五个方面值得留意：

（一）礼典项目上的归并

与郊天之制相关的礼典，《大唐开元礼》记载共计18项，每一项下均详细书写仪注，《开元礼纂类》将其归并成3项。参见表1：

表 1 　《大唐开元礼》和《开元礼纂类》郊天之制类目对照表

简称	《大唐开元礼》所设礼典	《开元礼纂类》所设礼典
圜丘	皇帝冬至祀圜丘	皇帝冬至祀圆丘
	冬至祀圜丘有司摄事	正月上辛祈穀 孟夏雩祀 及摄事并附
祈穀	皇帝正月上辛祈穀于圜丘	
	正月祈穀于圜丘有司摄事	
雩祀	皇帝孟夏雩祀于圜丘	
	孟夏雩祀于圜丘有司摄事	

---

① ［唐］杜佑：《进通典表》，《通典》卷首，第1页。

简称	《大唐开元礼》所设礼典	《开元礼纂类》所设礼典
明堂	皇帝季秋大享明堂	皇帝季秋大享明堂
	季秋大享明堂有司摄事	摄事附
五郊迎气	皇帝立春祀青帝于东郊	皇帝立春祀青帝于东郊
	立春祀青帝于东郊有司摄事	立夏祀赤帝于南郊 季夏土王日祀黄帝于南郊 立秋祀白帝于西郊 立冬祀黑帝于北郊 及摄事并附
	皇帝立夏祀赤帝于南郊	
	立夏祀赤帝于南郊有司摄事	
	皇帝季夏土王日祀黄帝于南郊	
	季夏土王日祀黄帝于南郊有司摄事	
	皇帝立秋祀白帝于西郊	
	立秋祀白帝于西郊有司摄事	
	皇帝立冬祀黑帝于北郊	
	立冬祀黑帝于北郊有司摄事	
总计	18 项	3 项

　　因为这 18 项礼典均包含"斋戒""陈设""省牲器""銮驾出宫""奠玉帛""进熟""銮驾还宫"七段,行礼大格局基本一致,故而大量用辞是重复的,《纂类》在体例上采取将 3 项作为主礼典详细收录、其余附录其中的处理方式,使得同类仪制得以大量删节,这是杜佑能将《大唐开元礼》150 卷成功简缩为 35 卷的关键所在。

　　《纂类》的这一归并处理法,在精简了篇幅的同时,还达成了另外一个效果。杜佑将正月上辛祈穀等附入圜丘之祀,实际上形成了在祭天礼制上对"冬至祀圜丘"这一主礼典的强凸显,也就是确立了其作为国家最高级别祭祀大典的地位。杜佑身处《大唐开元礼》的法典模板之下,固然无法突破《开元礼》所依托的郑玄"六天说",但《纂类》无形间已构成对王肃"郊丘合一"说的吸纳。《纂类》"冬至祀圜丘"一主五附的载录模式,实际上已达成清人秦蕙田所说的"古者天子一岁祭天有四,而冬至为正祭"局面;宋儒大肆诟病开元礼一岁四祭无分轻重,他们所主张的"祈穀、大雩,祈祭也,季秋明堂,报祭也,礼皆杀于冬至,而郊天正祭,止冬至圜丘一祭而已",①从杜佑新编《纂类》的类目分设中,已具备初步轮廓。虽然皇帝季秋大享明堂因地点的转换,在《纂类》中仍与皇帝冬至祀圜丘并列,五郊迎气也依《大唐开元礼》的规定只可单列于后,否则便与当朝法典不合,但杜佑在允许的范围内已做了尽可能的处理,即便如五郊迎气,也是以立春祀青帝于东郊为主,后四者均为附录,作了力所能及的精简。

(二)礼典归并所带来的编修新例

《纂类》既然采用附录的形式,将数项礼典的仪制规定附入一项主礼典之下,就必然要在礼典出现仪节差异之处作出说明。杜佑以主礼典为大字正文,采取小字自注的方式完成对其他数项附录礼典细部差异的旁注。试以"皇帝冬至祀圆丘"下"奠玉帛"段之"奠昊天上帝神座"节仪注的书写为例,看《纂类》是如何将另五项礼典——"正月上辛祈穀""孟夏雩祀"以及冬至、上辛、雩祀之有司摄事——附入其中的。《纂类》之文曰:

> 太常卿引皇帝,"太和之乐"作,皇帝每行,皆作太和之乐。摄[1]则谒者引太尉,以下皆谒者引太尉。太和乐,上辛、雩祀[1]同。皇帝诣坛,升自南陛,侍中、中书令以下及左右侍卫量人从升。以下皆如之。皇帝升坛,北向立,摄[2]则太尉升南陛,北向立。乐止。正座太祝加玉于币以授侍中,侍中奉玉币东向进,皇帝搢镇珪,受玉币。凡受物,皆搢镇珪,跪奠讫,执珪,俯伏,兴。太尉则搢笏。登歌,作"肃和之乐",以大吕之均。太常卿引皇帝进,北向跪奠于昊天上帝神座,俯伏,兴,太常卿引皇帝少退,北向再拜讫,太常卿引皇帝立于西方,东向。配座太祝以币授侍中,侍中奉币北向进,摄[3]则太祝授太尉,太尉奉玉币进奠。皇帝受币。太常卿引[皇帝]进,[东面跪,奠于]高祖神尧皇帝神座,雩祀[2]则太宗座。俯伏,兴,太常卿引皇帝少退,东向再拜讫,登歌止。太常卿引皇

① [清]秦蕙田:《五礼通考》卷一《吉礼一》"圜丘祀天",第 4 册,第 146—148 页。

帝,乐作,皇帝降自南陛,还版位,西向立,乐止。摄^[4]则太尉行,还立无乐也。初皇帝将奠配帝之币,谒者七人各分引献官奉玉币俱进,跪奠于第一等神座,上辛^[3],则谒者五人,各分引献官,奉玉币奠五方帝座,摄事同。雩祀^[4],五人帝、五官相次而毕。余星座之币,谒者、赞引各引献官进奠于首座,余皆祝史斋郎助奠。讫,引还复位。摄^[5]则太尉奠配座,诸太祝及诸献官各奉玉币进于神座,讫,还罇所。上辛^[5]无星以下座也。①

不难看出在具体的仪节之下,杜佑作了多项小字自注,其中出现了多次"摄……""上辛……""雩祀……",今逐一标号,略作解读如下:

摄^[1]:《纂类》用小字自注"摄则……"交待,若有司摄事,则无"太常卿引皇帝,‘太和之乐’作"之仪,而代之以"谒者引太尉"之仪。又用小字自注"以下皆谒者引太尉",说明下文这段仪注中六次出现的"太常卿引皇帝",若有司摄事,均代之以"谒者引太尉"。

摄^[2]:《纂类》用小字自注"摄则……"交待,若有司摄事,则无"皇帝诣坛,升自南陛,侍中、中书令以下及左右侍卫量人从升。皇帝升坛,北向立"之仪,而代之以"太尉升自南陛,北向立"。

摄^[3]:《纂类》用小字自注"摄则太祝授太尉,太尉奉玉币进奠"交待,若有司摄事,则无"配座太祝以币授侍中,侍中奉币北向进,皇帝受币。太常卿引[皇帝]进,[东面跪,奠于]高祖神尧皇帝神座"之仪,而代之以"配座太祝以币北向授太尉,太尉受币,谒者引太尉进,东面跪,奠于高祖神尧皇帝神座"。按经诸本对校,可知今本《通典》此处脱漏七字,今用方括号予以补足。

摄^[4]:《纂类》用小字自注"摄则太尉行,还立无乐也"交待,若有司摄事,则无"太常卿引皇帝,乐作,皇帝降自南陛,还版位,西向立,乐止"之仪,而代之以"谒者引太尉自南陛还本位"。且杜佑特别交代,这一仪式中无"乐作……乐止"之仪。

摄^[5]:《纂类》用小字自注交待,若有司摄事,则无"初皇帝将奠配帝之

---

① [唐]杜佑:《通典》卷一〇九《礼典六十九》"开元礼纂类四",第2832页。

币,谒者七人各分引献官奉玉币俱进,跪奠于第一等神座,余星座之币,谒者、赞引各引献官进奠于首座,余皆祝史斋郎助奠。讫,引还复位"之仪,而代之以"初太尉将奠配帝之币,诸太祝及诸星座献官各奉玉币进,跪奠于神座,讫,兴,还镎所"。

上辛、雩祀[1]:《纂类》用小字标注"上辛、雩祀同",表示皇帝正月上辛祈穀于圜丘、孟夏雩祀于圜丘此段仪注与此处相同,若有司摄事,亦同于此处之有司摄事。

雩祀[2]:《纂类》用小字自注"雩祀则太宗座"交待,若孟夏雩祀于圜丘,此处"高祖神尧皇帝神座"则代之以"太宗神座"。

上辛[3]:《纂类》用小字自注交待,若上辛祈穀于圜丘,此处"谒者七人各分引献官奉玉币俱进,跪奠于第一等神座"之仪,则代之以"谒者五人各分引献官奉玉壁,跪奠于五方上帝之座"。若上辛祈穀于圜丘有司摄事,同用后者。

雩祀[4]:《纂类》用小字自注"五人帝、五官相次而毕"交待,若孟夏雩祀于圜丘,此处"谒者七人各分引献官奉玉币俱进,跪奠于第一等神座"之仪,则代之以"五方帝之太祝皆取玉币于篚,各进,奠于其神座前。五帝之献官次取币,先奠于太昊氏神座前。余座斋郎助奠。讫,五官之献官亦取币,先奠于句芒氏神座前,余座祝史助奠"。杜佑使用高度概括之语表出之。

上辛[5]:《纂类》用小字自注"无星以下座也"交待,若上辛祈穀于圜丘,则无"余星座之币,谒者、赞引各引献官进奠于首座,余皆祝史斋郎助奠。讫,引还复位"之仪。

(三) 仪节合并彰显体例之简严

如果说《大唐开元礼》的纂修目的,是为皇朝礼典的实际施行提供一个流程范本,那么杜佑新编《纂类》,则旨在形成一部法典,为施政提供法理上的借鉴与参考,故而其在书写上追求体例井然,文笔精简,力避重复。在上述采用礼典归并法之外,《纂类》还对不同礼典下的相同仪节采取详略互参式处理法。

比如"省牲器"这一小节,不仅在"皇帝冬至祀圆丘"下出现,在"皇帝季秋大享明堂"下也出现,其至在"皇帝时享于太庙"下也会出现,那么《纂类》就在前一项礼典下详细书写,并用小字自注标出后两项礼典的细部差异,在后两项礼典下就采取省略式处理。在"皇帝冬至祀圆丘"之"省牲器"下《纂类》记曰:

> 省牲之日,午后十刻,去坛二百步所,享明堂则于明堂所,庙享则于庙所,皆二百步所焉。诸卫之属禁断行人。庙享则太令整拂神幄焉。晡后二刻,郊社令丞帅府史三人、诸仪二人享庙则太庙令帅府史也。及斋郎,以樽、坫、罍、洗、筐、幂入设于位。庙享则笾豆篚斝皆设位,加以巾盖。诸器物皆濯而陈之。升坛者各由其陛,升庙堂者升自东陛焉。晡后三刻,谒者、赞引各引祀官、公卿以下俱就东壝门外位,庙享则无壝外公卿位焉。……①

此节开头的这五处小字自注,用"享明堂则……""庙享则……"用意都在说明享明堂、庙享礼典在"省牲器"段与此处的细节差别。就像第一个注,就是要说明祀圆丘时牲器位置在"去[祭]坛二百步所",而享明堂则在"去明堂二百步所",庙享则在"去庙二百步所"。他皆类之。在此处详细标注之后,杜佑在"皇帝季秋大享明堂"、"皇帝时享于太庙"下就可以大幅省略了。享明堂虽列出"省牲器"一节,但仪节全部删去,只用小字自注"如别仪"三字交待参看前文。庙享的"省牲器"段,列出了前二句"省牲之日,午后十刻,庙所禁断行人,太庙令整拂神幄。祝史各取毛血,每座共实一豆,祝史又洗肝于郁鬯,又取膟脊共实一豆,俱置馔所",下书"余并如圆丘仪"六字,此后仪节全部省去。② 此段之所以保留前二句,显然是因为庙享的祭品与圆丘差异较大,这样一来顺带着把第一句也保留下来了,由此可以印证杜佑在祀圆丘礼典的"省牲器"下所作小字自注之精确。

---

①　[唐]杜佑:《通典》卷一〇九《礼典六十九》"开元礼纂类四",第 2826 页。

②　分别见[唐]杜佑:《通典》卷一一〇《礼典七十》"开元礼纂类五"、卷一一四《礼典七十四》"开元礼纂类九",第 2849、2922—2923 页。

　　此外，杜佑还将不同礼典下的相同仪节提取出来单列，将之新设为一个类目。试举一例。《开元礼》"皇帝冬至祀圜丘"礼典中，在一开始的"斋戒"段，记载有如下二段仪注，而《纂类》不载：

　　　　前祀七日，平明，太尉誓百官于尚书省，曰某月某日祀昊天上帝于圜丘，各扬其职，不供其事，国有常刑。

　　　　散斋理事如旧，惟不吊丧问疾，不作乐，不判署刑，杀文书，不行刑罚，不预秽恶。致斋惟祀事得行，其余悉断。其祀官已斋而阙者，通摄行事。①

　　在《开元礼》"冬至祀圜丘有司摄事"礼典的"斋戒"段，亦载有这二段仪注，而《纂类》不载。同样，在从"皇帝正月上辛祈穀于圜丘"到"立冬祀黑帝于北郊有司摄事"全部 16 项礼典的"斋戒"段，均载有这两段仪注，而《纂类》不载。按上述第（一）条体例，被《纂类》附录的礼典，自然全部删去，但是在三项主礼典之下，《纂类》何以同样不载？这是因为在卷首的"序列"中杜佑已将"斋戒"这一小节仪注单列出，作为统领，所包含的正是这二段仪注，②因此在此后的祭礼中就不再逐次抄录。同时，《纂类》在"皇帝冬至祀圜丘"的"斋戒"段主要记载了皇帝斋戒之仪，而以小字自注的方式简单交待了一句："摄事，无皇帝斋仪。"③而代替皇帝所行祭礼的就是太尉，其斋戒之仪，本就已经包含在上述卷首的专门"斋戒"仪注中。

　　通过这一新设类目之法，一方面《纂类》归并删落了《大唐开元礼》18 次繁琐的仪节铺叙，分节与文辞更显凝练；另一方面《纂类》井然有序地将 18 项典礼的仪注之异同关系，通过新设"斋戒"项、归并同类礼典、小字自注互参的方式予以清晰地呈现，在纂修体例上堪称"简严"。

　　唯一惋惜的是，《开元礼》"冬至祀圜丘有司摄事"等礼典在"致斋三日"

---

　　①　[唐]萧嵩等：《大唐开元礼》卷四，北京：民族出版社，2000 年影印本，第 35—36 页。

　　②　[唐]杜佑：《通典》卷一〇八《礼典六十八》"开元礼纂类三"，第 2807—2808 页。

　　③　[唐]杜佑：《通典》卷一〇九《礼典六十九》"开元礼纂类四"，第 2822 页。

句下有一句小字注:"散斋皆于正寝。致斋二日于本司,一日于祀所。其无本司者,则二日于郊社署。"与有司摄事相关之礼典,在《纂类》中均附入而不单列,此句自然也就顺带着被删落,如此做法从体例上讲毫无问题,因为在"皇帝冬至祀圜丘"礼典的相同位置,同样有一句小字注:"散斋皆于正寝。致斋二日于本司,一日于祀所。其无本司者,则二日于祀所。"①此句《纂类》完好地保留了。可是问题在于,《开元礼》在第一项礼典下只记致斋在"祀所",从第二项礼典之后却明确标出地点在"郊社署",这一项关于致斋地点的信息,在《纂类》的删并中未能保存下来,略觉可惜。

(四) 增补自注以作释例

杜佑在新编《纂类》中融入的裁制工夫,不仅体现在对《大唐开元礼》所载礼典与仪节进行归并、删节、挪移等工作上,还体现在杜佑通过小字自注对若干仪节作出释读与参详。略举几例以明之。

比如在"奠玉帛"段"赞引引御史、博士、诸太祝及令史、祝史与执樽罍篚幂者,入自东壝门,当坛南重行,北面西上"句下自注:

　　　　凡引导者,每曲一逡巡也。②

此句乃是对赞引者在行程中的礼节作出补充说明。此注并非杜佑新创,乃迻录自《开元礼》"冬至祀圜丘有司摄事"仪注之"省牲器"段"又谒者引太常卿,赞引引御史,入诣坛东陛,升,视涤濯"句之下。此例恰好与第(3)例中因删并遗落了"郊社署"形成对照,两例情况类似,杜佑显然已留意及此,在删并礼典中不忘将有价值的信息保留下来,填入适当位置,"郊社署"的遗落属于偶疏。

又如"奠玉帛"段"协律郎跪,俯伏,举麾"句下自注:"凡取物者皆跪,俯

---

① 分别见[唐]萧嵩等:《大唐开元礼》卷四,第44、36页。
② [唐]杜佑:《通典》卷一〇九《礼典六十九》"开元礼纂类四",第2830页。

伏而取以兴；奠物则跪奠讫，俯伏而后兴。"然后紧接着又注：

> 他放此。①

"凡取物……；奠物……"这一仪注的凡例，乃《开元礼》编者随文于此自注，此例同样适用于其他类似的仪注，杜佑用"他放此"三字旨在提炼出此例是可以贯通礼典前后的"通例"。此类"通例"在《纂类》中还有不少，值得集中提炼。

又如"进熟"段皇帝初献节尾"武舞入，鼓柷，作'舒和之乐'，立定，戛敔，乐止"句下自注：

> 自此以上，凡摄皆太尉为初献，其仪依皇帝行事，赞佐皆谒者、太祝、斋郎。②

于此，杜佑更是自己对有司摄事的通例进行概括，对会通礼典有重要帮助。此后《唐会要·杂郊议》《文献通考·郊社考三》所收"唐开元礼"均据此采入。

（五）迻录中偶然产生少量疏误

《纂类》在迻录《大唐开元礼》并作各种删并处理的过程中，偶然会造成一些细部的疏误，这实属难以避免，我们在研读《纂类》之时应予以留意。比如"奠玉帛"段脱漏了7字，已如上述。又如《纂类》"进熟"段在"皇帝诣坛"后，有"谒者引司徒，升自东陛，立于罇所，斋郎奉俎从之后"句，"之后"二字前脱漏"升，立于司徒"5字。又如《纂类》"进熟"段在"诸献俱毕"后，有"'元和之乐'作，太常卿前奏称'请再拜'，退复位。皇帝再拜。乐作一成，

---

① ［唐］杜佑：《通典》卷一〇九《礼典六十九》"开元礼纂类四"，第2831页。
② ［唐］杜佑：《通典》卷一〇九《礼典六十九》"开元礼纂类四"，第2836页。

止"句，"皇帝再拜"下脱漏"奉礼曰'众官再拜'，众官在位者皆再拜"一句15字。《纂类》在句末小字自注："摄事则奉礼曰'众官再拜'，众官在位者皆再拜"，义为若有司摄事，则无"太常卿前奏……皇帝再拜"之仪，仅有"奉礼曰……众官在位者皆再拜"之仪，此固然不错。但是正是在这一正文与注文看似重叠的过程中，应当是在传抄、刻印过程中被误删了正文仪注15字。

五、结论：制度史书写的《通典》模式

经过对《通典》郊天之制书写单元的条分缕析，杜佑的创作宗旨与纂修体例等已得到一定的发掘。建构"周制"的理想模型、统括汉唐礼制因革"故事"、新编《开元礼纂类》所组成的三大版块，共同构成了唐代制度在渊源、先例及法理依据上的三项法源，由此形成一种以"简严"叙事为风格的制度史书写的《通典》模式。

学术界之所以会对制度史书写的《通典》模式普遍陌生化，连历史学家王鸣盛都嫌其"繁复"，历来将其归入"类书"的行列，主要原因是接踵其后的《文献通考》，在制度史书写体例上，并未延续《通典》模式，而后世的政书纂修，又基本都上承自《文献通考》，而非《通典》。章学诚曾论《文献通考》曰：

> 马贵与无独断之学，而《通考》不足以成比次之功，谓其智既无所取，而愚之为道，又有未尽也。且其就《通典》而多分其门类，取便翻检耳。因史志而裒集其论议，易于折衷耳。此乃经生决科之策括，不敢抒一独得之见，标一法外之意，而奄然媚世为乡愿，至于古人著书之义旨，不可得闻也。①

---

① ［清］章学诚：《答客问中》，叶瑛：《文史通义校注》卷五，第478页。

章氏固然对《文献通考》存在先入为主的偏见,他的这一偏见正是源于以《通典》模式为参照,所谓"独断之学""比次之功""古人著书之义旨",都是立足于《通典》的角度而发。因此,章氏最终的结论是:"《文献通考》之类,虽仿《通典》,而分析次比,实为类书之学。"①金毓黻虽极力要为《文献通考》辩护,但他恰恰指出了制度史书写的两种模式,即"善治史者,主以《通典》之精简,辅以《通考》之详赡,而折中至当矣";也就是说,《通考》的书写模式乃是以资料收录之浩博、详悉著称,金先生说,"吾观究心典章制度之人,无不以《通考》为宝藏,而恣其撷取"。② 这正是《通典》与《通考》在制度史书写模式上形成的重大差异。

　　就"郊天"部分的书写来看,由于宋儒对经史文献的考证日趋精密,对于郑玄分别郊丘二礼在逻辑上的矛盾和无法自圆其说进行了深入的发掘,由此在学理上倾向于采用王肃郊丘合一说。马端临纂修《文献通考》,便广泛采录宋儒朱熹、黄榦、杨复等人的考辨成果,对郑玄分别郊丘二礼的处理提出了犀利的批评,几乎将《通典》的模式建构推倒了重来。马端临对杨复《祭礼》的做法至为推崇,称其重新"搜辑经传之散漫者而会通之,而祀天之礼物、乐舞与其行事始终之序,可以概见;辨析诸儒议论之同异者而折衷之,而天帝之名称、祀数之多寡,从祀尸、主之有无,可以理推",对杨复的这一番重建,许为"词义正大,订核精深,足为千载不刊之典",③因此,《通考》实际上是延续了这一书写模式,其做法是将各段经传之文分门别类列出,原原本本收录,下接学者们的考辨议论,然后条列文献中可见的历代行礼、议礼等相关史料,同样下附学者们的大量考辨议论,间以按语形式下以己意。《通考》在收录资料的体量上较《通典》实已翻了几番,堪称汪洋恣肆,但阅读起来我们毫无隔膜之感,因为马端临的书写模式与宋儒以来的学术考释体基本一致,都是采用一种专家研究式的写作路径,这一体式被后来的制度史书写者所延续。学界之所以将政治制度类书籍统归入"类书",正

① 　[清]章学诚:《释通》自注,叶瑛:《文史通义校注》卷四,第374页。
② 　金毓黻:《中国史学史》第七章,第272、271页。
③ 　[元]马端临:《文献通考》卷六八《郊社考一》,第4册,第2106页。

是以《文献通考》以降的政书为标准,而《通典》模式则无形间被遮蔽掉了。

由此反观制度史书写的《通典》模式,因其具有"体大思精""至精至纯"的典型特征,隐含在精简的叙事结构中而非一望可知,正如章学诚所说的"著书之独断,编次之通裁,其旨可以意会"。职是之故,中国制度史的研究便需要完成一项重要的学术课题,即对《通典》的纲领、结构、义例、笔法等需进行细致推求寻绎,予以发凡起例,否则学界望《通典》而生畏,更遑论抉发其在中国制度史上的价值。就像记录周代礼典的经典著作《仪礼》,古称《礼经》,长期以来学者均"苦其难读,人多束阁不观",故而清人凌廷堪"不辍寒暑昏晓者二十余载","五易稿而后成"《礼经释例》。① 凌氏要解决的,就是阅读《仪礼》的第一道门槛:"其节文威仪,委曲繁重,骤阅之如治丝而棼,……乍睹之如入山而迷","不会通其例,一以贯之,只厌其胶葛重复而已耳,乌睹所谓经纬途径者哉!"②自郑玄、贾公彦、朱熹以来,学者们均曾尝试对之进行发凡,直至凌廷堪一举攻破,后来学者予以高度评价,如皮锡瑞便称,"读《礼经》而不明凡例,则苦其纷繁……(初学)先观《礼经释例》,则一目了然矣"。③《通典》在如今所面临的困局,首当其冲就是要冲破阅读与理解的障碍,完成对制度史书写之《通典》模式的全面释例。这一学术课题,将牵动中国政治史、制度史的研究发生深刻的转型。

【作者单位:清华大学历史系】

---

① [清]阮常生:《礼经释例序》,[清]凌廷堪:《礼经释例》卷首,台北:"中央研究院"中国文哲研究所,2002年,第35页。

② [清]凌廷堪:《礼经释例》自序,第37、39页。

③ [清]皮锡瑞:《经学通论》三《三礼》"论读《仪礼》重在释例,尤重在绘图,合以分节,三者备则不苦其难",北京:中华书局,1954年,第31页。

上古法律图景的重建与
《通典·刑法典》"刑制"的编纂

——论杜佑"立法以明刑"之思想

邹　晟

引　言

唐人杜佑所撰《通典》开历史编纂学之新体例,为政书之典范,颇受史家之推崇。杜佑的史学思想、政治思想、经济思想、军事思想等都不乏前人论述①,相较而言,其法律思想的研究却略显落寞。《刑法典》为《通典》九门之一,所占篇幅虽然不大,却是杜佑治国思想整体中的重要一环,对其内涵之挖掘尚显不足。以往法史学界多瞩目于《唐律疏议》及新发现材料,似乎无暇措意于《刑法典》及杜佑的法律思想。② 史学史、文献学领域的研究则

---

① 相关研究繁多,择其要者,如钱穆:《杜佑通典》,收入《中国史学名著》,北京:九州出版社,2019年,第182—217页;葛兆光:《杜佑与中唐史学》,《史学史研究》1981年第1期;谢保成:《论〈通典〉的性质与得失》,《中国史研究》1992年第1期;张剑光、邹国慰:《唐代杜佑改革思想初探》,《上海师范大学学报》1997年第1期;韩昇:《杜佑及其名著〈通典〉新论》,《社会·历史·文献——传统中国研究国际学术讨论会论文集》,2006年;李清凌:《杜佑的经济和政治思想》,《贵州社会科学》2009年第3期;郭锋:《杜佑评传》,南京:南京大学出版社,2011年;尤学功:《从〈通典·兵典〉看杜佑的军事思想》,《廊坊师范学院学报》2015年第5期;邓国光:《礼建皇极:杜佑〈通典·礼典〉要论》,《中国经学》2022年第1期。

② 笔者管见所及,未见专文论述,所见多零散分布于各类法学辞典词条部分,且仅限于笼统概述其内容、评价其史料价值,如陆昕、徐世虹:《中国法律文化大典》,北京:(注转下页)

大多蜻蜓点水,抓住杜佑议论中的几个语句,提炼出几个关键词,而未能深入考察杜佑的匠心所在。① 近年来又有论者从文本分析的角度考察《刑法典》的谋篇布局、剪裁拼接,另辟蹊径理解杜佑的法律思想。杨晓宜认为整部刑法典呈现出清晰且具逻辑性的法律架构,从其编撰体系可以探讨杜佑对于法律史、法律秩序的建构与理想,即一个刑轻、法简、和谐、无讼的社会。② 黄正建注意到杜佑在论述刑制历史时,所引资料均删去了有关"以礼化民"等内容,即不认为刑产生于礼后,突出表现了其不赞同以礼治国而强调依法治国的思想,而对审判案件的真实记录则反映了其重法制、重法典、重程序的思想。③ 笔者认为沿此思路尚有探讨余地。

　　《通典·刑法典》中最能直接表现杜佑法律思想之处为议论部分,总计有序一段、议四段、论三段。无奈议论部分有限,但是《刑法典》的编纂与杜佑的法律思想实为互相发明。杜佑自称"今捃摭经史,该贯年代,若前贤有误,虽后学敢言,亦庶几成一家之书尔"④,既辨前人之误,又成一家之言,可见该书并非简单汇编前人资料,而是自成一完整体系,例如《刑法典》与《兵典》的分合就是深思熟虑的结果。另外,《旧唐书》本传载:"(韦)元甫视

(续上页注)中国政法大学出版社,1994 年,第 244 页;武树臣:《中国传统法律文化辞典》,北京:北京大学出版社,1999 年,第 465 页。从史料价值而论,《刑法典》虽以汇编正史刑志为主,但仍保留了一些珍贵的唐代材料,如徐有功相关史料并未受到重视。

　　① 早期如瞿林东简要概括杜佑法制思想的两项特点,几乎就是对《序论》中两句话的复述,见瞿林东:《论〈通典〉的方法和旨趣》,《历史研究》1984 年第 5 期。赵伟将杜佑法律思想概括为兵刑同源、礼法兼顾、从轻从简,王雪将杜佑的法制史观概括为以礼入法的制度建设、从轻从简的立法思想、注重当代的进步观念,同样缺乏深入分析,见赵伟:《〈通典·刑典〉研究》,安徽大学硕士学位论文,2012 年;王雪:《〈晋书·刑法志〉与〈通典·刑典〉比较研究》,陕西师范大学硕士学位论文,2015 年。又徐彬认为杜佑将有关法制的言论从法制史中分离出来(即"议"),是中国历史上第一部简明的法律思想史,见徐彬:《论唐代法律史的编纂成就》,《安徽师范大学学报》2005 年第 2 期。

　　② 杨晓宜:《国家与法律——〈通典·刑法典〉的法律书写与秩序观》,《法制史研究》第 25 期。除杨文外,台湾地区有关《通典·刑法典》法律书写的研究还有李祖恩:《从历史书写看唐宋间的官方法律文化》,佛光大学历史所硕士论文,2009 年。

　　③ 黄正建:《选用与剪裁:从〈通典·刑法典〉看杜佑的法律思想》,《中华文史论丛》2022 年第 3 期。

　　④ [唐]杜佑:《通典》卷一六三《刑法典一》,北京:中华书局,2016 年,第 4178 页。

事,有疑狱不能决,佑时在旁,元甫试讯于佑,佑口对响应,皆得其要,元甫奇之,乃奏为司法参军。"①杜佑年轻时就熟悉刑名事务,方能对答如流,后来又任司法参军与刑部尚书等职,丰富的法律实践经验应当也会影响其法律观,这是杜佑与先代刑志修撰者的重要差别。总体而言,议论比剪裁更能直接准确把握杜佑的思想,有选择的剪裁又比原样的抄录更能捕捉杜佑的用意。但是,既要辨明剪裁是有意为之还是文句调整,更要避免随意将杜佑抄录征引的史料通通视作杜佑的思想②,这有赖于整体把握杜佑的思想体系以及发现类型化的剪裁线索。下文围绕所述上古刑制部分,对比其史料来源,结合杜佑之议论,分析《刑法典》"刑制"编纂方式与杜佑法律思想之间的关系。

一、 议事以制与象以典刑、三辟之法的诠释

刘秩采《周礼》而成《政典》,杜佑效法并扩充资料乃成《通典》③,故二书均有浓厚的《周礼》编纂色彩,即"周礼国家观"④。杜佑借上古之制暗示其所期望的理想社会,而批判战国秦汉以来制度的崩坏。但矛盾在于,不像礼乐、食货、选举等内容,杜佑并不排斥的刑法在儒家观念的三王治世里并不全是正面的制度安排,乃至有时受到贬抑。儒家主流观念即持先礼后刑、德主刑辅的看法,而刑罚的大量运用本身就是礼崩乐坏的产物。孔子认为"道之以政,齐之以刑,民免而无耻;道之以德,齐之以礼,有耻且格"⑤,

---

①　《旧唐书》卷一四七《杜佑传》,北京:中华书局,1975 年,第 3978 页。

②　杨晓宜文常将杜佑所引整篇文章截出部分,铺衍解释,论证杜佑的法律秩序观,笔者颇为怀疑此种做法。每篇文献都自成一丰富的思想世界,杜佑全篇抄录并不代表全盘接受,而应考虑该文在整体篇章结构安排中的定位,把握其共性。

③　《旧唐书》卷一四七《杜佑传》,第 3982 页。

④　参见甘怀真:《中国古代的周礼国家观与〈通典〉》,收入黄宽重主编《基调与变奏:七至二十世纪的中国(1)》,台湾政治大学历史系等,2008 年,第 43～70 页;杨晓宜:《杜佑理想社会之建构——以〈通典·食货志〉为中心》,《早期中国史研究》第 7 卷第 1 期。

⑤　[清]刘宝楠:《论语正义》卷二《为政》,北京:中华书局,1990 年,第 41 页。

而叔向所谓"三辟之兴,皆叔世也"①亦是流传甚广的说法。为了弥合这种分歧,杜佑必须调和乃至重新阐释儒家经典,构建出一套新的上古刑制谱系。

杜佑在论述刑罚起源时,主要引述《汉书·刑法志》,而又颇有取舍,序曰:

> 前志曰:"夫人,有生万物之最灵者也。然而爪牙不足供其欲,趋走不足避其害,无毛羽以御寒暑,必役物以为养,任智而不恃力者也。故不仁爱则不能群,不能群则不能胜物。群而聚之,是为君矣;归而往之,是为王矣。"人既群居,不能无喜怒交争之情,乃有刑罚轻重之理兴矣。刑于百度,其最远乎! //又曰:"圣人因天讨而作五刑。大刑用甲兵,次用斧钺;中刑用刀锯,次用钻凿;薄刑用鞭扑。大者陈诸原野,小者致之市朝。"又曰:"鞭扑无弛于家,刑罚无废于国,征伐无偃于天下;但用之有本末,行之有次第尔。"历观前躅,善用则治,不善用则乱。在乎无私绝滥,不在乎宽之与峻。又病斟酌以意,变更屡作。//今据掇经史,该贯年代,若前贤有误,虽后学敢言,亦庶几成一家之书尔。前代搢绅之徒,多设三皇之言,又不载其刑法,故以五帝为首云。②

黄正建认为加点句应在引号外③,可从。核对班固原文,此句并非文辞调整,如"刑于百度,其最远乎"一语不见于班书,而是杜佑夹杂原文所发之议论,那么本句正可准确反映杜佑对刑罚起源的认识。黄文已指出杜佑删去了"先行敬让博爱之德""制礼以崇敬"这类圣人制礼的所有文字。④换言之,在刑罚起源问题上,杜佑不再凸显刑法与仁爱、教化、礼乐的关系,而是认为有了人群就有了争端,有了争端就有了刑罚。但是,对于黄文"杜佑似

---

①　[清]洪亮吉:《春秋左传诂》卷一六,北京:中华书局,1987年,第673页。
②　[唐]杜佑:《通典》卷一六三《刑法典一》,第4177—4178页。标点略有改动。
③④　黄正建:《选用与剪裁:从〈通典·刑法典〉看杜佑的法律思想》,《中华文史论丛》2022年第3期。

乎不认同以礼（乃至以仁义）治国"的观点，笔者仍持保留态度。《通典》篇首有"故职官设然后兴礼乐焉，教化堕然后用刑罚焉"之语，该序为杜佑自道全书次第之用意，似乎仍以礼乐为重。礼乐与兵刑的主次关系在杜佑思想中的确变得渐次模糊，但这种做法不是为了否定礼乐，而是为了强化兵刑，将其理解为一种原则与实践的分离似乎更为妥帖①。删削先礼后刑、德主刑辅的相关文字，是为了昭示刑法有区别于礼乐的正当性，使刑法摆脱从属于礼乐的地位。而这种正当性的完全确立，是通过重构上古刑制最终完成的——刑罚是人们群居生活的自然结果，并且如下文所示，立法是社会事务日渐纷繁的自然选择。

经新标点，《刑法典》总序的结构变得更为清晰："前志曰"至"其最远乎"述刑罚之源，"又曰"至"变更屡作"述刑罚之用，皆为先引后议，最后部分自道本书之作。《刑法典》整体篇章的安排也受这种二分的影响，"刑制"主要围绕立法展开，而"详谳"以下诸篇则主要围绕用法展开。② 故就"刑制"而言，我们关注的重点应落在立法活动上。本文所谓"立法"，乃就杜佑自身所用术语而言，有其特定内涵，不完全等同于现代法律术语的立法一语，见"虞舜立法曰""圣王立法明刑者"等处，是指一种常设的、明确的刑罚规范，而且刑罚的出现要早于立法。在杜佑看来，刑罚出现以后曾存在一段有刑罚但没有立法的时期，这个时期大致对应为三皇时代：

> 夫有血气，必有争心。群居胜物之始，三皇无为之代，既有君长焉，则有刑罚焉。其俗至淳，其事至简，人犯者至少，何必先定刑名，所

---

① 尤学功亦曾指出杜佑从理论上坚持"德主兵辅"原则，将兵刑置于教化之下，但在实践中注重"政理"，强调当"教化"沦于"空言"时，"兵刑"就成为"理道"之根本。见尤学功：《从〈通典·兵典〉看杜佑的军事思想》，《廊坊师范学院学报》2015 年第 5 期。

② 但也并不绝对，如"宽恕"主要为立法，"峻酷"亦多立法。笔者认为，"详谳""决断""考讯"三篇重在程序；以"守正"为正，统摄余下诸篇；由"赦宥"至"峻酷"，乃由最宽至最峻，又"宽恕"得其中，"开元格"为"峻酷"之附。"不在宽与峻"之宽并非指"宽恕"而指"赦宥"，意谓用法、守法、执法之宽。"在乎无私绝滥，不在乎宽之与峻"与"刑轻政简致治"之矛盾应从立法与用法之别的角度理解，这也与《刑法典》全篇之整体结构密切相关，尚待详究，拟另文申论之。

以因事立制。叔向之言可矣。①

叔向之言见"杂议上"：

> 昔先王议事以制，不为刑辟，惧民之有争心也，犹不可禁御，是故
> 闲之以谊，纠之以政，行之以礼，守之以信，奉之以仁。制为禄位，以劝
> 其从；严断刑罚，以威其淫。民于是乎可任使也，而不生祸乱。民知有
> 辟，则不忌于上。并有争心，以征于书，而徼幸以成之，弗可为矣。今
> 吾子制三辟，铸刑书，将以靖民，不亦难乎！民知争端矣，将弃礼而征
> 于书。锥刀之末，将尽争之，乱狱滋丰，贿赂并行。终子之世，郑其
> 败乎！②

何谓"议事以制，不为刑辟"？杜佑引李奇、颜师古两家注解。李注曰："先
议其犯事，议定然后乃断其罪，不为一成之刑著于鼎也。"颜注曰："虞舜则
象以典刑，流宥五刑；周礼则三典五刑，以诘邦国。非不预设，但不宜露使
人知之。"③二者分歧在于是否有预设的刑法，从"何必先定刑名"一语可知
杜佑从李奇之说，即议事断罪、不设刑书。杜佑接受但又未完全接受叔向
的观点，叔向所指"先王"乃谓子产以前的历代圣王，而杜佑则限定在"三皇
无为之代"。杜佑将上述刑罚起源与议事以制嫁接在一起，显示出早期刑
罚的必要性与简约性。在淳朴社会中，事务简单，不需预先制定罪名与惩
罚，一旦出现争端，再临时商议断罪。正是因为此时没有立法活动，所以
"前代搢绅之徒，多设三皇之言，又不载其刑法"，进而"刑制"只能从五帝时
期开始叙述了。

　时移事易，至五帝以降，淳朴社会的议事以制已经难以为续：

---

① 　[唐]杜佑：《通典》卷一六六《刑法典四》，第 4273—4274 页。
② 　[唐]杜佑：《通典》卷一六六《刑法典四》，第 4273 页。本见于《左传·昭公六年》《汉书·刑法志》，杜佑有删改。
③ 　[唐]杜佑：《通典》卷一六六《刑法典四》，第 4273 页。本见于《汉书·刑法志》。

　　自五帝以降，法教益繁。虞舜圣哲之君，后贤祖述其道，刑章轻重，亦以素设，周氏三典，悬诸象魏，皆先防抵陷，令避罪辜。①

故《刑法典》"刑制"在开篇略微言及黄帝时"大刑用甲兵"后，紧接着就大篇幅记述虞舜时的立法活动：

　　虞舜圣德聪明，建法曰："象以典刑，流宥五刑，鞭作官刑，扑作教刑，金作赎刑。眚灾肆赦，怙终贼刑。钦哉，钦哉，惟刑之恤哉！"②

"建法"，杜佑在议论时作"立法"，《尧典》（伪古文在《舜典》）原无类似语句，可见杜佑把典刑、五刑、官刑、教刑、赎刑一系列刑罚都视作常设之法，这也就可以理解杜佑对"象以典刑"的小注。"象以典刑"旧说主要有两家。一为象刑说，《荀子·正论》曰："世俗之为说者曰：治古无肉刑而有象刑：墨黥；慅婴；共，艾毕；菲，对屦；杀，赭衣而不纯。治古如是。"③一为常刑说，伪孔传曰："象，法也。法用常刑，用不越法"，杜注即采伪孔说。④ 战国以来鼓吹象刑说者多反对肉刑，反对象刑说者多持现实立场。⑤ 杜佑虽持常刑说，但既不否认象刑曾经存在，也不完全支持肉刑的恢复，因为肉刑与其另一重要思想——从轻从简之间存在尖锐矛盾。⑥ 杜佑从伪孔说，重在取"法用常刑，用不越法"之意，即强调素设之法的重要性，且不能随意僭越法度。另外，"峻酷"开篇第一条"三苗作五虐之刑，杀戮无辜，爰始淫为劓、

---

　　① ［唐］杜佑：《通典》卷一六六《刑法典四》，第4274页。标点略有改动，"先防抵陷，令避罪辜"的主语并指虞舜刑章与周氏三典。

　　② ［唐］杜佑：《通典》卷一六三《刑法典一》，第4178—4179页。

　　③ ［清］王先谦：《荀子集解》，北京：中华书局，1988年，第326—327页。

　　④ ［唐］杜佑：《通典》卷一六三《刑法典一》，第4178页。本见《尚书正义》，上海：上海古籍出版社，2007年，第90页。

　　⑤ 刘起釪：《〈尚书·尧典〉"象以典刑"解》，《朱子学刊》2004年第1辑。

　　⑥ 杜佑的肉刑观充满张力，同样根植于其复杂的思想世界，拟另文论之。

聏、椓、黥"①,《吕刑》原作"惟作五虐之刑曰法"②,杜佑删去"曰法"二字。恐怕也是因为杜佑考虑到"陶唐以前,未闻其制"而又不愿使建法之始溯源于蚩尤的折中办法。

至三王时代,杜佑主要辩驳了叔向所谓"夏有乱政而作禹刑,商有乱政而作汤刑,周有乱政而作九刑,三辟之兴,皆叔世也"之说。杜佑论证五帝、三王有常设之法,都是举一以明其余。前引颜注认为"虞舜则象以典刑,流宥五刑;周礼则三典五刑,以诘邦国。非不预设,但不宜露使人知之",杜佑吸收颜注以虞舜明五帝、以周礼明三代有预设之法,同时更要表明周法还向民众公布:

> 《秋官》之职之三典,"正月之吉,始和布刑于邦国都鄙。乃悬刑象之法于象魏,使万人观之,浃日而敛。"又"执旌节以宣布于四方,而宪邦之刑禁。""一曰刑新国,用轻典;二曰刑平国,用中典;三曰刑乱国,用重典"。③

杜佑述周代刑制,起始即是"悬刑象之法于象魏,使万人观之""执旌节以宣布于四方,而宪邦之刑禁",然后是三典,最后才是具体的刑名、罪罚。也就是说,刑法不仅不是秘而不宣,反而要大张旗鼓地造势、宣传,让邦国都鄙、天下四方的人都了解法律的内容。通过虞舜刑章与周氏三典两个例子,杜佑从侧面批驳了叔向、孔颖达所谓"三辟之兴,皆叔世也""刑之轻重,不可使人知也"的观点,甚至也否认了"圣王虽制刑法,举其大纲。但共犯一法,情有深浅,临至时事,议其轻重也"④这种较为缓和的看法。在杜佑看来,虞舜的流赎鞭扑、周代的三典五刑,就已经是完备的法律形式了,而不只是粗疏的大纲。周代不仅具备完善的法律形式,而且还要颁布法律、宣传法

---

① [唐]杜佑:《通典》卷一七〇《刑法典八》,第 4404 页。
② 《尚书正义》,第 771 页。
③ [唐]杜佑:《通典》卷一六三《刑法典一》,第 4180 页。
④ [唐]杜佑:《通典》卷一六六《刑法典四》,第 4274 页。

律,让民众知道如何规避。那么,原来作为乱政产物而出现的禹刑、汤刑、九刑在"刑制"中就获得了新的定位:

> [夏]启即位,有扈不道,誓众曰:"不用命,戮于社。"后又作禹刑。
> [殷]作汤刑。洎纣无道,乃重刑辟,有炮烙之刑。
> ……
> 穆王享国百年,耄荒,命吕侯度作刑。训夏赎刑:墨罚之属千,劓罚之属千,剕罚之属五百,宫罚之属三百,大辟之罚其属二百,五刑之属三千。其后,又作九刑。①

禹刑系于启之后,汤刑系于纣之前,九刑系于穆王之后,亦应有所思虑。启为夏代初创君主,其后自然谈不上末世。至于九刑,可参原文小注。小注虽采自前人,但也可从侧面看出杜佑对穆王的态度——"虽老而能用贤以扬名""度时代所宜也""从轻也",可见穆王并非乱政,其后也并非末世。纣为亡国之君,最应被视作乱政,但"作汤刑"却并不像另外两者简单系于文末,这些恐怕并非偶然。此种编排顺序表明,杜佑实际上把禹刑、汤刑、九刑三部刑法都视作治国之常典,禹刑、汤刑与前引周礼之法,都是王朝草创初期所立之法,九刑之作则是缘于另一契机之变更。除了子产铸刑书,杜佑还要为赵鞅铸刑鼎做辩护。对于前者,杜佑与叔向、左氏、孔颖达争锋相对,认为他们"或其识未至精,或其言未至公";对于后者,则要妥善回应孔子之讥。《左传·昭公二十九年》载晋国荀寅、赵鞅下令铸刑鼎,孔子批评这是"晋国之乱制也。"②杜佑没有直接驳斥孔子,而是批评孔颖达未能正确"解释本文"才导致"徒为臆说"。他认为孔子曾盛赞子产,而对此仅反对范宣子的恶政,希望回归到晋国旧法。③ 那么,不仅子产铸刑书、赵鞅铸刑鼎的行为无可非议,而且唐叔所授的法度、文公所定的被庐之法同样也是

---

① [唐]杜佑:《通典》卷一六三《刑法典一》,第4180—4181页。
② [清]洪亮吉:《春秋左传诂》卷一八,第796页。
③ [唐]杜佑:《通典》卷一六六《刑法典四》,第4274—4275页。

常设之法。至此,杜佑在批驳叔向之说中勾勒出了三代之法的新面貌。

　　儒家经典本身就具有张力,充斥着各类矛盾的观点、模糊的空间,同时也就蕴含着多种解释的潜在可能性。杜佑游走于经典文本、多家注疏之间,左右采撷,弥缝调和,重新剪裁出一套自圆其说的新的上古法律谱系。他持一种相对退化的历史观,认为"叔向乃谓赫胥、栗陆御宇之时,徒陈闲谊行礼致治之说,虽虞、夏之盛亦未可,在殷、周之初固不及"①。在杜佑的上古法律图景中,仅仅依靠礼治教化、议事以制的淳朴社会不是不可能存在,但既无材料上的佐证、形势上也一去不复返了,后世无法再施行,"研寻反复,斯言谅同玉卮无当矣",因此刑罚起源在文本上显得既淡化又模糊。但是,对于后世来说,虽然不如最为理想的淳朴社会的状态,虞夏之盛、殷周之初仍可谓是黄金时代,并且可以为后世所借鉴、效法,由此呈现出一套精心设计的文本,成为刑制之始。这个时代围绕着一个核心的法律追求——形式上的法典化——应当建立一套常设的、完备的、公开的法律体系。

二、"立法以明刑"与中古"制定法运动"

　　从《刑法典》"刑制"文本的编纂,可见杜佑推崇法典,下文将着重分析法典制作背后蕴含的法定主义精神。如果进一步追溯,就会发现这种思想渊源有自。上文已经指出,杜佑主张虞舜典刑、周礼三典为预设之法,部分受到了颜师古观点的影响。② 再以杜佑着墨较多的象魏为例考察,可见这种法定主义思想的谱系实则更为源远流长,象魏已然成为传统法定主义思想的象征性符号。西晋惠帝时政出多门,多"临时议处之制",《晋书·刑法

---

①　[唐]杜佑:《通典》卷一六六《刑法典四》,第 4274 页。
②　颜注与《隋志》颇同,二者应有密切关系。《隋书》卷三三《经籍志》曰:"刑法者,先王所以惩罪恶,齐不轨者也。《书》述唐虞之世,五刑有服,而夏后氏刑有五,科条三千。《周官》司寇掌三典以刑邦国;司刑掌五刑之法,丽万民之罪;太史又以典法逆于邦国;内史执国法以考政事。《春秋传》曰:'在九刑不忘。'然则刑书之作久矣。盖藏于官府,惧人之争端,而轻于犯。及其末也,肆情越法,刑罚僭滥。"北京:中华书局,1973 年,第 973—974 页。

志》载三公尚书刘颂上疏：

> 上古议事以制，不为刑辟。夏殷及周，书法象魏。三代之君齐圣，然咸弃曲当之妙鉴，而任征文之直准，非圣有殊，所遇异也。今论时敦朴，不及中古，而执平者欲适情之所安，自托于议事以制。臣窃以为听言则美，论理则违。然天下至大，事务众杂，时有不得悉循文如令。故臣谓宜立格为限，使主者守文，死生以之，不敢错思于成制之外，以差轻重，则法恒全。①

诏下公卿集议，汝南王司马亮上奏曰：

> 臣以去太康八年，随事异议。周悬象魏之书，汉咏画一之法，诚以法与时共，义不可二。今法素定，而法为议，则有所开长，以为宜如颂所启，为永久之制。②

又东晋元帝时，"议断不循法，人立异议"，主簿熊远上奏有云：

> 周建象魏之制，汉创画一之法，故能阐弘大道，以至刑厝。③

可见，两晋时"议事以制"与"书法象魏"的冲突已然成为法律论争的焦点，这种争论又是以临时议处不断侵削法令的现实为背景。刘颂、司马亮、熊远都积极借助上古圣王之制——周代象魏以宣扬法定主义的主张，认为议事以制只适合上古，三代以后就是素设之法了，因此时人应当效法周代、汉代，制定统一的法度并严格遵守。他们对于法典地位与作用的认识，其实与杜佑并无二致。又唐高宗时狄仁杰为大理丞，进谏高宗曰：

---

① 《晋书》卷三〇《刑法志》，北京：中华书局，1974 年，第 937 页。
② 《晋书》卷三〇《刑法志》，第 938 页。
③ 《晋书》卷三〇《刑法志》，第 938—939 页。

陛下作法，悬之象魏，徒罪死罪，具有等差。岂有犯非极刑，即令赐死？法既无恒，则万姓何所措手足！陛下必欲变法，请从今日为始。①

狄仁杰反对高宗于法外施刑，可见有唐一代法定主义思想依然不绝如缕：仍旧以象魏作为法定主义的核心意象，主张以恒定的法律规范擅断的君权。以上三事并录于杜书，分见"杂议上""刑制中""守正"诸篇。② 再直溯其源，象魏之说本就滥觞于《周礼》，中古的历次托古改制运动多与《周礼》密切相关。以象魏为核心意象，寄寓的是一部常设的、成文的、公开的法典，追寻的是一套划一的、严格的、法定的治术。

经过以上铺陈，我们方能把握杜佑"立法以明刑"思想的历史定位——它实际上是持续了四五百年之久的中古"制定法运动"③在即将走向衰弱之际的一次思想总结。帝制时代中国法的根本问题是皇帝制敕与常设法典之间的矛盾，即传统意义上的法定主义与擅断主义之间的矛盾。秦汉时期的法律体系主要以皇帝敕例为中心展开，"前主所是著为律，后主所是疏为令"，律令实质上带有较强的敕例汇编的性质。从汉魏之际始，与儒学复古运动交织，掀起了一场连绵不绝、不断高涨的强调法典作用与地位的历史运动，最终形成了唐代成熟的律令格式体系，即以数部相互配合的法典一体指导举国行政。这场运动于晚唐以后走向衰变，回归至"一切取最向后敕为准"的制敕主导的模式。杜佑承袭"制定法运动"之余波，"立法以明刑"的思想基本上源出于此，并通过编纂《刑法典》呈现出来——以一种更为完备、自洽的形态完成了对"制定法运动"的总结。一方面，杜佑提供了一套新的首尾连贯的上古刑制叙事方案，调和了儒家思想内部的分歧。我

---

① 《旧唐书》卷八九《狄仁杰传》，第 2886 页。
② ［唐］杜佑：《通典》卷一六六《刑法典四》、卷一六四《刑法典二》、卷一六九《刑法典七》，第 4284—4285、4206—4207、4360 页。
③ 参见楼劲：《中古"制定法运动"与"法律儒家化进程"》，收入《魏晋南北朝隋唐立法与法律体系：敕例、法典与唐法系源流》，北京：中国社会科学出版社，2014 年，第 629—749 页。

们可以对比距离杜佑稍早的《唐律疏议》所述上古刑制的叙述特征：

> 昔白龙、白云，则伏牺、轩辕之代；西火、西水，则炎帝、共工之年。
> 鹪鸠筮宾于少皞，金政策名于颛顼。咸有天秩，典司刑宪。大道之化，
> 击壤无违。逮乎唐虞，化行事简，议刑以定其罪，画象以媿其心，所有
> 条贯，良多简略，年代浸远，不可得而详焉。尧舜时，理官则谓之为士，
> 而皋陶为之；其法略存，而往往概见，则《风俗通》所云"皋陶谟：虞造
> 律"是也。……昔者，三王始用肉刑。赭衣难嗣，皇风更远，朴散淳离，
> 伤肌犯骨。《尚书大传》曰夏刑三千条，《周礼》司刑掌五刑，其属二千
> 五百。穆王度时制法，五刑之属三千。①

《疏议》所述直接追溯至三皇时代，尽量搜罗相关职官，实为周官模式之类
推。至于唐虞，既云"议刑以定其罪"，又曰"所有条贯"，更引"虞造律"之
说，颇有出入之处，似乎并未着意调和诸家异同。三代则主要概述刑律条
数，颇为简略。又叔向论刑与象魏之法的枘凿方圆，一直隐含在儒家经典
内部，前人多援引"议事以制"之说，却并未正面回应"三辟之法"构成的挑
战。相较而言，杜佑则在批驳叔向异说的同时建立自己的叙述体系，重新
理顺了礼法关系，既能从儒家经典找到依据，又能调和诸家传注异同，给予
象以典刑、三辟之法以新的定位，构建了一幅从五帝至三王皆为常设之法
的前后贯通的崭新刑制图景。

　　另一方面，杜佑更把对于法典形态与地位的追求显著地贯彻到了《刑
法典》的编纂之中，凸显了法典的合道性来源。儒学既有"议事以制"的思
想传统，又有"象魏之法"的思想资源。杜佑的"刑制"文本开篇便直接进入
到"常设之法"的时期，有意淡化更为久远的"议事以制"阶段，似乎"常设之
法"才是有迹可循的适之于当下的当然选择。杜佑站在颜注、《隋志》的延
长线上，但又突破了他们认为刑书不可使人知的观点，强调法典的公开性。

---

① 刘俊文：《唐律疏议笺解》，北京：中华书局，1996 年，第 1—2 页。

不仅如此,杜佑还着意突出五帝三王之法都具有成熟的法典形态,这成为杜佑刑制创作时的主要线索、议论时的主要关注话题,周代"象魏之法"的核心意象从而占据了上古刑制的统摄地位。对于法典形态的强调仅仅是问题的冰山一角,更为重要的是,还要贯彻法典形态背后所蕴含的政治价值取向——法律规范是一套"天子所与天下公共"的臣民与君主共同遵守的秩序。在杜佑看来,虞舜刑章与周氏三典都起到"先防抵陷,令避罪辜"的作用。他在"杂议"部分叔向论刑条下发出议论,评述了自虞舜以来之立法活动,中间援引郑昌献疏一事,高度肯定郑氏"发明其义":

> 汉宣帝患决狱失中,置廷尉平,时郑昌上疏曰:"圣王立法明刑者,救衰乱之起也。不若删定律令,愚人知所避,奸吏无所弄。"①

其中所发明之义,不是指前句受到杜佑本人严厉批判的以刑法救乱世的思想,而是强调后句:经过删定,公开的、明晰的法律可以指导百姓不触犯法律,及堵塞官吏的舞弊紊乱之道。不仅如此,还应该以法典约束制敕,以法定主义限制擅断主义。②"守正"部分录行人犯跸惊动文帝一事,张释之忤逆文帝之意,仅处罚金,解释称皇帝当时诛杀则已,既以移交廷尉,则应依法处理。后人多据此称赞张释之公正持平,杜佑却不以为然:

> 议曰:释之为理官,时无冤人,绵历千祀,至今归美。所云:"法者,天子所与天下公共。廷尉,天下之平。若为之轻重,是法不信于民也。"斯言是矣。又云:"方其时,帝使诛之则已。"斯言非矣。王者至尊

---

① 〔唐〕杜佑:《通典》卷一六六《刑法典四》,第4274页,又见第4276页。本见《汉书·刑法志》,第1102页。

② 研究传统法定主义思想的论述,参见〔日〕仁田井陞:《唐律的通则性规定及其来源》,收入刘俊文主编《日本学者研究中国史论著选译》第八卷《法律制度》,北京:中华书局,1992年,第102—106页;〔日〕滋贺秀三:《清代诉讼制度之民事法源的考察——作为法源的习惯》,收入滋贺秀三等著《明清时期的民事审判与民间契约》,北京:法律出版社,1998年,第83—87页。

无畏忌,生杀在乎口,祸福及乎人。故《易·旅卦》曰:"君子以明慎用刑。"《周官·司寇》,察狱至于五听、三讯,罪恶著形,方刑于市,使万人知罪,而与众弃之。天生烝民,树之以君而司牧之,当以至公为心,至平为治,不以喜赏,不以怒罚。此先哲王垂范立言,重慎之丁宁也。犹惧暴君虐后,仓卒震怒,杀戮过差,及于非辜。纵释之一时权对之词,且以解惊踤之忿,在孟坚将传不朽,固合刊之,为后王法。以孝文之宽仁,释之之公正,犹发斯言,陈于斯主;或因之淫刑滥罚,引释之之言为据,贻万姓有崩角之忧,俾天下怀思乱之志,孙皓、隋炀旋即覆亡,略举一二,宁唯害人者矣。呜呼!载笔之士,可不深戒之哉!①

杜佑的法定主义思想实比前引刘颂、狄仁杰又更进一步。刘颂之说还为君主干预留下了较大余地,"法欲必奉,故令主者守文;理有穷塞,故使大臣释滞;事有时宜,故人主权断"②。狄仁杰也认为君主若对现法不满,自可"从今日为始"变更法律。③ 杜佑则赋予了法律更高的期许。制定法典不仅是为了使百姓避罪,使奸吏无所舞弊,更要防止君主"杀戮过差,及于非辜"。即使宽仁如文帝的圣明君主也不能完全做到"以至公为心,至平为治",更不用说后世昏聩的君主了,因而尤显法典约束的必要性。他否定君主能够绕开法律,"帝使诛之则已"只是张释之一时的权宜之词罢了,不足为后世效仿。君主既然不能随意绕开法律,更不用说随意变更法律了。统而言之,"法者,天子所与天下公共"与"立法以明刑"相辅相成,前者是赋予法典权威的前提,后者是对法典性质的判断,立法明刑即是制作法典。析而言之,也可以说立法是为了明刑,立法是用法、守法的前提。因而,理想中的上古法典——同时也应是后世效仿的对象——应该是常设的、公开的、成文的,而且法典的效力不仅应该及于百姓、官吏,也应该及于君主。后续

---

① [唐]杜佑:《通典》卷一六九《刑法典七》,第 4355 页。
② 《晋书》卷三〇《刑法志》,第 936 页。
③ 当然,也可将狄仁杰语视作如张释之语一般的应对君主的权宜之词。而杜佑著书立说,则毋须担心,因而显得更加激进。

"守正"以下诸篇都可以看见由此衍生出的重新理顺的圣王、官吏、百姓、法律之间的关系，以及重视法条、重视程序、重视形式的基本原则，这些正是杜佑寄寓于上古法典制作史背后的法定主义精神。当然，传统的法定主义并非是一种制度性制约君权的力量，即使是在"制定法运动"的高峰唐前期依然贯彻得并不理想，对于身处律令格式体系解体时代的杜佑而言，更是"昨日的世界"。

三、结　语

　　杜佑的法律思想远比以往论者提及的更为丰富、更成体系，它不仅表现在直接的议论中，也表现在文本的撰作过程中，包括史料的剪裁、内容的选择、编纂的结构、作者的小注等。例如，立法明刑的思想虽然直白地出现在杜佑的议论中，但以往引起的关注并不多。如果不能揭示文本的编纂与杜佑法律思想之间的关系，我们就不能立体地理解杜佑的法律思想，所得只会是几个零敲碎打的关键词，也就无法理解立法明刑在杜佑法律思想体系中的分量，其实它是杜佑法律思想的一个逻辑起点。今人看来，叔向论刑之说似乎深入人心，确凿无疑，这实际上是一种"倒放电影"。儒家法律思想内部蕴含的传统法定主义观念同样不应忽视，"象魏之法"是有别于"三辟之兴，皆叔世也"的另一重要思想资源。本文主要围绕杜佑对上古刑制的建构展开，只是该方法的一个小小尝试，只有刑制、议论、诸篇作为一个整体得到阐发，我们才能真正进入杜佑的法律世界，进而真正理解杜佑整体的国家观。其他篇章的编纂同样蕴含了丰富的思想，上古制度的编纂尤其如此，有待我们挖掘。

【作者单位:清华大学历史系】

《礼典》与汉唐礼制

魏晋礼议与政务运作研究

——以"正式制度"为中心

范云飞

引 言

"礼议"是中国古代关于礼制问题的议论,议题涉及国家礼典和士人家礼。国家礼典与中国古代的文化、政治秩序及王朝正统性紧密相关,相关议论自古以来就极受统治者重视。《中庸》说"非天子不议礼",《礼器》说"毋轻议礼"。秦禁私议,①汉有"擅议"宗庙之律。② 但自西汉中期以来,儒学复兴,此后历朝制礼,实须与士大夫共议之,议礼活动亦十分繁盛,以至于"会礼之家,名为聚讼,互生疑异,笔不得下"。③ 除了国家礼典,士人家礼也在议论范围之内,故礼议与制度法律、公私生活关系甚巨。④

魏晋礼议数量繁多,运作过程复杂,是朝议机制、士族生活、经学学术的重要组成部分。就数量而言,《通典》收录汉唐礼议 880 场,其中魏晋就

---

① 《史记》卷六《秦始皇本纪》,北京:中华书局,1959 年,第 255 页。
② 《汉书》卷七三《韦玄成传》,北京:中华书局,1962 年,第 3125 页。
③ 《后汉书》卷三五《曹褒传》,北京:中华书局,1965 年,第 1203 页。
④ 陈寅恪认为:"儒者在古代本为典章学术所寄托之专家……法典为儒家学说具体之实现。故二千年来华夏民族所受儒家学说之影响,最深最巨者,实在制度法律、公私生活之方面。"陈寅恪:《冯友兰中国哲学史下册审查报告》,《金明馆丛稿二编》,北京:生活·读书·新知三联书店,2015 年,第 283 页。

有 509 场,远超其他各朝,足见其体量之突出。① 古今学者对包括魏晋在内的中古礼议颇为注意,朱熹就说过:"后世礼乐全不足录,但诸儒议礼颇有好处,此不可废,当别类作一书,方好看。六朝人多是精于此,毕竟当时此学自专门名家,朝廷有礼事,便用此等人议之。"又说"《通典》中间数卷议亦好"。② 近代以来,中古礼议进入学者视野,章太炎认为魏晋以来"议礼之文亦独至","持理议礼,非擅其学莫能至"。③ 钱穆认为六朝议礼活动之盛、礼议文章之多,是礼学发达的重要表征,礼学幸赖六朝门第而得以流传不绝,所见极为深刻。④ 中古礼议与士族政治、士族生活紧密相关,其中魏晋礼议最为突出。

　　遗憾的是,魏晋礼议资料虽夥,却因机制复杂、记载分散、内容烦难,又与国家制度、公私生活紧密啮合,学界至今尚无全面分析。学界对包括礼议在内的中古朝议机制研究主要集中于汉、唐,中间阶段是研究洼地,魏晋礼议更罕有涉足者。汉、唐朝议(或曰"集议""廷议")是论者集矢之地,相关著述甚多,其议论方式与流程已较清楚,本文不赘。⑤ 关于魏晋议事之制,陈启云、祝总斌二氏全面考察彼时尚书处理文书的政务流程,揭示尚书

----

　　① 在一段相对集中的时间内,由特定人群针对特定现实礼制问题所进行的公私礼议,本文定义为一"场"。《通典·礼典》《乐典》以"某某议"为题的汉唐礼议共 228 条,每一条"议"所载礼议不止一场,历代制度沿革中也夹杂大量礼议。据本文统计,总数约 880 场。(有部分重出者,有同一场次而分载于不同卷者,有部分无法确定是否为礼议者,故此数字与实际场次或稍有出入。)其中西汉 23 场,东汉 25 场,魏(包括蜀、吴)87 场,西晋 113 场,东晋 309 场,宋 55 场,南齐 23 场,梁 38 场,陈 10 场,北朝 31 场,隋 13 场,唐 143 场。

　　② [宋]黎靖德编:《朱子语类》卷八四、卷八七,北京:中华书局,1986 年,第 2182、2226—2227 页。

　　③ 章太炎撰,庞俊、郭诚永疏证:《国故论衡疏证》,北京:中华书局,2008 年,第 391—395 页。

　　④ 钱穆:《略论魏晋南北朝学术文化与当时门第之关系》,《中国学术思想史论丛(三)》,北京:九州出版社,2011 年,第 230 页。

　　⑤ 汉代朝议的相关学术史梳理及最新进展,详见秦涛:《律令时代的"议事以制":汉代集议制度研究》,北京:中国法制出版社,2018 年,第 3—9 页。唐代朝议参见谢元鲁:《唐代中央政权决策研究》,北京:文津出版社,1992 年,第 53—127 页;叶炜:《唐代集议述论》,王晴佳、李隆国主编:《断裂与转型:帝国之后的欧亚历史和史学》,上海:上海古籍出版社,2017 年,第 165—189 页。

八座集议、都坐议事等制度。① 南朝礼议机制相对明确，野田昭俊、金子修一、中村圭尔等人围绕尚书机构的文书行政流程，对南朝（主要是宋、齐两朝）礼议作过详尽分析，其中中村氏对南朝礼议之"详议""博议""参议"各环节的过程与性质、各方权责关系的分析尤为细致，并尽量复原与礼议有关的魏晋南北朝之诏、符、奏、议、关、刺、解、牒等公文书体式，对本研究极有参考价值。② 北朝礼议材料较少，祝总斌指出北魏盛行的公卿集议是部落大人、氏族酋长联盟会议风气的残存；③窪添庆文分析了北魏后期的"博议""详议"以及皇帝参与的"大议"。④ 另外，渡边信一郎对汉唐历代的朝议机制的种类、构造及其演变作过通贯考察，尤其重视议论发生的空间，深入论述了议论传统与皇帝权力的关系，从文书行政的视角，强调中国古代朝议的"文书主义"传统，认为议论的各个环节皆须通过文书进行，由此导致文章学的发达。⑤

借用社会学领域制度研究对"正式制度"与"非正式制度"的划分，⑥学界较为重视礼议的"正式"运作，即依托于正式制度、文书行政而进行的议论。但除此之外，魏晋礼议还有大量公开或私下的口头交流，以及公文书

---

① 陈启云：《汉晋六朝文化·社会·制度——中华中古前期史研究》，台北：新文丰出版公司，1997 年，第 272 页；祝总斌：《两汉魏晋南北朝宰相制度研究》，北京：北京大学出版社，2017 年，第 156—159、171—172 页。

② 〔日〕野田俊昭：《东晋南朝における天子の支配权力と尚书省》，《九州大学东洋史论集》1977 年 3 月 3 日，第 77—96 页；〔日〕金子修一：《南朝期の上奏文の一形态について——『宋书』礼仪志を史料として》，《东洋文化》第 60 卷，1980 年 2 月，第 43—59 页；〔日〕中村圭尔：《南朝における议について——宋·齐代を中心に》，大阪市立大学文学部：《人文研究》第四〇卷，第十分册（1988）；〔日〕中村圭尔：《魏晋南北朝における公文书と文书行政の研究》，平成 10 年度—平成 12 年度科学研究费补助金（基盘研究（C）（2））研究成果报告书，2001 年 3 月。

③ 祝总斌：《两汉魏晋南北朝宰相制度研究》，第 202—203 页。

④ 〔日〕窪添庆文：《魏晋南北朝官僚制研究》，赵立新、涂宗呈、胡云薇等译，上海：复旦大学出版社，2017 年，第 329—348、364—390 页。

⑤ 〔日〕渡边信一郎：《天空の玉座——中国古代帝国の朝政と仪礼》，东京：柏书房，1996 年，第 18—104 页。

⑥ 参见周雪光：《论中国官僚体制中的非正式制度》，《清华社会科学》第 1 卷第 1 辑，北京：商务印书馆，2019 年，第 7—42 页。

之外的私书往复,这是礼议得以与国政运作、士族生活紧密啮合的着力点。限于篇幅,本文将集中讨论礼议的"正式"运作,至于其"非正式"运作,将留待后篇。

　　所谓魏晋礼议的"正式"运作,指的是各级官僚机构在日常行政中按照相对明确且固定的程序而进行的常规运作,以文书行政为主要呈现方式。中国古代史学有"常事不书"的传统,史书对皇帝特别下诏命议、举朝大议等重大礼议,往往载之较详,但日常、重复运作的各项政务,却难以考究。今所见正史、政书、类书所载魏晋礼议数量虽多,但往往仅撷取其个别论点和最终结果,削略甚至变乱其议礼流程,对于本来的文书格式及传递方式,更是大幅剪裁,失其原貌。史书所载的每一场礼议,就好像一幅零碎的拼图,几乎每一幅拼图都或多或少有所残缺。所幸内容相同的拼图不止一幅,每幅缺失的拼块也不尽相同,此之所无,彼之所有,彼此合观,庶几得其全。故此,全面梳理现存魏晋全部礼议的流程,先区分为若干基本型,每型之内再彼此勾连,厘清其各个流程,将是本文的基本方法。魏晋"正式"礼议大致有三种基本型:第一,以尚书机构为枢纽的礼议系统;第二,司徒府—州/郡中正礼议系统;第三,各级地方官府的礼议系统。分述如下。

一、 以尚书机构为枢纽的礼议系统

　　两汉尚书权位渐重,魏晋时代已浸然"职无不总""任总机衡",[1]成为出纳文书、处理国家各项日常政务的枢纽机构。[2] 此时公卿议事之权仍重,偶有重大礼制疑难,则百官群司博议,但这些礼议基本都由尚书机构主持,并负责上下传递文书,所以仍可视为以尚书机构为枢纽的礼议系统。这一系统由礼议的发起机制、尚书咨询百官群司、尚书参议、门下评驳尚书奏事、御史纠弹、皇帝裁决等若干关键环节组成。

---

　　① 《宋书》卷三九《百官志上》,第 1234—1235 页。
　　② 详见祝总斌:《两汉魏晋南北朝宰相制度研究》,第 115 页;陈启云:《汉晋六朝文化·社会·制度——中华中古前期史研究》,第 241、250—251 页。

（一）礼议的发起机制

礼议的发起机制分为两种，一者为皇帝下诏命议，一者为不经皇帝的尚书机构自主议论。前者既有皇帝主动发诏提问，也有百官群司表奏提议，皇帝下诏命尚书机构议之，此为读史者所熟知，此处不赘。至于尚书台自主发起的议论，学者亦有所揭示，东晋有郑太妃"春"字讳议，刘宋初年录尚书事王弘主持的同伍犯法士人连坐议最为典型。① 除此之外，还有如下四例：

（1）**建元元年（343）合朔废朝会议** 庾冰辅政，写刘劭议以示八坐，……故蔡谟遂著议非之曰：……于是冰从众议，遂以却会。②

（2）**永和中元日合朔废朝会议** 殷浩辅政，又欲从刘劭议不却会。王彪之据咸宁、建元故事……于是又从彪之。③

（3）**永和二年（346）婚礼不贺议** （纳后，议贺不？王述等人议，范汪认为不应贺。）（王）彪之云："足下不贺意同，而叙之小异。……"④

（4）**百僚尽敬司马元显议（400）** 时会稽王世子元显录尚书，欲使百僚致敬，台内使（徐）广立议，由是内外并执下官礼，广常为愧恨焉。⑤

上述四例，其中（1）（2）议题与性质都相同，庾冰、殷浩主持尚书政务，写旧议以示尚书八座，显然是尚书台内部自发举行的议论。第（3）例中，王述、

---

① 聂溦萌：《避讳原理与政治背景：东晋郑太妃"春"字讳考论》，《文史》2018 年第 3 辑，第 87—105 页。

② 《宋书》卷一四《礼志一》，第 352—353 页；《晋书》卷一九《礼志上》，第 595 页；[唐]杜佑：《通典》卷七八《礼典·军礼三》，北京：中华书局，2016 年点校本，第 2100—2101 页。

③ 《宋书》卷一四《礼志一》，第 353 页；《晋书》卷一九《礼志上》，第 595—596 页；[唐]杜佑：《通典》卷七八《礼典·军礼三》，第 2101 页。

④ [唐]杜佑：《通典》卷五九《礼典·嘉礼四》，第 1656—1657 页；又见《晋书》卷二一《礼志下》，第 668—669 页。

⑤ 《宋书》卷五五《徐广传》，第 1548 页；又见《晋书》卷六四《司马元显传》，第 1738 页；《晋书》卷八二《徐广传》，第 2158 页。

王彪之、范汪等人皆于尚书台任领导职务,且王彪之与范汪辩难,以"足下"相称,显然并非上呈给皇帝的案奏,而是尚书八座内部议论,文书体式与用语都相对随意。第(4)例中,司马元显录尚书事,授意尚书台,使徐广立议,让百官向自己致敬,也明显是尚书机构自主举行之议。

魏晋尚书台不仅可以自主议论,还接受百官群司、地方官府乃至士族家庭对礼制疑难问题的咨询。士族、官府礼事有疑,可提请尚书台议论,比如:

(1) 咸宁二年(276)藩王母弟继统服议　咸宁二年(276),安平穆王薨,无嗣,以母弟敦上继献王后,移太常问……博士张靖答……尚书符诘靖……孙毓、宋昌议……毓云:"……如符旨也……"①

(2) 咸康七年(341)藩国臣为皇后服议　时东海国臣弘据刺问礼官。(太学博士谢诠议。)②

(3) 晋孝皇后亲为皇后服议　故孝后崩,庚家访服。(博士王崏、侍中高崧、祠部郎孔恢、护军江彪、郑弥等人议。)③

(4) 晋为诸王殇服议　东海王移访太常。(博士张亮、国子祭酒杜夷议。)④

上述四条为两晋藩国、外戚庚家行礼有疑,以"移/刺"访问太常/礼官之例。所访问的对象虽为太常及其属下礼官,但中间还应经过尚书台将藩国、外戚的移书向下传达给太常。比如例(1)虽为安平国"移太常问",但太常属下博士张靖等人议论之后,又有尚书以"符"诘问之("尚书符诘靖"),可见藩国并非直接移书太常,而是先移书尚书,由尚书符下太常,主持其议。尚

---

① 《晋书》卷二〇《礼志中》,第 627 页;[唐]杜佑:《通典》卷九三《礼典·凶礼十五》,第 2509—2510 页。

② [唐]杜佑:《通典》卷八一《礼典·凶礼三》,第 2201 页。

③ [唐]杜佑:《通典》卷八一《礼典·凶礼三》,第 2199 页。

④ [唐]杜佑:《通典》卷八二《礼典·凶礼四》,第 2218 页。

书台不仅负责传递内外文书,也实际起到主持礼议的枢纽作用。

刘宋制度多承东晋,从刘宋四则藩国咨询礼事之例,更能看出这类礼议发起机制的具体运作流程:

(1) 孝建元年(454)六月丧遇闰月周忌议 （有司奏:）"湘东国刺称……勒礼官议正。"(博士丘迈之、尚书左仆射建平王宏议。)①

(2) 孝建三年(456)八月戊子国子所生母除太夫人议 有司奏:"云杜国解称……下礼官议正。"(太学博士孙豁之、太常丞庾蔚之、祠部郎中朱膺之议。尚书参议。诏可。)②

(3) 大明三年(459)十一月开国子母除太夫人议 有司奏:"兴平国解称……检无国子除太夫人例。下礼官议正。"(太学博士司马兴之、博士程彦议。参议。诏可。)③

(4) 大明七年(463)十一月癸未晋陵国不以小功废祭议 有司奏:"晋陵国刺……"(博士颜僧道、太常丞庾蔚之、兼左丞徐爰议。参议。诏可。)④

这是四份典型的尚书案奏文书,有司(尚书台)首先奏明引发该场礼议的缘由,是湘东、云杜、兴平、晋陵等国以"刺""解"文书来咨询,尚书台受理之后,交由太常礼官议论,尚书参议拟定处理意见,上奏皇帝裁决之。前揭东晋藩国已有"移问""移访""刺问"礼官之例,据刘宋同类案例,可知尚书台在中间传递文书、主持裁决的作用不可或缺。藩国、外戚礼事有疑,以"刺""解"文书移书访问尚书台,应是当时通例。

当然,藩国外戚、百官群司、地方政府礼事有疑,除了移书尚书台发起

---

① 《宋书》卷一五《礼志二》,第402—403页;[唐]杜佑:《通典》卷一○○《礼典·凶礼二十二》,第2646—2647页。
② 《宋书》卷一五《礼志二》,第409页。
③ 《宋书》卷一五《礼志二》,第410页。
④ 《宋书》卷一七《礼志四》,第478页;[唐]杜佑:《通典》卷一二《礼典·吉礼十一》,第1433页。

礼议之外,也经常表奏皇帝,由皇帝下诏尚书,召集礼议。文献所见魏晋时代请求裁决的主体有郡县诸吏、藩国诸职,等等。① 不管是由皇帝下诏命议,还是直接提请尚书台议论,随后的流程基本一致,都是由尚书台将其事向下转发给太常礼官等礼学专家。这就引出魏晋礼议文书流动的下一步,尚书台咨询其他群官。

(二)尚书台咨询群官

魏晋尚书台在日常行政中遇到礼制问题,或被皇帝诏命,或受理群官百司的提请,就会召集礼议。但受限于人力和专业,尚书台不可能完全承担议礼之责,而是要向下转发给相应的专业人士(以太常及其所属礼官为主),再收集其议论而"参议"之,上奏皇帝请求裁决。经学者研究,东晋南朝尚书"符"问太常礼官、礼官"被符"而议的流程已比较清楚。② 此机制肇始于曹魏,经两晋南朝的发展,文书行政的流程愈来愈明确。总结史载尚书咨访太常等官署的文书用语,大致如下:

> 魏:尚书(某部/某曹)+(来)访/问/难;
> 西晋:尚书(台)+符+诘/问+太常/国子学;
> 东晋:尚书(台)+符+问/下/下问+太常/廷尉/太学(礼/律博士);
>> 或:辄下/辄访问/下问+主者/礼官+详寻/详正

曹魏尚书议礼有疑,可"访"/"问"礼学专家,王肃、高堂隆等著名礼家

---

① 〔唐〕杜佑:《通典》卷九九《礼典·凶礼二十一》宛城县令迁临元城未至而亡新旧吏为服议,"二县吏疑所服",第 2629 页;卷九四《礼典·凶礼十六》魏嘉平元年(249)为父后出母更迁依己为服议,"郡丞武申奏",第 2533 页;卷一〇一《礼典·凶礼二十三》周丧察举议,"天水中正姜铤言""毗陵内史论江南贡举事",第 2663—2664 页;卷八九《礼典·凶礼十一》后妻子为前母服议,"东平王楙上台评议",第 2427 页;该例《晋书》卷二〇《礼志中》作"东平王楙上言",第 635 页。盖上言请求尚书台召集并主持礼议。其他诸例不备举。

② 〔日〕金子修一:《南朝期の上奏文の一形態について—『宋书』礼仪志を史料として—》,第 51—52 页。

即为经常被访问的对象；①若尚书对礼家之议有疑，还可"难"问之。② 延及两晋，尚书命礼官议之文书遂固定为"符"，史书常见尚书"下符"或"符下""符问"某官，③或简作"下"某官。④ 受符之官在议论之后答报尚书台，往往称"被（尚书）符"或"案（尚书）符"而议，如《太平御览》引东晋初年蔡谟《答台符》曰"被符"云云，所谓"台符"，即尚书台所下之符，这是礼官受尚书台之符而议论并答报的珍贵文书实例。⑤ 尚书符问礼官，在"符"文书之外，还会附上必要的附件，以说明所须议论的问题。比如东晋康帝时议"五岳"犯"司马岳"之讳，太学言"被尚书符，解列尊讳无旧诂"，所谓"解"，即是尚书"符"之外的文书附件，以"解"详细说明问题所在。⑥ 礼官被符议论之后，尚书还可以符"诘"问，与之反复辩难，与曹魏尚书"难"问之例相同。⑦

东晋尚书符问礼官，往往使之"详寻/详正"，这是当时所用的文书套语。⑧ 及至刘宋，相关用语更为多样：

（辄）下/勒十（二学）礼官/太常十议/详判/依礼详正/博议/通议/详议/议正/处正/议正并详/详依经记更正

① ［唐］虞世南：《北堂书钞》卷六四《礼仪部·禘祫》魏"尚书问禘祫之礼，王肃对曰"云云，北京：学苑出版社，1998 年，第 64 页上栏；［唐］杜佑：《通典》卷七九《礼典·凶礼一》魏尚书访王肃，第 2125 页；卷八三《礼典·凶礼五》魏尚书"辄访韦诞、王肃、高堂隆、秦静等"，第 2239 页；卷九一《礼典·凶礼十三》魏"尚书祠部问"，第 2479 页；卷一〇四《礼典·凶礼二十六》王肃议曰"尚书来访"云云，第 2724 页。

② ［唐］杜佑：《通典》卷四九《礼典·吉礼八》魏"尚书难王肃"，王肃议曰"近尚书难臣"云云，第 1367—1368 页。

③ 如［唐］杜佑：《通典》卷六〇《礼典·嘉礼五》晋惠帝元康二年（292）周丧不可嫁女婆妇议，"尚书符下国子学处议"，第 1674 页。

④ 如［唐］杜佑：《通典》卷一〇三《礼典·凶礼二十五》晋武帝太康中假葬墙壁间三年除服议，尚书令卫瓘表"下司徒部博士评议"，第 2685 页。

⑤ 《太平御览》卷六九七《服章部十四》，北京：中华书局，1960 年，第 3111 页上栏。

⑥ ［唐］杜佑：《通典》卷一〇四《礼典·凶礼二十六》，第 2723 页。

⑦ 如晋武帝咸宁二年（276）藩王母弟继统服议，尚书符诘太常博士张靖，见《晋书》卷二〇《礼志中》，第 627 页；［唐］杜佑：《通典》卷九三《礼典·凶礼十五》，第 2509 页。

⑧ 如《晋书》卷二〇《礼志中》晋孝武帝太元十八年（393）庶子为后为生母服议，尚书奏曰"案如辞辄下主者详寻"，第 629 页；［唐］杜佑：《通典》卷七二《礼典·嘉礼十七》晋孝武帝太元十九年（394）天子追崇郑太后议，尚书令王珣奏"下礼官详正"，第 1957 页。

其中"博议""通议""详议"等文书套语往往混用,并无严格区别。"详"尤为常见。按《说文》解"详"为"审议",魏晋南北朝时代,"详"为常见的官文书用语。上级向下级询问,除了上述"详议/详正/详寻"之外,晋元帝咨询贺循母丧期间朝会是否废乐,则说"卿详疑处答",可见"详/处/正"是通用的以上命下之辞。① 下级向上级汇报,则常用"上详/参详",如刘宋时有兄弟争罪之案,"郡县不能判,依事上详";②南齐顾宪之议会稽西陵牛埭税曰"不经埭烦牛者上详"。③ 尚书案奏中更是常见"参详"等字样,详见下文。总之,"详"是此时以上命下、以下报上的常用文书套语,尚书符问礼官、礼官作答,自然亦可用之。皇帝与尚书台之间、尚书台与其他官署之间,只要符合上下级的命议、答报关系,也可用"详",且"详议"也可与"博议/通议"等语混用。中村圭尔区分南朝礼议的"博议""详议"与"礼官详议",认为"博议"是内外公卿群官之议,"详议"是外朝尚书台之议,"礼官详议"是尚书咨询礼官之议,则稍嫌拘泥,据史料来看,这些术语之间的界限似乎并非如此明确。④

　　魏晋时代的太常官署荟萃了众多礼学、经学专家,所以是尚书主持礼议时最常被"符问"的对象。太常属下又有太学、国子学"二学"博士及助教,"二学"又有祭酒,分掌众博士。⑤ 尚书向太常下符,经太常、祭酒向诸博士、助教层层传达;博士群官之议,也经祭酒、太常层层汇总并向尚书汇报。文献常见太常汇总诸博士之议答报尚书的案例:

(1)魏明帝景初中同母异父昆弟服议　尚书祠部问……太常曹毗述博士赵怡……高堂隆云……⑥

---

① 〔唐〕杜佑:《通典》卷一四七《乐典七》,第3753页。
② 《宋书》卷九一《孝义·蒋恭传》,第2251页。
③ 《南齐书》卷四六《顾宪之传》,第807页。
④ 参见〔日〕中村圭尔:《南朝における议について——宋·齐代を中心に》,第679—700页。
⑤ 《宋书》卷三九《百官志上》,第1228页。
⑥ 〔唐〕杜佑:《通典》卷九一《礼典·凶礼十三》,第2479页。

（2）晋武帝泰始初（265）南郊议　太常诸葛绪上言：“博士祭酒刘喜等议……博士孔晁议……”①

（3）晋武帝泰始三年（267）二王三恪议　太常上言：“博士祭酒刘喜等议……”②

（4）晋穆帝永和十二年（356）修复帝陵皇太后服议　尚书符问：……太常王彪之上言：“二学博士荀讷、曹耽等议如右……”③

（5）晋穆帝升平中武陵王为所生母服议　太常江夷上博士孔恢议……④

（6）晋同姓婚议　濮阳太守刘嘏与同姓刘畴婚。司徒下太常诸博士议，非之。嘏以为：“……按太常总言博士议……”⑤

（7）晋单复谥议　太常蔡司空谥议云：“博士曹耽等议曰……”⑥

以上诸条为太常汇总诸博士之议，再加以自己的意见，上报给尚书台。其中例（4）太常王彪之明确指出其所汇总者，为“二学博士”之议，即太学博士曹耽、胡讷与国子博士荀讷等人之议。例（6）为司徒府下太常议，与尚书台符问太常情况有所不同，但仍由太常将命令向下传达，待博士议论之后，太常再“总言博士议”而上报。

太常、祭酒主管二学博士，除了上下传递符命与议文，对博士之议还负有审查责任，若博士议论不当，太常、祭酒亦被牵连。如晋武帝时议齐王司马攸之国礼秩（282），博士庾旉等人皆以为齐王不当之国，国子祭酒曹志、太常郑默对众博士之议不加评驳，“并过其事”。曹志另上一议，“以为当如博士等议”，郑默“容过其事”。结果此议忤旨，郑默、曹志并坐免官，诸博士

①　《太平御览》卷五二七《礼仪部六》引《晋起居注》，第 2394 页下栏。“博士祭酒”讹作“知士祭酒”，径改。
②　［唐］杜佑：《通典》卷七四《礼典·宾礼一》，第 2011 页。
③　［唐］杜佑：《通典》卷一〇二《礼典·凶礼二十四》，第 2679 页。
④　［唐］杜佑：《通典》卷八二《礼典·凶礼四》，第 2213 页。
⑤　［唐］杜佑：《通典》卷六〇《礼典·嘉礼五》，第 1685 页。
⑥　［唐］杜佑：《通典》卷一〇四《礼典·凶礼二十六》，第 2711 页。

付廷尉论罪。① 概言之,从尚书到太常,再到祭酒、博士,礼制疑难层层下达,共同议论,再层层汇总上报,太常礼官、二学博士承担了最为基础的议礼职责,祭酒、太常须汇总、评驳博士之议,尚书又须参详太常群官之议。今所见魏晋绝大多数礼议,都有尚书、太常官署之人参与。

另外,尚书在处理礼议时,除了符问太常礼官,还可根据具体问题咨询相应的专家。比如东晋成帝咸和五年(330)散骑侍郎贺乔妻于氏上表,称自己无子,遂收养贺乔兄贺群之子,后贺乔妾生子,收养之子不应还归本家。此案与礼、法皆有关涉,故尚书降敕"下太常、廷尉礼、律博士,按旧典决处上"。按魏晋太常署下有二学博士,廷尉亦有律博士,②所谓"礼、律博士",即分别为太常、廷尉所掌的二学博士与律博士。两署博士专业不同,议论角度自异。太常博士杜瑗据礼而议,廷史(盖即廷尉律博士)陈序则专据令文。③尚书主持礼议,除了可以咨询相应的群司,甚至可以访问不在朝中的礼学专家。如东晋永和二年(346)议宗庙神主迁毁,就派遣尚书郎徐禅至会稽专门访问处士虞喜。④ 总之,只要是议礼所须,尚书台皆有符问咨访的职权。

(三) 尚书参详

魏晋尚书主持礼议,咨访群官、汇总众议之后,还须权衡诸论,拟定处理意见,上奏皇帝。曹魏尚书案奏文书中,这一过程称为"平议",⑤意为平衡诸议而折其中。西晋案奏文书或称"参量平议",⑥意为酌量、平衡诸议。

---

① 《晋书》卷四四《郑默传》,第 1252 页;卷五〇《曹志传》,第 1391 页;卷五〇《庾峻传》,第 1402—1403 页。

② 《宋书》卷三九《百官志上》,第 1231 页。

③ [唐]杜佑:《通典》卷六九《礼典·嘉礼十四》,第 1889—1896 页。原标点作"下太常、廷尉、礼律博士",有误,径改。

④ 《宋书》卷一六《礼志三》,第 451 页;《晋书》卷一九《礼志上》,第 605 页;[唐]杜佑:《通典》卷四八《礼典·吉礼七》,第 1336 页。

⑤ 如魏明帝景元元年(260)11 月诸王之子出继大宗生身父不称臣议,有司议奏曰"臣等平议,以为"云云,见[唐]杜佑:《通典》卷六七《礼典·嘉礼十二》,第 1840 页。

⑥ 如晋武帝泰始二年(266)8 月周年忌日谒陵服制议,太宰司马孚、尚书令裴秀、尚书仆射武陔等奏曰"参量平议"云云,见《宋书》卷一五《礼志二》,第 390 页;《晋书》卷二〇《礼志中》则改为东晋南朝以来常用的"参议",第 615 页。

延及东晋,此流程一般称作"参详",①或称"参议"。上文提及"详"解为"审议",是以上命下、以下报上的常用术语。"参详""参议"意为参酌众议而详加处正,是西晋"参量平议"的简化表达。至于刘宋,相关记载更多,文书用语、史书记载愈来愈固定化,"参详""参议"二者并用。关于南朝礼议的尚书"参议"环节,学者论之已详,②实自魏晋延续而来。

对于一般礼议,尚书某部参量权衡诸议即可;但对于关涉重大、较为疑难之议,则有尚书八座联合参详案奏之制。比如晋武帝泰始十年(274)皇太子为皇后服议,杨皇后崩,太子应既葬即释服从吉,还是应以礼终丧? 博士张靖认为太子应按照惯例释服从吉,尚书祠部上奏认可此议。一般说来,普通礼议由尚书祠部(或其他相关部、曹)参详案奏即可,但博士陈逵又另提异议,认为太子应以礼终丧,武帝遂下诏更详议。③ 尚书杜预向尚书仆射卢钦、尚书魏舒提议,太子可心丧终制,卢钦、魏舒遂使杜预造议,上奏曰:

> 侍中尚书令司空鲁公臣贾充、侍中尚书仆射奉车都尉大梁侯臣卢钦、尚书新沓伯臣山涛、尚书奉车都尉平春侯臣胡威、尚书剧阳子臣魏舒、尚书堂阳子臣石鉴、尚书丰乐亭侯臣杜预稽首言:礼官参议博士张靖等议以为……博士陈逵等议以为……臣钦、臣舒、臣预谨案……臣等以为皇太子宜如前奏,除服谅闇终制。④

---

① 如晋孝武帝宁康二年(374)丧期遇闰议,尚书令王彪之启曰"臣等与中军将军(郑)冲等参详",见《晋书》卷二〇《礼志中》,第617页;《通典》卷一〇〇《礼典·凶礼二十二》则作"尚书仆射谢安等参详",第2646页。又如晋孝武帝太元十五年(390)皇太子为所生母服议"有司参详"云云,见《宋书》卷一五《礼志二》,第397页;《晋书》卷二〇《礼志中》,第624页。又如晋孝武帝太元十八年(393)庶子为后为生母服大功议,太常车胤上言"请(尚书)台参详",尚书案奏曰"辄内外参详,谓宜听胤所上"云云,见《晋书》卷二〇《礼志中》,第629页;又见《通典》卷八二《礼典·凶礼四》,第2211页。

② 〔日〕中村圭尔:《南朝における议について——宋·齐代を中心に》,第706—712页。

③ 《晋书》卷二〇《礼志中》,第618—619页;[唐]杜佑:《通典》卷八二《礼典·凶礼四》,第2208页。

④ 《晋书》卷二〇《礼志中》,第620—623页。

这份案奏文书实际由杜预撰写，但抬头列上尚书令、仆射、诸尚书之名，以尚书八座的名义联合案奏。其中"礼官参议"，即此前尚书祠部之案奏；此次则为八座再次参议并案奏。可见若遇疑难之议，则须八座联合参议、案奏。①

对于尚书某部已经参详案奏之事，八座可重加参详驳正，另一典型案例即前揭西晋初齐王司马攸归国议。博士庾旉、祭酒曹志、太常郑默等人议论忤旨之后，廷尉奏庾旉等人大不敬，应弃市，尚书已奏报听廷尉行刑，尚书夏侯骏持异见，对尚书朱整说："国家乃欲诛谏臣！官立八座，正为此时，卿可共驳正之。"朱整不从，夏侯骏遂独为驳议。② 可见八座参详之权更重，可驳正此前的尚书案奏。

有些情况下，诏书会特别指明使尚书八座议之，有些提议者也会特别请求八座参详。例如：

(1) 晋武帝太康六年(285)刘毅无爵而谥议　羽林左监北海王宫上疏曰：……帝出其表使八坐议之，多同宫议。奏寝不报。③

(2) 建武元年(317)温峤母改葬服议　元帝诏曰："……其令三司、八座、门下三省、外内群臣，详共通议如峤比，吾将亲裁其中。"④

(3) 周札赠谥议(324)　（周）札、莚故吏并诣阙讼周氏之冤，宜加赠谥。事下八坐，……⑤

(4) 晋康帝咸康八年(342)官位犯祖讳议　诏曰："……下八座详之。"⑥

---

① 又如晋武帝太康元年(280)东平王司马楙所上国相王昌为前母服议，经过博士、群官之议，司空、司徒等公府之议，以及群官辩难驳议之后，最后是尚书八座衡量众议并拟定处理意见"辄正定为文，章下太常报楙奉行"（八座意见未获武帝首肯）。《晋书》卷二〇《礼志中》，第635—638页；[唐]杜佑：《通典》卷八九《礼典·凶礼十一》阙载尚书八座参议环节，第2426—2429页。

② 《晋书》卷五〇《庾旉传》，第1403页。

③ 《晋书》卷四五《刘毅传》，第1280页。

④ 《晋书》卷二〇《礼志中》，第640—641页；卷六七《温峤传》，第1786页；[唐]杜佑：《通典》卷一〇二《礼典·凶礼二十四》，第2672页。

⑤ 《晋书》卷五八《周札传》，第1576页。

⑥ [唐]杜佑：《通典》卷一〇四《礼典·凶礼二十六》，第2727页。

(5) 晋五等诸侯不相拜议 （东海）国太妃表云："……乞出臣表，下八座参详、答报。"①

以上诸例皆明确使尚书八座议，而非某部某曹参详，以示郑重。总之，凡是尚书台所主持的礼议，皆须经过尚书参详的环节，重大、疑难议题，则特由八座参详。

（四）门下评驳尚书奏事

魏晋时代已初步形成门下省对尚书奏事的封驳制、复奏制，在文书格式上则体现为尚书案奏须"关门下位"，即经由门下署位认可之后，才能上报皇帝，真正执行。若门下不认可尚书奏事，则可评驳之。② 体现在礼议机制上，则为尚书参详上奏过程中，门下可以通过评驳尚书奏事的方式参与礼议。

门下评驳尚书奏事而参与礼议，或曰"议"，③或曰"驳"，④或曰"奏"，⑤或曰"表"，⑥或曰"启"，⑦其例不一。值得注意的是，门下评驳也可称"参

---

① 《太平御览》卷五四二《礼仪部二十一》引《尚书逸令》，第 2460 页上栏。

② 祝总斌：《两汉魏晋南北朝宰相制度研究》，第 325—326 页；祝总斌：《高昌官府文书杂考》，《材不材斋史学丛稿》，北京：中华书局，2009 年，第 417—420 页。

③ 如魏诸侯卿大夫谥议，尚书卫觊、赵咨案奏之后，"黄门侍郎荀侯议"云云，[唐]杜佑：《通典》卷一〇四《礼典·凶礼二十六》，第 2709 页；又如魏明帝时皇后崩称大行议，尚书孙毓奏之后，"侍中苏林议"云云，《通典》卷七九《礼典·凶礼一》，第 2124 页。

④ 如晋陈准谥议（300），太常蔡谟之后，散骑常侍、领国子博士嵇绍驳，《晋书》卷八九《忠义·嵇绍传》，第 2299 页；又如晋成帝咸康七年（341）正会作鼓吹议，尚书谟奏之后，"侍中张澄、给事黄门侍郎陈逵驳"云云，《晋书》卷二三《乐志下》，第 718 页。值得注意的是，受晋制影响，十六国礼议也出现了门下评驳之议，如石勒复寒食议，尚书有司奏后，"黄门郎韦谀驳"云云，《晋书》卷一〇五《石勒载记下》，第 2750 页。

⑤ 如晋元帝太兴元年（318）四月合朔伐鼓议，中书侍郎孔愉奏曰："案尚书符，若日有变，便伐鼓于诸门，有违旧典。"即是封驳尚书台已下之"符"。《宋书》卷一四《礼志一》，第 352 页；《晋书》卷一九《礼志上》，第 594—595 页；[唐]杜佑：《通典》卷七八《礼典·军礼三》省作"有司奏议"，与尚书案奏相混，失其门下评驳之原貌，第 2100 页。

⑥ 如晋元帝太兴二年（319）父母墓毁服议，太常博士等人议之后，"侍中黄门侍郎江启表"云云，[唐]杜佑：《通典》卷一〇二《礼典·凶礼二十四》，第 2678 页。

⑦ 如晋哀帝隆和元年（362）鸿祀议，"侍中刘遵等启"云云，[唐]杜佑：《通典》卷五五《礼典·吉礼十四》，第 1543 页。

议",如晋成帝咸和五年(330)6月,有司奏读秋令,兼侍中散骑侍郎苟奕、兼黄门侍郎散骑侍郎曹宇驳曰:"尚书三公曹奏读秋令仪注。新荒以来,旧典未备。臣等参议……依故事阙而不读。"即为门下封驳尚书三公曹奏事时自称"参议"之显例。① 后赵模仿晋制,门下封驳尚书奏事也称"参议",如其德运议中就有"侍中任播等参议"云云。② 如上所述,"参议"即为参酌权衡其议,故尚书可"参详/参议"太常礼官等群司之议,门下亦可"参议"尚书之奏事,此乃通用的文书套话,并非礼议某一环节的专门术语。③

个别情况下,皇帝若对尚书参详的礼议结果不满,还可特使门下封驳之。如晋成帝元会日是否应致敬司徒王导,博士郭熙、杜援等人认为宜除敬,侍中冯怀则认为应尽敬。冯怀的论点显然让成帝不满,于是"事下门下",侍中苟奕议认为元日大会,天子不应致敬臣下,若其他小会则可尽敬。成帝接受这一结果。④ 又如晋安帝义熙九年(413)尚书祠部郎苟伯子上表议降封功臣后嗣,"诏付门下",即为使门下审查是否可以施行。随后卫玠、陈茂先等人上表,"诏皆付门下,并不施行"。⑤ 此为皇帝有意利用门下封驳之权,使之加入礼议,影响礼议结果。

(五) 御史纠弹

御史掌劾奏百官之不法,但在礼议中,尚书台内部有左丞负责监察,⑥若尚书案奏不当,则有门下评驳。总之,御史出面纠弹的情况并不多,但也

---

① 《宋书》卷一五《礼志二》,第384页;《晋书》卷一九《礼志上》,第588页;〔唐〕杜佑:《通典》卷七〇《礼典·嘉礼十五》载此议则删略"参议"之辞,第1905—1906页。

② 《晋书》卷一〇五《石勒载记下》,第2746页。

③ 金子修一、中村圭尔强调南朝礼议的尚书"参议"环节,又特别强调另有门下"参议",则难免将"参议/参详"等文书套话理解得稍嫌拘泥。参见〔日〕金子修一:《南朝期の上奏文の一形态について—『宋书』礼仪志を史料として—》,第50—51页;〔日〕中村圭尔:《南朝における议について——宋·齐代を中心に》,第706—711页。

④ 《晋书》卷三九《苟奕传》,第1161页;《太平御览》卷五四二《礼仪部》引《尚书逸令》所载博士议更详,但阙载门下封驳部分,第2460页上栏。

⑤ 《宋书》卷六〇《苟伯子传》,第1627—1628页。

⑥ 陈启云:《汉晋六朝文化·社会·制度——中华中古前期史研究》,第292—293页。

偶见其例。如晋穆帝升平元年（357）8月皇帝大婚，①尚书台符问太常礼官，是否应作鼓吹？太常王彪之认为"婚礼不乐"，鼓吹应备而不作。随后，

> 兰台太常主者按："《仪注》云'皇后列人自闾阖掖门，鸣钟鼓，填门露仗'。如《仪注》之条，按诸门唯有鼓无钟。既云鸣钟，则应施钟，既施钟则施建鼓。若如寺卿今意不作乐者，当复安悬而不作？"①

所谓"寺卿"，即前文提到的太常王彪之。此为"兰台太常主者"据晋礼《仪注》驳诘"寺卿"之议。按"兰台"即御史台之别称，魏时兰台遣二御史居殿中，即殿中侍御史之始，晋初省并兰台，此后常以"兰台"指代御史台。② 两晋御史诸职有专门负责纠弹太常者，被称为"兰台（太常）主者"。如元康四年（294）大风飘落太庙屋瓦，太常荀寓免官。次年2月又有大风，"本曹尚书有疾，权令兼出按行（太庙屋瓦），兰台主者乃瞻望（太庙）阿栋之间，求索瓦之不正者，得栋上瓦小邪十五处"。③ 此处所谓"兰台主者"，盖即御史台中负责纠察礼仪事务的专员，与驳诘王彪之的"兰台太常主者"相同。这似乎说明，对于尚书台主持的礼议，御史台亦可参与并随时驳诘。宋元嘉二十三年（446），亦有御史中丞何承天受理尚书台之控告（"尚书刺"）而弹奏太常博士顾雅、国子助教周野王之例。④ 至于御史中丞纠劾个人违礼行为的弹奏，则屡见于史书，此不赘。

---

① 《晋书·礼志》作"升平八年"，《校勘记》指出："穆帝立皇后何氏在升平元年八月。升平止五年，无八年。"按《通典》载此议，正作"升平元年八月"，"八年"为"元年"之讹。《晋书》卷二一《礼志下》，第668、672页；[唐]杜佑：《通典》卷五九《礼典·嘉礼四》，第1657页。

① [唐]杜佑：《通典》卷五九《礼典·嘉礼四》，第1658页。

② 《晋书》卷二四《职官志》，第739页。如刘宋时孔琳之为御史中丞，高祖"行经兰台，亲加临幸"，即以"兰台"指代御史官署。《宋书》卷五六《孔琳之传》，第1564页。又如孔觊为御史中丞，"兰台令史并三吴富人，咸有轻之之意"，即以"兰台令史"指代御史诸吏。《宋书》卷八四《孔觊传》，第2155页。

③ 《晋书》卷三〇《刑法志》，第934页。原标点有误，径改。

④ 《宋书》卷一五《礼志二》，第399—401页。

（六）其他

以上所述诸环节是尚书台所主持之礼议的流程根干。除此之外，史书中还常见三公议、公府议、公卿博议、内外通议、三府/四府/五府议等记载，名目虽殊，但基本皆由尚书台主持，只不过参与范围有大小之别，故不再另列类目，仍系于以尚书机构为枢纽的礼议系统之中。① 今分别略作考释。

1. 公府议/三公议

涉及政权合法性或士族社会名教清议的礼制问题，一般会特命群公参与议论。如前揭王昌为前母服议，在博士群官各呈议论之后，又有司空齐王司马攸、司徒李胤、太尉贾充、抚军大将军汝南王司马亮之议，还特别标明"大司马（陈）骞不议"，可见当时应遍关群公，使各呈其议，故陈骞不议，也会留此记录。群公议论之后，则为尚书八座参详众议拟定处理意见，可知此议虽有内外群官及诸公参与，但仍在尚书台的主持下进行。② 又如晋元帝建武元年（317）温峤母改葬服议，元帝诏曰"其令三司、八座、门下三省、外内群臣，详共通议"，即特别指明须三司（三公府）参与议论，最后仍是有司（尚书台）"参议"汇总并拟定处理意见。③ 两晋动乱之际，士族家庭往往流离失散，这两例所涉及的议题（前母服、改葬服）普遍存在于士族之间，于乡论清议关涉甚巨，故扩大议论参与范围，使三公群司博议之。

史书中还有三府/四府/五府议，须略作考辨。一般"三府"指三公之府，三府议等同于三公/公府议。④ 如晋初庾纯、贾充相争，贾充指责庾纯不归养老父，诏书"使据礼典正其臧否"，实际上有太傅何曾、太尉荀顗、骠骑将

---

① 曹魏之时，公卿礼议或有不关尚书台而自成系统者，如魏明帝青龙二年（234）朝班莫赘议，史载"诏下司空"云云，盖即司空府主持其议，而不关尚书台。见［唐］杜佑：《通典》卷七五《礼典·宾礼二》，第2033页。按魏晋时代除了由司徒府和州郡中正所组成的"乡论清议"礼议系统（详见下文）之外，可明确为不关尚书台、由公府主持之议，事例极少，故存而不论。

② 《晋书》卷二〇《礼志中》，第635—638页。

③ 《晋书》卷二〇《礼志中》，第640—641页；《晋书》卷六七《温峤传》，第1786页；［唐］杜佑：《通典》卷一〇二《礼典·凶礼二十四》，第2672页。

④ 如晋初《晋书》限断议，"事下三府"，实际由司徒、司空等诸公群官博议，此处"三府"泛指诸公之府。《晋书》卷四〇《贾充附贾谧传》，第1174页。

军齐王司马攸、司徒石苞、司徒西曹掾刘斌等人议论。随后河南功曹史庞札上表为庾纯伸冤，称诏书"下五府依礼典正其臧否"，可见当时诏书原文应有"下五府"字样，今所见参与者有太傅、太尉、骠骑、司徒四府。或许因为司空贾充作为当事人避嫌不议，故诏书所言"五府"，实际参与者只有四府。庞札表中多次提及"公府议"，其实就是五府议。此处"五府"议等同于公府议。①

但有些情况下"四府/五府"却与公府无涉。如晋武帝太康元年（280）封禅议，尚书令卫瓘等人上奏曰："夫三公职典天地，实掌人物，国之大事，取议于此。……至于克定岁月，须五府上议，然后奏闻。"②其中明确区分了三公议与五府议，三公负责议定"国之大事"，五府则负责议定封禅日期这样具体的小事。五府议既非公府议，则必另有所指。晋初议司马师庙讳，"事下五府博议。贼曹属束晳议"云云；③无独有偶，惠帝元康六年（296）高禖坛石议，博士、太常议论不定，又"下四府博士议，贼曹属束晳议"云云。④ 按"士"当为衍文，"四府博议"与"五府博议"类似，应即为卫瓘等人所言"五府上议"，所议内容为具体政务，"四府/五府"或为尚书诸曹之通称。

2. 公卿博议/内外通议

在许多情况下，魏晋皇帝会诏命扩大礼议的参与人员范围，其一般格式可总结为：

> 诏下＋公卿（以下）/内外（或外内）/百官/群官/群寮/品官＋议/博（通）议/详议

其特点是议者不限于尚书台及尚书台所咨询的太常礼官，而是内外朝的公卿百官都可参与，少则数人，多则数百人，但基本仍由尚书台主持，并由尚

① 《晋书》卷五〇《庾纯传》，第1397—1401页。按晋初常以"五府"指代诸公之府，如《晋书》卷三四《羊祜传》"五府交命，皆不就"，第1013页；《晋书》卷五二《华谭传》"五府初开，群公辟命"，第1452页。
② 《晋书》卷二一《礼志下》，第656页。
③ ［唐］杜佑：《通典》卷一〇四《礼典·凶礼二十六》，第2720页。
④ 《太平御览》卷五二九《礼仪部八》，第2400页下栏。

书台汇总各人议论,参详拟定处理意见,上奏皇帝裁决。这些规模不等的议论可以看做是尚书台日常礼议的扩大会议,相关诏、奏文书将此类议论称作博议、通议、详议等。如前所述,"详议"是以上命下的常用套语,博议、通议强调参与人员范围更大,但并非严格的术语。

表 1 魏晋博(通)议列表

朝代	议 题	表 征	出 处
魏	明帝即位(226)改正朔议	于是公卿以下博议	宋志
	明帝太和初(227)宗庙乐舞议	公卿奏	宋志,通典卷一四一
	太和三年(229)6月追号高皇议	司空陈群等议以为	通典卷七二
	太和三年(229)6月追谥处士君议	其令公卿以下会议	通典卷七二
	景初元年(237)七庙三祖议	群公有司始更奏定	晋志
	正元二年(255)2月司马师遗制议	其令公卿议制	晋书·景帝纪
西晋	武帝太康元年(280)王昌为前母服议	博士、散骑常侍、侍中、黄门侍郎、中书监、中书令、侍郎、尚书等官议	晋志,通典卷八九
	复张华爵位议	可令群官通议	晋书·张华传
	太安元年(302)3月皇太孙殇服议	诏通议①	宋志,晋志,晋书·挚虞传
	贺武库龙议	内外议,咸云当贺	御览卷五四三引王隐《晋书》
	群臣拜太子议	令内外通议	通典卷六七

---

① 按《宋志》《晋志》作"诏(下)通议",《晋书》卷五一《挚虞传》作"诏令博士议",第1426页。"士"当为衍文,"通议""博议"同义。

续表

朝代	议　题	表　征	出　处
东晋	元帝时（317）国臣主丧心丧三年议	诏下博议	晋书·丁潭传
	建武元年（317）温峤母改葬服议	其令三司、八座、门下三省、外内群臣，详共通议	晋志，晋书·温峤传
	太兴初（318）广博士议	可共博议之	宋志，晋书·荀崧传，通典卷五三
	大兴二年（319）郊祀议	尚书、太常、司徒、骠骑、中书等官署议	宋志，晋志，晋书·华恒传
	太宁三年（325）3月戊辰朝臣拜皇太子议	主者其下公卿内外通议	晋志
	成帝元会日敬司徒王导议	时又通议元会日	晋书·荀奕传
	咸康七年（341）杨太后配食武帝议	下诏使内外详议	晋书·后妃传
	成汉宗庙礼议（343）	（李）势命群臣议之	晋书·李势载记
	永和二年（346）7月四府君神主迁毁议	司徒、护军将军、辅国将军、尚书郎等人议	宋志，晋志，通典卷四八
	永和九年（353）太后敬父母议	征西将军、南中郎、司徒、中书监等人议	晋志，晋书·后妃传，通典卷六七
	升平五年（361）哀帝继统成帝议	丹阳尹、中书、尚书仆射江彪等四人、卫军王述等二十五人、尚书谢奉等六人、太常江夷等五人议	晋志，晋书·孔严传，通典卷八〇
	晋哀帝即位（361）追尊皇太妃议·朝臣不敬太妃议	太尉、尚书仆射、太常等人议	晋志，晋书·后妃传、江彪传
	宁康二年（374）丧期遇闰议	尚书、太常诸官署、散骑常侍、御史中丞、会稽内史等人议	晋志，通典卷一〇〇
	元兴三年（404）天子蒙尘待皇舆反正亲奉郊祀议	博访内外	宋志，晋志，御览卷五二七引《晋起居注》

续表

朝代	议　题	表　征	出　处
东晋	义熙九年(413)4月四府君神主迁毁议	诏博议迁毁之礼	宋志,宋书·臧焘传,晋志

说明:《宋书·礼志》简称"宋志",《晋书·礼志》简称"晋志",《太平御览》简称"御览"。

如表1所示,此类礼议的议题涉及宗庙(庙号、配享、神主迁毁、宗庙毁置、乐舞)、郊祀、大丧(心丧、皇太孙殇服、丧期遇闰)等国家大礼,皇室大婚、即位、正朔、名号位份(追尊,追号,追谥,谥号,群臣拜太子,皇帝敬师傅,太后敬父母,朝臣敬太妃)等与政权合法性、王朝正统性密切相关的皇室礼仪,以及与士族礼法名教有关且在当时广泛存在的议题(前母服,改葬母服,等等)。一些涉及尊卑名号的礼制问题,如群臣是否敬皇太子、皇太妃,皇帝是否敬师傅,与当时政治局势联系紧密,故需内外群臣博议,在公卿朝臣群体中取得共识。又如晋哀帝继统成帝议,与当朝皇帝之帝位合法性直接相关,故有尚书仆射江虨等4人、卫军王述等25人、尚书谢奉等6人、太常江夷等5人议,囊括了公卿、尚书八座、诸曹尚书、太常礼官等群体。[①] 到了宋孝武帝孝建元年(454)十月议章皇太后(孝武帝祖母)庙之毁置,"品官议者六百六十三人",其中636人认为不应毁,27人认为应毁。[②] 可见当时在京之品官几乎皆参与议论,与其说是议论,毋宁说是表态。这种举朝大议承接魏晋博议之制,开隋唐群官集议之先河。

二、 州郡中正—司徒府礼议系统

尚书台是魏晋朝政运转的枢纽,所以大多数礼议都由尚书台主持,但

---

① 《晋书》卷二〇《礼志中》,第616—617页;卷七八《孔严传》,第2060页;[唐]杜佑:《通典》卷八〇《礼典·凶礼二》,第2159—2160页。

② 《宋书》卷一七《礼志四》,第470页。原文作"二品官议者六百六十三人",按"二"当为衍文,举朝二品之官并无如此之多。

并非全部。魏晋时代，士族社会与九品中正相维，士人之仕宦进退，系之于中正所定之品。其九品高低，除了取决于出身门第之外，还因其婚丧等举止是否违礼而升降。此时关于士人家礼的议论往往称为"乡论""清议"，掌之于州郡中正，总之于司徒府。司徒府职掌审核全国中正所定的人才品级，由此作为尚书吏部铨选人士的依据，诚可谓"执天下清议""铨十六州论议"。① 由此，州郡中正—司徒府构成了一个掌管士人家礼的乡论清议系统，与尚书台所主持的礼议系统既密切协作，又有所区别。

　　时人对尚书台、州郡中正—司徒府这两个礼议系统的区别亦有明确认知。晋元帝太兴三年（320）淮南小中正王式父亲卒后，其继母还归前夫之家，继母卒后，王式为之制出母之服。或许因情况特殊，王式担心自己的行为会犯清议，所以自己提请太常礼官议论。国子祭酒杜夷、博士江渊、太常荀崧、太常丞萧轮等人都认为王式此举并不违礼，且说："若乃六亲有违，去就非礼，宜访之中正、宗老，非礼官所得逆裁。"虽不无回护之意，但仍可看出他们认为有礼官（太常官署）之议，有中正、宗老之议。涉及士人家礼（"六亲有违，去就非礼"）的，应取决于后者，而非前者。② 所谓中正、宗老之议，即士族内部及州郡中正—司徒府系统的"乡论清议"。

　　州郡中正—司徒府礼议系统的具体运作流程，可概括为如下几个环节：第一，士人行礼之违失，地方官可移书州郡中正，州郡中正可进一步上报司徒府，其中有疑，皆可触发礼议。如晋惠帝元康中，太学博士苏宙曾为赵郡功曹，赵郡守卒后，苏宙不奔旧君之丧，其旧君之子曹臣于是移书冀州大中正，请贬其品级。③ 又如东晋时陈郡周嶷"崇尚庄老，脱落名教"，中正韩伯议其失礼。④ 州郡中正议礼定品之后，须上报司徒府。如晋凉州刺史扬欣之子扬俊冒丧嫁妹与南阳韩氏，而韩氏也冒丧迎娶，于是南阳中正上

---

①　祝总斌：《两汉魏晋南北朝宰相制度研究》，第 147 页。

②　［唐］杜佑：《通典》卷九四《礼典·凶礼十六》，第 2540 页；又见于《晋书》卷七〇《卞壸传》，但删削太常礼官之议，第 1869—1870 页。

③　［唐］杜佑：《通典》卷九九《礼典·凶礼二十一》，第 2631—2633 页。

④　《晋书》卷七五《韩伯传》，第 1993 页。

言司徒府,将韩氏"下品二等,本品第二人,今为第四,请正黄纸";凉州中正上言扬俊"居姊丧嫁妹,犯礼伤义,贬为第五品"。① 士人品级著在黄籍("黄纸"),州郡中正议其违礼,定其升降,上言司徒府。此类礼议不关尚书台,由州郡中正—司徒府系统行之。

第二,士人行礼有疑、难定褒贬之际,司徒府可下太常礼官议之。如晋穆帝永和中,司徒先后下问太常、国子博士,若己妻已亡,是否还应为其父母服丧?② 又如晋濮阳太守刘暇与同姓刘畤通婚,司徒下太常诸博士议,以为非礼。刘暇则自我辩解,曰"唯大府裁之"云云,请求司徒府重加酌量,勿黜下其品级。③ 个别情况下,尚书台主持的礼议甚至会移交司徒府,使之另下博士议之。如晋武帝太康中尚书令卫瓘上表,前太子洗马郤诜之母假葬于墙壁之中,没有入土为安,后被诏用为征东参军,"主者(连)[今]欲明用权,不过其举",即负责士人任官迁转的部门(尚书吏部)认为郤诜此举不违礼,不欲驳回这一任命。卫瓘请求"下司徒部博士评议",即委托司徒府下博士议之。④ 这本是尚书台受理的礼议,却转而移交司徒府,可见司徒府也有下问礼官、博士举行礼议的权限。以上诸例无一例外皆关乎士人家礼违失、九品升降,乃司徒府之职掌。⑤

第三,有时司徒府并不直接下礼官议,而是提交尚书台主持礼议。如晋惠帝元康二年(292)司徒王浑奏云:"前以冒丧婚娶,伤化悖礼,下十六州推举,今本州中正各有言上。……请台免官,以正清议。"随后尚书符下国子学处议之。⑥ 盖因冒丧婚娶之事,在当时士族家庭中颇为普遍,需要议为定制,颁布天下,而非针对个别士人的黜陟品级,故须提交尚书台主持其议。

---

① [唐]杜佑:《通典》卷六〇《礼典·嘉礼五》,第 1680 页。
② [唐]杜佑:《通典》卷九五《礼典·凶礼十七》,第 2555 页。
③ [唐]杜佑:《通典》卷六〇《礼典·嘉礼五》,第 1685 页。
④ [唐]杜佑:《通典》卷一〇三《礼典·凶礼二十五》,第 2685 页。
⑤ 文献偶见州郡中正直接告太常博士之礼议,盖史书阙笔,省略了州郡中正上报司徒、司徒下问太常礼官的中间环节。如晋武帝泰始中天水中正姜铤言其郡杨旌冒丧而应孝廉之事,见[唐]杜佑:《通典》卷一〇一《礼典·凶礼二十三》,第 2663—2664 页。
⑥ [唐]杜佑:《通典》卷六〇《礼典·嘉礼五》,第 1673—1674 页。

　　总之,在尚书台主持的礼议系统之外,州郡中正—司徒府确实也构成了一个礼议机制,主要处理士人在婚丧等家礼中的违礼行为。其议经州郡中正上报司徒府,司徒府可单独另下博士议之,也可委托尚书台议之,其议一般被称作"乡论""清议"。(当然,涉及士人家礼的"乡论""清议"远不止州郡中正—司徒府系统的礼议,详见下文。)今所见属于这一系统的魏晋礼议数量并不甚多,但在士族社会与九品中正相维的背景下,此礼议系统当发挥重要作用,故特为表出之。

三、 地方各级官府的礼议系统

　　除了中央朝廷的礼议机制之外,魏晋时代的州郡、军镇、王国等地方官府亦可独立举行礼议,其理据精审者,往往被记录下来,流传至今。可惜地方礼议罕为学者所注意,但实乃魏晋礼议机制不可或缺的组成部分。①

　　魏晋郡府可议礼,大概是承续汉制。两汉郡、县门下有议曹,负责谋议。② 汉末应劭为汝南郡主簿,曾作旧君讳议,与张昭、王朗等人议论。③ 延及魏晋,此风犹存。魏河南尹丞刘绰与河南尹司马芝曾针对郡守迁临未至而亡、新旧吏应如何为之制服而问答辩难。④ 西晋时,河内从事史糜遗议为出继母不制丧服,此亦盖郡内之议。⑤ 魏晋郡县官府在日常行政中为

---

　　①　丁凌华认为魏晋南北朝中央与地方有"服叙审议制度及机构",地方吏民的服制问题由地方长官府议论,府主裁决,并举东晋庾亮征西府僚属议所属吏、民服制的两例为证,已初步注意到地方官府的议礼机制,可惜未作更多讨论。参见丁凌华:《中国丧服制度史》,上海:上海人民出版社,2000 年,第 166—168 页。

　　②　严耕望:《中国地方行政制度史——秦汉地方行政制度史》,上海:上海古籍出版社,2007 年,第 124—126、129、229 页。

　　③　见《三国志》卷五二《吴书·张昭传》,北京:中华书局,1982 年,第 1219—1220 页;《隋书》卷三三《经籍志二》史部仪注类录《汝南君讳议》二卷,不题撰人名氏,第 970 页。张昭驳议见[唐]马总编纂:《意林校释》,王天海、王韧校释,北京:中华书局,2014 年,第 419 页;[汉]应劭:《风俗通义校注·佚文·讳篇》,王利器校注,北京:中华书局,1981 年,第 560 页;[唐]孔颖达等撰:《春秋左传正义》卷二六,阮元校刻:清嘉庆刊本《十三经注疏》,北京:中华书局,2009 年,第 4138 页。

　　④　[唐]杜佑:《通典》卷九九《礼典·凶礼二十一》,第 2629 页。

　　⑤　[唐]杜佑:《通典》卷九四《礼典·凶礼十六》,第 2536 页。

解决当地士族各种行礼所遇之疑难,大概会经常进行议礼活动,但除非具有特殊的机缘,这些郡县礼议文书无从保存下来,所以流传至今的魏晋郡议,也仅此二例而已。

　　魏晋时代,尤其是江左以来,具有实力的州府、军镇往往坐拥强兵,专制一方,府中人才荟萃,其辖区吏民礼事有疑,则交由州府、将军府议之。若府主有意招揽人才、制礼作乐,则其府中礼议尤盛。比如西晋末年华轶为振威将军、江州刺史,"虽逢丧乱,每崇典礼,置儒林祭酒以弘道训",任命处士杜夷为儒林祭酒,下教曰:"今大义颓替,礼典无宗,朝廷滞议,莫能攸正,常以慨然,宜特立此官,以弘其事。"①可见华轶之所以延请名儒于江州任儒林祭酒,就是为了议论礼典,以解决"朝廷滞议"。

　　另一典型代表是东晋征西将军、荆州刺史庾亮。史载"庾亮为荆州,与谢尚共为朝廷修雅乐",②《北堂书钞》中尚能见到庾亮与谢尚议论军府加鼓吹的往复书笺,③可见庾亮在荆州时必锐意于礼乐之事。不止如此,当时长于文史之学者如王隐、孙盛、罗含等人,庾亮皆罗致府中。④ 礼学家荀讷亦曾在庾亮府中供职,⑤又曾任国子博士、⑥国子祭酒、⑦尚书左民郎等

---

　　① 《晋书》卷六一《华轶传》,第 1671 页;卷九一《儒林·杜夷传》作"元帝为丞相,教曰"云云,则似为晋元帝所下之教,未知孰是,第 2354 页。

　　② 《宋书》卷一九《乐志一》,第 540 页。

　　③ ［唐］虞世南:《北堂书钞》卷一三〇《仪饰部·鼓吹》引"庾□《与谢尚笺》",第 341 页下栏。今参以《宋书·乐志》所载庾亮与谢尚共修乐之记载,可知"庾□"当为庾亮。

　　④ 《晋书》卷八二《王隐传》,第 2143 页;卷八二《孙盛传》,第 2147—2148 页;卷九二《文苑·罗含传》,第 2403 页。

　　⑤ ［唐］杜佑:《通典》卷九九《礼典·凶礼二十一》载庾亮征西将军府仓曹参军王群从父姊丧无主后为之服议,"通咨府主即僚保详断",有荀讷议,可知其为庾亮府吏,第 2624 页。又卷九八《礼典·凶礼二十》荀讷生不及祖父母不税服,答曰"别示并曹主簿书"云云,盖庾亮征西府曹主簿以府中之议咨询荀讷,第 2609—2610 页。

　　⑥ 《晋书》卷二一《礼志下》晋穆帝纳后值忌月议,有"博士曹耽、荀讷"等人议,第 669 页;［唐］杜佑:《通典》卷一〇〇《礼典·凶礼二十二》,第 2651 页;又卷一〇二《礼典·凶礼二十四》父母墓毁服议有"领国子博士荀讷议",第 2679 页。

　　⑦ ［唐］杜佑:《通典》卷一〇二《礼典·凶礼二十四》改葬反虞议,有"国子祭酒荀讷以为"云云,第 2677 页。

职,①著有《答问》等书,《通典》颇载荀讷与时人关于礼制问题之问答,盖即此书之遗文。② 庾亮府中有如此之多精于文史、礼学且擅长著述之人,故其议论辖区吏民礼事,亦颇为精深,且当时府中议论盖亦经过着意整理成礼书,否则军府之议无从流传至今。

州府、军镇礼议亦可称为"通议/博议/详议",由府中僚佐共同参与,甚至也有类似于尚书"参详"拟定处理意见的环节,最后由府主裁决,可以视为对中央朝廷礼议机制具体而微的模仿。如晋成帝咸康二年(336)后妻子为前妻服议,南平郡陈诜先娶零陵李繁姊,生四子,后被贼所掳,又娶严氏,生三子;后李氏得还,陈诜遂有二妻。李氏亡,严氏之子应如何为李氏制服? 陈诜将此事"言征西大将军庾亮府平议",司马王愆期、仓曹参军王群、仓曹参军虞眕、行参军诸葛玚等人议,最后户曹掾谈剡等人曰:"奉教博议,互有不同,按《礼》无二嫡之文,李为正嫡应服,居然有定。"庾亮最终采用王愆期、谈剡等人的观点。③ 谈剡等人说"奉教博议"云云,可知征西府僚佐奉府主庾亮之"教"而举行议论,其曰"博议",盖博使府中僚佐议之。谈剡等人参互众人之议而断以后妻子为前妻李氏服嫡母之服,相当于中央礼议系统的尚书台"参详",府主庾亮也采用了这一意见。在另一场礼议中,庾亮府中仓曹参军王群从父姊丧,没有后嗣为丧主,继子又卒,王群是否应为其降服? 为此提请府中议论,于是"通咨府主及僚寀详断",所谓"通咨""详断",盖与"博议""详议"类似,是对中央礼议系统文书用语的模仿。此议亦以庾亮议为决。④ 又如王敦为大将军、荆州刺史时,南阁祭酒范坚认为当今"国耻未雪,梓宫幽邃",宴会之时不应奏乐,王敦"使州府博议",亦用"博议"之名。

王国亦可举行礼议。上文提及藩国行礼有疑,会提交尚书台议论,王

---

① 《隋书》卷三二《经籍志一》著录尚书左人(民)郎荀讷《春秋左氏传音》四卷,盖其结衔,第928页。

② [唐]杜佑:《通典》卷九七《礼典·凶礼十九》并有父母丧议载"荀讷《答问》云",第2586页。《通典》还载荀讷与刘系之、韩康伯、段疑等人的问答,不备举。

③ 《晋书》卷二〇《礼志中》,第642—643页;[唐]杜佑:《通典》卷八九《礼典·凶礼十一》,第2429—2431页。按两处记载详略不同,《晋志》作"平议",《通典》作"评议"。

④ [唐]杜佑:《通典》卷九九《礼典·凶礼二十一》,第2624页。

国内部也会先自行议之。魏晋王国有师、友、文学、学官令丞等职，可以承担议礼之责。① 例如东晋初年干宝《驳招魂葬议》提及永嘉之乱中，东海王司马越尸枢在外，不得安葬，时人议招魂葬，"东海国学官令鲁国周生以为宜尔，盛陈其议"，此即东海国之礼议。② 若王国内部议之不决，则可提交尚书台，委托中央礼议机制议之。除此之外，晋朝监军府、镇军府等军府，以及张重华霸府、桓玄楚朝亦有议礼之举，可以视为广义的地方礼议。其议文亦经礼家着意搜集整理，编入礼书，又被史志、《通典》等书所采择，才得以流传至今。

表 2　魏晋地方官府礼议列表

类别	议　题	官　府	议　者	出　处
郡县议	魏郡守迁临未至而亡新旧吏为服议	河南尹府	河南尹丞刘绰，河南尹司马芝	通典卷九九
	晋为出继母不服议	河内郡府	河内从事史糜遗	通典卷九四
州府、军镇议	东晋初梓宫未返废乐议	王敦荆州刺史府	王敦，南阁祭酒范坚，参军周武	通典卷一四七
	晋元帝建武元年(317)、太兴二年(319)父母乖离不知存亡服议		司马王愆期	通典卷九八
	庾亮在荆州修雅乐议		庾亮，谢尚	北堂书钞
	晋成帝咸康二年(336)后妻子为前妻服议	庾亮征西将军府	司马王愆期、仓曹参军王群、仓曹参军虞眕、行参军诸葛场、户曹掾谈列，征西将军庾亮	晋志，通典卷八九
	晋生不及祖父母不税服议		荀讷	通典卷九八
	晋为姑姊妹女子子无主后者服议		仓曹参军王群，荀讷，庾亮	通典卷九九

---

① 《宋书》卷四〇《百官志下》，第1259页。
② ［唐］杜佑：《通典》卷一〇三《礼典·凶礼二十五》，第2695页。

类别	议　题	官　府	议　者	出　处
州府、军镇议	晋诈取父母宁议	殷仲堪荆州刺史府	殷仲堪,荆州府曹	晋书·殷仲堪传
	晋缌不祭议		殷仲堪、别驾庚叡、功曹滕恢、主簿刘恬	通典卷五二
	晋荆州刺史于厅事祭议		殷仲堪、别驾庚叡、刘功曹	通典卷五二
	府州主簿为长吏旁亲从服议	桓温征西将军府	武昌太守徐彦,征西将军桓温	通典卷九九
	晋父丧未还仕宦议	桓玄荆州刺史府	桓玄,郑鲜之	宋书·郑鲜之传
	晋寡叔母守志兄迎还密受聘未知而亡服议	不详	裴主簿,许参军	通典卷九九
王国议	招魂葬议	东海国	东海国学官令鲁国周生	通典卷一〇三
	晋渤海王服范太妃议	渤海国	姜辑,薛公谋	通典卷八二
	晋安平王嗣孙服议	安平国	长史姜辑	通典卷九一
	安平国嗣孙薨应降服议		姜辑	通典卷九三
	晋琅琊王妃敬后神主议	琅琊国	琅琊典祠令孙文、琅琊王、贺循	通典卷四八
其他	张重华迎秋西郊议(346)	张重华霸府	谢艾、别驾从事索遐、张重华	晋书·张重华载记
	晋群臣不应施敬褚太后父议	邓监军府	参佐纲纪、司马黄整	通典卷六七
	晋简文帝崩(372)镇军府参佐纲纪为天子服缌衰议	镇军府	参佐纲纪、邵戢	通典卷八一
	桓宣武公立庙议(373)	桓玄楚朝	邵戢	通典卷四八

四、结　论

本文的最初目的，是全面分析魏晋礼议流程，归纳其运作机制，聚焦"正式"礼议，为观察魏晋时代的政务运作、政治决策、社会结构提供一个新的视角。经过上述冗长的分析，此目的不知是否能达成一二？不管怎么说，最后还是把本文在方法与结论上若干稍有价值之处总结出来，以供学界批判。

本文所用的主要方法有：

第一，从礼议看魏晋政务运作。学界对魏晋时代的朝议与政务运作多有研究，但因为史料太少，我们对许多问题的认识并不全面。魏晋与秦汉、孙吴、唐朝不同，没有大量的出土文书档案材料，我们对其中央、地方各级官僚机构之间的政务运作缺乏鲜活、直观的感受。而魏晋礼学发达，礼议频仍，数百场礼议的流程复杂多样，其中蕴含着丰富的政务运作信息，这是一座尚未被充分开发的富矿。从礼议入手，能丰富对彼时议事、决策机制许多细节的认识。

第二，魏晋礼议虽多，但文本问题同样繁杂。《通典》所载大量礼议，受其文本性质的影响，往往详于经义逻辑，而忽于流程记载，甚至将礼议流程变乱而颠倒之，将文书内容割截而拼凑之。需要系联比勘全部礼议，才能尽量恢复其本来面貌。借用考古学的术语，对于文本层次的堆叠、板结，需要进行揭剥、离析；对于残缺的礼议流程，需要从同类礼议中寻找流程记载相对完整者，作为"标准器"，以"标准器"对各类礼议进行分型分系，然后再像拼接陶罐一样，尝试复原其他残缺的礼议。只要选好"标准器"，做好分型分系的工作，哪怕面对一小块碎陶片，也能大致反推出其原本的模样。

秉持上述方法，本文尝试提出如下意见：

第一，魏晋正式礼议可大致归纳为三个系统，其中最常见的是以尚书机构为枢纽而进行的礼议。此类礼议或由皇帝下诏发问，或尚书机构在日常行政中自己发起（其中既有尚书八座丞郎主动发议，也有其他官署乃至个人提请朝议裁决、尚书机构被动受理之议论）。尚书机构处理各类问题，会以"符"等文书咨询各类专门官署、专家,甚至可以咨询没有官职的处士。在礼议中最常受到咨访的就是太常礼官。太常接到尚书符,向下传达给博士,博士受命而议,各作议文,或若干人意见相同,则以一人为议主,其他人附议。博士之议文经博士祭酒、太常再反馈给尚书台,台中加以参议,或认可,或批驳,或辩难往复,待尚书台拟定处理意见后,以尚书案奏的方式经门下上呈皇帝,门下也会评驳尚书奏事,皇帝根据尚书案奏、门下评驳,作出最终裁决。在这一系统中,若各方议礼犯有政治上的错误,还会有御史、廷尉发挥纠弹作用。若遇具有特殊政治意义、或具有较大普遍意义的议题,则还会扩大为公府议、三公议、公卿博议、内外通议等。尚书机构在这些议论中起到传递上下文书、参酌裁断、拟定处理意见的枢纽作用。

第二,州郡中正—司徒府也构成一个礼议系统。在魏晋士族门阀社会与九品中正制的社会、政治背景下,士族家门礼法是其门第的重要表征之一,若行礼违失,则会受清议讥贬、中正降品,尚书、御史乃至廷尉也会对其纠弹、责罚。司徒府总管天下士人的中正品级,州郡各级中正对所辖范围内的士人违礼行为加以"乡论清议",提交司徒府定夺。与尚书台一样,司徒府也会将问题移交太常礼官议之。有些情况下,司徒府也会将礼议提交尚书台主持,由此纳入到以尚书机构为枢纽的礼议系统。

第三,州郡、王国、军镇等非中央官署亦可举行礼议。自秦汉以来,王国、郡县皆有议曹,进行各类日常行政事务的议论。魏晋议论之风尤盛,且不局限于中央,各种地方机构也模仿中央朝议的运作机制,议论各类礼制问题。魏晋时代的伪朝、霸府也有各自的礼议系统。由此大胆推测,在魏晋时代的各级官署机构中,凡是具有"开府"权利的官员,皆可与其僚佐吏员举行议论。一些对礼学、礼制颇具热情的官员,其府中举行的礼议当尤其多。只不过非中央官署的档案整理与保存机制不够完善,此类文献散佚极为严重,今日所能见到的此类礼议寥寥可数。

至于对魏晋"非正式"礼议的分析,则留待后论。

【作者单位:武汉大学中国传统文化研究中心】

制造"周制":北周蜡祭的构建理路发微

赵永磊

在北周制度史研究中,北周六官制度为主要聚焦点。陈寅恪先生谓宇文泰借《周礼》建立文官六官制,不过"阳傅周礼经典制度之文,阴适关陇胡汉现状之实而已",其旨在于"维系其关陇辖境以内之胡汉诸族之人心,使其融合成为一家,以关陇地域为本位之坚强团体",此即"关陇文化本位政策"。①

围绕"府兵制""行《周礼》""赐姓"等"关中本位政策",近年胡胜源更从宇文泰"挟天子"问题分析西魏北周的正统性,②王小甫以"解决内迁北族生存生活、融入华夏社会"的视角解释宇文泰"行《周礼》"的问题,③薛海波则从政治层面对陈寅恪的文化正统说提出挑战,④而西魏北周"行《周礼》"所代表的文化正统策略值得重新审视。不可忽视的是,北周托古改制,其制度并非仅仅源自《周礼》,而是源于更为宽泛的"周制",举凡《周礼》《礼记》等礼书,乃至郑玄、王肃等经学家旧注均囊括在内,⑤尤其是唐代史臣

①　陈寅恪:《隋唐制度渊源略论稿》,北京:生活·读书·新知三联书店,2001年,第101页;万绳楠整理:《陈寅恪魏晋南北朝史讲演录》,合肥:黄山书社,1987年,第316—320页。

②　胡胜源:《"君臣大义"与东、西魏政权的建立和稳固》,《国立政治大学历史学报》2019年第52期,第1—58页。

③　王小甫:《宇文泰"关中化"政策及其对华夏文化发展的影响》,《民族研究》2018年第5期,第86—98页。

④　薛海波:《5—6世纪北边六镇豪强酋帅社会地位演变研究》,北京:中华书局,2020年,第222—255页。

⑤　北周所取法的《周礼》《礼记》以及郑玄、王肃注中的周制,并非等同于西周实际的制度。为避免引起歧义,本文以"周制"代称之。

以"多依古礼，革汉、魏之法"评定西魏北周五礼（详见本文第二节）。西魏北周礼典采纳"周制"问题，有必要进行重新审视。

王肃《丧服要记序》论五礼，"古之制礼，其品有五：吉礼，祭礼是也；凶礼，丧礼是也；宾礼，朝享是也；军礼，师旅是也；嘉礼，冠婚是也。五者，民之大事，举动之所由者也"，①颇为切要。而隋人牛弘奏称："西魏已降，师旅弗遑，宾、嘉之礼，尽未详定"，②据其中"宾、嘉之礼，尽未详定"，可知西魏北周所修五礼，宾礼、嘉礼尚非完备。西魏北周礼典在史志目录中未见著录，具体卷帙不详。吉礼以记载皇帝祭礼为中心，史料所见南北朝隋唐时期的国家礼典，南北朝时期吉礼比重或不及凶礼，隋唐时期吉礼比重反超凶礼，乃至过半，③无论如何，北周礼典中吉礼仍占有较大比重。故以吉礼为中心探究北周礼典的制作问题，具有一定的可行性。

学界关于北周祭祀制度的研究，主要以郊庙为中心，兼及五郊迎气礼及蜡祭等，④所论较为宽泛，个案性研究犹待展开。本文以《隋书·礼仪志》（下文省称《隋志》）所见北周的祭祀新制为主要探研对象，以礼学与礼制的互动为主要研究维度，首先聚焦于象征"周制"的北周蜡祭，探究北周蜡祭与五郊迎气礼的关系，分析北周蜡祭背后复杂的礼学意涵，循序推寻

---

① 《北堂书钞》卷八〇《礼仪部一·礼总篇一》，京都：中文出版社，1979年影印清光绪十四年孔氏三十三万卷堂刻本，第352页。

② 《隋书》（修订本）卷八《礼仪志三》，北京：中华书局，2019年，第172页。本文具体标点与《隋书》（修订本）微有异同。

③ 如萧梁《五礼仪注》1176卷，《凶礼仪注》514卷，《吉礼仪注》仅224卷；《后齐仪注》290卷，《凶礼》卷帙不详，而《吉礼》72卷；《隋朝仪礼》《仁寿礼》100卷，其中《吉礼》54卷；《大唐仪礼》《贞观礼》138篇，其中《吉礼》61篇。（参见［清］姚振宗：《隋书经籍志考证》，《二十五史补编》，北京：中华书局，1955年，第4册，第5323、5325—5326页；［宋］王溥：《唐会要》卷三七《五礼篇目》，上海：上海古籍出版社，2006年，第781页。）《大唐开元礼》150卷，其中《吉礼》78卷。

④ 〔日〕金子修一：《关于魏晋到隋唐的郊祀、宗庙制度》，《日本中青年学者论中国史·六朝隋唐卷》，上海：上海古籍出版社，1995年，第344、354—357页；日文见金子修一：《中国古代皇帝祭祀的研究》，东京：岩波书店，2006年，第40、53—55、286—293页。黄寿成：《北周礼仪制度渊源考》，《三门峡职业技术学院学报》2008年第7卷第2期，第83—92页；《嬗变、趋同及比较：北朝后期民族认同及区域文化研究》，北京：科学出版社，2019年，第151—161页。补记：习作成稿后，获知牛敬飞已关注北周五郊迎气礼与蜡祭，并指出北周蜡祭与五郊迎气礼相关。参见牛敬飞：《古代五岳祭祀演变考论》，北京：中华书局，2020年，第111—114页。

其礼仪构建的礼学理路,在此基础上,进而结合北周郊祀制度、朝日夕月礼等,讨论卢辩与西魏礼典的修撰问题以及西魏礼典、北周礼典的关联,切近审视西魏北周礼典的修撰取向以及西魏北周的华夏正统观念。

一、 北周蜡祭的构建理路

《隋志》谓北周祭祀制度"宪章姬周",①《通典》称"后周宪章,多依周制"。② 北周祭祀制度取法《周礼》,如北周称小祀(祭司中、司命等)为"散祭祀",③即源出《周礼·地官·充人》。④ 蜡祭为北周独特的祭祀制度,清人秦蕙田《五礼通考》称北周蜡祭"又加以天神、地祇、星宿、岳渎之位,何其滥而不经耶",⑤但其说盖未明北周蜡祭的基本构造所致。

经书中所载蜡祭,或称为"田祭",⑥或视作"具有终结意义的节庆","报恩的节庆",⑦或谓之"丰收祭"。⑧ 蜡祭在《周礼》中仅一见,即《周礼·春官·籥章》所记"国祭蜡,则歙《豳颂》,击土鼓,以息老物",⑨但语焉不详。蜡祭在《礼记》中作"大蜡",如《礼记·明堂位》载:"是故夏礿、秋尝、冬烝、春社、秋省而遂大蜡,天子之祭也",⑩又如《礼记·郊特牲》称"天子大蜡

---

① 《隋书》卷六《礼仪志一》,第 130 页。

② [唐]杜佑:《通典卷四二《礼典·郊天上》,北京:中华书局,1988 年,第 1180 页。

③ 《隋书》卷六《礼仪志一》,第 130 页。

④ 《周礼注疏》卷一三《地官·充人》,台北:艺文印书馆,2001 年影印清嘉庆二十年南昌府学刊本,第 197 页。

⑤ [清]秦蕙田:《五礼通考》卷五六《吉礼五十六·蜡腊》,北京:中华书局,2020 年,第 2447—2448 页。

⑥ [唐]杜佑:《通典》卷四一《礼序》,第 1119 页。

⑦ [法]葛兰言:《古代中国的节庆与歌谣》,赵丙祥、张宏明译,赵丙祥校,桂林:广西师范大学出版社,2005 年,第 155 页。

⑧ 管东贵:《中国古代的丰收祭及其与"历年"的关系》,《历史语言研究所集刊》1960 年第 31 本,第 191—262 页。

⑨ 《周礼注疏》卷二四《春官·籥章》,第 368 页。

⑩ 《礼记正义》卷三一《明堂位》,台北:艺文印书馆,2001 年影印清嘉庆二十年南昌府学刊本,第 579 页。

八"，①明确言蜡祭神祇。孙吴韦昭以为八蜡即《国语·楚语下》"天子遍祀群神品物"中的"品物"。② 前辈时贤讨论周代蜡祭，多据《礼记》为说，③《礼记》所载是否合乎周代原貌，目前尚无考古材料及出土文献相参验，难以确切论定。秦汉以下，仅东汉所行大蜡礼见于典籍。东汉崔寔《四民月令》载："是月（案：十二月）也，群神频行，大蜡礼兴"，④东汉大蜡或为合祭群神之意，其具体实态不明。曹魏张揖《广雅·释天》则区别禓、腊为二祭，仅以"索也"解释禓之意。⑤ 北周依托《周礼》《礼记》经注构建"周制"，其基本创制理路，值得究明。

（一）北周蜡祭神祇与郑玄、王肃八蜡说

姬周建子，以夏正十一月为岁首。若姬周行蜡祭，其时间宜在夏正十月。北周未易正朔，仍用夏正，⑥而其蜡祭时间则仿效"周制"。北周蜡祭神祇依托"周制"，《隋志》详载北周蜡祭神祇，"后周亦存其典，常以十一月（案：当作十月，即建亥之月），⑦祭神农氏、伊耆氏、后稷氏、田畯、鳞、羽、蠃、毛、介、水墉、坊、邮表畷、兽、猫之神于五郊。五方上帝、地祇、五星、列宿、苍龙、朱雀、白兽、玄武、五人帝、五官之神、岳、镇、海、渎、山、林、川、泽、丘、陵、坟、衍、原、隰，各分其方，合祭之"。⑧ 据此，北周蜡祭在五郊，蜡祭神祇又有五郊迎气礼的神祇。对此问题，下文另作辨析，此不具论。而蜡祭神祇"神农氏、伊耆氏、后稷氏、田畯、鳞、羽、蠃、毛、介、水墉、坊、邮表畷、兽、

---

① 《礼记正义》卷二六《郊特牲》，第 500 页。
② 徐元诰：《国语集解》，北京：中华书局，2004 年，第 518 页。
③ 管东贵：《中国古代的丰收祭及其与"历年"的关系》，《历史语言研究所集刊》1960 年 12 月第 31 本，第 193—206 页；张鹤泉：《周代祭祀研究》，台北：文津出版社，1993 年，第 44—45 页；曹建墩：《先秦礼制探赜》，天津：天津人民出版社，2010 年，第 262—263 页。
④ [汉]崔寔撰，石声汉校注：《四民月令校注》，北京：中华书局，1965 年，第 76 页。
⑤ [三国]张揖撰，[清]王念孙疏证：《广雅疏证》卷九上《释天》，北京：中华书局，2019 年，第 684、688 页。
⑥ 《周书》卷三《孝闵帝纪》，北京：中华书局，1971 年，第 46 页。
⑦ 案：《通典》卷四四《大禓》即作"十月"，第 1239 页。王仲荦《北周六典》因仍《隋志》之误，仍作"十一月"。王仲荦：《北周六典》，北京：中华书局，1979 年，第 159 页。
⑧ 《隋书》卷七《礼仪志二》，第 162 页。

猫",均源出《礼记》经注。

《礼记·郊特牲》载:

> 天子大蜡八。伊耆氏始为蜡。蜡也者,索也,岁十二月,合聚万物
> 而索飨之也。蜡之祭也,主先啬而祭司啬也,祭百种以报啬也。飨农
> 及邮表畷、禽兽,仁之至,义之尽也。古之君子,使之必报之。迎猫,为
> 其食田鼠也,迎虎,为其食田豕也,迎而祭之也。祭坊与水庸,事也。
> 曰:"土反其宅,水归其壑;昆虫毋作,草木归其泽。"①

《礼记·郊特牲》仅言"天子大蜡八",未胪举八蜡何所指。而郑玄注约举
《郊特牲》之文,以为"蜡有八者:先啬一也,司啬二也,农三也,邮表畷四也,
猫虎五也,坊六也,水庸七也,昆虫八也",②此即郑玄所释八蜡。而"土反其
宅,水归其壑;昆虫毋作,草木归其泽",此属祝辞,郑玄又取祝辞中"昆虫"
为八蜡之一,《礼记·郊特牲》明确称"迎猫,为其食田鼠也,迎虎,为其食田
豕也,迎而祭之也",猫、虎分言之,而郑玄合猫虎为一。

郑玄所释八蜡说与蔡邕说略同,③而王肃驳之。孔颖达《礼记正义》
载:"郑数八神,约上文也。王肃分猫、虎为二,无昆虫。郑数昆虫,合猫虎
者,昆虫不为物害,亦是其功。猫虎俱是除田中之害,不得分为二,不言与,
故合为一也。"④据此,孔疏申郑义而难王说,郑、王学说所异者主要在于王
肃分言猫、虎,不以昆虫为蜡祭神祇。兹列郑玄、王肃说如表1所示:

表1　郑玄、王肃八蜡说

郑玄八蜡说	先啬	司啬	农	邮表畷	猫虎	坊	水庸	昆虫
王肃八蜡说	先啬	司啬	农	邮表畷	猫	虎	坊	水庸

---

① 《礼记正义》卷二六《郊特牲》,第 500—501 页。
② 《礼记正义》卷二六《郊特牲》,第 502 页。
③ 蔡邕八蜡说,见[汉]蔡邕:《独断》卷上,宋淳熙间刊《百川学海》本,叶 11a。
④ 《礼记正义》卷二六《郊特牲》疏,第 502 页。

八蜡之说,郑玄、王肃之外,又有别说,[1]此不备举。北周蜡祭神祇有"神农氏、伊耆氏、后稷氏、田畯、鳞、羽、臝、毛、介、水墉、坊、邮表畷、兽、猫",其中"神农氏"即先啬,"后稷氏"即司啬,郑玄《礼记·郊特牲》注:"先啬,若神农者。司啬,后稷是也";"田畯"即农,郑玄《礼记·郊特牲》注:"农,田畯也";兽原应为虎字,因唐人避太祖景皇帝李虎讳而改,《隋志》以兽猫为次,表明兽(虎)、猫析而为二。姑列源出《礼记·郊特牲》的北周蜡祭神祇如表2所示:

表2　源出《礼记·郊特牲》的北周蜡祭神祇表

神农（先啬）	伊耆	后稷（司啬）	田畯（农）	水墉	坊	邮表畷	虎	猫	鳞羽臝毛介

取北周蜡祭神祇比勘郑玄、王肃八蜡说,北周蜡祭神祇析猫、虎为二,无昆虫,显然择从王肃礼说,而非郑玄礼说。《礼记·郊特牲》载"伊耆氏始为蜡",北周蜡祭更以伊耆为祭祀神祇,其因在于伊耆为蜡祭的创始者。

北周蜡祭神祇又有"鳞羽臝毛介",《礼记·郊特牲》并无明文,郑玄、王肃均无此说。《周礼·春官·大司乐》云:"凡六乐者,一变而致羽物及川泽之示,再变而致臝物及山林之示,三变而致鳞物及丘陵之示,四变而致毛物及坟衍之示,五变而致介物及土示,六变而致象物及天神",郑玄注:"此谓大蜡索鬼神而致百物"。[2]据郑玄此说,大蜡时羽物、臝物、鳞物、毛物、介物、象物均可为神祇。北周取用郑玄此说,又设定"象物"(四灵)为五郊蜡祭神祇(详见下文)。《礼记·郊特牲》无明文载"鳞羽臝毛介",但所记"飨农及邮表畷、禽兽"中"禽兽"二字,值得注意。《周礼·地官·大司徒》及《礼记·月令》分禽兽为毛鳞羽介臝五类,[3]北周蜡祭以"鳞羽臝毛介"为神祇应代指"禽兽"。而以"禽兽"为蜡祭神祇,并非仅北周有此说,北宋陈祥

①　[清]钱大昕:《潜研堂文集》卷八《答问五》,《潜研堂集》,上海:上海古籍出版社,2009年,第104—105页;[清]黄以周:《礼书通故》,北京:中华书局,2007年,第689—691页。

②　《周礼注疏》卷二二《春官·大司乐》,第341页。

③　参见邹树文:《西汉以前几种动物分类法的疏证》,《农业遗产研究集刊》第1册,北京:中华书局,1958年,第165—182页。

道、陆佃皆然。① 可见北周蜡祭神祇大体未出《礼记·郊特牲》所载蜡祭神祇的范围。

合观上文，北周蜡祭神祇并非拘泥于"天子大蜡八"之说，若视"鳞羽臝毛介"为一，则北周蜡祭神祇有十；若析"鳞羽臝毛介"为五，则北周蜡祭之神凡十四。在择定神祇上，北周采纳王肃分言猫、虎说，又取《礼记·郊特牲》中伊耆、禽兽（鳞羽臝毛介）为祭祀对象。

（二）北周五郊蜡祭的创建

《礼记·郊特牲》载："八蜡以记四方。"郑玄注："四方，方有祭也。"②《周礼·春官·大宗伯》云："以疈辜祭四方百物。"郑玄注："疈而磔之，谓磔禳及蜡祭。"③据此二者，可见郑玄以蜡祭祀四方百物。北周蜡祭在四方（即五郊），或即据此而设计。北周蜡祭、五郊迎气礼均在五郊，两者间的关联，有必要探明其实。

1. 北周五郊迎气礼所祀神祇的来源

五郊迎气礼，其意在于"导致神气，祈福丰年"，④其礼肇端于西汉末年元始故事，至东汉明帝时期渐趋完备。汉平帝元始五年(5)采纳大司马王莽奏议，依《周礼·春官·小宗伯》"兆五帝于四郊"，在长安城设立五郊兆。⑤ 王莽所建五郊兆，尚无五郊迎气之名。《后汉书·显宗孝明帝纪》及《后汉书·儒林传·董钧传》载，东汉五郊迎气礼始于汉明帝永平二年(59)，由博士董钧创制。⑥《续汉书·祭祀志中》载："自永平中，以《礼谶》及

---

① ［宋］陈祥道：《礼书》卷九三《蜡·腊》，北京：书目文献出版社，1996 年影印宋刊本，第 361 页；［宋］卫湜：《礼记集说》卷六六引陆佃说，《中华再造善本》，第 10 册，北京：北京图书馆出版社，2003 年影印宋刊本，叶 5。

② 《礼记正义》卷二六《郊特牲》，第 502 页。

③ 《周礼注疏》卷一八《春官·大宗伯》，第 272 页。

④ 《后汉书》卷六〇下《蔡邕传》，北京：中华书局，1965 年，第 1993 页。

⑤ 《汉书》卷二五下《郊祀志下》，北京：中华书局，1962 年，第 1268 页；田天：《秦汉国家祭祀史稿》，北京：生活·读书·新知三联书店，2015 年，第 247 页。

⑥ 《后汉书》卷二《显宗孝明帝纪》，第 104 页；《后汉书》卷七九下《儒林传下·董钧》，第 2577 页。

《月令》有五郊迎气服色，因采元始中故事，兆五郊于雒阳四方。中兆在未，坛皆三尺，阶无等。"①据此可知，董钧承用元始故事，又据《礼谶》及《月令》进一步完善五郊迎气礼。

《礼谶》即《礼纬含文嘉》，《礼纬含文嘉》载："五祀：南郊、北郊、西郊、东郊、中郊，兆正谋"；②《月令》载四立日在四郊迎气，"立春之日，天子亲帅三公、九卿、诸侯、大夫，以迎春于东郊""立夏之日，天子亲帅三公、九卿、大夫，以迎夏于南郊""立秋之日，天子亲帅三公、九卿、诸侯、大夫，以迎秋于西郊""立冬之日，天子亲帅三公、九卿、大夫，以迎冬于北郊"。③ 此两者即董钧之所据。《周礼·春官·小宗伯》虽有"兆五帝于四郊"之说，但祀五帝时日并不明晰，董钧更据《月令》以四立日"迎春于东郊""迎夏于南郊""迎秋于西郊""迎冬于北郊"之说，并增以先立秋十八日"迎黄灵于中兆"，④由此最终确立五郊迎气礼。

北周五郊迎气礼的来源，《隋志》所载不甚清晰。《隋志》以萧梁为参照，而后概述北齐、北周五郊迎气礼。《隋志》云："梁、陈、后齐、后周及隋，制度相循，皆以其时之日，各于其郊迎，而以太皞之属五人帝配祭，并以五官、三辰、七宿于其方从祀焉"，又云："后齐五郊迎气，为坛各于四郊，又为黄坛于未地。所祀天帝及配帝、五官之神同梁"，而北周五郊迎气祭配神祇又与北齐同，"后周五郊坛，其崇及去国，如其行之数。其广皆四丈，其方俱百二十步。内壝皆半之。祭配皆同后齐"。⑤《隋志》以萧梁居首，北齐、北周次之，在叙述上以南朝为主要线索，其叙述方式与《隋书·经籍志》极为类似，⑥如此极易令人产生北齐、北周五郊迎气礼源出萧梁的印象。

---

① 《续汉书·祭祀志中》，《后汉书》，第3181页。

② 《太平御览》卷五二七《礼仪部·郊丘》，北京：中华书局，1960年影印蜀刻本，第2392页。

③ 《礼记正义》卷一四《月令》，第286页；《礼记正义》卷一五《月令》，第307页；《礼记正义》卷一六《月令》，第323页；《礼记正义》卷一七《月令》，第341页。

④ 《续汉书·祭祀志中》，《后汉书》，第3182页。

⑤ 《隋书》卷七《礼仪志二》，第143—144页。

⑥ 关于《隋书·经籍志》的叙事方式，参见胡宝国：《关于南朝化问题》，收入《虚实之间》，北京：社会科学文献出版社，2011年，第84页。

北齐、北周五郊迎气礼祀五人帝、五官之神与萧梁不异，固非谓北齐、北周五郊迎气礼由萧梁输入。北魏明元帝泰常三年（418）已确立五郊迎气礼，①南朝五郊迎气礼至梁武帝始创立，制定时日约在梁武帝天监元年（502）修礼典之际，②可见南朝五郊迎气礼的创制时间显然晚于北朝，北齐、北周五郊迎气礼似不必远承萧梁，近宗北魏旧制即可。

北周五郊迎气礼不乏兼采东汉故事。北魏五郊迎气礼祀五精帝在四郊，今疑四郊距国都里数均为三十里。③东汉五郊迎气礼依《礼记》而设计，故五郊距国都里数当合乎《月令》五行数（木数八、火数七、土数五、金数九，水数六）。④而北周所立五郊坛，"其崇及去国，如其行之数"，⑤可谓准乎东汉旧制。

《隋志》以萧梁、北齐、北周、隋朝为次综论五郊迎气礼，"以太皞之属五人帝配祭，并以五官、三辰、七宿于其方从祀焉"，三辰即日、月、星，⑥若据此说，萧梁、北齐、北周、隋朝五郊均祀五人帝、五官之神、日、月、星、七宿。而《隋志》下文分述萧梁、北齐、北周、隋朝五郊迎气礼，仅隋朝五郊配祀五人帝，"五官及星（案：星字疑衍文）、三辰、七宿，亦各依其方从祀"，⑦日、月包

---

①　《魏书》（修订本）卷一〇八之一《礼志一》，北京：中华书局，2017年，第2989页。

②　萧梁始修礼典时间，参见闫宁：《齐梁〈五礼仪注〉修撰考》，收入《古代礼学礼制文献研究丛稿》，北京：商务印书馆，2018年，第192—193页。

③　《魏书》卷五五《刘芳传》，第1338页；赵永磊：《争膺天命：北魏华夏天神祭祀考论》，《历史研究》2020年第4期，第94页。

④　《墨子·迎敌祠》载东、南、西、北四坛，分别以八、七、九、六为数。［清］孙诒让：《墨子间诂》卷一五《迎敌祠》，北京：中华书局，2001年，第573—574页。可知《月令》五行数说渊源已久。另，刘宋谢庄以木数三，火数七，土数五，金数九，水数六。《南齐书》（修订本）卷一一《乐志》，北京：中华书局，2017年，第186页。与诸家之说不同。

⑤　《隋书》卷七《礼仪志二》，第144页。

⑥　三辰指日、月、星，汉晋时期经学家基本形成共识，虞翻、杜预、孔晁等均有此说，分别见［三国］韦昭注，徐元诰集解：《国语集解》，第518页；《春秋左传正义》卷五桓公二年，台北：艺文印书馆，2001年影印清嘉庆二十年南昌府学刊本，第95页；《春秋左传正义》卷四六昭公十三年疏，第808页。此外，《左传·僖公三十一年》孔疏载"注《国语》者皆云……三辰，日、月、星也"。见《春秋左传正义》卷一七僖公三十一年疏，第286页。表明贾逵等《国语注》均如此。《隋书·礼仪志》载北周旗制，"凡旗，太常画三辰（原注：日、月、五星）"（《隋书》卷一〇《礼仪志五》，第217页），显然沿承汉晋以来旧说。

⑦　《隋书》卷七《礼仪志二》，第144页。

含在内,萧梁、北齐、北周则无之。《隋志》此处综论与分述内在相左,自然不能排除《隋志》纂修官疏漏或行文省并所致的可能性,不过更大的原因在于《隋志》纂修官先南后北、模糊化的叙述方式,无形中淡化南北制度的差异性,《隋志》分述部分所记北周五郊迎气礼具有独特性,可能更接近于历史事实。不可否认的是,隋朝之前五郊迎气礼可能已祀日、月,但究竟始于何时,尚无确证,为便于表述,本文暂以《隋志》分述部分为准。

北魏、北齐、萧梁五郊迎气礼,所祀神祇多为五天帝(五精帝)、五人帝及五官之神,而北周又有"星、辰、七宿、岳、镇、海、渎、山、林、川、泽、丘、陵、坟、衍",各于其方,从祀之。① 北周五郊迎气礼新增从祀神祇的来源,《周礼》及郑玄注提供有效线索。

北周五郊迎气礼所祀星、辰,源自《周礼》及郑玄注。《周礼·春官·大宗伯》:"以实柴祀日、月、星、辰",郑玄注:"星谓五纬,辰谓日月所会十二次",②《周礼·春官·保章氏》郑玄注则作:"星谓五星。辰,日月所会",③故"星"即指五星(岁星、荧惑、镇星、太白、辰星),"辰"则指岁星十二次(降娄、大梁、实沈、鹑首、鹑火、鹑尾、寿星、大火、析木、星纪、玄枵、诹訾)。

西汉末年五郊兆祀二十八宿,④北周五郊迎气礼祭祀四方七宿,即承用元始故事。元始故事本于《周礼·春官·小宗伯》"兆五帝于四郊",而以《周礼·春官·小宗伯》行文言之,四望、四类、山、川、丘、陵、坟、衍与"兆五帝于四郊"连文,本不在五郊从祀之列,北周则以四望以下多属五郊从祀神祇。

《周礼·春官·小宗伯》:"兆五帝于四郊,四望、四类亦如之。"郑玄注:"玄谓四望,五岳、四镇、四窦(案:窦即渎之假借字)。"⑤郑玄四望说已见于《周礼·春官·大宗伯》"国有大故,则旅上帝及四望"注文,郑众注以为"四

---

① 《隋书》卷七《礼仪志二》,第 144 页。
② 《周礼注疏》卷一八《春官·大宗伯》,第 270 页。
③ 《周礼注疏》卷二六《春官·保章氏》,第 405 页。
④ 《汉书》卷二五下《郊祀志下》,第 1268 页。
⑤ 《周礼注疏》卷一九《春官·小宗伯》,第 290 页。

望：日、月、星、海”，①郑玄、郑众说殊异。东汉光武帝建武二年(26)合祀天地于南郊，从祀神祇包括五岳、四海、四渎。② 综合而言，北周五郊迎气礼从祀五岳、四镇、四海、四渎，恰恰有效融合郑玄、郑众礼说以及东汉故事而成。北周有“祭四望”之礼，③四望疑即指岳镇海渎。

在岳镇海渎中，海渎相对稳定。海即东海、南海、西海、北海等四海；《尔雅·释水》载：“江、河、淮、济为四渎。四渎者，发源注海者也。”④渎即淮、江、河、济等四渎。至于岳镇，则有所变更。汉武帝元封五年(前106)确立五岳为东岳泰山、南岳霍山(天柱山)、中岳嵩山、西岳华山、北岳恒山，魏晋南朝、北齐基本沿承之，而北周至迟在北周武帝时期南岳已由霍山更为衡山。⑤ 郑玄《周礼·春官·大司乐》注以为“四镇，山之重大者，谓扬州之会稽，青州之沂山，幽州之医无闾，冀州之霍山”，⑥即四镇为东镇沂山，南镇会稽山，西镇霍山(霍太山)，北镇医无闾山，而隋文帝开皇十四年(594)四镇名目，西镇更为吴山，霍山改称冀州镇。⑦ 不过西镇由霍山改为吴山，当始于西魏北周。《周礼·夏官·职方氏》载雍州山镇曰“岳山”，郑玄注以为“岳，吴岳也”，⑧别称吴山。⑨ 西魏北周以关中地区为京畿，为凸显雍州之望，故采纳《周礼》之文，而非郑玄西镇说。

《周礼·春官·小宗伯》“兆五帝于四郊”下又言“兆山林、丘陵、坟衍，各因其方”，《周礼》经文，自成体系，而多有省文，《周礼·地官·大司徒》分

---

① 《周礼注疏》卷一八《春官·大宗伯》，第285页。王莽在汉平帝元始五年已有此说，见《汉书》卷二五下《郊祀志下》，第1265页。

② 《续汉书·祭祀志上》，《后汉书》，第3159—3160页。

③ 《隋书》卷一〇《礼仪志五》，第214页；《隋书》卷一一《礼仪志六》，第265页；《隋书》卷一四《音乐志中》，第360页。

④ 周祖谟：《尔雅校笺》，南京：江苏教育出版社，1984年，第104页。

⑤ 田天：《秦汉国家祭祀史稿》，第306页；牛敬飞：《古代五岳祭祀演变考论》，第126—128页。

⑥ 《周礼注疏》卷二二《春官·大司乐》，第345页。

⑦ 《隋书》卷七《礼仪志二》，第154页。

⑧ 《周礼注疏》卷三三《夏官·职方氏》，第500页。

⑨ 学界关于吴山、岳山之辨析，参见田天：《秦代山川祭祀格局研究》，《中国历史地理论丛》2011年第2辑，第57—58页。

土地为山林、川泽、丘陵、坟衍、原隰等，①而《周礼·春官·小宗伯》仅言"兆山林、丘陵、坟衍"，不言川泽、原隰，《周礼·春官·大宗伯》仅载"以狸沉祭山林、川泽"，未及丘陵、坟衍、原隰，此即《周礼·春官》不尽举五地之名以代称五地之例，故北周五郊迎气礼取法《周礼》，以五地中之山林、川泽、丘陵、坟衍均为五郊所祀神祇，而独阙"原隰"。不过北周蜡祭神祇即有"原隰"，（详见下文）《隋志》所载北周五郊从祀神祇当原脱"原隰"二字，方为理顺。

历来学者研治《周礼》，如清代连斗山、孔广林、民国廖平等均以山林、川泽、丘陵、坟衍、原隰比附五行，②而北周在五郊分祀山林、川泽、丘陵、坟衍、原隰，并非比附五行。北周礼典并未传世，沿承北周礼典的《大唐开元礼》则有明文可证。《大唐开元礼》载蜡祭神祇作五山、五林、五川、五泽、五丘、五陵、五坟、五衍、五原、五隰，③即山、林、川、泽、丘、陵、坟、衍、原、隰均分言之。唐代礼制因仍有自，则北周蜡祭当亦如此。故学者以山林、川泽、丘陵、坟衍、原隰比附五行，失之穿凿。

北周五郊所祀神祇，已如上论。北周五郊坛形制，《隋志》略载之，"其崇及去国，如其行之数。其广皆四丈，其方俱百二十步。内壝皆半之"。据此可知，北周五郊坛高度与五行数相应，坛外有内外二壝。五郊所祀神祇并非均陈位于五郊坛上，而是与神祇等级次第以及祭祀方式相关。

《周礼·春官·大宗伯》："以实柴祀日、月、星、辰"，④北周五郊迎气礼祀星辰，别设星辰坛，"崇五尺，方二丈"。⑤《周礼·春官·大宗伯》："以狸沉祭山、林、川、泽"，北周祀岳镇、山林以下，其神位置于埳内，岳镇海渎与

---

① 《周礼注疏》卷一〇《地官·大司徒》，第150页。

② 参见彭林：《〈周礼〉主题思想与成书年代研究》，北京：中国人民大学出版社，2009年，第44页。

③ 《大唐开元礼》卷一《序例上》，北京：民族出版社，2000年影印清光绪十二年公善堂刊本，第15页。

④ 《周礼注疏》卷一八《春官·大宗伯》，第270页。

⑤ 《隋书》卷七《礼仪志二》，第144页。

山林各自设垎,"岳镇为垎,方二丈,深二尺。山林已下,亦为垎"。① 可见北周五郊配祀、从祀神祇陈位,存在坛上、垎内之分殊。

据以上所考,兹列北周五郊迎气礼如表3所示:

表3　北周五郊迎气礼所祀神祇表

五郊/神位 神祇	东郊	南郊	黄郊	西郊	北郊	神位
五天帝	灵威仰	赤熛怒	含枢纽	白招拒	汁光纪	五郊坛上
五人帝	太昊	炎帝	黄帝	少昊	颛顼	
五官之神	句芒	祝融	后土	蓐收	玄冥	
五星	岁星	荧惑	镇星	太白	辰星	五郊坛侧之星辰坛上
岁星十二次	降娄、大梁、实沈	鹑首、鹑火、鹑尾	—	寿星、大火、析木	星纪、玄枵、诹訾	
二十八宿	角、亢、氐、房、心、尾、箕	东井、舆鬼、柳、星、张、翼、轸	—	奎、娄、胃、昴、毕、觜、参	南斗、牵牛、须女、虚、危、营室、东壁	
五岳	泰山	恒山	嵩山	华山	衡山	垎内
四镇	沂山	会稽山	—	吴山	医无闾山	
四海	东海	南海	—	西海	北海	
四渎	淮	江	—	河	济	
山、林、川、泽、丘、陵、坟、衍、原、隰	＋	＋	＋	＋	＋	
神座合计	28	28	15	28	28	共计128座

注:表中＋、—分别代表神祇有、无。二十八宿各星宿之名,各书所载略异,此据《隋书·天文志中》。

---

① 《隋书》卷七《礼仪志二》,第144页。

2. 北周五郊蜡祭时日

北周五郊迎气礼在四立日及季夏土王日(立秋前十八日),①以东郊、南郊、黄郊、西郊、北郊为序,而蜡祭分祀五郊,祭祀次第同于五郊迎气礼,其时日则以先后连日为次。《隋志》云:"祭毕,皇帝如南郊便殿致斋,明日乃蜡祭于南郊,如东郊仪。祭讫,又如黄郊便殿致斋,明日乃祭。祭讫,又如西郊便殿,明日乃祭。祭讫,又如北郊便殿,明日蜡祭讫,还宫。"②《隋志》未言及祭东郊,或有脱文,"祭毕"乃指东郊祭毕。故北周蜡祭礼仪基本程序为先祭东郊,而后至南郊便殿,次日在南郊行蜡祭,黄郊、西郊、北郊随之亦然。

《隋志》云:"隋初因周制,定《令》亦以孟冬下亥蜡百神,腊宗庙,祭社稷,其方不熟,则阙其方之蜡焉。"③据此,隋初承袭北周之制,可知北周蜡百神、腊宗庙、腊祭社稷在十月下亥。北周为木德,在祖腊时日说中,④亥日为木德始日,北周蜡百神、腊宗庙、腊祭社稷择定在亥日,当与此相关。而北周蜡百神在十月下亥,即东郊蜡祭时日,南郊、黄郊、西郊、北郊在亥日之后,依次蜡祭。《隋志》称北周蜡祭,"其方不熟,则阙其方之蜡焉"。即依次蜡祭五郊不过在丰收之年,五郊蜡祭与四方相应,四方若逢饥馑灾荒,则阙其方之祀。姑列北周蜡祭时日如表 4 所示:

表 4　北周蜡祭时日表

五郊	东郊	南郊	黄郊	西郊	北郊
支辰	亥	子	丑	寅	卯

3. 北周蜡祭所祀五郊神祇

北周蜡祭主要神祇,源出《礼记·郊特牲》,上文所论已详。而北周在五郊行蜡祭,故所祀神祇又有五郊神祇。北周五郊迎气礼所祀神祇有五天

① 《隋书》卷七《礼仪志二》,第 143 页。
② 《隋书》卷七《礼仪志二》,第 162—163 页。
③ 《隋书》卷七《礼仪志二》,第 163 页。
④ 参见赵永磊:《五德终始说下的祭祖神礼——道武帝所立祖神考》,《史林》2020 年第 2 期,第 42—43 页。

帝、五人帝、五官之神、五星、十二辰、二十八宿、岳、镇、海、渎、山、林、川、泽、丘、陵、坟、衍、原、隰，北周蜡祭多沿用之。

依《隋志》所载，北周蜡祭神祇，"五方上帝、地祇、五星、列宿、苍龙、朱雀、白兽、玄武、五人帝、五官之神、岳、镇、海、渎、山、林、川、泽、丘、陵、坟、衍、原、隰，各分其方，合祭之。日、月，五方皆祭之"。① 所谓五方上帝即五天帝（五精帝），列宿即二十八宿。北周蜡祭神祇无十二辰，明显异于五郊迎气礼。北周五郊迎气礼是否祀日、月，尚未确知，而北周蜡祭增祀地祇、四神（苍龙、朱雀、白虎、玄武）等则无疑义。

若以日、月为北周蜡祭增祀神祇，北周蜡祭在五郊迎气礼基础上，增祀日、月、地祇、四神，其来源与郑玄《礼记》《周礼》注相关。《礼记·月令》载孟冬之月，"天子乃祈来年于天宗"，郑玄注以为"此《周礼》所谓蜡祭也，天宗谓日、月、星、辰也"，② 星、辰已在五郊迎气礼从祀神祇之列，而北周蜡祭神祇未取十二辰，仅增祀日、月。

上文引《周礼·春官·大司乐》"五变而致介物及土示，六变而致象物及天神"，郑玄注："此谓大蜡索鬼神而致百物……土祇，原隰及平地之神也。象物有象在天，所谓四灵者。天地之神，四灵之知，非德至和则不至"，以"象物"即四灵，并又引《礼记·礼运》四灵（麟、凤、龟、龙）说，③ 卢辩《大戴礼记·曾子天圆》注亦以为"龟、龙、麟、凤，所谓四灵"。④ 四神与四灵的界线，南北朝时期具有混淆的迹象，⑤ 依据《周礼》及郑注，土祇（地祇）、四灵均在蜡祭之列，然而北周蜡祭苍龙、朱雀、白虎、玄武，以及北周画缋之六旗包

---

① 《隋书》卷七《礼仪志二》，第 162 页。

② 《礼记正义》卷一七《月令》，第 343 页。案：孔疏作"云'天宗谓日月星'者"，似孔疏所据郑注无"辰"字，或孔疏以星辰为一，未言辰字。另，郑玄又以日、月、星、辰为四类。《周礼注疏》卷一九《春官·小宗伯》，第 290 页。

③ 《周礼注疏》卷二二《春官·大司乐》，第 341 页；《礼记正义》卷二二《礼运》，第 436 页。

④ ［清］孔广森补注：《大戴礼记补注》卷五《曾子天圆》，北京：中华书局，2013 年，第 111 页。

⑤ 查瑞珍：《略谈"四灵"和"四神"》，蒋赞初主编：《南京大学历史系考古专业成立三十周年纪念文集》，天津：天津古籍出版社，2002 年，第 264 页。

括"青龙之旗""朱鸟之旗""白兽(案:虎)之旗""玄武之旗",①而非麟、凤、龟、龙,表明北周仍然存在以苍龙、朱雀、白虎、玄武为四灵的神灵观念。

4. 蜡祭神祇陈位与享祀

北周蜡祭神祇陈位略有分别,《隋志》云:"上帝、地祇、神农、伊耆、(五)人帝于坛上,南郊则以神农既蜡,无其祀。三辰、七宿则为小坛于其侧,岳、镇、海、渎、山、林、川、泽、丘、陵、坟、衍、原、隰,则各为坎,余则于平地。"②据此文,可知蜡祭神祇陈位存在蜡坛、蜡坛侧之小坛、坎内、平地之分殊。北周蜡祭以五方上帝、地祇、神农、伊耆、五人帝为重要神祇,五郊均祭之,而《隋志》载:"南郊则以神农既蜡,无其祀",其因在于神农即为炎帝,此与南郊祀炎帝相重复,故南郊蜡祭不复设神农神位。在享祀等级上,五天帝、五地祇、神农、伊耆、五人帝为主要祭祀神祇,神位陈于蜡坛,受皇帝初献、冢宰亚献、宗伯终献之礼;日、月、星、五官、后稷、田畯、岳镇海渎等,由上大夫进献;七宿、山林川泽以下诸神祇,由中大夫进献,③北周蜡祭享祀判然三分。在祭祀方式上,《隋志》载五天帝、五人帝、田畯、羽、毛等所用牲币玉帛以燔燎,地祇、邮表畷等以瘗埋,④仅具两类。

依上文所考,北周蜡祭神祇的具体情形,姑列表如表5所示。

唐房玄龄称:"《月令》蜡法,唯祭'天宗',谓日、月已下。近代蜡五天帝、五人帝、五地祇,皆非古典,今并除之。"⑤唐人讨论蜡祭,仅据《礼记·月令》郑玄注"此《周礼》所谓蜡祭也,天宗谓日、月、星、辰也",废除北周以来五天帝、五人帝、五地祇等蜡祭神祇,实则未明北周蜡祭的创设与五郊迎气礼的关系极为密切,且又因袭源自五郊迎气礼其他神祇,可谓进退失据。

北周托古改制,素以依傍《周礼》而著称,而北周五郊迎气礼的改定,援据《周礼》之外,兼采郑玄注,以定具体神祇,增祀岳、镇、海、渎、山、林、川、泽、丘、陵、坟、衍、原、隰等五方之神。北周行五郊蜡祭,以五郊迎气礼为基

---

① 《隋书》卷一〇《礼仪志五》,第217页。
②③④ 《隋书》卷七《礼仪志二》,第162页。
⑤ [宋]王溥:《唐会要》卷三七《五礼篇目》,第781页。

表5　北周蜡祭神祇表

五郊/神位　　神祇	东郊	南郊	黄郊	西郊	北郊	神位
五天帝	灵威仰	赤熛怒	含枢纽	白招拒	汁光纪	蜡坛上
地祇	＋	＋	＋	＋	＋	
神农	＋	－	＋	＋	＋	
伊耆	＋	＋	＋	＋	＋	
五人帝	太昊	炎帝	黄帝	少昊	颛顼	
日	＋	＋	＋		＋	蜡坛侧之小坛上
月	＋	＋	＋		＋	
五星	岁星	荧惑	镇星	太白	辰星	
列宿（二十八宿）	角、亢、氐、房、心、尾、箕	东井、舆鬼、柳、星、张、翼、轸	－	奎、娄、胃、昴、毕、觜觽、参	南斗、牵牛、须女、虚、危、营室、东壁	
五岳	泰山	恒山	嵩山	华山	衡山	坎内
四镇	沂山	会稽山	－	吴山	医无闾山	
四海	东海	南海	－	西海	北海	
四渎	淮	江	－	河	济	
山、林、川、泽、丘、陵、坟、衍、原、隰	＋	＋	＋	＋	＋	
四神	苍龙	朱雀	－	白虎	玄武	平地
五官之神	句芒	祝融	后土	蓐收	玄冥	
后稷、田畯、鳞、羽、赢、毛、介、水墉、坊、邮表畷、虎、猫	＋	＋	＋	＋	＋	
神座合计	43座	42座	32座	43座	43座	共计203座

注：表中＋、－分别代表神祇有、无。二十八宿各星宿之名，各书所载略异，此据《隋书·天文志中》。

础,更据《周礼》《礼记》所记蜡祭,以及郑玄关于蜡祭的诠释理路,在五郊依次行蜡祭,遂成北周蜡百神之礼。北周五郊迎气礼的改定与蜡祭的创制,郑玄注并非唯一礼说,间有一处取自王肃注文,但郑玄注为探寻北周五郊迎气礼、蜡祭构建的核心线索。

二、 卢辩与西魏北周礼典的修撰

北周蜡祭具有浓厚的"周制"色彩,折射出北周礼典依托"周制"的制作理念。而北周改定五郊迎气礼,创建蜡祭,并非直接引据《周礼》或《礼记》,其礼仪制度创制的礼学理路,史料中斑斑可考,具有极为复杂的礼学背景,恐非一二浅学所能定,当源出礼学名家之手。但究竟出自何人设计,并无明文可证。北周蜡祭的创制,并非孤立的个案,有必要结合北周礼典的修撰问题进行综合考察。

《隋志》载:"在周,则苏绰、卢辩、宇文弼,并习于仪礼者也,平章国典,以为时用",①不过苏绰、卢辩与宇文弼并不在同一时期。史籍所见西魏北周五礼之修撰,主要有两个时期:其一在西魏文帝大统年间,由宇文泰任命范阳卢辩等人纂修;其二在北周武帝年间。② 而明确此两者之间的内在关联,无疑为解决北周礼典创制的关键性问题。

据学者考察,北周武帝时期宇文弼、柳敏、崔方仲、熊安生等修定五礼,《隋志》所记"北周礼制是武帝创立的新礼制"。③ 而《周书·武帝纪》载天和二年(551)三月"初立郊丘坛壝制度",④即为明证,但北周郊祀制度并非尽为北周武帝所初定。

《周书·武帝纪》所谓"初立郊丘坛壝制度",其意颇有分歧,北周武帝

---

① 《隋书》卷六《礼仪志一》,第 121 页。
② 张文昌:《唐代礼典的编纂与传承——以〈大唐开元礼〉为中心》,台北:花木兰文化出版社,2008 年,第 68 页。
③ 史睿:《北周后期至唐初礼制的变迁与学术文化的统一》,荣新江主编:《唐研究》第三卷,北京:北京大学出版社,1997 年,第 166、178 页注③。
④ 《周书》卷五《武帝纪上》,第 74 页。

始立祭祀制度,是否专指郊丘制度,语义不甚明晰。自北魏孝武帝西迁长安之后,至西魏文帝大统二年(536)正月辛亥祀南郊,以神元帝配享,大统十一年冬,"始筑圆丘于城南",①表明西魏南郊、圆丘郊天制度至此基本确立。北周沿承西魏分设郊丘模式,《隋志》载北周郊祀制度以神农配祀圆丘、方丘,以始祖献侯配享南郊、神州坛,②此与孝闵帝元年(557)诏令相契。③据此应知,孝闵帝元年所确立北周郊祀配祀制度,终北周一朝始终遵用不易。故《周书·武帝纪》所载"初立郊丘坛墠制度",颇疑指周武帝重新更定坛墠形制或具体尺寸,《隋志》所见北周郊丘坛墠制度即北周武帝重新更定之制。

至于北周郊祀时日,并非尽如《隋志》所言"其祭圆丘及南郊,并正月上辛"。④依《周书》所记,即便孝闵帝、明帝、北周武帝时期有大冢宰宇文护柄政,北周君主即位之后,为凸显君权的政治合法性,先后行祀圆丘、方丘、南郊等祭礼。在北周君主郊祀礼中,祀圆丘往往在祀南郊之前,具体时日无一例在正月辛日,祀南郊并非固定在正月上辛,不乏在正月中辛或下辛之例(见表6)。北周君主祀圆丘均为正祭,或谓北周祀圆丘有正祭、告祭之分,⑤并非精确。要而言之,北周武帝时期郊祀制度大体因仍孝闵帝初年旧制。而孝闵帝初年旧礼,多袭用西魏之制。故在西魏北周礼典因循损益的过程中,西魏北周礼典不妨视为一体,西魏大统年间卢辩等人所定五礼,理应视为北周礼典的源头。

---

①　《北史》卷五《魏本纪·西魏文帝纪》,北京:中华书局,1974年,第176、179页。

②④　《隋书》卷六《礼仪志一》,第130页。

③　《周书》卷三《孝闵帝纪》,第46—47页。

⑤　[清]秦蕙田:《五礼通考》卷八《吉礼八·圜丘祀天》,第416页;胡戟:《中华文化通志——礼仪志》,上海:上海人民出版社,1998年,第199页。

表 6　《周书》所见北周君主郊祀时日表①

北周君主郊祀礼	史料来源
孝闵帝元年正月壬寅（初二日），祠圆丘。癸卯（初三日），祠方丘。……辛亥（十一日），祠南郊。	《周书》卷三《孝闵帝纪》
明帝元年十月乙酉（二十日），祠圆丘。丙戌（二十一日），祠方丘。 明帝元年十一月丁未（十二日），祠圆丘。	《周书》卷四《明帝纪》
北周武帝保定元年正月庚戌（初三日），祠圆丘。壬子（初五日），祠方丘。甲寅（初七日），祠感生帝于南郊。 北周武帝天和元年三月丙午（三十日），祠南郊。 周武帝天和三年正月辛丑（初五日），祠南郊。 北周武帝建德二年正月辛丑，祠南郊。②	《周书》卷五《武帝纪上》
北周武帝建德六年五月己丑（十七日），祠方丘。	《周书》卷六《武帝纪下》
周宣帝宣政元年七月……丙午（十一日），祠圆丘。戊申（十三日），祠方丘。	《周书》卷七《宣帝纪》

　　《隋书·经籍志二》著录"《后魏仪注》五十卷"，即北魏常景所修北魏五礼。③ 学者指出："宇文泰欲行周朝的官制、礼仪，所依靠者非士族莫属"，④ 西魏文帝大统初年，北魏旧礼经由山东士族卢辩等人修订。《周书》《北史》卢辩本传载，"初，太祖欲行《周官》，命苏绰专掌其事。未几而绰卒，乃命辩成之。于是依《周礼》建六官，置公卿、大夫、士，并撰次朝仪，车服、器用，多依古礼，革汉、魏之法，事并施行"，⑤《隋书·裴政传》作"（宇文泰）命与卢辩依《周礼》建六卿，设公卿、大夫、士，并撰次朝仪，车服、器用，多遵古礼，革

---

　　① 本表中甲子纪日，据陈垣《二十史朔闰表》（北京：中华书局，1962年）推定。

　　② 北周武帝建德二年（573）正月戊辰朔，闰正月，正月无辛丑（陈垣《二十史朔闰表》，第79页），《周书》所记疑在闰正月。《资治通鉴》为弥缝《周书》所记时日不合，改次此事在建德元年（陈宣帝太建四年）十二月辛巳（十三日）。《资治通鉴》卷一七一"陈宣帝太建四年"，北京：中华书局，2011年，第5415页。

　　③《隋书》卷三二《经籍志二》，第1099页。参见［清］姚振宗：《隋书经籍志考证》，《二十五史补编》，第4册，第5324—5325页；陈寅恪：《隋唐制度渊源略论稿》，第42页。

　　④ 胡如雷：《北周政局的演变与杨坚的以隋代周》，初刊《社会科学战线》1990年第2期，收入《隋唐政治史论集》，石家庄：河北教育出版社，1997年，第65页。

　　⑤《周书》卷二四《卢辩传》，第404页；《北史》卷三〇《卢同传附卢辩传》，第1100页。

汉、魏之法，事并施行"。① 据此，可知西魏文帝大统初年，六官制度由卢辩等人制定，西魏相关礼制如朝仪、车服等，亦由卢辩、裴政等设定。《周书·儒林传序》又载"卢景宣（案：景宣为卢辩字）学通群艺，修五礼之缺"，②可知西魏五礼盖由卢辩总其成。与卢辩同修五礼者，上文所举裴政之外，又有周惠达、薛憕、薛寘、檀翥、辛彦之等。③ 魏周革命以后，卢辩、辛彦之主掌北周礼仪，《隋书·儒林传·辛彦之传》载："及周闵帝受禅，彦之与少宗伯卢辩专掌仪制"，④更为直接表明卢辩在西魏、北周礼典的制作与礼仪的行用上，发挥主导性作用。

　　唐代史臣所谓"多依古礼，革汉、魏之法"，其中"古礼"即代指相对宽泛的"周制"，其意并非在于悉除汉魏旧制，而是援据"古礼"，或改造"汉、魏之法"，或创制新礼，西魏北周礼仪制度由此呈现出革新的面貌。"多依古礼，革汉、魏之法"或可视作西魏北周礼典制作的基本原则，"宪章姬周"可谓西魏北周礼典制作的最终目标。

　　然则，何以必知《隋志》所见北周吉礼多为卢辩等人创制？卢辩创制祭祀新制，《隋志》不乏有效线索，朝日夕月礼即属此例。蔡邕《独断》阐述朝日夕月为天子"兄事日，姊事月"之义，⑤汉唐时期朝日夕月礼虽云始于汉武帝元鼎五年（前 112），⑥而魏晋洛阳城朝日、夕月究竟设立庙还是神坛，⑦史料所记并不清晰。《周礼》设官分职，虽云系统严整，但间有疏失，有

---

① 《隋书》卷六六《裴政传》，第 1737 页。

② 《周书》卷四五《儒林传》，第 806 页。

③ 《周书》卷二二《周惠达传》，第 363 页；《周书》卷三八《薛憕传、薛寘传》，第 684、685 页。《隋书》卷七五《儒林传·辛彦之传》，第 1916 页。案：《隋书》辛彦之本传称："时国家草创，百度伊始，朝贵多出武人，修定仪注，唯辛彦之而已。"其中"唯辛彦之而已"，不免夸大，绝非实情。

④ 《隋书》卷七五《儒林传·辛彦之传》，第 1916 页。

⑤ 蔡邕：《独断》卷上，叶 5b。

⑥ 《史记》（修订本）卷二八《封禅书》，北京：中华书局，2014 年，第 1675 页；《汉书》卷六《武帝纪》，第 185 页。

⑦ 《周礼·秋官·司仪》郑玄注："天子春帅诸侯拜日于东郊，则为坛于国东"，"东礼月、四渎于北郊，则为坛于国北"，《周礼注疏》卷三八《秋官·司仪》，第 575 页。若据郑玄此说，皇帝朝日、夕月必设神坛。而汉成帝元始五年王莽在长安城外设日庙、月庙。见（注转下页）

朝日而无夕月，或属《周礼》作者疏失所致。[1]日坛、月坛的规制，《礼记·祭义》载："祭日于坛，祭月于坎，以别幽明，以制上下"，[2]北魏刘芳上表宣武帝，以"今日月之位，去城东西路各三十，窃又未审"，议以《礼记·祭义》"计造"日坛、月坛，宣武帝未从其议。[3] 值得玩味的是，北魏已设"日月之位"，刘芳仅据《礼记》议礼，而未援据汉魏故事以为驳议论据，从一侧面表明汉晋时期日坛、月坛并未付诸实施。

北周朝日夕月礼承用北魏旧制，具体时日定于二分日，[4]而其礼仪具有显著的变更。《隋志》云：

> 后周以春分朝日于国东门外，为坛，如其郊。用特牲青币，青圭有邸。皇帝乘青辂，及祀官俱青冕，执事者青弁。司徒亚献，宗伯终献。燔燎如圆丘。秋分夕月于国西门外，为坛于坎中，方四丈，深四尺，燔燎礼如朝日。[5]

北周朝日在东郊，舆服俱为青色，[6]此与东郊迎气相类，而夕月在西

《汉书》卷二五下《郊祀志下》，第 1268 页。魏明帝太和元年（227）以二分日行朝日夕月礼于东、西郊，见《宋书》（修订本）卷一四《礼志一》，北京：中华书局，2019 年，第 377 页；《晋书》卷一九《礼志上》，北京：中华书局，1974 年，第 586 页。妹尾达彦以为魏晋洛阳城新建日坛、月坛。参见〔日〕妹尾达彦：《隋唐长安与东亚比较都城史》，高兵兵等译，西安：西北大学出版社，2019 年，第 78 页。不过仍然不能完全排除魏明帝设立日庙、月庙的可能性。

[1] 钱穆：《周官著作时代考》，《两汉经学今古文评议》，北京：商务印书馆，2001 年，第 355 页。

[2] 《礼记正义》卷四七《祭义》，第 812 页。

[3] 《魏书》卷五五《刘芳传》，第 1339 页。

[4] 道武帝初定朝日夕月在二分日，孝文帝太和十五年八月改定朝日夕月时日，以"朝日以朔，夕月以朏"。见《魏书》（修订本）卷一〇八之一《礼志一》，第 2988、3001 页。不过太和十五年以后，孝文帝所行朝日夕月礼，其时日仍近于二分日。《魏书·高祖纪下》所称"二分之礼"即代指朝日夕月礼。

[5] 《隋书》卷七《礼仪志二》，第 155 页。

[6] 《隋书·礼仪志六》载北周皇帝十二服，朝日则"青衣青冕"，见《隋书》卷一一《礼仪志六》，第 265 页。也与《隋书·礼仪志二》所记相合。不过《隋书·礼仪志二》以北周朝日以青辂，而《隋书·礼仪志五》载："二曰青辂，以祀东方上帝。三曰朱辂，以祀南方上帝及朝日。"见《隋书》卷一〇《礼仪志五》，第 214 页。则以朝日以朱辂。其中原因，或者在于北周朝日用辂制度存在青辂、朱辂的分殊，不过更大的可能性在于《隋书·礼仪志五》文字淆乱，（注转下页）

郊,舆服亦与西郊迎气相同,《隋志》载:"五曰白辂,以祀西方上帝及夕月",[①]"祀西方上帝及夕月,则素衣素冕".[②] 可见北周朝日、夕月舆服分别取法东郊、西郊迎气之制,而北周朝日坛在国都东门外,夕月坛位于国都西门外的坎中,可谓义取《礼记·祭义》"祭日于坛,祭月于坎",由此确立朝日夕月礼之基本规制。

北魏孝明帝正光初年,卢辩任太学博士,始为《大戴礼记》作注。[③] 孝武帝永熙三年(534)春,中书舍人卢辩为孝武帝在显阳殿讲解《大戴礼记·夏小正》,[④]表明卢辩《大戴礼记注》或在永熙三年已部分成稿。

《大戴礼记·保傅》云:"天子春朝朝日,秋暮夕月",卢辩注:"祭日东坛,祭月西坎,以别内外,以端其位",[⑤]卢辩取《礼记·祭义》之义注《大戴礼记》,祭日设日坛,祭月设月坎,此与北周朝日夕月礼若合符节。不仅如此,卢辩《大戴礼记注》的现实政治意义也体现在六官制度上。卢辩注《大戴礼记》多据《周礼》,而《周礼·冬官》亡佚不存,大司空职能缺乏精确概括,卢辩称司空之职,"凡宗社之设、城郭之度、宫室之量、典服之制,皆官所职也",[⑥]王仲荦《北周六典》未引及之,[⑦]而此条无疑与西魏北周六官相发明。由此不难理解,北周朝日夕月礼应源出卢辩等人所定西魏五礼。目前虽无更为直接的证据,但推断具有复杂礼学背景的北周蜡祭、五郊迎气礼等,其具体设计出自卢辩等人之手,或非过论。

三、结 语

北周礼典在史志目录中未见著录,而《隋志》所载北周礼制为探究北周

(续上页注)"及朝日"似宜在"二曰青辂,以祀东方上帝"之后。

① 《隋书》卷一○《礼仪志五》,第214页。
② 《隋书》卷一一《礼仪志六》,第265页。
③ 《北史》卷三○《卢同传附卢辩传》,第1099页。
④ 《魏书》卷三六《李顺传附李同轨传》,第939页。
⑤ [清]孔广森补注:《大戴礼记补注》卷三《保傅》,第66页。
⑥ [清]孔广森补注:《大戴礼记补注》卷八《盛德》,第157页。
⑦ 王仲荦:《北周六典》,第465页。

礼典修撰问题的重要依据。透过北周蜡祭、五郊迎气礼、朝日夕月礼等新制的创建理路，从一侧面反映出北周吉礼的制作具有复杂的礼学背景，其修撰明显具有取法"周制"的倾向。

学者称："北周宇文氏则雅重经典，用卢景宣、长孙绍远等人修补五经之缺、礼乐之坏，更待当时大儒熊安生以殊礼。故经学在北周虽不及北魏之盛，较北齐则略胜一筹。"①西魏北周重经典，通经以致用，经典直接服务于现实政治。宇文泰命卢辩等人所修西魏五礼以"多依古礼，革汉、魏之法"为基本原则，在北周祭祀新制中，北周主要依托《周礼》及郑玄注，改定五郊迎气礼以及创建蜡祭，北周朝日夕月礼主要援据《礼记·祭义》创设日坛、月坎，北周三种祭祀新制均合乎西魏五礼制作的基本原则，尤其是北周日坛、月坛的设立，与卢辩《大戴礼记注》之义高度契合。据此种种迹象，北周吉礼并非为北周新创，而是多沿用西魏大统初年卢辩等人所定旧礼。西魏北周礼典的制作多遵"周制"，遂使西魏北周吉礼明显有异于萧梁、北齐之礼，具有其自身的独特性。北魏开启北朝取鉴《周礼》的风气，②西魏北周礼仪制度并非仅仅依准《周礼》，而是糅合《周礼》《礼记》经注，制造"周制"，西魏北周创制的蜡祭，所祀神祇神位达203座之多，成为西魏北周十月合祭百神之礼。

天神祭祀是凝聚族群的精神力量，也是君主膺承天命的象征符号。北魏前期源自拓跋鲜卑的西郊郊天礼与华夏郊天礼并行，具有双重天命的显著特征。北周君主未行游牧民族的郊天礼，而《隋书·礼仪志二》载北周皇帝亲拜"胡天"，体现出北周上层的胡化。③围绕宇文氏祖炎帝的族源记

---

① 马宗霍、马巨：《经学通论》，北京：中华书局，2011年，第266页。

② 〔日〕川本芳昭：《魏晋南北朝時代の民族問題》，东京：汲古书院，1988年，第375—389页；《中华的崩溃与扩大：魏晋南北朝》，余晓潮译，桂林：广西师范大学出版社，2014年，第252页。楼劲：《北魏开国史探》，北京：中国社会科学出版社，2017年，第94—112页。赵永磊：《争膺天命：北魏华夏天神祭祀考论》，《历史研究》2020年第4期，第85—87、90—91、97页。

③ 《隋书》卷七《礼仪志二》，第163页；毕波：《中古中国的粟特胡人——以长安为中心》，北京：中国人民大学出版社，2011年，第46、51—52页。毕波推测北周亲拜"胡天"的皇帝为周宣帝。

忆,学者强调西魏北周的鲜卑、华夏双重正统性。[①] 而从礼仪制度层面言之,北周取法《礼记·祭法》虞、夏以始祖黄帝配享圆丘之意,更以方丘配享帝同于圆丘,由此确立炎帝配享二丘的郊祀配享制度。[②] 而礼仪制度折射出西魏北周的正统观念,反映出西魏北周塑造华夏正统的政治努力。北周在文化上不及北齐山东文化以及南朝文化兴盛繁荣,而北周在族群认同上,宣称来自华夏族群,攀附炎帝子嗣,并择定国号为周,礼仪制度标榜"周制"成为北周长期的文化正统策略。

在与东魏北齐、萧梁争夺正统过程中,宇文泰开启西魏北周依托"周制"以标榜华夏正统的传统。卢辩等人依托《周礼》《礼记》,以郑玄注为核心线索,改定五郊迎气礼,并创建蜡祭。在北周武帝建德六年灭北齐之前,以行政区划言之,西魏北周所祀山川,仅有西岳华山、西镇吴山、西海、江、河在其望祭范围内,余均非其辖区内之山川。而西魏北周所行五郊迎气礼、蜡祭合祀五方的天地神祇,以及九州的岳镇海渎,反映出其天下观并非局限于关陇一隅,而是以九州为基本范畴,象征西魏北周君主君临天下之意,折射出西魏北周强烈的华夏正统观念。西魏北周吸纳"周制"所创建的祭祀新制,为中古时期吉礼的创制注入新鲜血液,推动古礼走向复兴,对于隋唐礼仪制度,也具有不容忽视的影响力。

【原刊《中国史研究》2022 年第 3 期,后又有所增订

作者单位:中国人民大学历史学院】

---

① 温拓:《多重层累历史与双重正统建构:宇文部、北周与契丹先世史叙述的考察》,《民族研究》2020 年第 2 期,第 119—131 页;苏航:《宇文氏祖炎帝考——补论西魏周制改革的历史意义》,《民族研究》2020 年第 3 期,第 90—99 页。

② 参见赵永磊:《攀附"周制":北周祖宗的择定及其庙制的构建》(未刊稿)。

由来自晋:《通典》所构建的
晋唐庙制渊源脉络

赵　悦

　　中国古代的帝王宗庙(太庙)礼制问题,因其紧要,一直受到历代学者的关切;而又因其繁难,一直难有成说定论。古往今来,先贤后学虽然举步维艰,但仍拾级而上,逐渐推进着研究和理解的深入。撮要而言,以三《礼》《春秋》经传为代表的儒家经典所载录的周制、汉兴以来自成一派的汉制与盛唐已降继往开来的唐制可谓太庙礼制的基本骨架。① 杜佑在贞元(785—805)年间撰成《通典》时,②恰逢唐制主体瓜熟蒂落,汇成《大唐开元礼》之后。其在《通典》二百卷的篇幅中,专以一百卷述"礼",又在摘录《开元礼》三十五卷之前,遍采经史之说,修成《沿革》六十五卷,叙说去取之际,显然可以窥见杜佑对周、汉、唐三大礼制系统的看法。因此,了解杜佑在《通典》中所呈现出的宗庙观念,对充实补益我们对宗庙问题的认识和理解,是很有价值的。

----

　　① 基于传世文献的脉络,我们能够看到的对儒家经典所载礼制的研究、推崇和复现,当是汉代儒学盛行以后的结果。而其中哪些是殷商践行的实绩,哪些是儒生在观念世界中的构建,自彼时起,已难确考。秦汉之际的政治转折,使两周贵族的礼仪传统受到巨大打击,起自布衣的汉朝君臣在礼制上多有发明,与古不同,宗庙制度,亦不能外。而经过魏晋南北朝时期南北礼学的长足发展和隋朝、唐初的酝酿,盛唐时以《大唐开元礼》为标志的唐礼又在经书与汉制以外,呈现出自己的特色,其中当然也包括太庙制度。关于汉、唐礼制地位的认识,可参顾涛:《汉唐礼制因革谱》卷一《叙说》,上海:上海书店出版社,2018年,第2—4页。

　　② 关于《通典》的创作经过和成书时间,前辈学者已多有讨论,韩昇详考诸说,以为当以贞元十七年(801)为确,参见《杜佑及其名著〈通典〉新论》,《传统中国研究集刊》2006年第1期,上海:上海社会科学院出版社,第113—138页,尤其是第125—128页。

既往涉及杜佑与《通典》的传统研究，多从大处着眼，以分析《通典》的文献、史学史以及政治史意义，与杜佑本人的经历、思想以及历史地位为主。[①] 近年来，学者逐渐开始从中观或微观视角切入展开研究。[②] 但就杜佑对具体礼制问题的看法，尚未见到明确的个案梳理和分析。因此本文拟从对《通典》的文本研读入手，首先概括杜佑对李唐当代的太庙制度的整体看法，进而离析其对两晋庙制的书写和认识，由此说明杜佑对唐代庙制由来自晋的基本看法。

一、 因显求隐：唐代前中期庙制实践考察（618—807）

《通典》记录李唐太庙制度，是从高祖武德（618—626）建国至玄宗开元（713—741）的礼制大成时期，若考虑到撰作时代，那么其可能受到唐代庙制的实际影响之下限，应不超过德宗贞元（785—805）、顺宗永贞（806—807）时期。在《通典》删润纂类的《开元礼》部分，基本只涉及庙祭时的仪式轨范，[③]对唐庙当世之制及由来渊源的记录大都在"沿革"部分，如"天子宗庙""兄弟不合继位昭穆议"等目下。[④] 所以，我们对杜佑所认知的唐庙沿革大端的分析也将聚焦在这一部分。

首先需要说明，较之于新、旧《唐书》和《唐会要》等书，《通典》对唐庙沿

---

① 其中具有代表性的研究，如郑鹤声：《杜佑年谱》，上海：商务印书馆，1934 年；岑仲勉：《〈杜佑年谱〉补正》，原载《学原》卷二第 4 期，后收入《岑仲勉史学论文集》，北京：中华书局，1990 年，第 306—341 页；葛兆光：《杜佑与中唐史学》，《史学史研究》1981 年第 1 期，第 9—23 页。瞿林东：《杜佑评传》，广西教育出版社，1996 年；郭锋：《杜佑评传》，南京大学出版社，2004 年；白悦波：《政术与学术：关于〈通典〉的创作初衷及其相关问题的考察》，《唐史论丛》第 31 辑，第 225—248 页。

② 如邓国光：《礼建皇极：杜佑〈通典·礼典〉要论》，《中国经学》第 30 辑，第 27—42 页；王维：《思想史视域下的杜佑礼乐观研究——以〈通典〉为例》，《黄钟》2021 年第 1 期，第 136—144 页；沈蜜、任锋：《制度为什么是通的——作为政书范例的〈通典〉与国家治理传统》，《学海》2021 年第 6 期，第 55—62 页，等等。

③ ［唐］杜佑：《通典》卷一一四《礼典七十四·开元礼纂类九》、卷一一五《礼典七十五·开元礼纂类十》，北京：中华书局，2016 年，第 2913—2952 页。

④ ［唐］杜佑：《通典》卷四七《礼典七·吉礼六》、卷五一《礼典十一·吉礼十》，第 1287—1305、1413—1416 页。

革的记述是相对简略的,在通行的点校本《通典》中,王文锦先生断以时序、文意,只分列为 12 条。① 杜佑的观点和看法在很大程度上乃是根据对唐庙制度的述与隐而表现出来的,其所陈列,必是关节;其所删隐,却未必无关紧要。起码我们能够探求被省略的部分为何没有进入《通典》的文本世界,并由此反观《通典》中反映唐庙制度的材料何以重要和特别,它们组合在一起,形成的核心意旨何在。是故,为了明白杜佑在此所做的取舍及其内中深意,我们需要先根据其他可靠材料补全此间唐庙沿革的概况,今人的相关研究可以作为辅助,主要线索的梳理则凭借新、旧《唐书》中的《本纪》和《礼志》,并参用其他相关资料。

唐代立国后首次建庙,是高祖时追立四世亲庙,"备法驾迎宣简公、懿王、景皇帝、元皇帝神主,祔于太庙,始享四室",②这被认为参照的是隋朝制度。③

贞观九年(635),将要升祔高祖神主时,朱子奢引用《礼记》"礼有以多为贵者,天子七庙,诸侯五庙"之文,提出:

> 若天子五庙,才与子男相埒,以多为贵,何所表乎?愚以为诸侯立高祖以下,并太祖五庙,一国之贵也。天子立高祖以上,并太祖七庙,四海之尊也。降杀以两,礼之正焉。……伏惟圣祖在天,山陵有日,祔祖严配,大事在斯。宜依七庙,用崇大礼。若亲尽之外,有王业之所基者,如殷之玄王,周之后稷,尊为始祖。倘无其例,请三昭三穆,各置神主,太祖一室,考而虚位。将待七百之祚,递迁方处,庶上依晋、宋,傍惬人情。④

---

① [唐]杜佑:《通典》卷四七《礼典七·吉礼六》,第 1299—1303 页。

② 《旧唐书》卷二五《礼仪志五》,北京:中华书局,1975 年,第 941 页。并见[宋]王溥:《唐会要》卷一二《庙制度》,北京:中华书局,1960 年,第 292 页。

③ 参见郭善兵:《中国古代帝王宗庙礼制研究》,北京:人民出版社,2007 年,第 373 页。

④ 《旧唐书》卷二五《礼仪志五》,第 941—942 页。

此说得到尚书八座集议的认可:

> 《春秋穀梁传》及《礼记·王制》《祭法》《礼器》《孔子家语》,并云:"天子七庙,诸侯五庙,大夫三庙,士二庙。"《尚书》曰:"七世之庙,可以观德。"至于孙卿、孔安国、刘歆、班彪父子、孔晁、虞喜、干宝之徒,或学推硕儒,或才称博物,商较今古,咸以为然。故其文曰:"天子三昭三穆,与太祖之庙而七。"晋、宋、齐、梁,皆依斯义,立亲庙六,岂非有国之茂典,不刊之休烈乎?……臣等参议,请依晋、宋故事,立亲庙六,其祖宗之制,式遵旧典。①

最终,在为高祖神主祔庙之余,添入太宗六世祖弘农府君李重耳的神主,使唐庙制度成为三昭三穆六世亲庙而太祖(景皇帝李虎)虚位的局面。②

经过武周革命,在东都洛阳别立武氏宗庙的短暂动荡时期之后,唐庙在中宗李显复位的神龙(705—707)朝又泛起波折。这一次讨论的主要问题是庙中"始祖"与"太祖"的归属以及是否应当立即祭及七世之庙。中宗复位,显然希望能依照武周宗庙的惯例祭齐七世神主,③使七庙制名实相符,故要求臣下详议。彼时太常博士间分出了明显的阵营:张齐贤反对在太祖李虎之外别立凉武昭王李暠为"始祖"的说法,坚持"太祖即是始祖",认为如果确要立即祭及七世神主,可以将七世祖宣帝迁回。刘承庆和尹之章则认为不仅不应在景皇帝李虎之外别立所谓"始祖",也不应将暂虚以待太祖景皇帝的七世祖之位草率地让与宣皇帝。最终的处理办法是将两方分别所持之太祖即是始祖说与祭及三昭三穆六世说兼取而两平之,既没有改变景帝李虎的太祖地位,也没有将宣帝推上七世之祖的位置。④

---

①　《旧唐书》卷二五《礼仪志五》,第 943 页。

②　太宗朝立三昭三穆六亲庙之议,可参《旧唐书》卷七〇《岑文本传》,第 2535—2539 页。

③　关于武周朝七庙之制的建立与其内涵,可参考华喆:《中古宗庙"始祖"问题再探》,《文史》2015 年第 3 期,第 117—134 页。

④　彼时议或当以李渊之七世祖凉武昭王李暠为唐庙始祖,或当宣帝为七世之祖,可参看《通典》卷四七《礼七·沿革七》,第 1301—1302 页。

　　此议尘埃落定之后，中宗又以早逝的高宗太子李宏为义宗孝敬皇帝，奉主于太庙，以成自懿祖李天赐、太祖李虎、世祖李昞、高祖李渊、太宗李世民、高宗李治及至孝敬帝李宏的七庙之制。① 这是唐庙神主数目首次由六变七，但因为李宏与中宗实为兄弟、且中宗尚未祔庙，当世天子（中宗）祭及六世祖（献祖），其实仍在太宗贞观时所定下的"三昭三穆"而"虚太祖之位"的轨范当中。景云元年（710），睿宗为祔中宗神主于庙，将孝敬帝李宏神主迁出，以中宗神主入替。② 此时的唐庙仍奉七主，因中宗、睿宗为兄弟，故在世系上仍是祭及当世天子（睿宗）以上"三昭三穆"。

　　开元四年（716），睿宗去世，神主当祔于庙，其时太常博士陈贞节、苏献对晋元帝时贺循就晋庙所发的意见多有征引，如"兄弟不相为后也""晋惠帝无后，怀帝承统，怀帝自继于世祖，而不继于惠帝。其惠帝当同阳甲、孝成，别出为庙"以及"若兄弟相代，则共是一代，昭穆位同。至其当迁，不可兼毁二庙"等语。其意在促使将于玄宗为伯父的中宗神主迁出太庙，别庙安置。然而他们没有言说的是，贺循主张为出惠帝神主于别庙的意见在晋代并没有被采纳，而元帝在宗庙中保留惠帝神主时，并没有因此而"上毁两庙"，与此时唐庙中有当迁而未迁的七世光帝神主的情形并不一样。他们的意见中，唯一合于晋制的地方便是中宗、睿宗兄弟一世，不可分别昭穆。而玄宗则颇以彼议为是，将中宗神主迁入别庙，祔入睿宗。③ 这样一来，唐庙所祭虽仍是七主，但在世系上却已祭及七世，且居于七世之祖位次的并不是太祖李虎，而是七世祖李天赐。

　　开元十年至十一年（722—723），唐制迎来了一次大幅度调整。落实的举措主要有两点：其一是将已在文明元年（684）因应高宗神主祔庙而祧走的献祖李熙神主迎还，使得唐庙祭及八世之主；其二是将此前别庙安置的

<hr>

　　① 《旧唐书》卷二五《礼仪志五》，第949—950页。并见《新唐书》卷一三《礼乐志三》，北京：中华书局，1975年，第340页。
　　② 《旧唐书》卷七《睿宗本纪》，第156页，并见《旧唐书》卷二五《礼仪志五》，第949—950页。
　　③ 《旧唐书》卷二五《礼仪志五》，第950—952页。并见《通典》卷五一《礼十一·吉礼十》，第1415—1417页。

中宗神主迁归,使得唐庙所祭神主达九位。① 其时诏书称:

> 爰询庙制,远则殷周事异,近则汉晋道殊,虽礼文之不同,固严敬
> 之无二。况恩以隆杀而疏,庙以迁毁而废,虽式瞻古训,礼则不违;而
> 永言孝思,情所未足。其祧室宜列为正室,将使亲而不尽,远而不祧。
> 庙以貌存,宗由尊立。俾四时式荐,不间于毁主,百代靡迁,匪惟于始
> 庙。所谓变以合礼,动而得中,严配之典克崇,肃雍之美兹在,太庙宜
> 置九室。②

据这份诏书来看,此次庙制改革并不立意于师法殷周古制或汉晋故事,而
是颇有自我作古的风范。玄宗认为庙制有迭毁,反映出的就是亲恩有疏
离,而这样的情况是他难以接受的。其意即当在尽量避免毁庙迁主的迭毁
之制,具体的目标就是让所谓"毁主"也能领受四时常享,让不迁之尊不局
限于作为宗庙之始的祖庙。在这样的方针下,已经祧走的献祖宣皇帝神主
和别庙安置的中宗神主都被迎还,使得唐庙由七而九。

以上便是《通典》涉及的自高祖至玄宗时代内唐庙发展的基本情况。当
代学者中,户崎哲彦认为唐庙经历了"五庙四主""七庙六主""七庙七主""九
庙九主"和"十一庙时代"共 5 个时期。③ 郭善兵则主张进行更细致的切分,
认为"自唐高祖至唐宣宗,唐代皇帝宗庙庙数经历了四庙—六庙—七庙—
八庙—七庙—六庙—九庙—十一庙变化过程"。④ 后者更为细致的部分,
是认为"自唐中宗复位,至唐玄宗,皇帝宗庙庙数经历了六庙—七庙—八
庙—七庙—六庙—九庙前后变易历程"⑤,进而将中宗神龙复位之后直到

---

① [唐]杜佑:《通典》卷四七《礼典七·吉礼六》,第 1303 页。并见《旧唐书》卷八《玄宗
本纪》,第 176—177 页、《新唐书》卷一三《礼乐志三》,第 340 页。

② [宋]王溥:《唐会要》卷一二《庙制度》,第 298 页。

③ 〔日〕户崎哲彦:《唐代における太庙の制度变迁》,《彦根论丛》第 262、263 号,1989
年,第 371—390 页。

④ 郭善兵:《中国古代帝王宗庙礼制研究》,第 417 页。

⑤ 郭善兵:《中国古代帝王宗庙礼制研究》,第 397 页。

玄宗前期这一阶段内的庙制调整都做了分析，①举其大端，则仍是中宗复位后成型的七庙七主制和玄宗开元时出现的九庙九主制。朱溢的专著对此一阶段内的庙数演变有浅易精到的论述，其观点与户崎氏与郭氏之所持没有冲突，可供参考。②

如果我们再往后延展，去观察杜佑撰作《通典》时的唐庙状况和实践规范，可以发现在开元九庙制出现之后，唐庙走过的历程便是在太祖李虎、高祖李渊和太宗李世民三主之外，下祔一主则上祧一主，在三位不祧之主之外始终保持着"三昭三穆"六位"亲庙"神主的局面，比如将祔德宗神主时，"礼仪使杜黄裳议：'高宗在三昭三穆外，当迁。'于是迁高宗而祔德宗，盖以中、睿为昭穆矣。"③所以直至杜佑所能预闻之世，开元九庙的基本规模没有受到破坏，是故《通典》叙及开元九庙为止，既遵从其述及玄宗开元、天宝之世的体例，也符合当世的现实。

二、 基于《通典》文本再审杜佑眼中的唐庙沿革大纲

在前文的基础上，我们现在可以来讨论杜佑眼中唐庙沿革的真正关节了。《通典》述及唐庙沿革时所载录的 12 条内容（依王文锦点校），第 1 条是唐高祖即位后建立自其父至高祖父四世亲庙："武德元年，追尊高祖曰宣简公，曾祖曰懿王，祖曰景皇帝，考曰元皇帝，法驾迎神主，祔于太庙，始享四室。"④第 2 条则是太宗将祔乃父高祖神主时，从祭及四世高祖走向祭及六世高祖之祖的转折："于是增修太庙，始崇祔弘农府君及高祖神主，并旧四室为六室。"⑤第 3 条记录的则是太宗贞观"七庙六主"制（户崎哲彦语）在高宗、睿宗二朝得以践行的情况："太宗崩，迁弘农府君神主于夹室，太宗神

---

① 具体的展开，可参看郭善兵：《中国古代帝王宗庙礼制研究》，第 397—406 页。
② 朱溢：《事邦国之神祇——唐至北宋吉礼变迁研究》，上海：上海古籍出版社，2020 年，第 170—175 页。
③ 《新唐书》卷一三《礼乐志三》，第 341 页。
④ ［唐］杜佑：《通典》卷四七《礼典七·沿革七》，第 1299 页。
⑤ ［唐］杜佑：《通典》卷四七《礼典七·吉礼六》，第 1300 页。

主祔太庙。高宗崩,神主祔太庙,又迁宣皇帝神主于夹室。"①

《通典》所载录的初唐四朝庙制,除了从祭及四世亲庙发展为祭及六世亲庙之外,最大的特点其实是在从"五庙四主"走向"七庙六主"的过程中,始终虚置了五世之祖或七世之祖之位,使得唐庙保持了"太祖虚位"的规制。② 这一点在第 5 条记述中宗神龙复位之后的庙制材料中也能得到体现:

> 神龙元年,改享德庙依旧为京太庙。迁武氏七庙神主于西京崇尊庙。东都置太庙,以景皇帝为太祖,庙崇六室。③

享德庙、崇尊庙是武曌时期兴立李唐、武周两套宗庙系统下的产物,其间曲折,在武曌与睿宗、中宗兄弟先后统治的时期确实萦回往复。不过杜佑对武周宗庙的整体意见还是不难判断的:除了在第 4 条述及武周立庙时简要交代了将李唐宗庙改称享德庙,为武氏立宗庙为崇先庙,后又更为崇尊庙,以致两套宗庙系统并存的事迹以外,④只是在第 5 条、第 9 条和第 10 条中,提到其在神龙三年(707)又被改回崇恩庙,并在睿宗时被废止而已。⑤ 在杜佑看来,武氏宗庙的兴废在唐庙的制度体系中,应该只是一串不和谐的杂音,并不对乐谱的基调造成干扰。其在第 5 条记事中指明的唐庙关节还是

---

① [唐]杜佑:《通典》卷四七《礼典七·吉礼六》,第 1300 页。

② "太祖虚位",是在汉晋以来的太庙实践中多次出现的一种情况,其根本原因在于新王朝的建立者不具有显赫的贵族家世,先代祖先没有如商周王朝建立时可追溯到的七世之外的"始封"或"始受命"之君,无法立时建立起祭及七世或更多世神主的太庙制度。且又多有尊隆开国之君或其父祖为礼制意义上"太祖"之需要,故多采用虚置太祖之位以待其升祔"正位"的举措。具体的专题研究,可参看郭善兵:《魏晋南北朝皇家宗庙礼制若干问题考辨——兼与梁满仓先生商榷》,《中国史研究》2015 年第 2 期,第 169—190 页;牛敬飞:《两汉魏晋庙数刍议——从西晋"太祖虚位"谈起》,《孔子研究》2021 年第 1 期,第 63—73 页。对于这一问题学术史的整理,可参考范云飞:《晋至唐礼议研究——以取证与推理为中心》,清华大学历史系博士学位论文,2021 年,第 80—116 页。

③ [唐]杜佑:《通典》卷四七《礼典七·吉礼六》,第 1301 页。

④ [唐]杜佑:《通典》卷四七《礼典七·吉礼六》,第 1300—1301 页。

⑤ [唐]杜佑:《通典》卷四七《礼典七·吉礼六》,第 1303 页。

在"以景皇帝为太祖,庙崇六室"这一句,因为接踵其后的,是第 6 条和第 7 条所记述的作为礼学专家的太常博士之间关于唐庙始祖归属与庙数安排的议论。

这一番计较,前文已概略提到,在这里可以稍作展开,以显示惜字如金的杜佑在此完整誊录双方意见来注释"以景皇帝为太祖,庙崇六室"这一结果的用心。张齐贤意见的核心,是反对将世系遥远的凉武昭王李暠列为宗庙始祖,亦即礼制意义上的"太祖",认为这一位置应当归属于景皇帝李虎:

> 凉武昭王勋业未广,后主失守,国土不传。景皇始封,实本明命。今乃舍封唐之盛烈,崇西凉之远构,求之前古,实乖典礼。魏氏不以曹参为太祖,晋氏不以殷王卬为太祖,宋氏不以楚元王为太祖,齐、梁不以萧何为太祖,陈、隋不以胡公、杨震为太祖,则皇家安可以凉武昭王为太祖乎?……武德、贞观之时,去凉武昭王,盖亦近于今矣。当时不立者,不可立故也。今既年代寝远,方复立之,实恐景皇失职而震怒,武昭虚位而不答,非社稷之福也。①

而面对中宗为即刻落实"七庙七主"之制的期待,而做出的"既立七庙,须尊崇始祖,速令详定"的要求,他在委曲陈述"国家景皇帝始封唐公,实为太祖。中间代数既近,列在三昭三穆之内,故皇家太庙,唯有六室"之余,也不得不给出妥协的方案:"请准敕加太庙为七室,享宣皇帝以备七代。其始祖不合别有尊崇。"②迁回宣皇帝李熙神主,其实并不对景皇帝的太祖之位造成威胁,待中宗祔庙,其自然又会祧走。

再看刘承庆的回应,反对张齐贤提出的迁复宣皇帝神主以全七庙七主这一方案的理据,是与张齐贤类似的太庙应在太祖之外祭及三昭三穆之说:

---

① ② 〔唐〕杜佑:《通典》卷四七《礼典七·吉礼六》,第 1301—1302 页。

> 景皇帝浚德基唐,代数犹近,号虽崇于太祖,亲尚列于昭穆,且临
> 六室之位,未申七代之尊。是知太庙当六,未合有七。……恐违《王
> 制》之文,不合先朝之旨。光崇六室,不亏古义。①

所谓王制之文,显然就是天子宗庙"三昭三穆与太祖而七"的经说,而先朝
之旨,则是高宗祔庙时迁祧宣帝神主的故事。

可以看到,张齐贤和刘承庆虽然在最终给出的方案上存在是否迁复宣
皇帝神主以立时成全"七庙七主"之制的差别,但就其核心观点而言,其实
都认同祭及当世皇帝以上"三昭三穆"六世亲庙的《王制》之说,并由此而衍
生出太祖尚在此昭穆序列之中时,应当虚七世祖之位以待的看法。所以
《通典》记载的唐庙沿革之第 5 条至第 7 条的内容梗概,是中宗提出要加入
一世"始祖"神主来凑成"七庙七主";张齐贤拒绝在太祖景皇帝以外更立
"始祖",即拒绝放弃尚在"三昭三穆"六亲庙之内的景帝作为太祖的身份,
提出了引入一世无关痛痒的宣帝来凑数;而刘承庆连这样的妥协也不愿
做,坚决主张景帝的太祖地位,并认为既然太祖尚在"三昭三穆"当中,就应
当虚七世祖之位。这样,这场乍看之下应是讨论的"庙议",其实更像一场
为拒绝中宗突破"三昭三穆"六亲庙和"太祖虚位"这两大唐庙制度原则而
演出的双簧戏。最终中枢的处理意见被杜佑另列为第 8 条单独记载,其实
也能佐证这一点:

> 时有制,令宰臣更加详定。礼部尚书祝钦明等奏言:"张齐贤以始
> 同太祖,不合更祖昭王;刘承庆以《王制》三昭三穆,不合重崇宣帝。臣
> 等商量,请依张齐贤以景皇帝为太祖,依刘承庆尊崇六室。"制从之。②

这其实是完全将中宗的动议顶了回去,并将"三昭三穆"下可能出现的"太

---

① [唐]杜佑:《通典》卷四七《礼典七·吉礼六》,第 1302—1303 页。
② [唐]杜佑:《通典》卷四七《礼典七·吉礼六》,第 1303 页。

祖虚位"情形制度化了下来。彼时中宗是否体悟到臣僚间的这种默契,难以确考,但杜佑恐怕是心中有数的。他在《通典》中略过了中宗复位以后祔义宗孝敬皇帝神主入庙、睿宗即位后祔中宗神主而祧义宗和玄宗即位之初祔睿宗神主而为中宗别立庙等史事,即郭善兵所谓的"六庙—七庙—八庙—七庙—六庙—九庙前后变易历程",显然说明他并不以这一连串的变动为意。在杜氏眼中,中宗、睿宗复位以后,唐庙的轨范仍是祭及当世天子的"三昭三穆"六亲庙,若太祖尚在其中,则虚七世祖之位以待之。

《通典》对唐庙制度沿革的最后一条记录,乃是关于玄宗开元九庙:

> 十年,制移中宗神主就正庙,仍创立九室。其后制献祖、懿祖、太祖、代祖、高祖、太宗、高宗、中宗、睿宗太庙九室也。①

前文已经提到过玄宗别出心裁的开元九庙制,而当世人对此制的理解,当以与杜佑同时代的杜黄裳、王泾最有代表性:

> 国家九庙之尊,皆法周制。伏以太祖景皇帝受命于天,始封元本,德同周之后稷也。高祖神尧皇帝国朝首祚,万叶所承,德同周之文王也。太宗文皇帝应天靖乱,垂统立极,德同周武王也。周人郊后稷而祖文王、宗武王,圣唐郊景皇帝、祖高祖而宗太宗皆在不迁之典。高宗皇帝今在三昭三穆之外,谓之亲尽,新主入庙,礼合迭迁,藏于从西第一夹室,每至禘祫之月,合食如常。②

这段话乃是就祔德宗神主应祧高宗而言。结合此前颜真卿在将祔代宗神主时主张祧迁元帝神主:

---

① ［唐］杜佑:《通典》卷四七《礼典七·吉礼六》,第1303页。
② 《旧唐书》卷二五《礼仪志五》,第955—956页。

　　故历代儒者,制迭毁之礼,皆亲尽宜毁。伏以太宗文皇帝,七代之祖;高祖神尧皇帝,国朝首祚,万叶所承;太祖景皇帝,受命于天,始封于唐,元本皆在不毁之典。代祖元皇帝,地非开统,亲在七庙之外。代宗皇帝升祔有日,元皇帝神主,礼合祧迁。……请依三昭三穆之义,永为通典。……宝应二年,升祔玄宗、肃宗,则献祖、懿祖已从迭毁。伏以代宗睿文孝皇帝卒哭而祔,则合上迁一室。元皇帝代数已远,其神主准礼当祧,至禘祫之时,然后享祀。①

　　而最终果然祧元帝神主而祔代宗的事迹来看,开元九庙在实践中的核心有两点:其一是将太祖李虎、高祖李渊及太宗李世民三位神主列为不祧之主;其二是在余下六位神主中,严格落实下祔一主而上祧一主的办法,在不祧之主以外,始终保持着"三昭三穆"的亲庙格局。为此甚至不惜将作为兄弟的中宗、睿宗二主分列为一昭一穆。②

　　通过以上的梳理,我们能够看到的是,在杜佑眼中,唐庙的根基是依据《王制》"天子七庙,三昭三穆与太祖而七"构成的七庙制(参见附表2)。在从高祖"五庙四主"走向太宗"七庙六主"的过程中,因太祖尚在"三昭三穆"的亲庙序列当中,故不得不虚置五世和七世太祖之位,亦即"太祖虚位",这一原则一直被保持到玄宗开元九庙制出现之前。玄宗开元九庙制虽然在一定程度上突破了"七庙"的轨范,但在三位不祧之主以外,余下的六位神主还是严格地遵从着"三昭三穆"的次第,下祔一主时必定上祧一主。因此可以说,杜佑在《通典》中所呈现的唐庙核心制度是"三昭三穆与太祖而七"的七庙制,其中"三昭三穆"是最牢固的基底,而因太祖尚在昭穆序列中而需虚置七世祖之位的"太祖虚位"之制,也是唐庙前期的重要特征。

---

　　①　《旧唐书》卷二五《礼仪志五》,第954页。
　　②　关于开元九庙制,尚有诸多值得开掘的问题,但这并非本文的重点,后当另撰专文讨论。本文想要突出的是开元九庙制对"三昭三穆"原则的坚持,尽管这样的坚持是建立在对"昭穆"之意涵进行一定程度的曲解的基础上的。比如为符合"三昭三穆"之数,将中宗、睿宗兄弟强分为一昭一穆,秦蕙田即坦率地批评到"兄弟不得为昭穆也"。见秦蕙田:《五礼通考》卷八〇《吉礼八十·宗庙制度》,北京:中华书局,2020年,第3750页。

三、　由来有自:《通典》所书唐庙与晋庙在核心原则上的渊源

基于以上分析,我们可以开始考察《通典》所载录唐代庙制中的晋庙渊源了。《通典》在卷四七"天子宗庙"中录西晋、东晋庙制各一条,离析其文本源头,尽在《宋书》卷一六《礼志三》与《晋书》卷一九《礼志上》当中,而《晋志》又多本乎《宋志》。毋论是《宋》或《晋》,其所载录的两晋庙制材料都远较《通典》"天子宗庙"一门所呈现出的篇幅为巨,我们以讨论《通典》的两晋庙制书写为主题,正是欲发明杜佑自繁冗细致的《宋》《晋》二志中截录出《通典》晋制二条的标准与意旨。故此先将《通典》两晋庙制二条分别列出,然后分析。

先看西晋:

> 晋武帝即位,追尊皇祖宣王为宣皇帝,伯考景王为景皇帝,考文王为文皇帝,权立一庙。后用魏庙追祭征西将军、章郡府君、颍川府君、京兆府君,与宣帝、景帝、文帝为三昭三穆。是时宣皇未升,太祖虚位,所以祠六代,与景帝为七庙。其礼据王肃说。庙制,于中门外之左,通为屋,四阿。殿制,堂高三尺,随见庙数为室,代满备迁毁。太康元年,灵寿公主修丽祔于太庙。六年,庙陷,当改修创,群臣议奏曰:"古者七庙异所,自宜如礼。"诏又曰:"古虽七庙,自近代以来,皆庙七室,于礼无废,于情为叙,亦随时之宜也。"①

晋庙甫始的规制是以东汉以来的"同庙一室"之制祭及祖、考二代三主,即宣皇帝司马懿、景皇帝司马师与文皇帝司马昭。后来假曹魏太庙,换上司马家自六世之祖、征西将军司马均以下诸代神主,遂成六代七主的局面。

晋庙的题眼在于:"是时宣皇未升,太祖虚位,所以祠六代,与景帝为七

---

① ［唐］杜佑:《通典》卷四七《礼典七·吉礼六》,第 1294—1295 页。

庙。其礼据王肃说。"我们先来看前半段。"宣皇未升",意即其尚处于昭穆序列之中,而序于昭穆的神主最大的特点就是将要面临迁祧,"代满备迁毁",司马懿作为太祖,其神主在太庙当中是应当百世不迁的,然而因为世系的缘故,仍需暂且委身昭穆之间,这与他应处的地位是矛盾的。那么如何调和这一矛盾呢?方案即是"太祖虚位"。"太祖虚位"本非为宗庙列布神主而设计,而是为了解决禘祫大祭时的神主位次问题。即在理想状态下,殷祭时应以太祖神主居西东向,在其左右以北昭南穆的原则排列诸世神主合食于太祖。当太祖尚在昭穆序列中时,无法就任居西而东向的至尊之位,此时有两个解决办法的思路:其一是如有恰好处于七庙首位的神主,便令其临时"客串"。这不是什么理想的办法,既因为太祖以上,未必就刚好有处在七庙之首的祖先,也因为"请神容易送神难",一旦太祖的至尊之位被其他人染指,那太祖的尊荣显然也会受到损失和挑战。礼乐文明的要义就是要构建和谐的差序格局,如果有一种办法会损害太祖作为至尊的地位,那它应该就是与制礼作乐的初心南辕北辙了。其二是在太祖尚在昭穆序列之中时,殷祭时就先虚设东向太祖之位,以表示物有其主、虚位以待。这样做或许会使得仪式显得不甚严饬,使人担心仪式不够庄严。但其好处也是显而易见的,太祖的至尊地位受到了妥善的保护,一切问题只需要等待时间来解决,当太祖顺次占据七庙之首的地位时,庙制就归于完美了。

晋庙显然取用的是"太祖虚位"的做法,而且将其延伸到了殷祭之外的太庙神主排布的常制当中。而所谓"三昭三穆……所以祠六代,与景帝为七庙"的说法,可以有两种理解:其一是晋庙当中的"三昭三穆"乃是就世代而言,并不要求每一个昭穆点位上只有一位神主,如照此来理解,景帝司马师与文帝司马昭同居一世,昭穆相同。另一种理解则是,晋庙中的"三昭三穆"是"一个萝卜一个坑"的,每一个昭穆点位上只能有一位神主,"祠六代,与景帝为七庙"与"三昭三穆"结合起来理解的意思是景帝并不序列在昭穆神主之中,那么他也就不参与太庙正主的迭毁,而只是存主于太庙而已。

问题至此似乎疑而难决,我们应该做何种理解呢?这就需要用到"其礼据王肃说"这后半句话了。尽管杜佑将"其礼据王肃说"列为注文,但这其实并不是他的见解,而是《宋志》和《晋志》的原文。乔秀岩认为始于南朝史臣的这句总结并不完全是对事实的反映,而更像是一个延续了数百年的误会。乔秀岩的意见主要是晋庙之立制并非真的是以王肃的礼学思想作为理论指导而建立的周延体系,而是在实践中不断调整,而后逐渐地与王肃礼学合流。他举出东晋之初登祔怀帝司马炽神主时,刁协与贺循之间发生的争论,并将其解析为"一场坚持因袭旧例的礼官与有理论思考能力的学者之间进行的技术性争议"。① 此间曲折渊源究竟如何,晋庙"用王肃礼"的局面是在何时如何形成的,需要我们走入《通典》所记的东晋庙制来探求回答。

《通典》西晋条只述晋武帝司马炎时创立的晋庙制度,或因终西晋一代,"武帝崩,迁征西。惠帝崩,迁豫章",庙制的运行俱在武帝所确定的"三昭三穆"并"太祖虚位"的框架内。而与之反差强烈的是东晋庙制的峰回路转、跌宕起伏:

> 东晋元帝上继武帝,于礼为祢。时西京神主,陷于虏庭,江左建庙,皆更新造。寻登怀帝之主,又迁颍川府君。位虽七室,其实五代。盖从刁协议以兄弟为代数故也。于时三祖毁主,权居别室。太兴三年,将祭愍帝之主,乃更定制,还复章郡、颍川于昭穆之位。元帝崩,则章郡复迁。元帝神位犹在愍帝之下,故有坎室者十也。至明帝崩,而颍川又迁,犹十室也。于时续广太庙,故三迁主并还西储,名之曰祧,以准远庙。成帝咸康五年,始作武悼皇后神主,祔庙,配飨世祖。成帝崩而康帝承统,以兄弟一代,故不迁京兆,始十一室也。康帝崩,穆帝立,京兆迁入西储,同谓之祧,如前三祖迁主之礼,故正室犹十一也。穆帝崩,而哀帝、海西并为兄弟,无所登除。咸安之初,简文皇帝上继元皇帝,于是

---

① 乔秀岩的观点参看《如何理解晋代庙制争议》,收入《学术史读书记》,北京:生活·读书·新知三联书店,2019年,第164—172页。

颍川、京兆二主复还昭穆之位。简文崩,颍川又迁。孝武帝太元十六年,始改作太庙殿,正室十四间,东西储各一间,合十六间,栋高八丈四尺。备法驾迁神主于行庙,征西至京兆四主及太子太孙,各用其位之仪服。四主不从帝者仪,是与太康异也。及孝武崩,京兆又迁,如穆帝之世四祧故事。①

中原离乱,衣冠南渡,晋元帝司马睿在建康重建宗庙。在世系上他将自己认定为武帝之后,如此,如何在太庙中妥当摆放与他同为一世的惠帝、怀帝神主就是他要面对的棘手问题。《通典》据《宋》《晋》二志给出了当次结果和依据:上迁颍川一世神主以下祔怀帝,这是"盖从刁协议以兄弟为代(世)数故也。"《晋书》卷六八《贺循传》记录了这次刁贺之争中贺循一方的意见,其中关键在于:

> 今至尊继统,亦宜有五、六世之祖,豫章六世,颍川五世,具不应毁。今既云豫章先毁,又当重毁颍川,此为庙中之亲惟从高祖已下,无复高祖以上二世之祖,于王氏之义,三昭三穆废阙其二,甚非宗庙之本所据承,又违世祖祭征西、豫章之意,于一王定礼,所阙不少。②

乔秀岩以相当敏锐的思考力,立足贺循的意见补全了二人各自的观点,即认为刁协在确定庙中神主时是在"数人头",只要维持庙有七主的现状即可,至于七位神主的世次昭穆是如何构成、是否合于礼学的原则,则不在其究心之列,从这个意义上说,刁协未必就如南朝史臣所以为的"以兄弟为世数"。而贺循更注重经学的理据,认为庙主的确定关键在世代,即应当站在今上天子(元帝)的立场上,以"三昭三穆"的经文和"太祖虚位"的惯例

---

① [唐]杜佑:《通典》卷四七《礼典七·吉礼六》,第1295—1296页。

② [唐]房玄龄等:《晋书》卷六八《贺循传》,北京:中华书局,1974年,第1828—1831页。《通典》也收录了贺循此议,其文辞虽与《晋书·贺循传》稍异,但观点基本一致,见《通典》卷五一《礼典十一·吉礼十》,第1414—1415页。

祭及六世亲庙,元帝将来要作为继统之君正位于昭穆,届时应当将怀帝的神主迁出,如今一时做不到,也应该权且以"容主"之义,在太庙中供奉包括颍川和怀帝在内的八位神主。① 从祭及六世亲庙而言,贺循提出的办法也不周融,因为即使保留颍川神主,元帝也只得上祭五世之祖而已。我们认为这或许蕴涵了贺循在提出"庙存八主"之外的另一层妥协:与元帝同世的惠帝、怀帝神主登庙,将在"三昭三穆"的序列中与元帝同居一世,单就庙中神主而论,也满足"三昭三穆"而"太祖虚位"的规制。这样只要元帝神主登庙,嗣君在太庙中便能祭及六世,也就不会再存在世系不协的问题了。

在当时,贺循的意见并没有得到落实。但在晋庙之后的制度实践中,贺循所主张的"三昭三穆"以祭及六世,即"庙"之数实为"世"之数的意见却完全胜过了刁协所主张的以总数为七的取向。翻盘的契机就是晋庙需要登祔世系尚在元帝之下的愍帝司马邺神主。太兴三年(320),愍帝三年之丧毕,神主的升祔被提上日程。太常华恒认为此前迁祧颍川而祔怀帝神主的做法使得太庙中只得上祭四世,显然不妥,提出"庙室当以容主为限,无拘常数……以七为正,不限之七室……宜还复豫章、颍川,全祠七庙之礼"。"不限之七室"的说法显然是在针对刁协所留下的主数为七即可的做法,汉晋以来在庙制上追求庙主之总数为七而不顾其具体建构原则的做法在此受到了强烈的挑战。"还复豫章、颍川"的提议则显示其理论资源应与贺循相同,都是王肃所谓天子祭及"三昭三穆"与太祖,即祭及六世祖(高祖之祖)及太祖,共七世神主。在温峤和王导的支持下,这个方案最终得到了落实。

如果此时晋庙中神主已远超"七庙"之数,从理论上应当如何周融其说呢? 这一问题的关键,在于如何论定没有后世嗣君的景帝、惠帝、怀帝和愍帝的昭穆位次。我们认为此时以上诸帝在晋庙中并不序列昭穆。这样说是有原因的,根据温峤的说法:

---

① 参见乔秀岩:《如何理解晋代庙制争议》,第166—170页。

> 惠、怀、愍于圣上以《春秋》而言,因定先后之礼。夫臣子一例,君父敬同。故可以准于祖祢,然非继体之数也。[1]

豫章、颍川神主被迁回后要列于昭穆,这在《宋书·礼志》中是有明文确定的,[2]《通典》也如此采录,不成问题。那么新登庙的愍帝神主是否可以算在昭穆之中? 更进一步设问:惠帝、怀帝乃至景帝,这些神主在太庙但没有宗子继统的"先帝",又是否应当序于昭穆呢? 我们认为温峤的意见对于解决这些问题是很有价值的。上引其说,已表明其认为惠、怀、愍三帝存主于庙是可以的,甚至可以遵照《春秋》申明的君臣之义,依据元帝曾为其臣的事实以及神主升祔的先后,使惠、怀、愍三帝仍旧占据更靠近祖宗的室位,元帝神主升祔后位在其下,即所谓"不替"。但与迁还的豫章、颍川之主可以序于昭穆不同,惠、怀、愍三主"非继体之数也",这里所说的"继体之数",我们认为就是"三昭三穆"当中的昭穆点位。温峤的意思即是:元帝曾在惠、怀、愍诸帝时为臣,据《春秋》有君臣之义,故应当对其优容,将他们的神主保留在太庙中。但元帝作为"继体"的继统嗣君的地位,要通过与在庙祖宗序列昭穆的方式来得到体现,所以惠、怀、愍三帝在庙中只是存主,不能序列昭穆。

尽管温峤后来的意见有所修正,元帝去世后,他在与王导、华恒讨论如何登祔元帝神主时,已经主张不宜将元帝置于世系上为其子行的愍帝之下,但却仍然坚持不宜将愍帝神主下放,而是应将其保留在太庙正室之中。即如温峤所谓:

> 先帝平康北面而臣愍帝,及终而升上,惧所以取讥于《春秋》。今所论太庙坎室足容神主不耳,而下愍帝于东序,此为违尊尊之旨。愍

---

① [唐]杜佑:《通典》卷四八《礼典八·吉礼七》,第 1337 页。《晋书》卷一九《礼志上》亦有温峤赞同华恒之文,但内容与《通典》此处不同,按杜佑当另有所据。参《晋书》卷一九《礼志上》,第 604 页。

② 《宋书》卷一六《礼志三》,北京:中华书局,1974 年,第 447 页。

帝犹子之列,不可为父,与兄弟之不可一耳。鲁闵公,僖公兄弟也。而《传》云"子虽齐圣,不先父食"。如此无疑,愍帝不宜先帝上也。今唯虑庙窄,更思安处,宜令得并列正室。①

所谓"坎室",应指居北的太庙正殿,八卦中坎在北方,②也正与"下东序"的说法相呼应。而温峤所以坚持存愍帝神主于太庙正室,或正因其并非"继体"之君,不会挤占"三昭三穆"的昭穆之数。反复出现在华恒、温峤的言说中的"祠七世",反映出晋庙对庙数的理解从"容主之数"转移到了"容世之数",而"七世"的说法,正是以"三昭三穆"与"太祖虚位"来共同构成的。③

这样的认识不应当是我们别出心裁的发明,《通典》接下来对晋庙因革的记载都可如此来解释。元帝祔庙,豫章神主被祧走,晋庙正殿(坎室)有十位神主。晋成帝司马衍咸和元年(326),晋明帝司马绍神主祔庙,以次祧颍川神主出于太庙正殿于西储。成帝神主祔庙时,在位的是其母弟晋康帝司马岳,以兄弟相继,昭穆不易,故上不迁主,只下添一室以容成帝神主。康帝去世后,其子晋穆帝司马聃继位,以成、康二帝一世,上迁七世祖京兆神主,下添成、康神主于太庙。

穆帝之世,宣帝司马懿已经递迁至六世祖之位,距离太祖居于七世之祖正位的理想情况只差临门一脚。可惜终晋一朝,这样的局面也未能形成。在穆帝之后相继为君的晋哀帝司马丕、晋废帝司马奕(后被废为海西公)都是成帝之子,与穆帝同属一世,故此间晋庙不再上祧,只是下祔。而简文帝司马昱以元帝之子继统,在世系上又突然回到与明帝一世的状况,故而其在位时"颍川(六世祖)、京兆(五世祖)二主复还昭穆之位"。这显然也意味着明帝以下诸帝不再"继体",从昭穆的序列中被移除。

---

① ［唐］杜佑:《通典》卷四八《礼典八·吉礼七》,第1338页。

② 此处承蒙清华大学历史系梅笑寒同学提示,谨此志谢。

③ 对于晋庙在认定庙数时以世数为准,郭善兵已点破,即"(晋代)皇帝宗庙庙数由世数,而不是如以往那样以庙主数为确定依据"。见郭善兵:《中国古代帝王宗庙礼制研究》,第352页。

孝武帝司马曜即位,下祔简文帝神主,上迁颍川。太元十六年(391),增广太庙,①及至孝武神主祔庙,又以此上迁京兆。孝武之后的嗣君安帝德宗和恭帝德文俱是其子,故晋庙最终的成制就定格在孝武神主祔庙之后形成的六世十五主之制(参见附表1)。

终晋之世,太祖司马懿距离就正宗庙七世始祖之位只一步之遥,我们由此可以回头再来思考晋庙当中的昭穆认定问题。毋论西晋庙主为七之数乃是单纯的如乔秀岩指出的"数人头"之举,还是以先君嗣君的相继关系来区别昭穆,从东晋诸帝在继承世次上的波折而传导到太庙中的神主之祧复和昭穆之组成来看,我们可以认为,东晋元帝以后的庙制已经是完全采取了"三昭三穆与太祖而七"以及"太祖虚位"的礼学原则了。晋庙最终的规模是六世十五主,如不以父子相继的"世数"视角来理解,是难以辨清其在庙之主的泛滥的。

杜佑在《通典》"天子宗庙"中述及两晋庙制的这两条材料,乍看之下篇幅窄小,还大刀阔斧删去了若干重要内容,尤其是遗漏了许多重要的礼议讨论。然而只要我们进行具体深入的分析,就可以发现杜佑对晋庙原则的提炼和把握,即"三昭三穆与太祖而七"以及"太祖虚位"的礼学原则,已经内蕴于他对两晋庙制沿革的书写当中,而无需特地单独说明了。

四、结　语

至此,我们可以清晰地看到杜佑在《通典》中载录的唐代庙制关节与晋制的血脉联系:"三昭三穆与太祖而七"以及面对尚在昭穆序列中的太祖要虚七世祖之位以待之,即"太祖虚位",这本都是晋庙的原则,而在杜佑看来,直到开元九庙制的出现,这些原则都在唐庙的实践中得到了复现。

而说到开元九庙,从其由七变九的规模,到其将"三昭三穆"错落分置

---

①　此事《宋志》与《晋志》俱记为正室十六间,并东、西储各一间,共十八间。而《通典》作正室十四间,并东、西储各一间,合十六间。以简文帝时晋庙所陈神主来看,应从《宋》《晋》二志的说法。

在不迁之主世次之上下的创造,再到其完全不同于晋制以兄弟同世为原则而分别中宗、睿宗为昭、穆,却似确乎"去晋也远矣"。然而反过来说,在时人如颜真卿、杜黄裳和王泾等人的眼中,在奏议中屡次强调宗庙之祭应以"三昭三穆"为限,为周融"三昭三穆"之义,甚至不惜将中宗、睿宗兄弟昭穆分隔,却也正是为了迎合"三昭三穆"这一晋制的最核心原则而不得不做的一点曲解。

　　杜佑并未对开元九庙做具体的评论,只是将与之相关的孙平子之议别册收录在《通典》卷五一的"兄弟不合继位昭穆议"目下,①而孙平子所主张的两项核心内容,即中宗神主应序列于太庙、中宗神主之地位不应低于睿宗,在开元九庙制之中得到了落实。我们或许可以这样理解杜佑的意旨:孙平子为中宗张目的立场最终确实导致了对晋庙中"兄弟同昭穆"和"以世为数"原则的违背,然而这到底是在玄宗之世满足"三昭三穆"这一晋庙核心原则的解法之一,之后玄宗、肃宗、代宗、德宗以及顺宗的升祔办法也都遵从了"三昭三穆"的晋庙原则。在杜佑看来,开元九庙总体上还是延续了晋庙的框架,所以他才将其中不协于晋制的部分别册安置,而并没有像神龙年间张齐贤和刘承庆的讨论一样放在"天子宗庙"的沿革脉络当中。至于应该怎样在整个宗庙制度演进的脉络中理解开元九庙制,便是需要另撰专文加以讨论的了。

【作者单位:清华大学历史系】

---

①　[唐]杜佑:《通典》卷五一《礼典十一·吉礼十》,第1415—1417页。

【附表】

表1　晋庙最终六世十五主制

十世祖	（征西将军钧）	祧入西储		
九世祖	（豫章府君景）	祧入西储		
八世祖	（颍川府君隽）	祧入西储		
七世祖	（京兆府君防）	祧入西储		
六世祖	1 宣帝懿（太祖）	●		
五世祖	2 文帝昭：▲	景帝师		
高祖	3 武帝炎：●			
曾祖	4 元帝叡：▲	怀帝炽	惠帝衷	
祖	5 简文帝昱：●	明帝绍		愍帝邺
考	6 孝武帝曜：▲	成帝衍	康帝岳	
身		哀帝丕	穆帝聃	

注：相同的"●"或"▲"表示神主同属昭穆中的某一行。

表2　终杜佑之世唐九庙制与其"三昭三穆"分布

十四世祖	（弘农府君重耳）	已祧	
十三世祖	（宣皇帝熙）	已祧	
十二世祖	（光皇帝天赐）	已祧	
十一世祖	景皇帝虎（太祖）	不迁之主1	
十世祖	（元皇帝昞）	已祧	
九世祖	高祖渊（高祖）	不迁之主2	
八世祖	太宗世民（太宗）	不迁之主3	
七世祖	（高宗治）	已祧	
六世祖	1 睿宗旦▲	（中宗显：已祧）	
五世祖	2 玄宗隆基●		
高祖	3 肃宗亨▲		
曾祖	4 代宗豫●		
祖	5 德宗适▲		
父	6 顺宗诵●		
当世天子	宪宗纯		

注：相同的"●"或"▲"表示神主同属昭穆中的某一行。

永为常式:唐代官僚葬给吉凶
卤簿的制度化机制

王 铭

中古时期卤簿制度应用于丧葬礼是官僚制度体系中的一个重要现象,作为吉礼用器的卤簿被适用于凶礼丧葬场合而转化为凶卤簿,吉凶卤簿是使丧葬礼得以由凶而趋吉的重要仪制系统,也是这一礼制变迁的重要物化载体。这一特征揭示了中古时期上至帝王、下至庶民的丧葬礼仪的一个重要的发展趋势,在唐代尤可看到这一关键转折。吴丽娱对唐宋时期的丧葬礼、丧葬令、诏葬与敕葬制度、山陵使制度诸问题的一系列研究,提出了许多颇具启发性的思考①。刘可维就中古丧葬吉凶卤簿仪制中的车舆,探讨了其礼制基础来源于儒家凶礼的用车制度,并揭示了汉代以降魏南北朝丧葬吉凶车驾、卤簿制度,至唐代从皇帝至一般官员的送葬礼仪中的吉凶车驾、卤簿使用规定②。笔者亦曾探讨发端于汉晋、演进于南北朝后期、定型于唐宋时期的丧葬礼制度化进程,以及唐宋时期丧葬卤簿在朝廷官僚制度

① 参见吴丽娱:《从〈天圣令〉对唐令的修改看唐宋制度之变迁——〈丧葬令〉研读笔记三篇》,《唐研究》第十二卷,北京:北京大学出版社,2006年,第123—201页;《唐朝的〈丧葬令〉与唐五代丧葬法式》,《文史》2007年第3辑,第87—123页;《唐代赠官的赠赙与赠谥——从〈天圣令〉看唐代赠官制度》,《唐研究》第十四卷《天圣令及所反映的唐宋制度与社会研究专号》,北京:北京大学出版社,2008年,第413—438页;《光宗耀祖:试论唐代官员的父祖封赠》,《文史》2009年第1辑,第141—180页;《唐朝的〈丧葬令〉与丧葬礼》,《燕京学报》新25期,2008年,第89—122页。吴先生的一系列研究,收入专著《终极之典:中古丧葬制度研究》,北京:中华书局,2012年。

② 刘可维:《汉唐间葬仪中所见吉凶仪式初探》,《第四届中国中古史前沿论坛论文集》,上海师范大学主办,2016年7月,第438—454页;刘可维:《汉魏晋南北朝葬仪中"殊礼"的形成与变迁》,《史学月刊》2016年第11期,第44—52页。

中大量使用,致使原来专属天子的丧葬卤簿车舆仪制在整个社会自上层而下移的关键制度性环节和世俗化趋势①。

不过,目前的研究尚未将唐代初期的婚葬卤簿殊礼与盛唐时期系统规范的丧葬礼令制度之间的演变机制加以关联。实际上,唐代丧葬礼这样的大凶之礼中因兼采吉、凶两类完全不同属性的卤簿形式并纳入等级制度之中,出现了本品化、规范化、程式化的演变趋势。本文试图探讨唐代被纳入礼令制度的吉凶卤簿仪制是如何发生从"故事"到"常式"的规范观念转变,以及从"葬以殊礼卤簿"向"葬给本品卤簿"的仪制转变,以此反映在中古时期恩荣与等级之间的制度张力。

一、 从功臣到班秩: 唐初公主王妃葬给卤簿的等级本品化

唐代卤簿仪制在特定情境下常配合以鼓吹的形式加以陈列。如《旧唐书·音乐志》载大和三年(829)8月太常礼院奏:"历代献捷,必有凯歌。太宗平东都,破宋金刚,其后苏定方执贺鲁,李勣平高丽,皆备军容凯歌入京师。谨检贞观、显庆、开元礼书,并无仪注。今参酌今古,备其陈设及奏歌曲之仪如后。……乐工等乘马执乐器,次第陈列,如卤簿之式。鼓吹令、丞前导,分行于兵马俘馘之前。将入都门,鼓吹振作,迭奏《破阵乐》等四曲。……社庙之中……今请并于门外陈设,不奏歌曲。……候告献礼毕,复导引奏曲如仪。至皇帝所御楼前兵仗旌门外二十步,乐工皆下马徐行前进。"②这里"献捷""凯歌"等仪式,说明了"卤簿之式""鼓吹"具有典型的军功意义。卤簿与鼓吹在唐代丧葬礼中属于重要的仪制,而且从魏晋南北朝时期的重臣勋戚丧葬给赐吉卤簿发展为唐宋时期针对各品级官员的葬礼吉凶卤簿,形成定制。卤簿以视觉体系呈现为主,而鼓吹则是其听觉的仪

① 王铭:《追赠恩荣:汉魏晋南北朝丧葬仪制吉凶相参的历史演变》,《首都师范大学学报》2022年第1期,第9—19页;《辇舆威仪:唐宋葬礼车舆仪制的等级性与世俗化》,《民俗研究》2013年第5期,第35—44页。

② 《旧唐书》卷二八《音乐志一》,北京:中华书局,1975年,第1053—1054页。

制呈现。卤簿是鼓吹的重要载体,唐代葬仪中设吉凶卤簿,皆以鼓吹,但着服、鼓作方式不同①。卤簿在特殊情况下与鼓吹结合的使用场合在朝廷规范中的变化,是考察唐代丧葬卤簿制度化的重要视角。兹就丧葬卤簿、鼓吹与制度规范之间的关系,从公主王妃角度在唐代各个阶段的演变开始分析。

唐初公主丧葬给卤簿,一般公主丧葬卤簿中没有鼓吹,但通过殊礼对有大功的公主可加以优待。唐高祖时,平阳公主的葬仪设前后鼓吹。《唐会要》载:"武德六年(623)二月十二日,平阳公主葬,诏加前后鼓吹。太常奏议:以礼,妇人无鼓吹。高祖谓曰:'鼓吹是军乐也。往者公主于司竹举兵,以应义军。既常为将,执金鼓,有克定功。是以周之文母,列于十乱。公主功参佐命,非常妇人之匹也,何得无鼓吹? 宜特加之,以旌殊绩。'"②平阳公主是作为从戎之将而身后得鼓吹之荣的,这是一般公主或命妇所无法享用的。唐高祖所谓"宜特加之,以旌殊绩",亦是北朝以来"殊礼"故事在唐初因公主武功"殊绩"的延续性体现,特赐加平阳公主以葬事鼓吹。这跟唐朝开国进程中特定的军事战争环境有关。

唐高宗时安定公主也有特殊安排。《旧唐书·高宗纪》载麟德元年(664)3 月丁卯,"长女追封安定公主,谥曰思,其卤簿鼓吹及供葬所须,并如亲王之制,于德业寺迁于崇敬寺。"③安定公主是唐高宗与武则天尚为昭仪时所生的长女,但她初生而暴卒,此事传与王皇后有关,并导致了唐高宗废王皇后之心。唐高宗对武昭仪所生长女安定公主的葬仪卤簿鼓吹等采用了更高级别的亲王之制,是对公主丧葬仪制给予了极为特殊的优待,颇类似东魏末北齐初年幼而薨的茹茹公主所享受的丧葬待遇,是"葬以殊礼"的一种体现。可见在唐初给予有功公主的葬事鼓吹,到唐高宗时期已用于没有武功建树但身世特殊的公主。

到唐中宗时,韦皇后提出给王妃公主鼓吹之议,结果遭到了侍御史唐

---

① 孙晓晖:《唐代的卤簿鼓吹》,《黄钟(武汉音乐学院学报)》2001 年第 4 期,第 68 页。
② [宋]王溥:《唐会要》卷三八《葬》,上海:上海古籍出版社,2006 年,第 691—692 页。
③ 《旧唐书》卷四《高宗纪上》,第 85 页。

绍的驳难。《唐会要》记载了此段对话，并详细说明了反对意见的依据：

　　至景龙三年（709）十二月，皇后上言："自妃主及五品以上母妻，并不因夫子封者，请自今婚葬之日，特给鼓吹。宫官准此。"左台侍御史唐绍上疏谏曰："窃闻鼓吹之作，本为军容。昔黄帝涿鹿有功，以为警卫，故枞鼓曲有《灵夔吼》《雕鹗争》《石坠崖》《壮士怒》之类。自昔功臣备礼，适得用之。丈夫有四方之功，所以恩加宠锡。假如郊祀天地，诚是重仪，唯有宫悬，而无案架。故知军乐所备，尚不给于神祇，钲鼓之音，岂得接于闺阃？准式：公主王妃以下葬，唯有团扇、方扇、彩帏、锦帐之色。加之鼓吹，历代无闻。又准令：主官婚葬，先无鼓吹。京官五品，得借四品鼓吹仪。今特给五品以下母妻，五品官则不当给限。便是班秩本因夫子，仪饰乃复过之。事非伦次，难为定制。参详义理，不可常行。请停前敕，各依常典。"至元年建卯月三日，婚葬卤簿，据散官封至一品，事职官正员三品，并驸马都尉，许随事量给。余一切权停。[①]

　　这里侍御史唐绍所说"鼓吹之作，本为军容"，说明丧葬鼓吹的来源与军礼关系密切，实际上是表彰军功的重要体现[②]。韦皇后提出给王妃公主婚葬增加鼓吹的意见，与其后宫权力的膨胀企图密切相关，而距离唐初建立军功的历史语境已经很远。同时她提出"请自今婚葬之日，特给鼓吹"，实际上仍是希望将北朝以来的殊礼特给鼓吹的习惯做法，在皇后主管的妃主及五品以上母妻并不因夫子封者的范围内加以固化。这一试图将殊礼加以制度化的做法，因唐中宗对韦皇后的特殊照顾而得到通过，《旧唐书·音乐

---

　　① ［宋］王溥：《唐会要》卷三八《葬》，第 691—692 页。此条在《旧唐书·音乐志》中亦有收录，但系年于景龙二年，或误。见《旧唐书》卷二八《音乐志一》，第 1050—1051 页。
　　② 梁满仓对中古军礼鼓吹进行了分析，认为南朝和北魏孝文帝改革以后军礼鼓吹制度进入了比较成熟的发展时期。见梁满仓：《魏晋南北朝军礼鼓吹刍议》，《中国史研究》2006 年第 3 期。

志》此条称对于唐绍的意见"上不纳"①。唐绍认为"公主王妃以下葬，……加之鼓吹，历代无闻"，强调了令式的规定，坚持公主、王妃的婚葬卤簿，只有伞盖扇帐，而没有鼓吹等仪制。唐绍所谓"功臣备礼，适得用之"以及"恩加宠锡"，正说明有功之臣的殊礼仪制所具有的权力特许恩赐是朝廷官员所共同认可的规则②，从中亦可见其本身品级与殊礼之间的差异所在，常常需要以"借"用的方式实现其葬事殊礼的仪制所需，但"班秩本因夫子，仪饰乃复过之"，即官品在其中所限定的品级是基础，而借用的卤簿则仍有殊礼成分，仪饰显得"复过之"，即超过了其本品所规定的卤簿仪制。但中宗没有采纳唐绍谏言，而是认可了韦皇后所请，这当然是唐中宗曲折帝位经历导致的对韦皇后的特殊恩宠。不过，唐绍的意见坚持从令式出发，仍具有制度性的意义。

　　根据《唐会要》这段材料，仁井田陞《唐令拾遗》将之复原为《卤簿令》第3甲条："准令，主官（案，为'五品官'之误）婚葬，先无鼓吹，京官五品，得借四品鼓吹仪。今特给五品以下母妻，五品官则不当给限，便是班秩本因夫子，仪饰乃复过之，事非伦次，难为定制，参详义理，不可常行。请停前敕，各依常典。"③此条令文是再次强调和维持了五品官不给卤簿鼓吹的规定。笔者认为，唐绍所谓"准令，主官婚葬"，"主官"亦可理解为与公主相关品级，亦未必不能解释。京官五品得借四品鼓吹仪的规定，可以说明"借用"鼓吹的是介于有鼓吹与无鼓吹之间的一个中间官品。六品以下官则不允许使用包括借用鼓吹。其中"班秩"是等级的体现，而葬给卤簿则是相应的仪制恩荣，即所谓的"仪饰"。案《通典·开元礼纂类·三品以上丧中》在

　　①　《旧唐书》卷二八《音乐志一》，第 1051 页。
　　②　关于这一权力特许恩赐机制，参见拙文《追赠恩荣：汉魏晋南北朝丧葬仪制吉凶相参的历史演变》，《首都师范大学学报》2022 年第 1 期，第 18—19 页。
　　③　[宋]王溥：《唐会要》卷三八《葬》，第 692、519 页。"借"字为池田温所补，见〔日〕池田温：《唐令拾遗补》，东京：东京大学出版会，1997 年，第 686 页。"主官"二字，《旧唐书》卷二八《音乐志一》亦记为"五品官"，第 1051 页。

"鼓吹振作而行"下注:"六品以下无鼓吹。"①开元礼规定的鼓吹的使用范围亦是以六品为断限。这条材料亦反映了相关品级的婚葬鼓吹与公主王妃的特殊性需要在唐朝建立以后进行规范化衔接有关,而这或亦是对其"班秩本因夫子"亦即所婚配的各品官僚进行丧葬礼制等级规定的一个重要契机。"婚"与"葬"两大人生情境的礼制待遇,在其所依托的"宦"即官僚卤簿仪制的关联结合点上被作为一个重点议题加以驳议,影响了此后官僚丧葬礼制的发展。而本文所说的"本品化",意味着不管婚、宦,以其本品卤簿作为丧葬仪制给赐的依据,即所谓"班秩"的意义所在。

二、 从故事到常式: 盛唐时期对官葬本品卤簿的令式规范化

就在此事前后的景龙三年朝廷还出台规定:"其制敕不言'自今以后永为常式'者,不得攀引为例。"②这反证皇帝制敕此前存在被攀引而成为礼例的现象,另一方面也说明"永为常式"的制敕才能成为一种更具规范性的制度规定,被明确给予了后续可以攀引为常例的作用,而其时间明确始于唐中宗时期。诏敕中添加了常式的附加规定,可以使以往殊礼"故事"成为新的常例并加以固定化,但这需要通过以制敕即诏敕的方式加以实施,体现了礼例、制敕与常式之间的复杂关系。不管如何,就丧葬给卤簿的优待政策来说,从"故事"到"常式"的执行方式的变化,可见其追赠恩荣的制度化、常规化进程,基本上普惠于嗣王这一单独的类型而无需再费心追溯故事了。

此后不久至玄宗朝,形成了正式的国家礼典《大唐开元礼》,丧葬礼自天子卤簿至中宫和亲王卤簿、王公勋戚卤簿,按照等级规定逐渐形成一整套系统的礼制规范。《大唐开元礼·序例》载有"大驾卤簿""皇太后皇后卤

---

① ［唐］杜佑:《通典》卷一三九《开元礼纂类·三品以上丧中》"器行序"条,北京:中华书局,1988年,第3539页。

② ［宋］王溥:《唐会要》卷三九《定格令》,第705页。

簿""皇太子卤簿""皇太妃卤簿""亲王卤簿""王公以下卤簿""内命妇卤簿"
"外命妇卤簿"等具体仪制①。这些卤簿仪制也使用于这些群体的丧葬礼
中，吉卤簿同样也转换成为对应的凶卤簿。例如，唐代对亲王丧葬卤簿有
定制，唐玄宗时的亲王卤簿之仪具体仪制内容可见于《大唐开元礼·序
例》②，开元令《丧葬令》亦可能有针对亲王的规定，大体上来说，亲王卤簿
是按照爵品来实行的③。此即其本品卤簿。

　　唐令对于官员葬给卤簿有较为明确的品级限制规定，即此上文唐绍所
强调的"班秩"。《唐六典》载："凡《令》二十有七：……十四曰《衣服》，十五
曰《仪制》，十六曰《卤簿》（分为上、下）。"④与卤簿相关的仪制分布在《衣服
令》《仪制令》《卤簿令》中，涉及不同场景的卤簿规制及其使用。官员本品
卤簿主要用于拜官、朝会、婚葬等场合。盛唐之时，规定四品以上官员皆给
卤簿。《新唐书·仪卫志》只载一品至四品官卤簿⑤。《大唐开元礼·序例》
"王公以下卤簿"条载一品到四品官卤簿，并云："右应给卤簿者，职事四品
以上、散官二品以上、爵郡王已上，及二王后，依品给；国公，准三品给；官爵
两应给者，从高给。若京官职事五品身婚葬，并尚公主、娶县主，及职事官
三品以上有公爵者嫡子婚，并准四品给。凡自王公以下，在京拜官、初上、
正冬朝会及婚葬，则给之。"⑥可见职事官四品是给官品婚葬卤簿的基本划
限，京官五品婚葬可恩准给用四品卤簿，是对京官的一种优遇。

　　针对各品级官员所能使用的卤簿仪制，开元以后唐令中辟有专门的
《卤簿令》加以规范。唐令现已亡佚无存，仁井田陞根据史籍复原了唐代
《卤簿令》中的若干条目⑦。我们需要分析的是唐开元《卤簿令》和后来的

---

①　［唐］萧嵩等撰：《大唐开元礼》卷二《序例》，北京：民族出版社，2000年，第26页。

②　《大唐开元礼》卷二《序例》，第20—28页。

③　参见吴丽娱：《关于唐〈丧葬令〉复原的再检讨》，《文史哲》2008年第4期，第96页。

④　［唐］李林甫等：《唐六典》卷六《尚书刑部》"刑部郎中"条，北京：中华书局，1992年，第
183—184页。

⑤　《新唐书》卷二三下《仪卫志下》，北京：中华书局，1975年，第506页。

⑥　《大唐开元礼》卷二《序例》"王公以下卤簿"条，第27页上栏—下栏。仁井田陞《唐令
拾遗》将之复原为《卤簿令》第3乙条。第520页。

⑦　〔日〕仁井田陞：《唐令拾遗》，东京：东京大学出版会，1964年，第514—524页。

宋令中,对于丧葬卤簿的相关规定,即卤簿与丧葬的结合点的具体操作。唐制,四品以上官员可以使用卤簿,婚、葬时皆有吉仗卤簿。《唐会要》卷三八《葬》:"旧制:应给卤簿,职事四品以上、散官二品以上及京官职事五品以上,本身婚葬皆给之。"所谓"旧制",实际上是敕令标准,后来发展成为常式。这里所谓"应给卤簿",实际上就是后来说的"本品卤簿"。而令文标准则有不同的表述。《天圣令》"宋10"条:"诸一品二品丧,敕备本品卤簿送殡者。"宋令说的敕备本品卤簿送殡,专门针对的是葬事本品卤簿而言,以二品以上(含二品)为限,可见已完全作为常式加以制度化规定。唐代与官员丧葬卤簿相关的令文,根据宋《天圣令》复原唐《丧葬令》"复原6"条:"诸一品二品丧,敕备本品卤簿送殡者,以少牢赠祭于都城外,加璧,束帛深青三、纁二。"据《唐六典》"司仪令"①,复原的唐《丧葬令》"复原24"条:"诸五品以上薨卒及葬,应合吊祭者,所须布深衣、帻、素三梁六柱舆,皆官借之。其内外命妇应得卤簿者,亦准此。"②但此两条是规定可以使用丧葬卤簿的情况,实质上与丧葬卤簿内容不相干,唐代有关官员丧葬卤簿的内容主要归在《卤簿令》中,而非在《丧葬令》中,仁井田陞将此条复原为《卤簿令》第三乙条。吴丽娱先生认为,原来的唐《丧葬令》中没有关于官员卤簿的规定,此点是与宋《丧葬令》不同的③。但是,宋《丧葬令》中加入了官员卤簿规定,这也意味着在宋代制度中,官员葬礼给赐卤簿成为一种更为普遍的常例,其使用品级更进一步扩大化了。

　　唐代受整体政治与社会制度等级化的影响,丧葬卤簿的表现方式具有制度化特征,尤其凸显在本品卤簿与吉凶礼仪结合的令式规范上。唐开元令规定有"本品卤簿送殡",是规定各品级官员可适用的丧葬卤簿待遇。而在"本品卤簿"之前,朝廷制度性特许加恩的官员葬事卤簿可称之为"殊礼

---

　　① 〔唐〕李林甫等:《唐六典》卷一八《司仪署》"司仪令"条,第508页。

　　② 《天圣令》复原唐《丧葬令》"复原24"条,天一阁博物馆、中国社会科学院历史研究所天圣令整理课题组:《天一阁藏明钞本天圣令校证》,北京:中华书局,2006年,第690页。

　　③ 吴丽娱:《关于唐〈丧葬令〉复原的再检讨》,《文史哲》2008年第4期,第95—96页;吴丽娱:《终极之典:中古丧葬制度研究》下册,第657页。

卤簿"①。两者之间从制度史角度存在一个等级化演变的历史过程②。这种基于官僚制度的等级化是唐代官品制度变化在丧葬礼中呈现的一个关键趋势，即其对象从给赐殊礼的功勋重臣到日常化、规范化的高品级官员，其他相应形式也存在一个配套发展的过程。这里笔者姑且称之为卤簿仪制的"本品化"。复原唐《丧葬令》所说的"敕备本品卤簿送殡者"，所谓"本品"是指其应享待遇对应于其品级而言，主要是指散官的品级。宋沿唐制，到北宋初诏葬明确以"本品卤簿送葬"的规定："《礼院例册》：诸一品、二品丧，敕备本品卤簿送葬者，以少牢赠祭于都城外，加璧，束帛深青二、纁二。"③"本品卤簿"实际上正是对应于此前制度性加恩的卤簿即"殊礼卤簿"而言的。

　　由此，在唐玄宗开元礼、令中，葬给卤簿与婚给卤簿的关系借由新确立的"本品卤簿"这一等级规范串接，将官僚卤簿最重要的两个使用场合即婚与葬连接为"婚葬卤簿"，是盛唐时期官员丧葬卤簿制度化、系统化的鲜明体现，也是对唐中宗时期所议的制度定型，形成稳定的"本品卤簿/婚葬卤簿"的操作性概念。开元礼令中的中宫、诸王、公主、官僚卤簿有平时吉仗卤簿，有婚礼吉仗卤簿，还有葬给吉仗卤簿。《唐会要·葬》载："旧制：应给卤簿，职事四品以上、散官二品以上及京官职事五品以上，本身婚葬皆给之。"④其中所谓"应给卤簿……本身婚葬皆给之"，即指所谓"旧制"即《大唐开元礼》中根据官员品级而定的本品卤簿。婚与葬成为官员本品卤簿的两个最关键使用场合，其作为吉凶卤簿的使用场合亦与吉礼、凶礼分别鲜明挂钩，进一步强化了吉凶卤簿的象征意义。可以说，吉仗卤簿从平时卤簿到婚礼卤簿、再到葬给卤簿的转变，是一个范围系统化、殊礼制度化的过程。也就是说，殊礼的葬给卤簿增加了婚给卤簿的吉仗功能，其扩展意味

①　关于殊礼卤簿的说明，可参阅刘可维：《汉魏晋南北朝葬仪中"殊礼"的形成与变迁》，《史学月刊》2016年第11期，第44—52页；拙文《追赠恩荣：汉魏晋南北朝丧葬仪制吉凶相参的历史演变》，《首都师范大学学报》2022年第1期，第9—19页。

②　参看拙文《葬以殊礼：论北朝隋唐墓葬壁画仪仗图与葬事卤簿的关联性》，待刊。

③　《宋史》卷一二四《凶礼》，北京：中华书局，1977年，第2909页。

④　[宋]王溥：《唐会要》卷三八《葬》，第691页。

着人生两大过渡仪式均由朝廷权力给予认定和加持,并通过礼典的制度化而被纳入整套礼仪制度的系统框架之中。

同时很重要的是,我们还应该尤其注意到,唐玄宗《大唐开元礼》成书于开元二十年(732),开元令目前学界一般认为是《唐开元二十五年令》(开元二十五年即公元 737 年),而这一时间段之后唐代前期盛行的太子公主墓葬或三品以上高官墓葬中常见的壁画仪仗图也难再见于唐墓考古发现①。也就是说,盛唐时期开元礼、令成书颁行的大致时间段,与唐代高等级墓葬壁画仪仗图的消失在时间上也具有一定程度的重叠现象。应该可以认为,地上的制度的强化与地下的图像的消隐,在这一时间段内其反映的等级规范产生了一定的关联呼应,这对我们考察唐后期墓葬礼制的变化提供了重要的解释思路。当然,地下墓葬壁画仪仗图像的消隐并不全然是一个时间点上某一礼令制度颁行即引发的事件,而是可能是持续一个阶段而逐渐交叠的过程②。

由安史之乱开启的中唐是唐宋礼制变迁的一个重要时间段,可能也是上述这个交叠过程大致完成的时间下限。中唐时代存在诸多变礼问题③,而安史之乱对于这一转变的礼制史意义也从中凸显出来。在安史乱后,朝廷官员婚丧使用卤簿的范围缩小,不再包括职事官四品。《唐会要》载唐代宗宝应元年(762)建卯月三日定:"婚葬卤簿,据散官封至一品,职事官正员三品,并驸马都尉,许随事量给。余一切权停。"④可见由于安史之乱造成的国力衰落,朝廷赐给卤簿的官员等级划限提高,改为三品以内,婚、葬所

---

① 唐玄宗天宝年间(742—756)以前,三品以上高官的墓中盛行绘制仪仗出行,所占比例及重要程度超过对家居生活的表现,反映了初唐至盛唐时期统治阶级上层对政治地位的追求与重视。参见申秦雁主编:《神韵与辉煌——陕西历史博物馆国宝鉴赏:唐墓壁画卷》,西安:三秦出版社,2006 年,第 42 页。

② 相关思考和讨论参看笔者《葬以殊礼:论北朝隋唐墓葬壁画仪仗图与葬事卤簿的关联性》,待刊。

③ 姜伯勤:《王涯与中唐时代的令与礼》,《中国古代社会研究——庆祝韩国磐先生八十华诞论文集》,厦门:厦门大学出版社,1998 年,第 42—72 页。

④ [宋]王溥:《唐会要》卷三八《葬》,第 692 页。此条《唐会要》未记年号,吴丽娱先生将其系年号于"宝应"。见吴丽娱:《关于唐〈丧葬令〉复原的再检讨》,《文史哲》2008 年第 4 期,第 96 页。

用吉卤簿是其特定要求。这主要是以散官一品、职事官三品为限的。《旧唐书·代宗纪》载,次年即宝应二年五月丙寅,"太常卿杜鸿渐奏:'婚葬合给卤簿,望于国立大功及二等已上亲则给,余不在给限。'从之。"①可见在国难未靖之时,朝廷对为国立功的官员特给婚丧卤簿,以示恩宠,正常可给婚丧卤簿的等级划限则进一步提高到二等以上亲,则三品及以下官亦不再给赐婚丧卤簿。品官卤簿在朝廷人力、财力方面开销巨大,同时又因为其特殊的恩荣而产生激励作用。两条材料时隔一年,对比其划限标准越来越高,可察知国事艰难之时朝廷对待官员卤簿的紧缩政策与复杂心态。另一方面,太常卿杜鸿渐所奏"婚葬合给卤簿",是在规定使用吉凶卤簿的"故事"与"常式"之间做出判断,在官员的婚、丧两个重要场合通过朝廷"合给"卤簿与否建立起连接。但将婚给卤簿、葬给卤簿两种性质不同的场合合在一起表述其适用品级,说明了葬给卤簿的"殊礼"功能已经消失,而基本将之归结于本品卤簿了,因此婚、葬礼中都用的是同样的标准,葬事卤簿"合给"不能超过婚事卤簿,除非有专门的"常式"给予特殊对待。就官员卤簿而言,中唐以后,朝廷限制了葬给卤簿的官品使用范围。正因如此,唐后期的卤簿范围比《开元礼》所定范围似有缩小②。这实际上意味着"常式"的适用范围缩小。

安史乱后,中唐朝廷添加了一类特殊情况,即将官卑的嗣王亦纳入葬给卤簿之列。《旧唐书·德宗纪》载贞元十三年(797)7月:"乙丑,诏今后嗣王薨葬,所司并供卤簿,永为常式。"③对于此条史料,具体可见于《唐会要》上下文记载:贞元十三年5月,"宗正卿、嗣义王巘奏:'简王府咨议参军嗣宁王子溆葬,请卤簿。'宰臣等议,以子溆官卑,不合特给。诏令给。"④嗣王薨葬需要宗正卿专门"请卤簿",朝廷宰臣商议是否"合特给",说明朝廷审批的制度操作程序中包括了宗室丧家报请卤簿这一先行环节。在此事例

①　《旧唐书》卷一一《代宗纪》,第272页。
②　吴丽娱:《终极之典:中古丧葬制度研究》下册,第659页。
③　《旧唐书》卷一三《德宗纪下》,第386页。
④　[宋]王溥:《唐会要》卷三八《葬》,第694页。

中,宰臣商议的结果是不合特给。但其年七月敕:"自今以后,嗣王薨葬日,宜令所司并供卤簿,仍永为常式。"①说明在宗正卿奏议两个月以后,朝廷最终却确定不按嗣王的实际官品,其葬日一概特给葬仪卤簿,由所司并供卤簿,这其实上将本属于特许的加恩用"常式"形式将之制度化。将之定为"仍永为常式",强调从令式程序上体现了对皇室范围的一种恩赐性身份标识认定,即诏令"特给"的殊礼,从而与重官品等级的官僚制度之间产生了意义上的区分。吴丽娱先生指出,唐代亲王正一品,郡王从一品,嗣王时接续原来的封爵,其爵品虽高,但初任官职缺例有减降②。《唐会要》此条中出现了"仍"字,意味着在此之前已有类似内容"永为常式"的诏敕,此即上述唐中宗时期的制敕。此将本品卤簿之外的葬给卤簿仍定作"永为常式",成为葬日"令所司并供卤簿"的固定程式化制度操作。这是唐代"故事""殊礼"或"成例"走向"常式"的制度化定型确认的关键一步操作,也与唐德宗贞元时期特殊的政治社会背景有关。

唐代中期由于社会动乱,对丧葬明器的仪制规范进行了重申。唐宪宗元和六年(811)条流:"以前刑部尚书兼京兆尹郑元修详定品官葬给,素有章程。岁月滋深,名数差异,使人知禁,须重发明制,庶可经久。……敕旨,宜依。"③这里所谓的"品官葬给,素有章程",正是说明唐代将官员葬给卤簿常式化的进程,但是在中唐藩镇割据的乱世中渐渐混乱,故"须重发明制"即由所司以常式的形式加以重申,使人知禁,体现礼制等差,希望达到"庶可经久"即延续行用于世的作用。

三、从假请到官给: 唐代律令对官僚葬给卤簿物品借还的仪节程式化

唐代凶礼中有使用卤簿的情况,自天子至于各品级官员,丧葬礼中同

---

① [宋]王溥:《唐会要》卷三八《葬》,第 694 页。
② 吴丽娱:《关于唐〈丧葬令〉复原的再检讨》,《文史哲》2008 年第 4 期,第 91—97 页。
③ [宋]王溥:《唐会要》卷三八《葬》,第 696 页。

时存在两套分立的卤簿仪仗，即吉仗卤簿、凶仗卤簿。吉仗卤簿是平时该等级所用的卤簿，而凶仗卤簿则主要是与葬礼有关的明器车舆，诏葬时往往都是官赠。葬事卤簿包括诸多内容。唐代张说《拨川郡王（论弓仁）神道碑》描述墓主论弓仁的葬礼曰："太常鼓吹，介士龙骑。虎帐貂裘，封鬐殉马，吉凶之举，夷夏之物备。"①此是形容吐蕃禄东赞之孙论弓仁死后出殡时的丧葬吉凶卤簿鼓吹之盛况，葬礼中吉凶相参的涵义均在各种仪制器物上得以体现，包括鼓吹、班剑（介士龙骑）、帐幕（虎帐貂裘）、偶俑（封鬐殉马），其中区分吉、凶卤簿，又由于墓主论弓仁本身的种族关系，丧葬卤簿中也包含了夷、夏之物皆有。

我们需要进一步追问的是，从程式上说，这些丧葬必备的吉凶卤簿物品是如何齐备的，其吉凶之义是如何并举的，涉及比较细致的具体操作和理念展现。这实际上承袭仪卫等吉仗卤簿本身的"备物而动"理念而来。《新唐书·仪卫志》序言称："唐制，天子居曰'衙'，行曰'驾'，皆有卫有严。羽葆、华盖、旌旗、罕毕、车马之众盛矣，皆安徐而不哗。其人君举动必以扇，出入则撞钟，庭设乐宫，道路有卤簿、鼓吹。礼官百司必备物而后动，盖所以为慎重也。故慎重则尊严，尊严则肃恭。夫仪卫所以尊君而肃臣，其声容文采，虽非三代之制，至其盛也，有足取焉。"②可见帝王出行的仪卫严密，凸显威严与尊贵，人君举动，必备物而后动，才能肃彰慎重，盛张声容。因此，其物是否俱备，其动是否合仪，成为能否达到仪卫本意的重要标准，故而对于程式化的要求也更高。

这样盛大的卤簿羽仪，其功能本意，细分可以体现在于武卫和文仪两个方面。《宋史·仪卫志》载："綦天下之贵，一人而已。是故环拱而居，备物而动，文谓之仪，武谓之卫。一以明制度，示等威；一以慎出入，远危疑也。"③北宋时期宋绶序《天圣卤簿图记》，亦谓"有文事，则有武备，故整法物

① 张说《拨川郡王神道碑》，《文苑英华》卷八九一，北京：中华书局，1982年，第4689页。
② 《新唐书》卷二三上《仪卫志上》，第481页。
③ 《宋史》卷一四三《仪卫志一》"殿庭立仗"条，第3365—3366页。

之驾,严兵师之卫,总曰卤簿".①对于吉卤簿来说,其实际的武备护卫、文事排场功能均彰显无疑。但是在专为亡者送葬而设的丧葬礼卤簿仪仗中,原来体现有军事意义的武卫的护佑功能已不明显,文仪的彰扬则突出成为了其最关键的功能。而被纳入制度化的卤簿"备物而动"的特点,正是通过程式化的细致操作与慎重举动,是显现其动驾仪卫排场的关键所在。

唐代律令制度中,程式强调的是制度的细致仪物流程的角度。《唐六典》所谓"凡律以正刑定罪,令以设范立制,格以禁违正邪,式以轨物程事"②,是基本原则和规范的体现,其中的律、令、式实际上都会涉及具体的程式问题。由于卤簿本身需要大规模备物而后动的特点,更是在相关物品的使用程式上有细致的规定与具体的协调,并且涉及诸多部门,流程跨度时间较长。葬给本品卤簿的程式化,主要是朝廷对具体仪制的执行流程上的要求,包括了申请(或假请)、官给、特给或借用、迎接、还官等具体环节。较为特殊的甚至还有吊祭环节。我们需要特别注意假请(即报请借用)与官给(即批准使用)之间的关系,程式之间实际上包含着制度化的主体考虑视角问题。在唐代的律令中,吉凶卤簿的多种仪制皆需执行这一假请的程式。

唐律中有吉凶礼场合的威仪、卤簿等官物借给与归还的具体规定。完成于唐高宗永徽年间(650—655)的《唐律疏议》中有《厩库律》规定:"诸假请官物,事讫过十日不还者笞三十,十日加一等,罪止杖一百;私服用者,加一等。"对此律文,"疏"议曰:"'假请官物',谓有吉凶,应给威仪、卤簿,或借帐幕、毡褥之类。事讫,十日内皆合还官,若过十日不还者,笞三十。'十日加一等',停留总过八十日,罪止杖一百。因而私服用者,谓吉凶事过以后,别私服用者,每加一等,过八十日徒一年。"又,"若亡失所假者,自言所司,备偿如法;不自言者,以亡失论。"另"疏"议曰:"假请官物有亡失者,若于请

---

①　[元]胡三省:《通鉴释文辨误》卷八《通鉴一百八十七》"唐高祖武德二年窦建德收隋卤簿仪仗"条,《景印文渊阁四库全书》本第312册,台北:台湾商务印书馆影印本,1986年,第319页下栏。

②　[唐]李林甫等:《唐六典》卷六"刑部郎中员外郎"条,第185页。

物所司自言失者,免罪,备偿如法;不自言失,被人举者,以亡失论。依杂律:'亡失官物者,准盗论减三等。'又条:'亡失官私器物,各备偿。'故得亡失之罪,又备偿之。"①可见,官府所借出的吉凶卤簿属于官有,有着严格的管理措施,过期不还或者丢失不报都要遭到惩罚。对于假请出借的吉凶卤簿仪仗,以吉凶事过十日为限进行程序化处置,对于过十日不还者、亡失所假者等情况,都设定了相应的笞刑作为惩戒。后来北宋初年宋太祖诏令颁行的《宋刑统》中亦有《厩库律》"诸假请官物不还"条,沿用了唐律的条文规定②。可见唐代对于仪仗或谓威仪、吉凶卤簿的出给,其申请程序和借还手续较为固定,并形成了有针对性的法律条文规定,若违反则还有刑罚措施,体现了其制度化程度的强化,也体现了对于程序化手续的监管与追责,并在宋代继续得以沿用。

丧葬卤簿之中,带有一定军事色彩的旌旗、旗幡和仪仗,唐代朝廷严格把控,严格出借程序。《唐律疏议·擅兴律》"疏"议曰:"其旌旗、幡帜及仪仗,并私家不得辄有,违者从'不应为重',杖八十。"③旌旗、旗幡、仪仗属于朝廷垄断,不能存于私家,否则民间可能用这些旌旗仪仗擅自兴兵谋反,可见朝廷对此类仪制的严格控制和密切关注。《唐律疏议·贼盗律》"疏"议曰:"'仪仗,各减三等',仪仗谓吉凶卤簿、诸门戟稍之类,无文牒出给者,杖一百;未判出给者,杖七十。故云'各减三等'。"④故对朝廷的仪仗出借部门而言,吉凶卤簿这样的仪仗若有无文牒而出给者、未判而出给者,也会受到杖刑的惩处,可见仪仗出借的公式程序必须非常严格执行。

与吉凶卤簿的官给相对的,还有对应的迎接的仪节流程。唐高宗时,尉迟恭薨,朝廷下诏陪葬昭陵,"迎夫人神枢于先茔",而后"将至京师,又敕所司整吉兇(凶)仪卫,迎至于宅"⑤。可见陪葬诏赐吉凶卤簿仪卫成为常

---

① [唐]长孙无忌等:《唐律疏议》卷一五《厩库律》,北京:中华书局,1983 年,第 290 页。
② [宋]窦仪等:《宋刑统》卷一五《厩库律》,北京:中华书局,1984 年,第 243 页。
③ [唐]长孙无忌等:《唐律疏议》卷一六《擅兴律》,第 315 页。
④ [唐]长孙无忌等:《唐律疏议》卷一九《贼盗律》,第 311 页。
⑤ 《大唐故司徒公并州都督上柱国鄂国公夫人苏氏墓志铭并序》,《唐代墓志汇编》显庆〇九六,第 288—289 页。

事,与所司官给的流程对应的,就丧家的角度而言还有一个迎来至宅的具体流程。

丧葬车舆由官借或官给。唐开元令《丧葬令》唐 3 条:"诸五品以上薨卒及葬,应合吊祭者,所须布深衣帻、素三梁六柱舆,皆官借之。其内外命妇应得卤簿者,亦准此。"①这是规定了官员丧葬卤簿中的布深衣帻、素舆的适用品级,其中也包括了内外命妇的葬给卤簿。所谓"借之"与"应得",可见其间的性质差别,也说明了制度与程式的规范意义,并有判断是否"应合吊祭"的环节。灵舆(魂车)是官给葬事卤簿中的重要用具。唐代墓志对此有颇多记载:"凶丧葬事,并令官给……兼告灵舆,逮运还京。"②"仍令所司造灵舆发遣。"③"还京之日,为造灵舆,给传递发遣。"④这些墓志所记载的官给借用葬事灵舆的程序环节,描绘了灵舆如何以程序化的形式参与官员葬事安排。实际上所谓"凶丧葬事,并令官给",并且灵舆"仍令所司造",说明了墓主的官品地位得享朝廷凶事卤簿之供,"仍"字也说明此一做法已成为常规令式的一部分。唐代这种官给葬事卤簿车舆的做法,还可以上溯到北魏后期以来的做法。《魏书·赵修传》载:"(赵)修之葬父也,百僚自王公以下无不吊祭,酒犊祭奠之具,填塞门街,于京师为制碑铭,石兽、石柱皆发民车牛,传致本县。财用之费,悉自公家。凶吉车乘将百两,道路供给,亦皆出官。"⑤所谓用费悉自公家、供给皆出于官,正是朝廷供给相关丧葬器用。官方供应丧葬所需的做法,自北魏开始逐渐制度化,尤其是迁都洛阳之后开始⑥。这种借用葬事卤簿的做法甚至也可以适用于高等级的佛门僧统。例如隋文帝"开皇四年(584)三月,陈国僧统宝琼入寂,寿八十一。

① 《天一阁藏明钞本天圣令校证》下册,第 426 页。

② 《大唐故临川郡长公主墓志铭并序》,周绍良主编:《唐代墓志汇编》永淳〇二五,上海:上海古籍出版社,1992 年,第 704 页。

③ 《大唐故司徒公并州都督上柱国鄂国公夫人苏氏墓志铭并序》,《唐代墓志汇编》显庆〇九六,第 288 页。

④ 《大唐故中书令兼检校太子左庶子户部尚书汾阴男赠光禄大夫使持节都督秦成武渭四川诸军事秦州刺史薛公(震)墓志并序》,《唐代墓志汇编》垂拱〇〇三,第 280 页。

⑤ 《魏书》卷九三《赵修传》,北京:中华书局修订本,2017 年,第 2167 页。

⑥ 谢宝富:《北朝婚丧礼俗研究》,北京:首都师范大学出版社,1998 年,第 113—123 页。

敕有司给葬具,仍以天子卤簿仗借为饰。"①丧葬礼中包括灵舆在内的吉凶车舆,则是所借葬事吉凶卤簿中最有展示度的组成部分。到了唐代官僚丧葬仪制中则更为系统化,蔚为大观。

唐代朝廷供给官员丧葬卤簿中最为细致多样的器用当属明器,配给各式明器成为官给具体程式的重要组成部分。《唐六典》记载将作监甄官署的职掌:"凡丧葬则供其明器之属(原注:别敕葬者供,余并私备②),三品以上九十事,五品以上六十事,九品已上四十事。当圹、当野、祖明、地轴、䰠马、偶人,其高各一尺,其余音声队与僮仆之属,威仪、服玩,各视生之品秩所有,以瓦、木为之,其长率七寸。"③这些部门负责对陶瓷等材质的偶人、俑兽等明器进行制造和供给。这里所谓"各视生之品秩所有,以瓦、木为之",可见甄官署所掌的瓦木明器的音声队、僮仆、威仪、服玩,是对应于官员生前品级所能使用的真实仪制而转为制作模拟的丧葬明器。甄官署的职掌中明确需要提供不同品级的官员丧葬诸多明器的相关细致规定,是玄宗朝应对官员葬给卤簿制度具体程式化的一种表现。原注所谓"别敕葬者供,余并私备",说明由朝廷直接供给的范围只限于别敕葬者为应得官给,其余官员则只能"私备"④。《唐六典》将甄官署的职掌归纳为:"出有方土,用有物宜。凡砖瓦之作,瓶缶之器,大小高下,各有程准。"⑤所谓"各有程准",可见甄官署供给丧葬明器等尤其注意程式与标准。

---

① [元]觉岸编:《释氏稽古略》卷二"陈后主"条引《辩正录》,〔日〕大正一切经刊行会:《大正新修大藏经》第49册,No. 2037,台北:新文丰出版有限公司印行,1983年,第807页下栏—808页上栏。
② 此句断句,齐东方与吴丽娱两位先生有不同意见。齐东方对《唐六典》断句:"别敕葬者,供余并私备。"而吴丽娱则根据《白氏六贴事类集》将此句断为"别敕葬者供,余并私备"。见齐东方:《略论西安地区发现的唐代双室砖墓》,《考古》1990年第9期;吴丽娱:《终极之典:中古丧葬制度研究》下册,第482页。
③ [唐]李林甫等:《唐六典》卷二三《将作监》"甄官署"条,第597页。
④ 关于官员需要私备的明器是否从市场购买而来,可能存在甄官署以外的民间生产作坊。相关可能性,参见任志录:《唐三彩消费阶级考察报告》,中国古陶瓷学会、河南省文物考古研究院、郑州大象陶瓷博物馆编:《唐三彩窑研究》,北京:科学出版社,2021年,第198—212页。
⑤ [唐]李林甫等:《唐六典》卷二三《将作监》"甄官署"条,第597页。

　　唐代与卤簿相关的还有凶仗，其具体器用与供给程序上的管理机构是鸿胪寺属下的司仪署。《唐六典》载"司仪令掌凶礼之仪式，及供丧葬之具"①。宋代以后不设。唐代官员丧葬所需的具体器用，则由将作监属下的几个部门供给，包括左校署、甄官署等。《新唐书·百官志》载将作监左校署"掌梓匠之事。乐县（悬）、篾簾、兵械、丧葬仪物皆供焉"②。此为左校署供给官员丧葬所用的仪仗器物。《唐六典》注左校署所掌"丧葬仪制"曰："丧仪，谓棺椁、明器之属。"③将作监甄官署"掌琢石、陶土之事，供石磬、人、兽、碑、柱、碾、砘、瓶、缶之器，敕葬则供明器。"④甄官署所供给的丧葬器用范围包括了石人、石兽、石碑等，明器则多为陶土制作。对于明器供给来说，甄官署的职能尤为重要。《通典》载："其百官之制：将监甄官令，掌凡丧葬，供明器之属。"⑤可见，唐代朝廷各部门分工，对于官员丧葬所用卤簿仪制，分别负责提供车驾、旗幡、仪仗、明器、鼓吹等的供给，以及凶仪的具体执行，形成了细致的程式，对丧葬卤簿的给予或借用提供了系统的支撑。由于其常式的等级表达需要，官给明器的器用、尺寸和数量成为其关键的标准，故而丧葬卤簿自北朝后期以来的明器化趋势得以继续强化，并在唐代墓葬中全面微型化。

四、余论：唐代官僚丧葬礼的制度化与国家治理

　　唐代受整体政治与社会制度等级化的影响，官僚丧葬卤簿的表现方式具有制度化特征，这一制度化大体包括了等级本品化、令式规范化、仪节程式化以及更进一步的仪制明器化等机制，尤其凸显在本品卤簿与吉凶礼仪结合的令式规范上，综合呈现出丧葬礼制的一种体系化面向，并为唐朝的

---

①　［唐］李林甫等：《唐六典》卷一八《司仪署》"司仪令"条，第 507 页。
②　《新唐书》卷四八《百官志三》，第 1273 页。
③　［唐］李林甫等：《唐六典》卷二三《将作监》"左校署"条，第 596 页。
④　《新唐书》卷四八《百官志三》，第 1274 页。
⑤　［唐］杜佑：《通典》卷八六《礼四十六·凶礼八》，第 2328 页。

国家治理提供了重要的制度框架基础。

等级本品化体现了唐代官僚体系与权力的结合日益紧密。唐令中有规定"本品卤簿送殡",所谓"本品"是指其应享待遇对应于其品级而言,主要是指散官的品级。宋沿唐制,到北宋初诏葬仍有本品卤簿送葬的规定。此前除了"本品卤簿"之外,还有制度性加恩的卤簿即"殊礼卤簿"存在,当然在两者之间实际上存在一个演变的过程。唐代初期以公主王妃为代表的婚葬卤簿从一种殊礼到其所依托的官品班秩的理念变化,为这一转型提供了重要的历史契机。"追赠"背后所包含的"恩荣"效果,是用权力特许机制提高亡者葬仪所显示的尊贵地位,以此冲淡葬仪本身所具有的哀戚与大凶之意,以吉凶相参的方式体现其身后的"哀荣"。但魏晋南北朝时期的葬仪殊礼卤簿是通过"故事"与"恩荣"的成例方式实现的,而尚未完成其制度化与等级化之间的必然关联。所谓"荣",与尊卑地位有关,而所谓"恩"则与权力特许优遇有关。到了唐代,"荣"的尊贵地位表现通过制度化、程式化的礼令"本品卤簿"得以体现,说明权力与官僚等级结合的制度化日益紧密。这也说明"恩"的机制日益被礼令加以规范,实际上也体现了这一时期皇权的制度性强化。

从故事到礼例,形成了针对以往殊礼卤簿的固定化操作先例。进而转型为令式的文本形式加以整顿,体现出其与"本品化"相配合的规范意义。吴丽娱先生认为,唐代丧葬法式的健全可以分为不同时期,而法令的建设大体都是针对违礼越制和厚葬之风进行的,从唐初的法令更多针对高级官吏,格式制敕的制定对令文主要是配合令文以使用,到高宗、武则天至开、天之间,厚葬之风愈来愈从官僚延及富豪百姓,格式制敕作为礼令修改和补充的意义愈来愈明显,而中唐以后随着社会经济发展,下层官吏与百姓葬礼的要求和问题突出了,朝廷对丧葬进行约束的同时,也在适应社会的变化推举出新的丧葬章程①。官僚丧葬"永为常式"的内涵也在不断补充之中,实际上亦随着唐朝丧葬法式的健全而发生着变化。

---

① 吴丽娱:《终极之典:中古丧葬制度研究》下册,第 475 页。

从"假请"到"官给",涉及葬礼卤簿到下葬明器之间的关联性,以及从制度到实践的落实。从葬礼卤簿到下葬明器,其多种仪制都与令式、程式产生关联,此即"常式"的具体组成内容。这与丧葬令、卤簿令中对于明器的制度规定关系密切。正是在这一制度化机制作用下,北朝唐初的"葬事殊礼"完成了向盛唐以后的"本品卤簿"的历史转换,并向着制度性的"永为常式"方向加以规范,令式规范落实到一系列繁复的物化礼乐之中①,并以复杂的程序仪节展现在世人面前。此后到了宋代,我们可以看到在一些大城市例如汴京的假赁业非常发达,经办的业务十分广泛,举办红白喜事所需的一切用具都可租赁②。这种市场化的丧葬器用的"假赁",正是在唐代丧葬卤簿仪制"假请"的历史延长线上继续社会下移的体现。

唐代初期到中期葬给卤簿的官僚制度化机制,形成了朝堂之上的礼制体系建设的重要线索。在此之后,中唐以后又以新的一轮殊礼方式即"诏葬"相分的方向发展,直到北宋初年形成了新的"礼例"与"敕葬",本品卤簿送葬与之相结合而呈现大体接近的结构,但又有了新的面貌。这与社会层面的明器化、行业化、平民化展现出制度与世俗的博弈,呈现出关照唐宋社会变迁的一个制度史背景,值得深入研究。

盛唐礼制建设在中国古代史上具有典型意义,其对于礼制建设的国家治理意义也颇可作为重要范本。从《唐六典》到《大唐开元礼》及开元令,其所关注的礼制对象、礼制等级、礼制规范、礼制程式等在具体制度中的落实,从逻辑内涵到物化实施具有内在的联系性与历史的连贯性,并在特定的历史语境中渗透进入国家体系之中,尤其以物化礼乐的具象化呈现具有更为明确的操作性意义。这一操作性包括人员范围、规范条文、操作流程、器物规模等多方面共同组成,在制度礼典法规的推行过程中得以体现其对于国家和社会的规范意义,进而成为一种社会无意识体现,从而把丧葬卤

① 关于车舆仪制等"物化礼乐"的称法,参见杨英:《北魏仪注考》,《中国社会科学院历史研究所学刊》第 9 集,北京:商务印书馆,2015 年,第 178—181 页。

② 拙文《开路神君:中国古代葬仪方相的形制与角色》,《清华大学学报》2012 年第 2 期,第 121 页。

簿背后所具有的特殊信仰意义渗透深植入集体无意识之中,进而在仪制、规范与社会、信仰之间形成紧密的互动关系而成一代盛典。礼制文化对于国家治理的意义,从唐代丧葬礼的制度化进程中得以展现。

【本文系国家社科基金重大项目"中国礼制文化与国家治理研究"(项目号:22VLS004)阶段性成果。初稿曾在清华大学人文学院主办的"《通典》与中国制度史"学术工作坊上,得到吴丽娱、杨英、顾涛、孙正军、赵永磊等诸位师长学友的指正,谨申谢忱。】

【作者单位:首都师范大学历史学院】

情礼两得:唐初服制变革后的《通典》杜佑服议

黄秋怡

经由儒门师徒整齐、集中见于《仪礼·丧服》篇,在汉代随着儒家经典立于学官而获得典范意义,至魏晋"准五服以制罪"而被纳入帝制国家法律体系的儒家丧服制度,长期行用于朝野,规范性几乎贯穿整个帝制历史。①

经典加于社会之上,同时意味着接受社会的影响。丧仪五服久行于世,切近践履,为至痛饰,也正因长久地浸淫出入于人情时势之间,不能不有所顺应折中。张焕君指出,魏晋南北朝社会中士庶的丧服实践在遵从礼经之余,逐渐呈现出重情的鲜明倾向。② 逮至初唐,发生了数次较为集中的丧服变革,改服立于政令和唐礼典,因而在制度上堂而皇之地突破了经典规定。学者已经察觉,唐初的几次丧服改制多是由帝王主导的。在皇帝指示、群臣议礼的过程中,君臣屡屡以"情""人情"为理由推动改制。儒家思想中的丧服自然与"情"的观念密不可分,《三年问》所谓"三年之丧何?曰称情而立文,所以为至痛极也",即清楚地点出丧服以悲痛情感为基准。唐初君臣依据情而改动服制,合理性的依据也正在这里。

正如吴丽娱所揭示的,初唐一系列的服制改革是北朝旧俗、政治斗争、

---

① 《仪礼注疏》卷二八至卷三三《丧服》,阮元校刻《十三经注疏》,北京:中华书局,1980年,第1096页中栏至1123页上栏。本文所引原文皆标示以中华书局本之页码及上中下栏位置,然文字自不必尽遵。

② 参见张焕君:《情礼交融:丧服制度与魏晋南北朝社会》,北京:商务印书馆,2020年,第34—39页。

学术新风等多个层面上的因素共同催发的结果。①　不过,由复杂的动机和背景推动的改服主张却采取相似的逻辑与表达以论证自身,本文称之为"以情改服"。统一的表达结构意味着稳定的情礼关系的理解。在初唐至中唐的时段内,这种情礼关系的理解占据议礼的上风,然而不乏与之针锋相对的思想。到了《通典》,作者杜佑更是在梳理凶礼沿革时,通过数条简短的评、议,简洁而完整地传达了对于丧服情礼关系的新思考。

一、 杜佑其人与《通典》的礼学史定位

《通典》作者一代大儒杜佑,经学造诣不凡,却自称"不好章句之学"。②斯人一生出掌多地实缺,进摄两任冢宰,因此与其说是皓首穷经的学者式人物,应该更加自我认同经世济民的士大夫身份。《旧唐书》卷一四七《杜佑传》判其学问大旨曰:"性嗜学,该涉古今,以富国安人之术为己任。"③可见杜佑为学之志在于裨益政教。又《通典》卷一杜佑自序曰:"所纂《通典》,实采群言,征诸人事,将施有政。"④作者希望此书直接为现实政治所用,意图溢于言表。

《杜佑传》介绍《通典》纂作始末:"初开元末,刘秩采经史百家之言,取《周礼》六官所职,撰分门书三十五卷,号曰《政典》,大为时贤称赏,房琯以为才过刘更生。佑得其书,寻味厥旨,以为条目未尽,因而广之,加以开元《礼》《乐》,书成二百卷,号曰《通典》。"⑤杜佑因而广之,增其条目,加至食货、选举、职官、礼、乐、刑、⑥州郡、边防八门,即益以礼、乐。而且,在《通典》200 卷的篇幅中,《礼典》更是占去一半。因此,《礼典》确为杜佑机杼独出之

---

①　参见吴丽娱:《唐礼摭遗——中古书仪研究》,北京:商务印书馆,2002 年,第 464—520 页。

②④　[唐]杜佑:《通典》卷一《食货典一》,北京:中华书局,1988 年,第 1 页。

③⑤　《旧唐书》卷一四七《杜佑列传》,北京:中华书局,1975 年,第 3982 页。

⑥　据《通典》卷一《食货典一》杜佑自序:"刑又次之",又自注曰:"大刑用甲兵,十五卷。其次五刑,八卷。"知《通典》虽分出"兵"与"刑法"两个类目,杜佑意思实以"刑"统摄二者。又《通典》李翰序亦称:"《通典》凡有八门。"

处,最能体现其个人特色。

《礼典》百卷之中,前 65 卷为"沿革",后 35 卷为《开元礼纂例》。两部分各自以"吉、嘉、宾、军、凶"为纲次,下又细分小目,一小目即一具体礼制。《开元礼纂例》主要抄撮《大唐开元礼》。"沿革"如其名,采五经、群史,上自黄帝,下至李唐,每事以类相从,举一礼之始终;每一小目,胪列其历代之沿革废置,与当时士臣议论得失之说。

冯茜慧眼独具,指出《通典·礼典》的礼学史意义在于:"将礼经学与礼制传统重新熔铸在一起,为当代礼制奠立秩序。只不过,杜佑对礼经与礼制传统的融合,是以礼制为本位,对礼经学做了历史化的改造。"①所谓礼经学和礼制传统的区分,前者以三《礼》经典与权威师说为最终标准和研究对象,后者虽然不可能完全抛开经典而另立体系,在各朝各代对于经典的依违程度也有差异,但首先关注的是现实礼仪应用需要。冯茜这一判断至少具有两重意涵:一是《通典》将经典转写为仪注,作为上古三代(主要是周)所行之礼编排入各朝代礼制沿革置废的历史序列当中;二是杜佑把礼经学研究的脉络与历代现实礼仪制作、讨论的传统不加区分地糅合为一条线索。

对于本文更重要的是前者。这意味着在杜佑看来,三《礼》经典是三代礼制的载体,其神圣性来自记述的内容。相当于抽离了礼经本身的终极价值,而将三代礼制奉为圭臬。这一取向,与杜佑的自我定位若合符节。杜佑对传统礼经学很熟悉,使用起经典、经说和义疏学文本,如同探囊取物,但不愿自缚在礼经学研究的范围内,而是把它们当成通往上古三代之制的津梁,是要以史为鉴,为当下和未来的礼仪制度建设提供参考。

但冯茜担忧《通典·礼典》将经典仪注化而编入历史叙述的做法,会导致历史相对主义的倾向(又或者,就是为了论证历史相对主义的价值观):"当杜佑化经典为仪注之时,潜在地将经典置于了历史的相对位置上,而三

---

① 　冯茜:《唐宋之际礼学思想的转型》,北京:生活·读书·新知三联书店,2020 年,第78 页。

代礼制的历史相对性,是杜佑礼制思想当中不容忽视的倾向……他也不认为三代以下礼乐为虚事,而是一个礼随时变的问题。……古今异制、礼教从宜,关键在于'随时'。"①冯茜的主要依据是《礼典》论当世婚礼纳征不当用玄纁俪皮的内容。

然而,本文认为起码在凶礼,尤其是丧服礼部分,《通典》却始终将古制视作最高典范。借用杜佑在《通典》就玄纁俪皮所发"议曰":

> 玄纁及皮,当时之要。详观三代制度,或沿或革不同,皆贵适时,并无虚事。岂今百王之末,毕循往古之仪? 如三代制,天子诸侯至庶人,祭则立尸,秦汉则废。又天下列国,唯事征伐,志存于射,建侯择士,皆主于斯。秦汉以降,改制郡县,战争既息,射艺自轻,唯祀与戎,国之大事,今并岂要复旧制乎! 其朝宗觐遇,行朝享礼毕,诸侯皆右肉袒于庙门之东,乃入门右,北面立、告听事,今岂须行此礼乎! 宾礼甚重,两楹间有反爵之坫,筑土为之,今会客岂须置坫乎! 又并安能复古道邪? 略举数事,其余可知也。何必纳征犹重无用之物! 徒称古礼,是乖从宜之旨。《易》曰"随时之义大矣哉"! 先圣之言,不可诬也。②

"皆贵适时,并无虚事",在杜佑看来,与时更易、亲近民用,是礼仪文物发展的一般方向。与"改制郡县,战争既息"前的时势物用关联紧密的名物乃至仪式,如射艺、肉袒、反坫之类,因为丧失了应用的时代情境而渐废。推及婚礼,纳征所用器物,也不应忤逆器物的时代变迁。

《礼记·昏义》云:"夫礼始于冠,本于昏,重于丧、祭,尊于朝、聘,和于乡、射。"婚与丧,都是切于人生、贵贱通行的礼制,因此从未丧失礼存在的社会基础。就礼制本身的贴近生活实践这一特征而言,婚丧别无二致。然而谈到器物用具,《通典》在婚礼强调"随时之义",论"五服缞裳制度"却反

---

① 冯茜:《唐宋之际礼学思想的转型》,第85—87页。
② [唐]杜佑:《通典》卷五八《礼典十八·嘉礼三》,第1652—1653页。

其道而行之,曰:"大唐之制,一据《丧服》之文,具《开元礼》。"①《仪礼·丧服》所载五服缞裳,无疑也是成书前的物用,不可能符合唐人的使用习惯,但杜佑于丧服却不以循古为耻。杜佑不仅在理念上认同唐代丧缞一据《丧服》,而且自己为"匡时要"而作的《丧礼服制度》图文,也要尽依古制。② 形式服用崇尚复古,《通典》在丧服服制上趋向保守的倾向性可想而知。

二、 唐初君臣服制变革中的顺流与逆音

唐初君臣服制改革,依其发生时间和内在关联,可以看成三次较为集中的变革:(1)贞观十四年(640)丧服改制,先由太宗提起嫂叔无服、舅与姨服纪有殊的问题引起,又及"余有亲重而服轻者"。魏徵、令狐德棻领会圣意,奏议嫂叔(弟妻夫兄亦同)制小功五月之服,舅服由缌麻升至小功,与从母同,诏从之。高宗朝显庆二年(657)制舅为甥报服,在各种意义上都应视为贞观变服的后续或余波。(2)高宗上元元年(647)由武后推动,改父在为母为不降,服齐衰三年。此次变礼是武则天篡权前的试探,因此玄宗登基后,开元五年(717)围绕父在为母服,群臣间发生了持续两年的争论,七年(719)下敕恢复古制,父在为母服齐衰期年,却并未能消弭争端,至二十年(732)又旋复武后制。(3)开元二十三年(735),玄宗授意太常卿韦縚上奏,请制堂姨舅、亲舅母服,群臣谏之无果,最终更制舅母缌麻,堂姨舅袒免等服。③

三次服制变革中大多都有明显的帝王(后)主导的特征,而群臣意见或顺或逆,各有不同。贞观十四年的改服,由魏徵、令狐德棻领衔,顺水推舟;而玄宗朝关于父在为母服与堂姨舅、亲舅母服的讨论,则是保守阵营反对意见最为激烈的两次。推动改制的君臣频繁使用"情"来作为变"礼"的依

---

① [唐]杜佑:《通典》卷八七《礼典四十七·凶礼九》,第 2395 页。

② 上海古籍出版社、法国国家图书馆编:《法藏敦煌西域文献 2》,上海:上海古籍出版社,1994 年,第 277—280 页,敦煌 P. 2967。又参考:吴丽娱:《唐礼摭遗——中古书仪研究》,第 427—432 页。

③ [宋]王溥:《唐会要》卷三七《服纪上》,北京:中华书局,1960 年,第 672—684 页。又见于《旧唐书》卷二七《礼仪志七》,第 1019—1036 页。

据，而反对变革礼经之制的群臣也对"情"与"礼"的关系有清楚的分判。这是本文以"情""礼"关系为目展开讨论的基础。

（一）顺流

吴丽娱在《唐礼摭遗》中，从多个层面理解唐初服制改革的发生：一方面的动力来源于唐初奠立李唐王朝新法度的高度自觉。唐人有着自我作古的集体意识和时代新风，不迷信礼经和古制，因而能从容修改经典，又要制作新的一代礼典。另一方面，这些服制改革的具体项目各有各的微观情势需要，吴先生将它们与各任皇帝的私家人伦及个人欲求关联起来，[①]并最后总结为帝王意志与北朝风习二点。在上述帝王主动促成的服制改革背后，无疑能够看到强大的君主意志，与深宫之中野心与欲望的交织。然而作为更深厚的社会基础的，却是继承自北朝的"恒代遗风"。唐初主要的服制变革，除去嫂叔服，其余基本可以纳入舅服、母服之类。而北朝因母系社会遗俗加上门第婚姻政治，本有重外戚的风俗。[②] 这一影响，通过隋朝直抵唐初的宫廷政治，是唐初提高舅、母服的深层文化背景。[③]

历史中的行为与言说，是个人动机、风俗文化、时代精神等多重因素错

---

① 按照吴丽娱细致精彩的考证：太宗推动嫂叔制服的动机很可能是因为娶了兄弟巢剌王的妃子杨妃，而在礼法上消除一些嫂叔之间的限制，不仅满足太宗文过饰非的愿望，同时也是时获独宠的杨妃寻求立为皇后的努力。加舅服为小功，则既与唐初皇帝仰赖母党、妻党（皇后之兄弟即太子之舅）的风气有关，更直接的意义上，又是贞观朝借助于妻党高氏、长孙氏的政治势力而发动玄武门之变后，给予舅氏殊荣的报恩之举。而显庆二年长孙无忌倡立舅为甥报服小功的服制，是长孙无忌为了向皇帝外甥示好、缓和舅甥关系以自保的最后挣扎。上元时父在为母服改制，显然是由于武则天谋立之前，为突破男女尊卑限制，树立帝后同为"二圣"观念的尝试；开元年间群臣对父在为母服的警惕也直接来源于此。而玄宗不顾群臣反对，笃定要为堂姨舅制祖免服的理由，很有可能是因为一时专房之宠的武惠妃，图谋立后和以己子取代太子。武惠妃身为武则天的从父兄女，必须洗脱出身的敏感成分，而另寻一种标榜家世的出路——即己父作为中宗、睿宗皇帝的堂舅，改制之后，自己既出自皇帝的祖免亲，立后之事更为名正而言顺了。与这些服制的变革相比，其余相伴随的丧服变化只是陪衬或遮羞布。参见吴丽娱：《唐礼摭遗——中古书仪研究》，第 495—512 页。

② 受鲜卑、乌桓早期社会遗俗影响，北朝的大族重视母家，皇室也往往与勋贵、大族联姻，乃致后族干政频出。另外，自北魏始，汉族大族如崔、卢、李、郑，也无不与鲜卑皇室亲贵缔结联姻。参见吴丽娱：《唐礼摭遗——中古书仪研究》，第 512—515 页。

③ 参见吴丽娱：《唐礼摭遗——中古书仪研究》，第 512—520 页。

综复杂的结果。但在这些因果关系之外,还有作为集体意识而存在的思维方式左右着语言上的表达。唐初君臣使用相似的模式,以"情"或"人情"推动"礼"的变革,而这种统一的表达形式意味着对于"情""礼"关系稳定的集体理解。

贞观十四年(640)服制改革中,对太宗意旨心领神会的魏徵、令狐德棻奏曰:

> 臣闻礼所以决嫌疑,定犹豫,别同异,明是非者也。非从天降,非从地出,人情而已矣。夫亲族有九,服术有六,随恩以薄厚,称情以立文。①

礼经和古人谈论礼,往往将其本源追至天地至大至高之物,从而论证礼的神圣性与规范性,如《礼运》"夫礼,必本于天,殽于地,列于鬼神",《礼器》"礼也者,合于天时,设于地财,顺于鬼神,合于人心理万物者也"等,不一而足。而此番"非从天降,非从地出"的论调,则是出自《礼记·问丧》:"此孝子之志也,人情之实也,礼义之经也,非从天降也,非从地出也,人情而已矣。"②唐初变服风气的延续者,也忠实地祖述了这一说法。在开元年间清算武后所制父在为母齐衰三年服的礼议论争中,刑部郎中田再思支持保留武后所改之服的发声即有言曰:"稽之上古,丧期无数,暨乎中叶,方有岁年。《礼》云:'五帝殊时,不相沿乐;三王异代,不相袭礼。'《白虎通》云:'质文再而变,正朔三而复。'自周公制礼之后,孔父刊经已来,爰殊厌降之仪,以标服纪之节。重轻从俗,斟酌随时。故知礼不从天而降,不由地而出也,在人消息,为适时之中耳。"③较之贞观群臣的说法,田说增添了礼宜从俗,随时而变的背景铺垫,更显稳重,却不及贞观年间般霹雳惊雷、令天地缄默的气势。

反之,改服风气的异见者,如开元时支持取消武后制服的右补阙卢履

---

① 《旧唐书》卷二七《礼仪志七》,第1019页。
② 《礼记正义》卷五六《问丧》,阮元校刻《十三经注疏》,第1656页下栏。
③ 《旧唐书》卷二七《礼仪志七》,第1024页。

冰,上言时讥之曰:"《丧服四制》又曰:'凡礼之大体,体天地,法四时,则阴阳,顺人情,故谓之礼。訾之者是不知礼之所由生。'非徒不识礼之所由制,亦恐未达孝子之通义。"①变革者离经叛道,保守论者则用另一传统之说坚守"礼"的稳定性,进而坚持礼经中的服制秉自天地、不可刊削。

　　唐初改服中引用《问丧》,取消礼与天地的传统关联的论述,是为了对礼的本源解释为"人情而已矣"。此经典旧说,在《问丧》上下文语境中,是为了说明丧服之制符合人情。但为唐初君臣所持续援引,作为变服的依据,也就由此注入了不一样的意味。人情,只需要人情即可概括礼之全体大用,这是唐初君臣变革服制的核心理念。在魏晋南北朝历史上,也不乏因为重情而开辟出偏离礼经所载服制的丧服实践,张焕君《情礼交融:丧服制度与魏晋南北朝社会》一书中即征引许多,甚至将魏晋南北朝间丧服制度的特点归结为"既有'以情制服'的鲜明特征,又能遵守'以礼裁之'的规则"。②

　　然而如果将唐初系列改服变革视为魏晋南北朝丧服实践的自然延续,却过分低估了唐朝君臣的革命性。魏晋南北朝人的丧服实践,固然有很多为了情感的表达而逾越礼经《丧服》规定的尝试,但主要仍然是通过对经典的再阐释或类似心丧等非正式制度的补足而实现的,因此总体上承认经典的最高规范性,在经典与社会之间采取调和的做法,努力将生活实践纳入礼经规定的范畴之中。③

---

　　①　《旧唐书》卷二七《礼仪志七》,第1029页。
　　②　更具体而言,张焕君视亲亲、尊尊为《丧服》制定服制的基本原则,而认为魏晋南北朝时期丧服制度的主要变化也正是:随着西周建立的封建制度、宗法制度面目全非,尊尊的范围逐渐由"国""宗"的层面坍缩而凝聚于"家"中,君臣关系重新界定、宗子地位下降,保持"父统"成为尊尊最主要的功能,而原本极为重要的身份差异则让位于血缘的远近,尊尊逐渐与亲亲同质同等。另一方面,丧服制度的核心转移到了基于血缘关系的亲亲之道。一个突出例子是,母服渐渐摆脱"父统"的压制作用而得到伸张。在亲情之外,恩情也得到重视,出于恩情而为原来服制较轻的亲属、乃至无服之人加服,变得非常常见,例如嫂叔服。与此配套的是心丧,作为一种既满足超出礼制的制服需要,但又不明面上挑战礼经服制的灵活手段,得到广泛应用。张焕君:《情礼交融:丧服制度与魏晋南北朝社会》,第32—39页。
　　③　参见吴丽娱:《〈礼论〉的兴起与经学变异——关于中古前期经学发展的思考》,《文史》2021年第1辑。

而唐人不仅想着改动《礼记》、附唐制度，即便因反对作罢，也还要以《唐六典》《开元礼》建立唐人自己的新《周礼》《礼记》，《月令》也要按照唐人的意思重新改写。① 可见唐人自信独步古今，并不为经典束缚手脚，而且认为礼"非从天降，非从地出"，将天地排除在"礼"的本源之外，以"情"取而代之。唐初君臣通过将"礼"本质化，提纯为"情"，当"情"直接等同为"礼"的全部合理性所在时，用唐人的"情"去改动礼经中古腐的"礼"就名正言顺了。那么，俨然成为"礼"的全权代言者的"情"又是什么呢？本文愿见之于唐初君臣改服行事。

贞观十四年魏徵、令狐德棻奏议提升舅服的论述有言：

> 然舅之与姨，虽为同气，论情度义，先后实殊。何则？舅为母之本族，姨乃外戚他族，求之母族，姨不在焉，考之经典，舅诚为重。……盖古人之情，或有未达，所宜损益，实在兹乎！②

按照《丧服传》"外亲之服皆缌也"，外亲之服一般而言以缌为断，唯有外祖父母、从母（即姨）二者服小功，一则外祖父母"以尊加"，一则从母有母之名，故"以名加"。舅服在《丧服》中也是缌麻之服。太宗授意提升舅服的直接考量自然是报高氏、长孙氏扶持之恩，这一具体的考虑同时也反映着唐初舅族在皇室政治中持续性的影响力。③ 在魏徵、令狐德棻的上奏中，要求的虽然是将舅服提为与姨相同之小功，但陈言之间"论情度义"，将舅看得反而比姨为重，与礼经重从母而轻舅服的规定则正好相反。这恰恰是因为群臣太清楚皇帝看重的是母家势力，而非母亲与从母之间的姊妹情深。而从母外嫁，母家势力自然是操纵在母之本族的男子手中的。因此，群臣

---

① 参见吴丽娱：《唐礼摭遗——中古书仪研究》，第 470—480 页；乔秀岩：《孝经述议复原研究·编后记》，林秀一：《孝经述议复原研究》，乔秀岩、叶纯芳、顾迁编译，武汉：崇文书局，2016 年，第 527—528 页；冯茜：《唐宋之际礼学思想的转型》，第 49—58 页。

② 《旧唐书》卷二七《礼仪志七》，第 1019—1020 页。

③ 参见吴丽娱：《唐礼摭遗——中古书仪研究》，第 500—504、512—520 页。

这里所论之"情义"，实指的是舅氏可堪依傍之势力与患难扶持的情谊。

　　而同在奏议之中的嫂叔服则是另外一种"情"的逻辑。《丧服》无嫂叔服之文，嫂叔无服，在儒家礼经中基本无疑义。[①] 但与舅服在唐之前并无争议不同，嫂叔有服无服，在魏晋南北朝期间就争端频出，试图论证应当制服的尝试并非个例。[②] 此处二臣引礼经继父同居与同爨缌为例，故意歪曲"同居"的意涵，[③]煞费苦心。据礼经中有因一同起居饮食而增服或制服的原则，推出"故知制服虽系于名，亦缘恩之厚薄者也"的结论。又曰：

> 或有长年之嫂，遇孩童之叔，劬劳鞠养，情若所生，分饥共寒，契阔偕老。譬同居之继父，方他人之同爨，情义之深浅，宁可同日而言哉！在其生也，爱之同于骨肉；及其死也，则曰推而远之。求之本源，深所未谕。推而远之为是，则不可生而共居；生而共居之为是，则不可死同行路。重其生而轻其死，厚其始而薄其终，称情立文，其义安在？[④]

二臣设想了一种自小而孤，由长嫂劬劳抚养成人的情况，此人自然从如母般的长嫂处领受了天大的恩情。与这一假设类似的情形无疑在现实中存在，甚至见载史籍的也不在少数。[⑤] 然而丧服并非为一人一事而设，二臣却不惜专门构设一事，来展现嫂叔之间的情义所在。不过，将论述的偏颇之责全然推卸到二臣媚上的私德有缺上，无疑也是不公的。不如说采取一种私人化、极端化的论证，正是"制服虽系于名，亦缘恩之厚薄者"的必然后果。当君臣将嫂叔制服的基础转移到恩情之上时，就已然面临着个别与普遍的困境了。恩情本来就是相当私人性的，因而援引恩情意味着很容易导

---

　　① 《丧服传》更是直言"夫之昆弟何以无服也"云云，《礼记·檀弓》又有"丧服，兄弟之子犹子也，盖引而进之也，嫂叔之无服也，盖推而远之也"的明文。《仪礼注疏》卷三二《丧服》，《礼记正义》卷八《檀弓》，阮元校刻《十三经注疏》，第 1114 页中栏，第 1289 页中栏。

　　② ［唐］杜佑：《通典》卷九二《礼典五十二·凶礼十四》，第 2506—2508 页。

　　③ 按郑注，此处的"同居"指的是妻稚子幼，子无大功之亲，且继父为之筑宫庙于家门之外的情况。《仪礼注疏》卷三二《丧服》，阮元校刻《十三经注疏》，第 1108 页下栏。

　　④ ［宋］王溥：《唐会要》卷三七《服纪上》，第 673 页。

　　⑤ 张焕君：《情礼交融：丧服制度与魏晋南北朝社会》，第 234—235 页。

向具体的不同情形。

在延续以情改服之风这一点上，武则天无疑是李唐王朝的正统后裔。上元年间推动父在为母不降，服齐衰三年时，武后上表曰：

> 至如父在为母服止一期，虽心丧三年，服由尊降。窃谓子之于母，慈爱特深，非母不生，非母不育。推燥居湿，咽苦吐甘，生养劳瘁，恩斯极矣！所以禽兽之情，犹知其母，三年在怀，理宜崇报。若父在为母服止一期，尊父之敬虽周，报母之慈有阙。①

父在为母在《丧服》中为齐衰期服，然而在魏晋以下，期年除服后用心丧的形式延续至三年的做法已是普遍情形。② 武后不满于心丧三年，详述生养勤劳之功，大有子母慈爱，尚在父子之上的意味。而所谓"禽兽之情，犹知其母"的论据，出自《丧服传》"禽兽知母而不知父"，但如此用法却是对礼经原意的颠覆。在原文尊卑与德性同构的等级序列里，禽兽正是位于最底端。与之相应的，知母而不知父也是所有情况中最低劣的一种。但武后对《传》文却心安理得地反用其义。这是因为在魏晋时期"自然"观念的发展变化，使得越接近于自然的事物越是显得可贵。因此，《传》文构建的价值等级也被反转或曰超越，禽兽代表的反而是最为质朴难得的大道。故武后取则于禽兽知母的自然亲情，以伸母服。

更为剑走偏锋的是玄宗对堂姨舅、亲舅母服的坚持。开元初群臣对武后制服连年争论后，七年（719）八月玄宗下敕，将父在为母服恢复如古制，连带"诸服纪宜一依《丧服》文"，于是贞观所制嫂叔服、舅服提升一并被废止。待到二十三年（735），玄宗却又重提"服制之纪，或有所未通"，下礼官学士详议。得到玄宗属意的太常卿韦绍上奏，表示"外祖父母正尊，同于从母之服。姨舅一等，服则轻重有疏。堂姨舅亲即未疏，恩绝不相为服。亲

---

① 《旧唐书》卷二七《礼仪志七》，第 1023 页。
② 参见张焕君：《情礼交融：丧服制度与魏晋南北朝社会》，第 103—110 页。

舅母来承外族,同爨之礼不加","并是情亲而服属疏者",于是拟将外祖父母加至大功九月,舅服加至小功五月,堂姨舅、亲舅母因《丧服》无文,并加至袒免。舅服加为小功,贞观君臣已有前例。而且此番加服之举,外祖父母、舅服其实不过陪衬。从玄宗后来回应群臣质疑的手敕来看,他真正关心的是堂姨舅与亲舅母二者。最后准诏加服,甚至外祖父母已不列于其中,而亲舅母服却比韦縚上奏时更重,从无服制为缌麻。在此过程中,群臣屡次晓之以母党与本族有别之理,又阐明丧服制度更是严密体系,牵一发而动全身,加、增上述外亲之服,就牵扯更多原本无服之人需要制服的问题。① 然而玄宗不为所动,最后群臣只好屈从圣意。②

外祖父母、舅服尚在《丧服》有文之列,但堂姨舅、亲舅母服,则纯属无稽之谈。玄宗苦苦坚持,也不能说出更多道理:

> 此皆自身率亲,用为制服。所有存抑,尽是推恩。朕情有未安故令详议,非欲苟求变古,以示不同。卿等以为"外族之亲,礼无厌降,报服之制,所引甚疏"。且姨舅者,属从之至近也,以亲言之,则亦姑伯之匹敌也。岂有所引者疏,而降所亲者服?③

将姨舅与姑伯匹敌而待,已属忽略了本族与母党的界限了,堂姨舅与亲舅母之服更无理可喻,只能用"朕情有未安"加以笼括。至此,唐初以情改服的风习发展到了极致。唐玄宗对堂姨舅、亲舅母服的执着,无疑有着超出经义和服制的外部考虑,前文已涉及。然而玄宗在朝堂之上,不需出示任何理论上的支撑,仅提出帝王一己的"情有未安",就使妄图舌战取胜的群臣陷入沉默,这既是皇权炽盛的体现,但又不能不归之于唐朝改礼变服一贯理路的延续。

---

① 这应该就是最后不将外祖父母纳入加服范围的考虑,玄宗为了规避加外祖父母服的繁重后果,放弃了本来就非改服重点的外祖父母服。

② [宋]王溥:《唐会要》卷三七《服纪上》,第681—684页。

③ [宋]王溥:《唐会要》卷三七《服纪上》,第683—684页。

亲情、恩情、情谊、情欲……"情"本身就是混杂的、难以名状的,用私人体验抵抗着一切分析。因为与私人体验密不可分,"情"在具体的个人身上获得了独特而多变的意涵。更甚的是,"情"一旦与权力结合,又沾染了任意性。但这正是唐初奠定的改服风尚的题中之意。经典与礼制比肩天地的隽永性一夕间打破,宣称"情"是"礼"的本质,进而挟"情"以改服,已是唐初君臣共同铸造的一代法度,因此,皇帝以私情未安为由,无视群臣据理力争,只是这一传统走得最为极端的实践。但当"情"成为帝王手中任意操纵的玩物时,透过"情"五光十色的万花筒,只能看到唐初君主在时代精神中膨胀的自我投射。

在这次服制变革中成为玄宗代言人的韦縚无疑深谙此理,奏书中的"礼以饰情,服从义制,或有沿革,损益可明"即一语点破天机。① 在动议改服的君臣看来,礼不过是情的文饰,情才构成礼的实质,文虚而质实。而秉持了"情"的真切理解的唐人自然可以更革服制,只是沿革损益,需待圣王。

贞观十四年,在搜寻胪列了典籍之中事嫂谨严而竭诚致感的诸多例证后,魏徵、令狐德棻陈言:

> 此并躬践教义,仁深孝友,察其所尚之旨,岂非先觉者欤? 但于其时,上无哲王,礼非下之所议,遂使深情郁乎千载,至理藏于万古,其来久矣,岂不惜哉!

又曰:

> 臣等奉遵明旨,触类旁求,采摭群经,讨论传记。或引兼名实,无文之礼咸秩,敦睦之情毕举,变薄俗于既往,垂笃义于将来,信六籍所不能谈,超百王而独得者也。②

---

① 《旧唐书》卷二七《礼仪志七》,第 1032 页。
② 《旧唐书》卷二七《礼仪志七》,第 1020—1021 页。

按照此说，改服所因凭的"情"不是当时独有，实际流溢于千载之中。唐初君臣自认为空前绝后，视礼经为未备，置往圣于无物。既然深情为经典、往圣所不及，是旧礼不完备的明证；又有圣王出世，也就成了唐人改制义不容辞的缘由。因此，"情"与圣王二者，是贞观十四年君臣理解中的改服所必需。当时强调"深情郁乎千载"，相当于将据以改服的"情"自我约束为时人所能同感的内容，因而尚能从传统、风俗和集体中汲取着偏私之"情"其普遍性的来源。所制所改嫂叔、父在为母服，都是魏晋南北朝时起即对经典之制有异议，而民间的实践中也有所破立的服制，尚可谓有公共性可以凭依，但到后来闻所未闻的堂姨舅、亲舅母之服，则不仅经典无文，也超出了可循之情的范围，纯属玄宗私心所在。唐初君臣借以改制的所谓"情"，至此也不明其所以然，遂流变为空洞的外壳、徒有形式的言辞，只是帝王意志和权力的展现了。

贞观至开元的服制变革过程中，唐初君臣先是不采传统上将"礼"与天地隽永者关联的模式，也就在理念上革除了经典与古制对于时代的绝对约束性，"礼"也同时失去了取则天地般具有恒定性的追求，这为"礼"的沿革变化提供了空间。随后，又将"礼"的本源单一地归结为"情"，以"情"为本源的"礼"自然是可以被更为妥帖地把握时"情"的圣王所更革的，这就是强调"礼"随时之义的起源。礼五帝不相沿、三王不相袭，唐人谈到"礼"，想到的是沿革损益之物。在唐人的观念中，今有圣王出，于是可以有所损益。圣王与"情"虽缺一不可，但两者的关系在实际中却悄然改变：一开始的改制中，圣王以最能体万民之情的形象出现，所用之"情"尚维持在与时情、俗风的紧密关联的范围内。但因为"情"本身的内容混杂和不稳定性，圣王似乎不再限于忠实地采集和反映民俗之"情"，而是成为最能感知体察一切"情"的人，也就不再需要先行证明"深情郁乎千载"。因此，最终以"情"制服的实践中，所谓的"情"丧失了任何明确的指称，纯然沦落为君王实现个人目的的修辞术。一言以蔽之，唐初丧服变革实为初以"情"统摄"礼"，最终又以圣王取代了"情"。

（二）逆音

在贞观至开元的服制变革之中，并非没有反对的声音。玄宗登基后，对武后的丧服改制进行清算，具有政治上的合理性。因而对改服的异见得以如雨后春笋般涌现，又以右补阙卢履冰、左散骑常侍元行冲为其中的领衔人物。这股反改服的逆流由否定武后所制父在为母齐衰三年服始，并不自限于此，而是连贞观十四年改制的内容也包含其中，"并舅及嫂叔服不依旧礼，亦合议定"。主张保留唐初改服的田于思不仅替父在为母服三年发声，也要求维持嫂叔服、舅服在唐朝的变革。而保守派元行冲奏议中除父在为母服有应降之义外，又将从母（即姨）服过于舅、嫂叔无服的道理——陈明，请求三者都"依古为当"。最终开元七年（720）8月玄宗下敕，"与其改作，不如师古，诸服纪宜一依《丧服》文"。① 应该说，开元初年大讨论虽为武后制去留而产生，但却是对此前数次改服的总体反思。反对者的保守立场不独针对武后所改的父在为母服，因而也不尽是政治投机之站位行为，相反，这些保守派可视为整个唐初改服之风的异见者。而这次大讨论中两位代表人物理论之完整、立场之坚定，及其积极寻求对此前的改制进行整体性反思的表现，为我们揭开了持续三朝的唐初服制变革实践之下的隐藏一角：很可能，逆耳之音并不只是此时才出现，只是直至碰上有利的政治时局才大鸣大放。

认同唐初变服的田于思和他的前辈一样，渲染礼制以时为大之义，又罗列周代名物制度，如羔雁珪璧、分土五等之类，皆不见行于当时。② 言下之意，全然复古是不可能的，因此服制也不必泥于礼经古制。然而此番类比的前提，却是田于思认为丧服与上述被革除更易的礼制名物别无异处，都是一时之制，在周以后也同样可以被取缔或重制。

与之相反，保守派则始终坚持礼经与礼制的恒定性。卢履冰最初上言

---

① ［宋］王溥：《唐会要》卷三七《服纪上》，第 678 页。
② 《旧唐书》卷二七《礼仪志七》，第 1025 页。

请议武后所改制时即曰:"今陛下孝理天下,动合礼经,请仍旧章,庶叶通典。"礼经虽为旧章,在保守派眼中却看出了历久弥新的典范性。

不仅为礼经整体赋予百代通行的至高典范意义,保守阵营还为父在为母降的丧服找到了理应持存的特殊性。元行冲释父在为母服当尊厌而降之理曰:

> 资于事父以事君,孝莫大于严父。故父在,为母罢职齐周而心丧三年,谓之尊厌者,则情申而礼杀也。斯制也,可以异于飞走,别于华夷。羲、农、尧、舜,莫之易也;文、武、周、孔,所同尊也。今若舍尊厌之重,亏严父之义,略纯素之嫌,贻非圣之责,则事不师古,有伤名教矣。①

依《丧服》制,父没为母服齐衰三年,然而父在为母却只服齐衰期年,父存父没,为母之服有异,《丧服传》的解释是:"何以期也? 屈也。至尊在,不敢伸其私尊也。"后世的经学家将这种情况归入"厌降"。② 虽然父母兼有亲亲、尊尊之义,本服都是三年,但在儒家礼制观念中,与父亲相比,母亲就只是私亲、私尊。作为至尊的父亲尚在,父为母按妻服制齐衰期服,儿女为父之尊所厌,就只能为母服同样的期年之服。是谓严父之义。

元行冲认为此制万古不变,与田于思所列举之类不同,原因是父在为母降服齐衰期中体现的严父之义,是判分人与禽兽、区别华夷的根本所在。禽兽和蛮夷作为自身在思想上的反面,与之划清界限、建立对立,是古人构建文明体道德的方式。前述武后反用《丧服传》意,《传》原文即作:

> 禽兽知母而不知父,野人曰:"父母何算焉?"都邑之士则知尊祢矣,大夫及学士则知尊祖矣,诸侯及其大祖,天子及其始祖之所自出。

---

① [宋]王溥:《唐会要》卷三七《服纪上》,第 678 页。
② 郑玄注:"降有四品。君大夫以尊降,公子、大夫之子以厌降,公之昆弟以旁尊降,为人后者、女子子嫁者以出降。"《仪礼注疏》卷三〇《丧服》,第 1105 页中栏。

尊者尊统上，卑者尊统下。①

　　在《传》文构建的德性与尊卑相配的等级序列中，禽兽只能确认母子关系，而野人平等地对待父母亲，因而他们在价值体系上也被视为最低劣的两者。而近教化的标志是能区别对待父亲和母亲，建立起父尊于母的观念。《传》后郑注曰："'大祖'，始封之君。'始祖'者，感神灵而生，若稷、契也。'自'，由也。及始祖之所由出，谓祭天也。"郑用感生说，认为天子的始祖是从天的一种形态，即感生帝而出。而《传》文尊之所及的排列，与《礼记》中《王制》《祭法》等的宗庙祭祀之说略同。② 王者有祭天之礼，而诸侯宗庙祭及其始封之君，上士立三庙及于皇考（祖），官师之士只有考庙（父）一庙。因而知《传》文与西周宗法分封制严密配合，内含一种爵级、德性与宗庙同构的秩序，"积厚者流泽广，积薄者流泽狭也"。究其本源，是宗法制中"尊祖敬宗"之义。

　　这是论战诸臣在此申明父在为母有"尊厌"之义，故不能伸服三年的传统理论背景。然而，保守派对父之于母有"尊厌"之义的伸张却有所偏失。卢履冰数次上奏，反复陈述的正是：

　　　　臣闻夫妇之道，人伦之始。尊卑法于天地，动静合于阴阳，阴阳和而天地生成，夫妇正而人伦式序。自家刑国，牝鸡无晨，四德之礼不僭，三从之义斯在。③

检讨的服制明明是为母之服，而群臣却始终在夫妇一伦踟蹰，连要求保留武后制的田于思也要申明齐斩有别，故父在为母服三年不影响"乾尊坤卑，

────────────

①　《仪礼注疏》卷三〇《丧服》，阮元校刻《十三经注疏》，第 1106 页上栏。
②　天子七庙，诸侯五庙，大夫三庙，上士二庙，官师一庙，庶人无庙祭于寝。但《礼记》诸篇也有参差。
③　［宋］王溥：《唐会要》卷三七《服纪上》，第 677 页。

天一地二,阴阳之位分矣,夫妇之道配焉".① 前引《丧服传》文,虽然以父母区分为讨论的起点,但判分父母孰尊,实际上处理的是父子问题,并又由父子问题引向了祖与宗的正题。而开元群臣重心则在正夫妇,要实现的是男尊女卑,各正其位。元行冲虽孜孜于人与禽兽之分,然而实际也不过持守"都邑之士则知尊祢矣"的位态,并未有更高一层的礼义探讨。

这无疑是直接针对武后篡权的事实而来的讨论方式。君臣为防止牝鸡司晨复现,瞄准了武后提高母服的制设,并聚焦夫妇之伦伸男尊女卑之义。男尊女卑自然也包含在"尊厌"之制和前引《传》文之中,但在周制中却有着宗法制的背景和尊祖敬宗的依据。开元群臣却以男尊女卑为"尊厌"的全部意涵,丧失了周制的背景与依据。西周封建宗法制既已消亡,丧服中基于五等爵制、重宗重嫡的许多规定都失去了制度基础,正如张焕君对魏晋南北朝社会丧服制度的判断,尊尊之义从"国""宗"的层面退缩而主要凝聚到"家"之中,保持"父统"成为尊尊最主要的功能,②而且,所谓"父统""严父",因为丧失了重宗统的意涵,也单单是坚持着男女尊卑的形式而已。

较之唐初君臣以"情"改服之风,保守派无疑更坚持经典和礼制的恒定性,并且援引周制"尊厌"之义来驳斥武后的改服,但是从他们的具体论述来看,保守派对"尊厌"之义的理解也被剥离了深层的依据,只剩下单薄的男尊女卑之义。

在"情""礼"关系上,保守派也呈现出类似的特征。元行冲奏议中有一段较为完整的论述,清楚地展现出与唐初改服实践中以"情"改服("礼")观迥异的"情""礼"关系理解:

> 天地之性,惟人最灵者,盖以智周万物,惟睿作圣,明贵贱,辨尊卑,远嫌疑,分情理也。是以古之圣人,征性识本,缘情制服,有申有

---

① [宋]王溥:《唐会要》卷三七《服纪上》,第 676 页。

② 参见张焕君:《情礼交融:丧服制度与魏晋南北朝社会》,第 33—34 页。相应的,在唐代丧服中,公卿大夫同于士、妾同于妻、庶同于嫡,已经成为无疑义的前提。参见吴丽娱:《唐礼摭遗——中古书仪研究》,第 481 页。

厌。天父、天夫，故斩衰三年，情理俱尽者，因心立极也。生则齐体，死则同穴，比阴阳而配合，同两仪而成化。而妻丧杖期，情礼俱杀者，盖以远嫌疑，尊乾道也。父为嫡子三年斩衰，而不去职者，盖尊祖重嫡，崇礼杀情也。资于事父以事君，孝莫大于严父。故父在，为母罢职齐周而心丧三年，谓之尊厌者，则情申而礼杀也。①

与唐初君臣以"情"为"礼"的本质，即将"礼"单一化为"情"的取向不同，在元行冲的论述中丧服制度"情"与"礼"各自有申有厌，因而能排列组合为"情理（礼?）俱尽"、②"情礼俱杀""崇礼杀情""情申而礼杀"四种情况。按照此说，"情"与"礼"自然不可能等同，甚至会出现一申一厌、完全相反的表现。兹按其说制表如下：

表1　元行冲丧服情、礼隆杀变化表

	情　申	情　杀
礼崇	子为父、妻为夫，斩衰三年去职	父为嫡子，斩衰三年不去职
礼杀	父在为母，齐衰周年去职，心丧三年	夫为妻，齐衰杖期年不去职

礼之有隆有杀，是礼学传统之说，并非元行冲初创。《荀子·礼论》即曰："礼者，以财物为用，以贵贱为文，以多少为异，以隆杀为要。文理繁，情用省，是礼之隆也。文理省，情用繁，是礼之杀也。文理情用相为内外表里，并行而杂，是礼之中流也。"荀子之说只分三类，与元行冲四种情况不同。而且，荀子礼之隆、杀，正是将情包含在内，由情用与文理的繁省不同搭配而成。③元行冲将礼之崇、杀与情的申、厌独立，显然是另创新说，注入了完全不同的理解。

在四种情况中，妻服被元行冲归为"情礼俱杀"一种的代表，其中礼杀

① 《旧唐书》卷二七《礼仪志七》，第1030页。

② 与下文其余三种"情""礼"配对情况对比得知，"情理俱尽"，"理"可能为"礼"的讹误，应是涉上文"分情理也"而误。

③ ［清］王先谦：《荀子集解》卷一三《礼论》，北京：中华书局，1988年，第357页。

较好理解，是指较之妻为夫服斩衰三年，夫只为妻服齐衰期年，不仅齐斩有别、而且年岁见减。而元氏所谓的情杀，则应指的是夫为妻无解官去职之事。按《大唐开元礼》及唐假宁令，夫为妻服丧确为不许去职，而只按齐衰期年准假。① 而父为嫡子服，"三年斩衰，而不去职"，被元氏视作"崇礼杀情"的代表，同列于情杀的情况；父在为母服，"罢职齐周而心丧三年"，因为有解官、心丧而属情申，但因为父在尊厌，仅服期年，又属礼杀。因此在元氏一说中，"情"的申、杀区别的是去职的有无，而"礼"的崇、杀则关涉的是服制的轻重。正因如此，"情""礼"的申与厌并不互相影响，可以配比成四种情况。

官吏遭丧事因而给假的制度，最晚在汉代时已确立，此后历代有所沿革。逮至隋朝，更是制定专门的《假宁令》一篇，用于规范国家官吏的作息时间，其中包含因丧去职或给丧假的内容。唐代制令，亦有专篇，规定明确。② 而心丧一事，始于晋武帝自我作古。虽然经典无文，心丧却在魏晋南北朝历史上逐渐制度化，作为伸张不见容于服纪的私情的途径，得到了广泛的应用。③ 到了唐代，因为行之日久，已经俨然成为新的传统之制。元行冲将"情"之申、杀系于二者，耐人寻味。将"情"与两项行事制度相关联，意味着在元行冲的理解里，"情"与"礼"不再是传统那种内与外、心与行的嵌套结构，而是形成两种并列的外在化仪式或行动。这是因为"情"的表达变得私人化、去公共化。"情"已经从"礼"，即沿袭自儒家礼经而成的丧服制度中分离出来，而必须通过脱离公职、回归私家的方式，借助心丧这种超出礼经丧服制度的表现形式，才足以释放。推究其理，元行冲"礼"中所表基本是经典中的服制，但又在经典服制之外另设一径以表"情"，通过认可通行的权宜制度，疏导了不合礼经服纪的时俗之需，既安顿了俗情，反过

---

① 《开元礼》卷三《序例下》"杂制"。《唐令拾遗·假宁令第二十九》开元七年唐令。《天一阁藏明钞本天圣令校证（附唐令复原研究）》。

② 郑显文：《法律视野下的唐代假宁制度研究》，《南京大学法律评论》2008 年春秋号合卷。

③ 张焕君：《情礼交融：丧服制度与魏晋南北朝社会》，第 94—120 页。

来又捍卫了经典之制的纯净性。与唐初君臣面对不合时宜的服制，就直接搁置礼经典制而另设丧服的激进改服相比，元行冲无疑是保守的，但这一处理又对久行于世的俗制与人情有所照顾。

元行冲不循唐初君臣以"情"涵摄乃至偏废"礼"的理路，而将"情"与"礼"分立，在"礼"中寄托经典服制，在"情"中包容世俗民情，如此处理，既与唐初改服风尚分途，又非全然复古，是唐人之中对"情""礼"关系的另一种理解，或可代表唐初君臣丧服改制活动下保守派的声音。

三、《通典》"丧服议"中的"情""礼"观

《礼典》百卷，足占《通典》篇幅之半。而杜佑在《礼典》之首，阐明了本书"说""论""评"的体例："凡义有经典文字其理深奥者，则于其后说之以发明，皆云'说曰'。凡义有先儒各执其理，并有通据而未明者，则议之，皆云'议曰'。凡先儒各执其义，所引据理有优劣者，则评之，皆云'评曰'。"[①]《通典》记载历代典制沿革，杜佑本人真意往往隐而不见，但这些"说曰""议曰""评曰"，明确出自杜佑己意，则是窥见杜佑思想的终南捷径。如此凡例待到《礼典》才发，也是因为杜佑的"说""议""评"主要集中在《礼典》部分。[②] 为避主观臆断之嫌，本文对杜佑丧服思想的分析，也主要取材于其"议""评"文字。[③]《通典·凶礼》丧服部分共计"议"三条、"评"一条，虽寥寥数条，然而已囊括和回应了唐初丧服改制中的重要议题，并足见杜佑丧服学与丧服实践倾向，其中反映的杜佑"情""礼"新观，是本文探讨的对象。

---

① ［唐］杜佑：《通典》卷四二《礼典二·吉礼一》，第 1167 页。

② 这一点前人已有所点明。参考：王文锦：《点校前言》，《通典》，第 3 页。冯茜：《唐宋之际礼学思想的转型》，第 74—75 页。

③ 《通典》于凶礼丧服部分无"说曰"内容。据前引凡例，"说"主要是对经文深奥处的阐释，而《丧服》经标示按制服等级标明对象，指示明确。如有疑义，也每有历代经说、礼议展开讨论，故杜佑的意见往往是针对前人礼说、礼议而发，因此用"议""评"，而不用"说曰"的体例。

（一）现实俗情与三代典制

《通典·凶礼二》"总论丧期"中有杜佑针对天子诸侯服三年丧之法所发"议曰"：

> 详按前仪（议?），则《礼经》云"三年之丧，自天子达"。虽有其说，无闻服制。所引武王崩，既葬，成王冠；襄王崩，嗣王未再周，赐齐侯胙：皆可为明徵。当以万机至繁，百度须理，如同臣庶丧制，唯祀与戎多阙。汉文弥留之际，不详前代旧规，深虑大政之废，遂施易月之令。若俟同轨毕至，嗣君然后免丧，俗薄风浇，或生衅难。执古道者，则云齐斩三年；适权宜者，遂称以日易月。《礼经》虽云七月而葬，汉魏以降，多一两月内，山陵礼终。窀穸之期，不必七月；除服之制，止于反虞。鲁史足征，可无致惑。庶情礼两得，政教无亏矣。①

《通典》此"议"，上承晋人争论。这场争论因泰始十年武元杨太后既葬后，群臣议论皇太子应否除服而引发，最终聚焦到天子诸侯嗣君服三年丧，究竟是循礼经"三年之丧自天子达"之说而制全服，抑或天子不与士庶同礼，以既葬除服、心丧三年为古今通制。② 回顾前史，汉文帝开短丧之风，令以日易月，三年之丧者制三十六日服，此制不是针对天子诸侯而发，而是上下并同。王莽欲标榜忠孝，使吏六百石以上皆服丧三年，又躬自为元后制三年之服。后汉年间，长吏三年服旋置旋废。魏武帝遗诏定葬毕除服，晋泰始元年武帝遵之，既葬除服后，却又"深衣素冠，降席撤膳"，以终三年，遂成为心丧之制的滥觞。③ 晋泰始十年（274）礼议争论中，杜预及博士段畅旁征博引，搜罗《尚书》《春秋》《礼记》经传，又举《国语》《后汉书》诸事，力证"古者天子诸侯三年之丧，始同齐斩，既葬除服，谅闇以居，心丧终制"，

---

① 〔唐〕杜佑:《通典》卷八〇《礼典四十·凶礼二》，第2165页。
② 又见于《晋书》卷二〇《礼志中》，北京:中华书局，1974年，第618—623页。
③ 〔唐〕杜佑:《通典》卷八〇《礼典四十·凶礼二》，第2157—2159页。

最终诏行之。①

杜佑此"议"以为，天子亦服三年之丧，只见于《礼记·王制》一处，而具体服制，礼经无文。然而《通典》引以为典范的，是上古三代之礼制，而非礼经本身，故杜、段二人所征引的武王、襄王之事，杜佑相信是历史典制，并因此认同既葬除服之制。汉文遗诏以日易月之制，则被轻轻打作"不详前代旧规，深虑大政之废"之举。须知唐代皇帝三年丧，即是以日易月，二十七日而释服，②虽较之汉人以三十六月的折算方法，更符合三年丧二十五月而除，中月而禫，二十七月后即吉的月数，但无疑只是以日易月更为精致的版本。因此，杜佑此说即唐天子三年丧法的反调，无怪乎要刻意将此"议"紧跟在晋代争论而发，而不陈于"总论丧期"中唐制之后。杜佑认同"除丧之制，止于反虞"③，实是因为此制得以兼顾三代典制与现实政治运转的需求。国不可一日无君，而王者因丧废政，自然不是长久之道，甚至可能大权旁落、危及国祚。因此，让天子切实地尽三年丧服，对于王朝政治而言，确为不可承受之重。但这同样也是汉魏君主的考虑，单纯出于维系政治运转的目的而言，并不能推出既葬除服较之以日易月的优越所在。由此可见，杜佑是真诚地奉三代之礼制为圭臬，因而不惜非议唐代现有之成制。

杜佑论毕总结道："庶情礼两得，政教无亏矣。"细味起论，可知与在前的两种"情""礼"观都不同，"情"指现实治世需要的情实与习用的成俗，而"礼"则是以经典为载体的上古三代之礼制，杜佑的倾向是二者兼顾。而"情礼两得"，庶也足以概括《通典》一以贯之的"情""礼"追求。

虽以兼得为旨趣，然而当"情""礼"二者冲突、不可调和之时，杜佑仍以三代礼制为准。

《通典·凶礼十》"孙为祖持重议"，先记晋人礼论争议在前，又列杜佑之"评曰"在后：

---

① ［唐］杜佑：《通典》卷八〇《礼典四十·凶礼二》，第 2160 页。《晋书》卷二〇《礼志中》，第 619—623 页。

② 依《通典》本条唐元陵遗制。

③ 按，儒家丧制，虞祭紧跟在葬后，此称"反虞"，与既葬同义。

　　庾纯云："古者重宗，防其争竞，今无所施矣。"又云："律无嫡孙先诸父承财之文，宜无承重之制也。"刘宝亦云："经无为祖三年之文。"王敞难曰："《小记》云'祖父卒，而为祖母后者三年'，则为祖父三年可知也。"博士吴商云："礼贵嫡重正，其为后者皆服三年。"夫人伦之道有本焉，重本所以重正也，重正所以明尊祖也，尊祖所以统宗庙也，岂独争竞之防乎？是以宗绝而继之，使其正宗百代不失也。其继宗者，是曰受重，受重者必以尊服服之，若不三年，岂为尊重正祖者耶？《传》曰："为人后者，同宗支子可也。"下云为嫡孙，言不敢降其正也。是乃宗绝则嫡孙，无孙则支子承重，其所承重皆三年也。而议者或云"嫡子卒，不以孙继，以其次长摄主祭"者，则昭穆乱矣。又云"今代无孙为祖三年之文，吉不统家，凶则统丧，礼有违也"者，是时失之，非无其义也。又云"《传》言父卒，然后为祖后者斩，是父亡乃下为长子斩，非孙上为祖斩也"者，亦非义也。何者？凡孙，父在不得为祖斩，父亡则为祖斩。故《传》曰"有嫡子者无嫡孙"，其文甚明。而云"下为长子斩"者，则《经》不但言为祖后者斩矣。成洽云"若嫡孙为祖如父三年，则祖亦为孙如长子三年也"者，且祖重嫡孙，服加一等，孙承重而服祖不加，是为报服，何乃孙卑反厌祖尊？非礼意也。以情求理，博士吴商议之当矣。①

　　按《丧服》，孙为祖服齐衰期年，祖为嫡孙亦制齐衰期，为众孙则降为大功九月。不过，长子卒而嫡孙为祖后，持重的嫡孙应为祖制何种服，《丧服》经无文。然《传》有"父卒，然后为祖后者服斩"，《礼记·丧服小记》亦有"祖父卒，然后为祖母后者三年"；又《丧服》出为人后，亦为所后者服斩衰三年如子。② 因此，儒家礼经服制中，嫡孙传重为祖服斩衰三年，当属明确。而晋侍中庾纯最先发难，刘宝、成洽前仆后继持续质疑，亦师出有名。庾纯一反

────────

① ［唐］杜佑：《通典》卷八十八《礼典四十八·凶礼十》，第2427—2428页。
② 《仪礼注疏》卷三一《丧服》，阮元校刻《十三经注疏》，第1109页上栏。

传统的理由即在于：古者封建宗法制中世爵世禄，重宗重嫡首先是为了明确爵禄的继承人，防止因争逐爵位与财产的继承而生兄弟阋墙之事。其次，承重之宗子还承担了宗庙主祭与收族齐家的职责。然而逮至晋世，世勋世禄已无制度的土壤，而据庾纯所述，"今则不然，诸侯无爵邑者，嫡之子卒，则其次长摄家主祭，嫡孙以长幼齿，无复殊制也。又未闻今代为宗子服齐缞者"，可知嫡子卒后由次子摄祭持家，在当时已成为宗族实践的常态。①庾纯之辈正是因为嫡孙传重之制已失去其原有的功能，因而质疑嫡孙在父卒后为祖服斩衰三年的合理性。

嫡子卒而由次子主持家务，在晋时已然，降至唐代，只有过之而无不及。②既然沦失了继承爵禄的需要，由年富力强的叔叔，而非小辈之侄来承担家族事务，显得很是合理，此屡世行之的民俗习风，反倒成为官僚制社会之中的情实。杜佑非不知世风时俗如此，却仍坚持己见，迎头批评以次子而不以嫡孙传重之俗，使"昭穆乱矣"，而庾纯所谓"今代"如何如何之事，则"是时失之，非无其义也"。可见嫡孙传重的原有功能性作用虽不复存在，杜佑却不以为其中蕴含的重宗重嫡之义，也随之丧尽价值。"夫人伦之道有本焉，重本所以重正也，重正所以明尊祖也，尊祖所以统宗庙也，岂独争竞之防乎？"务必使嫡孙而非次子传重，在于严嫡庶之别，而严嫡庶之别在于明确一本所出而不二，进而能知追本尊祖，统宗庙祭祀。在与时更替的功能之余，重宗重嫡还作为伦常秩序，拥有不刊的典范意义。

这也正是本文前引《丧服传》"禽兽知母而不知父，野人曰：'父母何算焉？'都邑之士则知尊祢矣，大夫及学士则知尊祖矣，诸侯及其大祖，天子及其始祖之所自出"所申明之义。重宗正在于尊祖，使之一本；而父母不能同尊，也正是为了明确宗统的唯一性，进而得以循祢而上，追及远祖。杜佑《通典》此处对于严宗统之义的发明，实远胜前元行冲之说。杜佑对母服虽无专门的议论，但由此循严宗礼义而偏废俗情之"议"来看，《通典》对于唐

---

① ［唐］杜佑：《通典》卷八八《礼典四十八·凶礼十》，第 2425 页。
② 参见张焕君：《情礼交融：丧服制度与魏晋南北朝社会》，第 170—172 页。

初改父在为母服之风,不可能没有不平意。"总论丧期"之"说"则明与唐制不同,嫡子传重"议"又提倡与父在为母服变革相反之精神,可见《通典》实非苟从时制,而以理念中的上古三代历史礼制为纲目。

《通典》不是偏安书斋之作,以治世化民为己任,天然具备对世俗人心的亲和性,这是《通典》力图"情礼两得",兼顾现实人情需求及相配的成制俗风,与经典所载三代历史典制的初衷所在。然而,当世情实与三代制度相出入时,《通典》却立场鲜明地坚持三代礼制之义。

（二）亲情、名服与三代礼义

关于嫂叔服唐代新制,《通典·凶礼十四》"小功成人服五月"后有"嫂叔服"专门条目,只记载周至唐间的历史礼议争论,与唐制服的经过,杜佑并无直接的议论。① 然杜佑在本条的周制处认定"嫂叔不相为服",又另在《凶礼十七》"为内外妹为兄弟妻服议"下暗发异"议"。

此条记晋时徐思龙之事所引发的礼议。徐思龙娶姨妹为妻,则其妻与其诸弟本互为姨子,又因此成为嫂叔。② 按《丧服》,为从母之子(即姨子)当服缌,嫂叔则无服。③ 当时议者以为徐思龙诸弟为此亡嫂,当按嫂叔无服制,徐众因而质疑,此亡嫂之于诸弟,兼嫂与姨妹于一身,为嫂叔无服则可,然而何以为姨子无服? 徐彦与其反复论难,认为虽是姨子,但一旦为嫂,便无姨妹之名,若"平存,许其称嫂而拜,则非姨妹也;至于亡殁,便称姨妹不拜,则非复嫂也",实为遁辞。徐众却以为此人同时兼具嫂与姨妹两重身份,如"一人兼二官,当其事,则举其名以应其义",并无矛盾。

《通典》在此有"议曰":

> 按袁准《正论》云:"中外之亲,亲于同姓。同姓且犹不可婚,而况中外之亲乎!"诚哉斯旨。何者? 按婚礼娶于异姓,所以附远厚别。附

---

① ［唐］杜佑:《通典》卷九二《礼典五十二·凶礼十四》,第 2505—2509 页。
② ［唐］杜佑:《通典》卷九五《礼典五十五·凶礼十七》,第 2570—2571 页。
③ 《仪礼注疏》卷三三《丧服》,阮元校刻《十三经注疏》,第 1129 页上栏。

远者,欲令敦睦异宗;厚别者,盖以别于禽兽。则姨舅之女于母,可谓至亲矣,以之通婚,甚黩情理。然有若晋徐思龙者,或识昧一时,不详典故,姨妹既纳之为妇,诸弟安得不谓之嫂乎!且男女之际,必在正名,名正而男女有别。安有存时拜之为嫂,没则服之为妹。徐众乃云"一人兼两亲,似一人兼两官"。诚如所见,两名兼行,是则公许名称混淆,婚姻无别矣。或者以服疑从重,亦谓不然。按《丧服》有或引或推,各存正义。故庾蔚之云:"外姊妹而为兄弟之妻,宜用无服之制。"兄弟之妻无服,乃亲于外亲之有服也。况彼既弃本亲,来为我族之妇,我安得弃正礼而强徇私服哉!徐彦之论当矣。①

杜佑此"议"首先辨定互为姨子,不得婚嫁,②然晋徐思龙既已纳姨妹为嫂,诸弟便务必以姨妹为嫂,用无服之制。若如徐众所云嫂、姨妹二名兼行,则会致使"名称混淆,婚姻无别"。然而嫁入本宗之外的异姓女子,最重要的便是以"名"确定关系。

儒家《丧服》经注之中的"名",是一个具有普遍意义的概念。《礼记·大传》所云"服术有六",在亲亲、尊尊之后就是"名"。《大传》又曰:"同姓从宗,合族属,异姓主名,治际会。名著而男女有别。"③故名服处理的主要是异姓女性亲属的丧服问题,如世叔母、士为庶母、乳母、嫂叔、从母,以及因从母而来的从母昆弟等。这些异姓女性亲属,因为与本宗原为路人,所以往往要根据其夫来定其行属,④或归之母行,或归之妇行,以母或妇之名确定她们与己身的关系。《丧服传》曰:"夫之昆弟何以无服也?其夫属乎父道者,妻皆母道也。其夫属乎子道者,妻皆妇道也。谓弟之妻妇者,是嫂亦可谓之母乎?故名者,人治之大者也,可无慎乎!"据郑注,正是因为兄弟之妻与己同行,所以很难直接归如母、妇的行列。谓弟之妻为妇尚可,是卑远

---

① [唐]杜佑:《通典》卷九五《礼典五十五·凶礼十七》,第2571—2572页。
② 据《通典》本条唐制,这与唐代法律正合。
③ 《礼记正义》卷三四《大传》,阮元校刻《十三经注疏》,第1507页上、下栏。
④ 从母则是直接通过母来确定其行属。

之，然而不可将嫂名为母，否则竟使兄弟为父子，紊乱昭穆。于是以"叟"名嫂，叟是老人之名，因而是尊严之称。① 名服处理异姓女子之丧服，亦即安排整顿异姓女子与本宗之人的伦序关系，其核心要义在于严男女之防。而无法严格安顿到母或妇的行列中的兄嫂弟妇，就更需要强调此义，因而既以嫂、妇之名远之，又使嫂叔（兄长与弟妇亦同）互相无服，从而明男女有别。

因此，杜佑认为"男女之际，必在正名，名正而男女有别"，不得如徐众所言，兼为嫂与姨妹。既然已成为嫂，生死如一，就应按嫂叔无服之制，不复以姨妹之名与礼相待。姨子之间本属缌之亲，甚是亲近，魏晋以下直至隋唐，重视母党、妻党外亲之风更是经久不息、愈演愈烈，由唐初屡次提高母党之服即可见一斑。而嫂叔制服，亦是在魏晋南北朝中实践者代有其人，唐初将之正式确立为丧服一制，写入大唐礼典。然而杜佑不为所动，甚至在此二重身份结合的疑难之服也不屈其义，"或者以服疑从重，亦谓不然，按丧服有或引或推，各存正义"，杜佑在俗风成制的情实与三代典制礼义之间的权衡取舍，由此可见。

杜佑于《通典》丧服部分直抒胸臆之"议""说"虽仅数条，然而前嫡孙传重的服议明确严宗统之义，本条则辨明安顿外来异姓女子的名服，本宗与异姓两类丧服的要义点出，整个服纪与伦常便纲举目张。杜佑重宗重嫡、严防男女的取舍倾向，于前举唐初丧服改制之风而言无疑是一股逆流。这一反对声音虽然刻意隐藏自己的颠覆性，往往不于丧服本条，而于其他相关礼议之下才表明态度，但说理醇正，持论古典，实为正音雅乐。

（三）禫变与三年丧：求其情而合乎礼

杜佑以经典所载上古三代的历史礼制为最高典范的倾向性，在唐代追循魏晋以下重情之风、又添自我作古而疑经改经的世风之中，实在显得格格不入。然而，杜佑以唐人之世书写的文字，毕竟不可能全遵三代古意，正

① 《仪礼注疏》卷三二《丧服》，阮元校刻《十三经注疏》，第 1114 页中栏。

如今天用着十七世纪的古琴、手法和乐谱,却不可能弹奏出和十七世纪当时完全一样的音乐。在魏晋至唐间数百年的丧服实践的熏染下,主观上希望在丧服制度礼议中尽遵三代之制的杜佑,其对于见载礼经之三代典制的理解,却依然与战国秦汉时人殊隔了。

《通典·凶礼九》"禫变"一节,杜佑有一条很长的"议"。"议"中首先就禫祭月份问题上的郑、王之争进行了经义学理上的辨析。按《士虞礼·记》,三年之丧服二十五月大祥,"中月而禫",郑玄以为"中犹间也",即隔月至二十七月时禫祭,王肃解"中月"作月中,禫祭即在第二十五月中。① 杜佑此"议"基本立场认同郑玄,而认为郑王之争经义上的症结在于奏乐之事,即如何理解经文中的"祥之日,鼓素琴""祥而缟,是月禫,徙月乐""鲁人朝祥而莫歌,孔子云:'逾月则其善'"等一系列表述,于是进行了一番学理上的斟酌讨论。② 在纯经学的分辨之后,杜佑有言:

> 至于祥禫之节,焚燎之余,其文不备。先儒所议,互有短长,遂使历代习礼之家,翻为聚讼,各执所见,四海不同,此皆不本礼情而求其理故也。夫丧本至重以周断,后代崇加以再周,岂非君子欲重其情而彰孝道者也,何乃惜一月之禫而不加之,以胶柱于二十五月者哉! 或云"孝子有终身之忧,何须过圣人之制"者。二十七月之制,行尚矣,遵郑者乃过礼而重情,遵王者则轻情而反制,斯乃孰为孝乎? 且练祥禫之制者,本于哀情,不可顿去而渐杀也。故《间传》云"再周而大祥,素缟麻衣,中月而禫,禫而纤,无所不佩"。中犹间也,谓大祥祭后间一月而禫也。据文势足知除服后一月服大祥服,后一月服禫服。……夫如此求其情而合乎礼矣。③

在此"论"中,杜佑首先述及至重的丧服期限三年的原理(分析详后),并据

① 《仪礼注疏》卷四三《士虞礼·记》,阮元校刻《十三经注疏》,第 1176 页中栏。
② 〔唐〕杜佑:《通典》卷八七《礼典四十七·凶礼九》,第 2386—2388 页。
③ 〔唐〕杜佑:《通典》卷八七《礼典四十七·凶礼九》,第 2388—2389 页。

原本圣人所定丧服不过周年，而君子基于申发情感和表彰孝德的考虑，增至再周，即三年丧，①认定禫祭月份也应"本礼情而求其理"，从礼制所申之情出发来探寻禫月由以确定的道理。孝子服丧三年若白驹之过隙，取二十七月而非二十五月为禫，便只是在二十五月之上多添一月，正合君子"重其情而彰孝道"之意。杜佑此"议"，即认为郑胜于王处，正因其二十七月之制丧期更长，与孝子深情更相合。郑王禫月之争，前人已有充分的讨论，郑定为二十七月，更多是出于经学上通摄和包容经文各处表述细微差异的考虑。② 杜佑虽然前已在经学论理上论证和支援郑说，但其是郑非王，这一选择的动力仍在于以情求之。一则是二十七月丧期更长，二则是祥、禫异月的安排，更符合服丧哀情的变化。③ 杜佑认为，祥之后尚且有禫，正是为了使丧服变除过程更和缓，与哀情渐次衰减的变化相配合。孝子服二十五月而大祥，若马上禫祭即吉，则嫌于丧服变除过于急遽，情感没有缓冲过渡的余地，因此不如隔月再禫。

义疏学式的讨论，杜佑很熟悉，也能亲自上阵，品评处置无不熨帖。然而其对丧服变除安排的理解，却最终以"情"为依归，寻求合于经说，不违典制而已。杜佑认为二十七月禫祭一方面世俗久行，而且有郑学为依据，上合经典，因此可遵为永式。杜佑动循礼经所载的三代历史典制，持论甚严，乃至可以忤逆时俗情实，由前引数"议""评"已见，然而在丧服变除之事上，却显露出他虽循典制，却是以"情"来建立对三代"礼"制的理解的，如此正是杜佑所言"求其情而合乎礼"。

更值得注意的是杜佑对三年丧的理解：

> 夫人伦之道，以德为本，至德以孝为先。上古丧期无数，其仁人则

---

① 三年服二十五月而除，即为再周。

② 乔秀岩：《论郑王礼说异同》，《北大史学》第 13 号，2008 年，收入《学术史读书记》，北京：生活·读书·新知三联书店，2017 年。张焕君：《情礼交融：丧服制度与魏晋南北朝社会》，第 48—52、65—67 页。

③ 张焕君也已提到这一点，参见张焕君：《情礼交融：丧服制度与魏晋南北朝社会》，第 67—74 页。

终身灭性。其众庶有朝丧暮废者，则禽兽之不若。中代圣人，缘中人之情，为作制节，使过者俯而就之，不及者跂而及之，至重者斩缞以周断。后代君子居丧，以周若驷之过隙，而加崇以再周焉。《礼记》云"再周之丧，二十五月而毕"。①

杜佑认为圣人之制，乃是在上古丧期无数，和细民朝死而夕亡之间的折衷，因此以中人之情为依据，使过与不及者将就之，所定丧服至重者，斩衰以周年为限。然而后代君子不满于此，以周年过短，于是加至再周。此处"圣人"与"君子"的不同选择，其出处在于《荀子·礼论》，然而两文却有根本的差别。②《礼论》作：

> 三年之丧何也？曰：称情而立文，因以饰群别、亲疏、贵贱之节而不可益损也，故曰无适不易之术也。……故有血气之属莫知于人，故人于其亲也，至死无穷。将由夫愚陋淫邪之人与？则彼朝死而夕忘之，然而纵之，则是曾鸟兽之不若也，彼安能相与群居而无乱乎？将由夫修饰之君子与？则三年之丧，二十五月而毕，若驷之过隙，然而遂之，则是无穷也。故先王圣人安为之立中制节，一使足以成文理，则舍之矣。③

《礼论》认为三年之丧称情而立文，是情与文二者交织平衡的产物。在《礼论》的表述中，三年之丧的正是圣人立中制节的结果，而"修饰之君子"却视二十五月丧为"若驷之过隙"，于是丧期无数；与《通典》之说，截然不同。而且，《通典》之意，虽然前有圣人周年服，但是不若君子所定三年丧，是以三年之丧为基本丧服。然而，《礼论》却认为"至亲以期断"，期服是基本丧服，而三年丧是在期年之上加隆的产物：

---

① ［唐］杜佑：《通典》卷八七《礼典四十七·凶礼九》，第 2388 页。
② 《荀子·礼论》中此段落，也见于《礼记·三年问》，然而文辞略有出入。本文此处借以见战国秦汉时人观点而已，所以对两者孰先孰后暂不置论。
③ ［清］王先谦：《荀子集解》卷一三《礼论》，第 372—373 页。

然则何以分之？曰：至亲以期断。是何也？曰：天地则已易矣，四时则已遍矣，其在宇中者莫不更始矣，故先王案以此象之也。然则三年何也？曰：加隆焉，案使倍之，故再期也。由九月以下何也？曰：案使不及也。故三年以为隆，缌、小功以为杀，期、九月以为间。上取象于天，下取象于地，中取则于人，人所以群居和一之理尽矣。故三年之丧，人道之至文者也。夫是之谓至隆，是百王之所同，古今之所一也。①

细味《礼论》此说，至亲亡后，伤痛之情与自然中天地四时的变化同步，于是先王以期年为限定丧服之期。而三年则是在哀情衰减与四时更易所定的一年服基础上加而隆之，从而建立三年、期九月、小功缌的差别序列。如此的三年丧服，是"人道之至文"，谓之"至隆"。所谓至文、至隆，《礼论》前文曰："礼者，以财物为用，以贵贱为文，以多少为异，以隆杀为要。文理繁，情用省，是礼之隆也。文理省，情用繁，是礼之杀也。"由此而知，"文"指的是礼中确立的贵贱亲疏的人伦秩序，正是《礼论》开头"君子既得其养，又好其别。曷谓别？曰：贵贱有等，长幼有差，贫富轻重皆有称者也"中，所申的"别"之义。② 而"礼之隆"则是强调贵贱亲疏的伦常秩序，而轻视财物的奢华精致。因此，《礼论》以三年丧为至文、至隆，正是因为三年丧既服用最粗糙，而且包含了加隆至尊的意味，使人伦关系中的亲疏尊卑得以有序。故《礼论》称三年丧服为"称情而立文"，即期年服所体现的"情"的基础上，又有以确立贵贱亲疏之"文"。由此可见，《礼论》在这里所称道的"情"，一方面是失去至亲的至痛哀情，另一方面也将天地四时的自然变化容纳其中，同时兼具人情与更大的自然。

以《荀子·礼论》为对照，可见《通典》此说较之先秦儒家礼学理解的差别所在。杜佑实质上以至亲丧服的哀情作为对至重服的唯一理解，圣人是以中人之情为制服依据，而君子则以期年过短，于是延长为三年。正因二

---

① ［清］王先谦：《荀子集解》卷一三《礼论》，第373—374页。
② ［清］王先谦：《荀子集解》卷一三《礼论》，第347、357页。

者都据情而断,所以君子之制才会凭借更能申发至痛之情而胜过圣人之制。此正是杜佑"求其情而合乎礼"的方法。前文已言杜佑希望在丧服礼论中做到"情礼两得",其中之"情"更多指的是现实政治运转需要与世风俗制的情实,其中间接地包含时人的直觉感受、情感,而非直接指代丧服背后的人情,而"礼"指代的则是经典所载的三代礼制与其背后的礼义,较之前者,更偏复古而严格。但是此处谈到三年丧与禫月,其"求其情而合乎礼"的"礼"与"情礼两得"之"礼"略同,同样指代三代礼制,但所求之"情"则更接近人情的自然感受。

无论是哪一种表述,杜佑的"情""礼"观都已经与先秦儒家《荀子》的理解大不相同了。《礼论》讲求"称情而立文",将"礼"理解为人情自然与伦常秩序的配合。而《通典》在"礼"之中所寄托的更多是言之凿凿地记载在卷子之上、作为一种遥远的典范定制的三代礼制。因此,杜佑面临的问题,恰恰是如何平衡现实的世情俗风、政治需求、近人新制,与经典之中的三代礼制,有时候又必然要用身为唐代人的自然情感,去拉近与正襟危坐、冠冕堂皇的三代典制之间遥远的距离,从而对其能够产生理解与认同。

四、结　论

杜佑《通典·礼典》写作于中唐时期,其中丧服部分更是直接面临着如何理解与处理唐初君臣数次丧服改制的问题。贯穿在唐初改服中的是君臣对于以情改服的理念:他们将"情"作为"礼"制之本质,认为"情"与"礼"即内与外的关系,"礼"是"情"的表现和伸发。正因如此,君臣以"情"为依据,对儒家丧服制度之中的嫂叔服、父在为母服、舅服等一系列的服制进行了改革。这既是大唐盛世之下,唐人独步古今、自我作则的信心的反映,另一方面,当其蔚然成风,最终却酿就了以君王一己私心、罔顾群臣异议而变革服制的局面。

而玄宗即位,开元初年对武后制服的清算中,挺身批驳的群臣所表现出的对于此前服制变礼的不满,则透露出唐初变服风潮之下的另一种声音。保守派的代表卢履冰、元行冲,具有与改服君臣不同的"情""礼"关系理解,将"情"与"礼"作为两种外在的形式和手段,而"情"只有在礼经丧制与公共性的朝堂之外,才能得到申发。此即通过疏导不见容于礼经正典的丧服制度的情感,维护了礼经典制的正统地位。

杜佑《通典》的丧服部分强调"情礼两得",希望兼容现实政治需求、世风俗制的情实与见载群经的三代典制,但以三代礼制为最终依归。而杜佑这一倾向,意味着《通典》对唐初丧服改制所积蕴的不满,并且又细心地将这些异议编排入书中并不显眼的地方。而杜佑回归古典三代的偏好,与开元年间保守派元行冲一样,同样都遵奉古典礼制,但也同样地无法改变其作为唐人的思想,与先秦儒家之间的遥远距离。

【作者单位:北京大学哲学系】

《通典》袭用《江都集礼》的初步研究

陈宇航

在《通典》中,《礼典》占百卷之多,历来被视为其中最重要的一部分,除去《开元礼类纂》,历述沿革的 65 卷更是纂集了诸多中古论礼文献,是钩沉此时期礼学佚籍的一大渊薮。不过,杜佑征引这些唐前文献时,未必都是自己亲力披阅群书后一一直接引用,更可能的操作是利用当时已有的汇编性礼学著作来摭拾材料。或许正是这种引书方式,使得《通典》往往不标明文献出处,而这又使得我们对其文献来源的认识难以更加深入。本文拟就此问题进行初步的考述。

一、袭用旧籍之迹

根据一些迹象,可以推测杜佑叙述历代礼制沿革时,其所引材料可能是转引自他书的。譬如《政和五礼新仪》卷三引《五礼精义》云:

> 按古者君臣之有嘉事,必设贺庆之礼,所以通上下之情。庾蔚之云:凡事吉,则遣送酒肉以贺之,则上礼自魏行之。晋王彪之云:上礼,唯酒犊而已。犊十二头,酒十二斛,以应天地之大数也。今礼于朝堂设礼,讫,牛酒付所司。①

---

① 《政和御制冠礼》卷二,影印文渊阁《四库全书》,第 647 册 47 页。

值得注意的是,《通典》中载有类似的内容:

> ……庾蔚之谓:"按礼文及郑注,是亲友闻主人有吉事,故遣人送酒肉以贺之,但婚有嗣亲之感,故不斥主人以贺婚,唯云为有客而已。今上礼既所为者婚,亦不得都无庆辞。彪之议为允。"于时竟不贺,但上礼。
>
> 升平元年,台符问:"皇后拜讫,何官应上礼?上礼悉何用?"太常王彪之上书以为:"上礼唯酒犊而已,犊十(引者按,此处疑脱'二'字)头,酒十二斛。王公以下,名在三节祥瑞自简庆贺录者,悉贺。《左传》曰:'会吴于鄫,吴征百牢。子服景伯曰:周制,上物不过十二,天之大数也。'太学博士虽不在贺,而常小会者同,悉应上礼。"①

观两书相似部分之文句,以及将东晋王彪之语反置于刘宋庾蔚之之后的做法,二处所引内容应属同源,经过了同样的材料编排。《五礼精义》为贞元、元和年间之韦彤的著作②,尽管具体撰作时间不详,但韦氏大抵可被视为杜佑的同时代人,考虑到这一点,与其推断一书援引了另一书,不如采用另一种更有可能性的看法:两书都引用了另一文献。这一文献的编纂年代应当晚于庾蔚之,在中唐时期,它已经取得了某种权威性地位,言礼学者多倚仗之。当然,也不能完全否认这部分有可能就是出自庾蔚之著作。事实上,在《通典》65卷礼制沿革中,虽然杜佑仅在卷九五明确引用了庾蔚之《问答》,即《隋书·经籍志》著录的《礼答问》一书,但庾蔚之的评论占据了突出的地位,不仅数量较多,而且往往对每一条目中此前相关礼学论议进行总括性的评判,很难不让人由此推测,庾蔚之著作在晋宋礼议材料被纳入《通

---

① [唐]杜佑:《通典》卷五九《礼典十九·嘉礼四》,北京:中华书局,1988年,第1673页。
② 关于此书,详参吴羽:《今佚唐代韦彤〈五礼精义〉的学术特点及其影响——兼论中晚唐礼学新趋向对宋代礼仪的影响》,《魏晋南北朝隋唐史资料》第25辑,2009年,第149—168页。

典》的过程中处于中介性的位置①。

也确有证据表明,《通典》唐前礼议中有些材料源出庾蔚之著作。颜真卿的文集中收录了一份奏议,题作《朝会有故去乐议》:

> 《周礼·大司乐职》云:"诸侯薨,令去乐。大臣死,令弛悬。"郑注云:"去谓藏之。弛谓释下也。"是知哀轻者则释,哀重者则藏。又按庾蔚之《礼论》云:"晋元后秋崩,武帝咸宁元年,享万国不设乐。永嘉元年冬,惠帝三年丧制未终,司徒左长史江充议:'二年正会,不宜作乐。'又章皇后哀限未终,后主已入庙,博士徐乾议曰:'周景王有后嫡子之丧,既葬除服,叔向犹议其晏,今不宜悬。'"《宋书·礼志》云:"晋武帝已来,国有大丧,废乐三年。"又按《江都集礼》说,晋博士孔恢,朝廷遏密,悬而不作,恢以为宜,都去悬设乐为作不作,则不宜遏。孟献子禫悬而不乐,自是应作耳。故夫子曰,献子加于人一等矣,非谓不应作而犹悬也。国丧尚近,谓金石不可陈于庭。又徐广《晋史》曰:"闻乐不怡,故申情于遏密;谅闇夺服,虑政事之荒废。是故秉权通以变常,量轻重以降差。"臣以《周礼》去乐之文,《宋志》终丧之证,徐广之论宁戚,孔恢之说禫悬。理既可凭,事又故实。伏请三年未毕,都不设悬。如有齐衰丧,及遇大臣薨殁,则量轻重,悬而不作。②

此处所称的庾蔚之《礼论》应当就是《隋书·经籍志》著录的庾氏著作《礼论钞》20卷③。此份奏议在《通典》卷一四七"遏密不设悬议"条以及《唐会要》卷三四中皆有收录,据此可知,此奏进呈于大历十四年(779)十二月十五日,当时颜真卿正在礼仪使任上,《旧唐书·艺文志》载颜真卿任礼仪使时

---

① 参见张帅、丁鼎:《庾蔚之礼学著作考证与辑佚》,《齐鲁师范学院学报》2015年第3期,第90—99页。

② 《颜鲁公文集》卷一,商务印书馆1926年版,上海:上海书店,1989年,第40—42页。

③ 张帅、丁鼎:《庾蔚之礼学著作考证与辑佚》,《齐鲁师范学院学报》2015年第3期,第90页。

撰有《礼乐集》十卷,或许此奏议亦曾被收入其中。不过《通典》与《唐会要》所收奏议都经过了删减,特别是其中庾蔚之《礼论》《江都集礼》、徐广《晋史》等引文所出皆被刊落。今检《通典·乐典七》"大丧而弟嗣位未三年废乐议"条中有:

> 晋怀帝永嘉元年冬,惠帝三年制未终。司徒左长史江统议,二年正会不宜作乐,以为:"自古帝王相承,虽生及有异,而受重同礼。礼,王侯尊殊,得臣诸父兄弟。故以僖嗣闵,《左氏》谓之逆祀。虽代变时殊,质文不同,至于受重尊祖敬宗,其义一也。《书》称谅密谅闇之事,或以缞麻卒礼,或以心丧终制。故周景王有后嫡子之丧,既葬,除服而宴乐,叔向曰'王宴乐已早'。二年正会,不宜作乐。"①

"江充"应即"江统","充"当为"统"之坏字。同卷接下来第二条"皇后崩服未终废乐议"中则有:

> 晋符问:"章皇后虽哀限未终,后主已入庙,当作乐不?"博士徐虔议引:"周景王有后嫡子之丧,既葬,除服,而宴乐,叔向犹讥之。今宜不悬。"虔又引:"《周礼》:'有忧则弛悬。'今天子蒙尘,摄主不宜作乐。但先人血祀不可废耳。鲁庄公主已入庙,闵公二年吉禘,犹曰'未可以吉',是不系于入庙也。谓不宜设乐。"②

"徐乾"当即"徐虔","乾""虔"二字音近而讹。《通典》这两条之间尽管尚隔有两条其他内容,但将其与颜真卿奏议所引庾蔚之《礼论》相比照的话,似乎有理由相信这一部分材料其实源自庾氏之书,而且其编排很可能就保留了庾氏书中呈现的面貌。

---

① ［唐］杜佑:《通典》卷一四七《乐典七》,第 3765 页。
② ［唐］杜佑:《通典》卷一四七《乐典七》,第 3766 页。

再来看看其他《礼论》佚文的话，就能发现其中有王彪之、蔡谟、徐邈、贺循、荀纳等人的礼议答问①，而这些也正是《通典》所录晋宋礼议中经常登场的几位礼家。其中尤其能说明《礼论》与《通典》之间关系的是《太平御览》卷五四〇所引的一条《礼论》：

> 王彪之以为，礼，冠自卜日，不必以三元也。又礼，夏冠用葛屦，冬冠用皮屦，明无定时也。②

今检《通典·礼典十六》"天子加元服"条有类似的内容：

> 太常王彪之议："……"又议："新年至尊当加元服。今若依成帝故事用三元日者，冠有金石之乐，恐修山陵未毕，于乐便阙。礼，冠自卜日。又云夏葛屦，冬皮屦，明无定时，不必三元也。按晋故事及两汉，皆非三元，当任时事之宜耳。"③

《御览》所引《礼论》究竟是何承天所撰，还是像颜真卿那样指庾蔚之《礼论钞》，尚难遽断。还需注意到，《三国志·孙奋传》裴松之注言射慈之事迹"见《礼论》"，裴注在元嘉六年（429）便已撰成上呈，而何承天奉敕删编《礼论》一般认为是在元嘉十四年（437）完成的，这也就表明裴注所言及的《礼论》当是何承天删编之前的八百卷《礼论》。到了后世王绩还将王俭《礼论要抄》或《礼论条目》称作《礼论》④，这表明在中古时期，不管是何承天《礼论》还是以此或此前更丰富的材料为基础撮钞而来的诸种衍生抄物，都会

① 关于《礼论》，详参吴羽：《今佚唐〈开元礼义鉴〉的学术渊源与影响》，《魏晋南北朝隋唐史资料》第 26 辑，2010 年，第 194—197 页；吴丽娱：《〈礼论〉的兴起与经学变异——关于中古前期经学发展的思考》，《文史》2021 年第 1 辑，第 93—124 页。

② ［宋］李昉等：《太平御览》卷五四〇，北京：中华书局，1960 年，第 2448 页。

③ ［唐］杜佑：《通典》卷五六《礼典十六·嘉礼一》，第 1575 页。

④ ［唐］王绩：《重答杜君书》："于杨方奉口处，分借王俭《礼论》。"［宋］姚铉编：《唐文粹》卷八一，中国国家图书馆编《原国立北平图书馆甲库善本丛书》，第 945 册 653 页。

被直接称作"礼论"。很明显可以看出，《通典》中的部分内容沿袭自这一类文献或据此类文献而编纂的文献。

又《晋书·礼志中》云：

> 建武元年……是时中原丧乱，室家离析，朝廷议二亲陷没寇难，应制服不。太常贺循曰："二亲生离，吉凶未分，服丧则凶事未据，从吉则疑于不存，心忧居素，允当人情。"元帝令以循议为然。太兴二年，司徒荀组云："二亲陷没寇难，万无一冀者，宜使依王法，随例行丧。"庾蔚之云："二亲为戎狄所破，存亡未可知者，宜尽寻求之理。寻求之理绝，三年之外，便宜婚宦，胤嗣不可绝，王政不可废故也。犹宜以哀素自居，不豫吉庆之事，待中寿而服之也。若境内贼乱清平，肆眚之后，寻觅无踪迹者，便宜制服。"①

庾蔚之显然不可能参与到东晋的这场礼议当中，此处所引评论很可能连同前文皆摘自庾氏著作，《晋志》同卷论温峤娶妻李氏是否可立为夫人时亦与此条类似。事实上《晋志》所引庾氏评论以前的部分并不完整，《通典·凶礼二十》"父母乖离死亡及不知死亡服议"条载：

> 东晋元帝建武元年……太常贺循上尚书："二亲生离，吉凶未分，服丧则凶事未据，从吉则疑于不存，心忧居素，盖出人情，非官制所裁也。右丞蔡谟引奔丧礼，有除丧而后归，则未有奔除服之文也。宜申明告下。若直据东关之事，非圣人所行，恐不足以释疑也。"循重议："……"帝告下曰："若亡于贼难，求索理绝者，皆依东关故事，行丧三年而除，不得从未葬之例也。唯亲生离，吉凶未定，心忧居素，出自人情，如此者非官制所裁。普下奉行。"
>
> 中郎李幹自上：……丞相王导上：……诏曰："前敦、循所为，唯闻

---

① 《晋书》卷二〇《礼志中》，北京：中华书局，1974 年，第 640、642 页。

哀不得奔者作制。如李幹比，竟未决之，宜急议定。"荀组表曰："有六亲相失，及不知父母没地者，以未指得死亡之闻，没地处所，情虑无异。然以未审指的，希万一之存，未忍举哀，则有终身之戚，不涉吉事。或惟一身承一宗之重，传祖考遗体，无心婚娶，遂令宗祀绝灭于一人，又犯不孝莫大无后之罪。此实难处，然臣犹谓此非圣人不以死伤生之教也。西路粗通，义无音问，殡可知矣，但不了死地耳。如此之徒，宜以王法断之，令举哀制，服勤三年，凶不过三年，此近亡于礼者之礼也。"①

《通典》后文尚有当时诸人议论。两相比照，或许《晋志》摘录了主要两人的观点与庾氏评论，而《通典》则将东晋诸人议论较完整地抄录，而隐去了庾氏评论。

二、　部分避隋讳材料与《江都集礼》

不过，《通典》中这些源自诸种《礼论》的内容很可能也并非是杜佑直接自《礼论》撮钞的。值得引起注意的，首先是《通典》中对徐广的称呼，其中称其为"徐野人"凡4处（卷六〇2处，卷八一、一〇一各有1处），"徐农人"1处（卷九六），5处皆是礼论问答，称其为"徐广"的情况，则包括引《宋书·礼志》3处（卷四九、六四、八一各1处），注释16处（卷六四3处，卷一一、六二、六三各2处，卷二六、四六、五五、五七、六六、七〇、一七七各1处），这些注释应出自徐氏著作《史记音义》，此外礼论问答4处（卷八三2处，卷九七、一〇二各1处），还有卷四一条列历代礼家名氏时在晋、宋重复列出徐广之名。从中可以看出，杜佑凡是引自《史记音义》（很可能就是据《史记》三家注或颜师古《汉书注》转引）及《宋志》的材料，皆称"徐广"，而礼论问答中则"徐野（农）人"与"徐广"两种称呼混杂。考虑到卷四一所列名氏中徐广之名重出，或许可以推测《通典》原本将《宋志》中的徐广礼议列为宋之徐

---

①　[唐]杜佑：《通典》卷九八《礼典五十八·凶礼二十》，第2627—2628页。

广,而他处礼论问答往往将徐广置于晋代,可能原本多作"徐野(农)人",故卷四一中又将其列作晋之"徐野人",而后人则将其回改为"徐广"而未尽,或许这样可以解释卷四一礼家名氏中徐广的重出与全书称名称字的分布①。将徐广称作"徐野(农)人",实际上反映了特定时代的避讳,对此,钱大昕早已指出:

> 《史记音义》十二卷,宋中散大夫徐野民撰。即徐广也。隋人避讳,因称其字。然广又有《晋纪》四十五卷、《车服杂注》一卷,亦在本卷内,却称名不称字。盖唐时修史不出一手,故多驳文。又如"民"字避唐讳,例当作"人"。②

《隋志》之编纂依据了《隋大业正御书目》,其中多有因袭之迹③,此条讳"广"而不讳"民"亦是一例。而《通典》中的"徐野人"则表明其先是避隋炀帝讳而改称字,后又避唐太宗讳而改"民"作"人"。

《通典》先唐礼论中避隋炀帝讳之处尚不止于此。《通典·礼典四十五》"既小敛敛发服变"条小字注:

> 始死,将斩缞者笄缅,将齐缞者素冠。今至小敛变,又将初丧服。敛发者,去笄缅而紒。众主人绖者,齐缞将袒,以绖代冠。冠,服之尤尊,不加肉袒。绖之制,未闻,旧说以为绖博一寸,著之自额而却交于项中,并其末覆紒,而前缀连之,如冠弁象。④

其实此段本自郑玄。《仪礼·士丧礼》"主人髻发袒,众主人免于房"一句,

---

① 《史记音义》的内容似不可算作论礼,则可不论。
② 〔清〕钱大昕:《廿二史考异》卷三四,上海:上海古籍出版社,2014年,第556页。
③ 马楠:《〈隋书·经籍志〉杂考三则》,《南京师范大学文学院学报》2019年第4期,第167—168页。
④ 〔唐〕杜佑:《通典》卷八五《礼典四十五·凶礼七》,第2295—2296页。

郑注云：

> 始死，将斩衰者鸡斯，将齐衰者素冠。今至小敛变，又将初丧服也。髺发者，去笄纚而紒。众主人免者，齐衰将袒，以免代冠。冠，服之尤尊，不以袒也。免之制，未闻。旧说以为如冠状，广一寸。《丧服小记》曰："斩衰，髺发以麻，免而以布。"此用麻布为之，状如今之著幓头矣，自项中而前交于额上，却绕紒也。于房，于室，释髺发宜于隐者。①

郑玄尚有多处论及免之形制，皆作"广一寸"，如《仪礼·丧服》"朋友皆在他邦，袒免，归则已"一句，郑注云："谓服无亲者当为之主，每至袒时则袒，袒则去冠，代之以免。旧说云，以为免象冠，广一寸。已，犹止也，归有主则止也。主若幼少，则未止。"②《礼记·问丧》"曰冠至尊也，不居肉袒之体也，故为之免以代之也"一句，郑注云："言身无饰者不敢冠，冠为袭尊服。肉袒则着免，免状如冠，而广一寸。"③《经典释文》在引用郑注时亦作"广一寸"，如《礼记·檀弓上》"公仪仲子之丧，檀弓免焉"一句，陆德明《释文》云："免音问，注同，以布广一寸，从项中而前，交于额上，又却，向后绕髻。"④由此可知，《通典》此处用郑玄之说，而避隋炀帝讳改"广"为"博"，其所据文献很可能经过了隋代后期的编纂。

另外，《通典·礼典四十六》"荐车马明器及饰棺"条：

> 贺循云："饰棺衣以布，玄上纁下。画帷荒云气，不为龙。笭帷易布以绀缯。池以象承溜，以竹为笼，如今车笭，帷以青绢代布。纽，玄纁二。其明器：凭几一，酒壶二，受六升，幂以功布。漆屏风一，三谷三器，粳、黍、稷，灼而乾。瓦唾壶一，脯一笾，以三牲之肉为一，代苞俎，所遗

---

① 《仪礼注疏》卷三七，《十三经注疏》，北京：中华书局，2006年，第2461页。
② 《仪礼注疏》卷三四，《十三经注疏》，第2432页。
③ 《礼记正义》卷五六，《十三经注疏》，第3595页。
④ [唐]陆德明：《经典释文》卷一一，上海：上海古籍出版社，2013年，第656页。

奠之俎为藏物也。屦一，瓦罇一，屐一，瓦杯盘杓杖一，瓦烛盘一，箸百副，瓦㽅一，瓦灶一，瓦香炉一，釜二，枕一，瓦甄一，手巾赠币玄三纁二，博充幅，长尺，瓦炉一，瓦盥盘一。"①

需要注意此处的"博充幅"，这一说法仅见于《通典》或引用《通典》之处，其正确的称法应是"广充幅"，《尔雅·释天》云"缁广充幅，长寻曰旐"②，《续汉书·礼仪志下》云"赠币，玄三纁二，各长尺二寸，广充幅"③，《通典》自身在其他地方也言及 4 次"广充幅"。可见此处引贺循之说亦当转录自隋人编纂之文献。

不过或许会有人反驳称，《通典》唐前礼论中似乎并不能找到"中""坚"等其他隋讳。这一现象可能要从两方面解释。首先，从隋代石刻与写本材料来看，隋代诸帝名讳的避忌整体上还是比较宽松④，不避讳的例子还是非常多的。其次，今天我们所能看到的《通典》所呈现出来的避唐讳的面貌就十分复杂，譬如《通典·礼典二十八》"从舅是族外弟相称议"条：

> 或问冯怀曰："景之母，丁之从祖姊也；丁之母，景之族姑也。丙年长于丁。若从父族为亲，则景以丁为族外弟，而丁以景为从甥；若从母族，则景以丁为从舅，而丁以景为族内兄：名体乖谬，尊卑无序。若景以父族称丁，丁以母族称景，则例不通。将若之何？"怀答曰："闻诸前训，名者人之纲，故'夫属于父道，其妻为母；夫属于子道，其妻为妇'。今则舅是母班，而兄弟是己列，故不敢以己之列，废母之班矣。谓景宜执从舅之礼。"⑤

---

① ［唐］杜佑：《通典》卷八六《礼典四十六·凶礼八》，第 2325—2326 页。
② 《法藏敦煌西域文献》第 17 册，P. 2661，上海：上海古籍出版社，2001 年，第 126 页。
③ 《后汉书》志第六，北京：中华书局，1965 年，第 3148 页。
④ 窦怀永：《敦煌文献避讳研究》，兰州：甘肃教育出版社，2010 年，第 68—69 页；王其祎、周晓薇：《隋代避讳释例——以隋代墓志铭为主体材料》，《中国典籍与文化论丛》第 13 辑，南京：凤凰出版社，2011 年，第 28—46 页。
⑤ ［唐］杜佑：《通典》卷六八《礼典二十八·嘉礼十三》，第 1896—1897 页。

唐避李昞讳,"丙"多改作"景",然此则之中却有一处作"丙"。在敦煌写本中,P.2572 也呈现出了"丙""景"混杂使用的情况,或以为此写卷当据唐代抄本为底本,而又抄写于五代①,不过从敦煌写本的避讳情况来看,不同抄手所遵从的避讳宽严不尽相同,甚至同一抄手在同一写卷的前后也会采用不同的避讳原则②,有些讳字在传抄的过程中甚至不需改朝换代就会被后来的抄手回改,譬如阿斯塔纳 363 号墓出土唐中宗景龙四年(710)卜天寿抄《郑玄注〈论语〉》中就不避高宗讳字"治",还将"里仁"错误地回改作"治仁"③。对于这样一种时人未必尽讳、后人又有回改的文本面貌,应当采用的原则还是"文内出现的讳字说明,此件不可能早于讳字所涉及的皇帝在位年代,那么反过来,没有讳字(确切地说是字形正常)则不能用来说明任何问题"④。

那么杜佑所资隋代礼书究竟是哪一部呢?纵览隋代公私修礼活动后,我们很容易就能将目标锁定在《江都集礼》上。《江都集礼》是开皇二十年(600)杨广在扬州总管任上让潘徽主持编修的一部礼书,共一百二十卷,到北宋时已经缺失了若干篇卷,但到南宋时还有人可以读到此书,或许是宋元之际时方散佚。此书很早就引起了研究者的关注,近年来又陆续有新的研究突破⑤。实际上,先行研究已经注意到了《江都集礼》对《礼论》的继

---

① 黄正建:《敦煌占卜文书与唐五代占卜》,北京:学苑出版社,2001 年,第 59 页。

② 窦怀永:《敦煌文献避讳研究》,第 83—94 页。

③ 许建平:《BD14681〈尚书〉残卷考辨》,收入《敦煌文献丛考》,北京:中华书局,2005 年,第 25—26 页。

④ Michel Soymié, "Observations sur les caractères interdits en Chine", *Journal asiatique*, Vol. 278, No. 3‐4, 1990, pp. 377‐407;许龙明汉译文《中国避讳略述》,《法国汉学》第 5 辑"敦煌学专号",北京:中华书局,2000 年,第 43 页。

⑤ 〔日〕泷川政次郎:《「江都集礼」と日本の儀式》,《岩井博士古稀記念典籍論集》,东京:岩井博士古稀記念事業会,1963 年,第 342—347 页;高明士:《隋代的制礼作乐——隋朝立国政策研究之二》,原载黄约瑟、刘健明合编:《隋唐史论集》,香港:香港大学亚洲研究中心,1993 年,今据高明士:《中国中古礼律综论》,北京:商务印书馆,2017 年,第 270—274 页;张洁:《隋唐间礼制及政治秩序的构建与变迁——以〈江都集礼〉为中心》,武汉:武汉大学硕士学位论文,2011 年;白石将人:《「江都集礼」と隋代の制礼》,《东方学》第 130 辑,2019 年,增订后以汉译版发表于《中国古代法律文献研究》第 13 辑,2019 年,第 138—156 页;榎本淳一:《「江都集礼」の編纂と意義・影響》,《東アジアにおける皇帝権力と国際秩序:金子修一先生古稀記念論文集》,东京:汲古书院,2020 年,第 271—292 页。

承①,也察觉到《江都集礼》佚文中有许多与《通典》相似②,不过此前主要还是以同一学术脉络的延续性来理解,本文则想尝试从更实质性的文献传递角度对此进行解释。

关于此书的性质,潘徽在书序中称:"明堂、曲台之记,南宫、东观之说,郑、王、徐、贺之答,崔、谯、何、庾之论,简牒虽盈,菁华盖鲜。乃以宣条暇日,听讼余晨,娱情窥宝之乡,凝相观涛之岸,总括油素,躬披缃缥,芟芜刘楚,振领提纲,去其繁杂,撮其指要,勒成一家"③,据此可以看出《江都集礼》主要是对从汉代到南朝的礼学论议进行了摘选汇集,其中所列诸位礼家名氏中,晋宋两朝之人在数量上较多,这些也正是《通典》唐礼论中常常出现的礼家④。《崇文总目》则将这一点说得更为显白:"令诸儒集周、汉以来礼制因袭,下逮江左先儒论议。"⑤圣历元年(697)正月,王方庆在反驳辟间仁谞的奏议时,对其所援引的典据进行了贬低:"暨于晋末,戎马生郊,礼乐衣冠,扫地总尽。元帝过江,是称狼狈,礼乐制度,南迁盖寡,彝典残缺,无复旧章,军国所资,临事议之。既阙明堂,宁论告朔。宋朝何承天纂集其文,以为《礼论》,虽加编次,事则阙如。梁代崔灵恩撰《三礼义宗》,但捃摭前儒,因循故事而已。隋大业中,炀帝命学士撰《江都集礼》,只抄撮《礼论》,更无异文。"⑥王氏的这一评价后来更为王应麟所承袭⑦。考虑到他为了在辩论中争胜,"更无异文"这一偏激的说法恐怕未必完全合乎实情,已有人指出,《江都集礼》

---

①　吴羽:《今佚唐〈开元礼义鉴〉的学术渊源与影响》,第196—198页。

②　张洁:《隋唐间礼制及政治秩序的构建与变迁——以〈江都集礼〉为中心》,第10—11页。

③　《隋书》卷七六《潘徽传》,北京:中华书局,1973年,第1746页。

④　关于此处"贺"的所指,史睿、范云飞认为是贺场,吴羽、白石将人认为是贺循,详参史睿:《北周后期至唐初礼制的变迁与学术文化的统一》,《唐研究》第3卷,北京:北京大学出版社,2017年,第171页;范云飞:《晋至唐礼议研究——以取证与推理为中心》,清华大学博士学位论文,2021年,第65页;吴羽:《今佚唐〈开元礼义鉴〉的学术渊源与影响》,第196—198页;白石将人:「江都集礼」と隋代の制礼》,第147页。

⑤　[元]马端临:《文献通考》卷一八七,北京:中华书局,2011年,第5479页。

⑥　《旧唐书》卷二二《礼仪志二》,北京:中华书局,1975年,第872页。又见于《通典》卷七〇《礼典三十》、《唐会要》卷一二、《册府元龟》卷五八七。

⑦　[宋]王应麟撰、[清]翁元圻注:《困学纪闻注》卷五,北京:中华书局,2016年,第639页。

所取崔灵恩之说显然就非何承天所及见①，但联系《江都集礼》之卷帙浩繁与编修时间之短②的话，此书应当确实是以前代积累下来的礼论文献为基础而进行的汇编。

三、 比勘《江都集礼》佚文

为了更好的认识《江都集礼》的性质，我们还需要考察一下其佚文。目前传世文献中对《江都集礼》的征引并不算太多，但是其中许多内容都可以与《通典》所载相合。以下将对此逐一进行分析。

前文已引的颜真卿奏议中征引了《江都集礼》所收孔恢礼议。此条佚文尚有进一步分析的价值，不烦再引如下以便对读：

> 又按《江都集礼》说，晋博士孔恢，朝廷遏密，悬而不作，恢以为宜都去悬，设乐为作，不作则不宜悬。孟献子禫，悬而不乐，自是应作耳。故夫子曰"献子加于人一等矣"，非谓不应作而犹悬也。国丧尚近，谓金石不可陈于庭。

今检《通典·乐典七》"遏密不设悬议"条中有与之相近的内容：

---

① 〔日〕榎本淳一:《「江都集礼」の編纂と意義・影響》，第278—279页。
② 高明士指出，《江都集礼》是在开皇二十年6月丁丑到11月戊子之间不到半年的时间里修成的，参见《中国中古礼律综论》，第272页。马楠据《隋书地理志》及《旧唐书地理志》认为扬州称江都仅在大业初至武德三年，《江都集礼》这一书名沿袭自《隋大业正御书目》，参见《〈隋书·经籍志〉杂考三则》，第168页。若依此说，则《江都集礼》之成书当在大业年间，或在大业年间有所改订，或是改题书名。不过《江都集礼》题名中的"江都"未必就一定指行政区划上的江都郡。白石将人就认为即使当时没有江都郡或江都县，也可以其地旧名为书命名，参《「江都集礼」と隋代の制礼》，第141页。《国清百录》卷二所收开皇十三年(593)杨广写给智顗的六封《王入朝遣使参书》中，九月十日的一封中称"弟子还镇非久，便愿沿流，仰会江都"(T46, no. 1934, p. 806b4)，另一封则称"弟子于江都入朝"(T46, no. 1934, p. 806b9)，显然此时杨广就已惯于将扬州总管府所在之地称作江都了。

晋有司下太常曰："朝廷谒密则素会。"时云"应悬而不乐"。博士孔恢议曰："素会宜都去悬。设乐为作，不作则不宜悬也。孟献子悬，自是应作而不作耳，故夫子曰'加于人一等'，非为不应作而应悬也。国讳尚近，谓金石不可陈于庭也。"于时不从恢议，正朝自悬而不作。①

据此可以推断，《通典》这一部分材料与《江都集礼》存在源流关系。

元和十五年（820）礼部奏："准贞观故事，迁庙之主，藏于夹室西壁南北三间。第一间代祖室，第二间高宗室，第三间中宗室。伏以山陵日近，睿宗皇帝祧迁有期，夹室西壁三室外，无置室处。准《江都集礼》：'古者迁庙之主，藏于太室北壁之中。'今请于夹室北壁，以西为上，置睿宗皇帝神主石室。"②一年后，长庆元年（821）王彦威等奏议讨论诸帝神主的处置方式，提到："伏准《江都集礼》：'正庙之主，藏于太室之中。'"③这两份奏议所引《江都集礼》当是前后相继的两句。

今检《通典·礼典八》"诸藏神主及题板制"条有："或问高堂隆曰：'昔受训云，冯君八万言《章句》，说正庙之主，各藏太室西壁之中。迁庙之主，于太祖太室北壁之中。按逸礼，藏主之处，似在堂上壁中。'答曰：'《章句》但言藏太祖北壁中，不别堂室。愚意以堂上无藏主，当室之中也。'"④元和十五年、长庆元年两份奏议所引《江都集礼》，就其源头而言，应是出自《严氏春秋冯君章句》，此书又见于《严欣碑》⑤，曹魏时在礼议中被引用，可能就在高堂隆《魏台（杂）访议》⑥中被记录下来，到隋修《江都集礼》时，《冯君章句》或已亡佚，此句当摘自或人向高堂隆发起的问题，所以《江都集礼》原本完整的内容或许与现在《通典》所呈现的相同，而这也有可能是《通典》据

①　[唐]杜佑：《通典》卷一四七《乐典七》，第3764页。

②　[宋]王溥：《唐会要》卷一五，北京：中华书局，1960年，第330页。又见于《旧唐书》卷二五《礼仪志五》、《册府元龟》卷五九一。

③　《旧唐书》卷二六《礼仪志六》，第981页。又见于《册府元龟》卷五九一。

④　[唐]杜佑：《通典》卷四八《礼典八·吉礼七》，第1347页。

⑤　[清]陈寿祺：《五经异义疏证》，北京：中华书局，2014年，第91页。

⑥　关于此书，详参范云飞：《晋至唐礼议研究——以取证与推理为中心》，第50—52页。

《江都集礼》采摭文献之痕迹。另外,北宋陈祥道《礼书》中也提到与之相关的材料:

> 《开元礼义鉴》曰:"藏主合在何处?按《五经异义》云:'藏主于庙西壁中,备水火之灾,必在西者。长老之处,地道尊右,鬼神幽阴也。'"又曰:"藏主何故于室中?《江都集礼》云:'太祖室北壁中。'堂上无藏主处,故于室中也。"唐制,礼部奏准贞观故事,迁庙之主,藏于夹室西壁。南北三间,第一间代祖室,第二间高宗室,第三间中宗室。伏以睿宗皇帝祧迁有期,夹室西壁三室外无置室处,准《江都集礼》,古者迁庙之主,藏于太室北壁之中。今请于夹室北壁以西为上,置睿宗皇帝主石室。制从之。①

吴羽认为,从"又曰"到"制从之"为止都是引用《开元礼义鉴》的文字②,非是。"唐制"以下部分是元和十五年之事,不可能出现在萧嵩所编的《开元礼义鉴》中。不过这也表明,元和年间议礼之时,礼臣很可能参考了《开元礼义鉴》,也就是说,尽管《江都集礼》尚存,从此书到唐人之间,还是有可能存在诸种中介性的文献。

北宋咸平三年(1000)时曾讨论祭祀宋太祖、太宗的昭穆位次:

> 礼院上言:"谨按《春秋左氏传》:'文公二年,跻鲁僖公。'《正义》云:'礼,父子异昭穆,兄弟昭穆同。'此明闵、僖兄弟继统,同为一代。又鲁隐公、桓公继及,皆为穆位。又按《江都集礼》,晋建武中,惠、怀二主兄弟同位(异)座,以正昭穆。及《尚书》盘庚有商及王,并《史记》阳甲至小乙兄弟四人相承,故不称嗣子,而曰及王(尺)[及],明不继兄之统也。又按《唐书》,中宗、睿宗皆处昭位,敬宗、文宗、武宗三帝昭穆之

---

① ［宋］陈祥道:《礼书》卷七〇,《儒藏精华编》第58册,北京:北京大学出版社,2020年,第673—674页。

② 吴羽:《今佚唐〈开元礼义鉴〉的学术渊源与影响》,第197—198页。

时同为一代。"①

今检《通典·礼典十一》"兄弟不合继位昭穆议"条：

> 东晋元帝建武中，尚书符云："……"贺循议："古者帝各异庙，庙之
> 有室，以象常居，未有二帝共处之义也。如惠怀二主，兄弟同位，于禘
> 祫之礼，会于太祖，自应同列异坐而正昭穆。"②

比照加点部分文句可知，北宋礼臣从《江都集礼》引用的这句实际上当是约
略自贺循之议。

南宋绍熙二年（1191）③，朱熹在回复吴仁杰的书信中提到：

> 所示《庙议》，乃全用《左氏》"临于周庙"一条为说，然不知似此安
> 排有何经据？如高祖以下通为祢庙，已非所安，又皆以西为上，乃后汉
> 同堂异室之制，无复左昭右穆之分，非古法也。若如《江都集礼》所载
> 孙毓之说，却似可信，而所示旧八庙图近之。④

朱熹在此信中提到的"《江都集礼》所载孙毓之说"，其实在他处被更详细地
征引了：

> 孙毓云："外为都宫。太祖在北，二昭二穆，以次而南。"出《江都集
> 礼》。向作《或问》时，未见此书，只以意料。后来始见，乃知学不可以

---

① 《宋会要辑稿·礼一五》，上海：上海古籍出版社，2014 年，第 837 页。按此事《宋史》
卷一○六《礼志九》有缩略，又见于《文献通考》卷九三，言及《江都集礼》一句被省去。

② ［唐］杜佑：《通典》卷五一《礼典十一·吉礼十》，第 1424—1425 页。

③ 陈来：《朱子书信编年考证》（增订本），北京：生活·读书·新知三联书店，2007 年，第
347 页。

④ 《晦庵先生朱文公文集》卷六三，《四部丛刊》影印上海涵芬楼藏明刊本，第 2141 页。

不博也。①

今检《通典·礼典七》"天子宗庙"条：

> 太常博士孙毓议云："《考工记》：'左祖右社。'孔子曰：'周人敬鬼神而远之，近人而忠焉。'礼，诸侯三门，立庙宜在中门外之左。宗庙之制，外为都宫，内各有寝庙，别有门垣。太祖在北，左昭右穆，次而南。今宜为殿，皆如古典。"②

朱熹对《江都集礼》中的孙毓说法其实也是约略文句，《通典》所载应当更接近《江都集礼》之原貌，并且极有可能就是转录自后者。

朱熹颇为重视《江都集礼》一书，在回答门人黄榦的提问时，他还提到了另一处颇为关键的佚文：

> 直卿问："神主牌，先生夜来说荀勖礼未终。"曰："温公所制牌，阔四寸，厚五寸八分，错了。据隋炀帝所编礼书有一篇荀勖礼，乃是云：'阔四寸，厚五寸，八分大书"某人神座"。'不然，只小楷书亦得。后人相承误了，却作'五寸八分'为一句。"③

所谓"隋炀帝所编礼书"便是指《江都集礼》，不过此处言"荀勖礼"尚不分明④，在庆元四年(1198)给郭叔云的一封信中⑤，有更详细的展开：

---

① 〔宋〕黎靖德编：《朱子语类》卷六三，北京：中华书局，1986年，第1558页。
② 〔唐〕杜佑：《通典》卷四七《礼典七·吉礼六》，第1306页。
③ 〔宋〕黎靖德编：《朱子语类》卷九〇，第2312页。
④ 吾妻重二推断《江都集礼》所收或许不是荀勖《祠制》而是题作《荀勖礼》的文献，但这一推断似乎略显牵强，与吴其昌立异的成分比较大，参见〔日〕吾妻重二：《朱熹〈家礼〉实证研究》，吴震、郭海良等译，上海：华东师范大学出版社，2011年，第170页。
⑤ 陈来：《朱子书信编年考证》(增订本)，第478—479页。

《江都集礼》晋安昌公荀氏《祠制》云,祭版皆正侧长一尺二分,博四寸五分,厚五分,八分大书云云。今按它所引或作厚五寸八分,《通典》《开元礼》皆然。详此"八分"字连下"大书"为文,故徐润云"又按,不必八分,楷书亦可"。必是荀氏全书本有此文。其作"五寸"者,明是后人误故也。若博四寸五分而厚五寸八分,则侧面阔于正面矣,决无此理,当以《集礼》为正。①

今检《通典·礼典八》"卿大夫士神主及题板"条可得:

> 安昌公荀氏《祠制》:"神板皆正长尺一寸,博四寸五分,厚五寸八分。大书某祖考某封之神座,夫人某氏之神座,以下皆然。书讫,蜡油炙,令入理,刮拭之。"②

很明显,朱熹所说的荀勖就是《通典》中的安昌公荀氏,不过在现存史籍中并无荀勖被封为安昌公的记载。《通典》除了此处,同卷"诸侯大夫士宗庙"条、"诸藏神主及题板制"条、《礼典十二》"未立庙祭议"条也有引用《祠制》,《艺文类聚》引荀氏《春秋祠制》即此书。朱熹对《祠制》的理解是准确的,《通典》中的这一错误不知究竟是杜佑之疏失,还是传写之讹谬,不过从后世的实际操作来看,起码北宋嘉祐年间之前就已存在这一错误了③。

判断《通典》袭用《江都集礼》中的材料,最为重要的证据还是出自宋代学者之口,毕竟彼时《江都集礼》虽非完帙,但大体犹存。范镇在《东斋记事》卷二中提到当时自己所参与的关于石中立子孙服丧论议:

> 自唐开元时,父卒众子在,嫡孙不传重,以其不袭封也。然不知至于服纪则有所不齐。国朝亦著于礼令。景佑(引者按,"景佑"当是"皇

---

① 《晦庵先生朱文公文集》卷六三,《四部丛刊》影印上海涵芬楼藏明刊本,第2308页。
② [唐]杜佑:《通典》卷四八《礼典八·吉礼七》,第1346页。
③ 〔日〕吾妻重二:《朱熹〈家礼〉实证研究》,第170—172页。

佑"之误)中,石资政中立卒,众子在,嫡孙不传重。未几,而众子卒,其家奏:"嫡孙合与不合传重。"下礼院议。于是宋景文公判太常,不疑、次道(宋敏求之字)与予为礼官,景文公遂令三人各为议状。不疑曰:"初当传重,不传重误也。宜改正之,使追为服。"次道则用《江都集礼》以为当接服,若曰:"父死众子在,嫡孙不传重,众子死,嫡孙接服,嫡孙死,众孙接服,是一尊亲为两等服也。"予谓:"石氏之孙宜依礼令不传重,且为本服。自今而后别著令,父死众子在,嫡孙传重,然后得礼之正。"又为不疑难曰:"石氏子当传重,就令石氏子于服中犯刑,如何处之?必以见行法、见行礼处之也,岂可旋更礼法,使变期服而传重,加以重刑也。"又为次道难曰:"众子死,嫡孙接服,嫡孙死,众孙接服,是何异家人共犯,止坐尊长,尊长方决而死,乃令次家长接续,足其杖数邪,是无此理也。"然景文从次道议,仍请著为令。其后,众子在,嫡孙请传重者,听传重;其不请者,则不传重。岂礼之意哉!①

《宋会要辑稿》所载从另一角度叙述了此事,其中对于宋敏求如何"用《江都集礼》",保留了更多的细节:

　　皇佑元年(1049)十一月三日……博士宋敏求议曰:"按子在父丧而卒,嫡孙承重,礼令无文。《通典》载《江都集礼》,晋人问徐邈:'嫡孙承重,在丧中亡,其从弟已孤,未有子侄相继,疑于祭祀。'邈答曰:'今见有诸孙而事同无后,甚非礼意。礼,宗子在外则庶子摄祭,可使一孙摄主而服本服。''期除则当应服三年否?'何承天答曰:'既有次孙,不得无服,但次孙先已制齐衰,今不得更易服,当须中祥乃服练。'裴松之曰:'次孙本无三年之道,无缘忽于中祥重制,如应为后者。次孙宜为丧主终三年,不得服三年之服。'而司马操驳之,谓二说无明据,其服宜三年也。庾蔚之云:'嫡孙亡无为后者,祖有众孙,不可使传重无主。

---

①　[宋]范镇:《东斋记事》卷二,北京:中华书局,1980年,第18—19页。

况子之子居然为祖持重，所以范宣云次子应服三年是也。'……"诏如敏求议。①

宋敏求所指的文段，在《通典·礼典四十八》"嫡孙持重在丧而亡次孙代之议"条，兹不惮繁琐，具录如下，以便对读：

晋或人问徐邈："嫡孙承重，在丧中亡，其从弟已孤，又未有子侄相继，疑于祭事。"邈答："今见有诸孙，而事无后，甚非礼意。《礼》'宗子在外，则庶子摄祭'，可依此使一孙摄主，摄主则本服如故。礼，大功者主人之丧，犹为之练祥再祭，况诸孙耶？若周既除，当以素服临祭，依心丧以终三年。"

宋江氏问："甲儿先亡，甲后亡，甲嫡孙传重，未及中祥，嫡孙又亡，有次孙，今当应服三年不？"何承天答曰："甲既有孙，不得无服三年者，谓次孙宜持重也。但次孙先以制齐缞，今得便易服，当须中祥乃服练居垩室耳。昔有问范宣云：'人有二儿，大儿无子，小儿有子，疑于传重。'宣答：'小儿之子应服三年。'亦粗可依。"

裴松之答何承天书云："礼，嫡不传重，传重非嫡，皆不加服，明嫡不可二也。范宣所云次孙，本无三年之道。若应为服后，次孙宜为丧主，终竟三年，而不得服三年之服也。"

何承天与司马操书论其事，操云："有孙见存，而以疏亲为后，则不通。既不得立疏，岂可遂无持重者，此孙岂不得服三年邪？嫡不传重，传重非嫡，自施于亲服卑，无关孙为祖也。"

按庾蔚之谓："嫡孙亡，无为后者，今祖有众孙，不可传重无主，次子之子居然为祖持重，范宣议是也。嫡孙已服祖，三年未竟而亡，此重议已立，正是不得卒其服耳。犹父为嫡居丧而亡，孙不传重也，次孙摄

---

① 《宋会要辑稿·礼三六》，第1537—1538页。

祭如徐邈所答。何承天、司马操并云接服三年,未见其据。"①

两相对照可知宋氏之言所据。从宋氏的说法可以推断,《通典》中此段应当
与当时尚得一睹的《江都集礼》完全相同,否则以《通典》不标引文出处的体
例,就不能如此清楚地认识并斩钉截铁地断言《通典》此处本于《江都集
礼》。另外,范镇与宋敏求处于论争之中,如果宋敏求这一说法不合实情的
话,范镇很可能就此进行反驳,而事实上他完全接受这部分是《江都集礼》
中的内容。由此,或许可以比较有理由认为,晋宋诸人之礼议问答,在六朝
前期就经过了时人,譬如多下总评的庾蔚之的整理,《江都集礼》在此基础
上对其进行了汇编,而这就成为杜佑撰集《通典》时颇为倚重的材料来源。

　　综上所述,本文认为杜佑《通典》中先唐礼论有一部分取材于汇编了汉
晋南朝礼论的《江都集礼》一书。唐宋时期一直都有礼议引用《江都集礼》,
尽管也有人对此提出批评,但是《江都集礼》无疑在唐宋礼学学术脉络中具
有相当重要的地位,这也是杜佑之所以选择取材于此的一部分原因。第一
节中已讲到,韦彤《五礼精义》在材料的采择上与杜佑的相近可能反映出当
时的一种学术共识。这或许尚可向前追溯到开元十七年(729),赵匡在《举
选议》中倡议:"礼经举人,若更通诸家礼论及汉已来礼仪沿革者,请便授太
常博士。"②这一提议表明,唐中期以降存在一股在礼学中重视汉以来古今
沿革与六朝礼论的潮流,杜佑将此篇奏议收入《通典》,以及他对《礼典》的
设计,实际上正是对此一潮流的首肯与积极响应。这一潮流的另一个反映
则是《古今沿革礼》一书。《日本国见在书目录》礼家中著录有《古今沿(草)
〔革〕礼》10卷③,平安中期的仪式书《西宫记》卷一〇开列殿中人、奉公之辈
应当具备的书物就包括"《江都集礼》百廿六卷,《沿革礼》十卷",后者当即
此书。尽管此书的具体面貌尚有待研究,但此书与《通典》中的礼沿革无疑
属于同一学术追求的产物,两者间的关系也有待今后的考察。

────────────

①　［唐］杜佑:《通典》卷八八《礼典四十八·凶礼十》,第2431—2432页。

②　［唐］杜佑:《通典》卷一七《选举典五》,第424页。

③　孙猛:《日本国见在书目录详考》,上海:上海古籍出版社,2015年,第165页。

当然，不管是与 300 卷的何承天《礼论》，还是 120 卷的《江都集礼》相比，《通典》中 65 卷的礼沿革（还需除去其中唐代部分）在内容上都经过了相当的删繁就简，这也是一部分《江都集礼》佚文并不能在《通典》找到平行文本的原因。另一方面，《江都集礼》一方面体现了对汉晋南朝礼学学术传统的继承，另一方面或许也影响了后世对唐前礼学发展面貌的理解。可以注意到，现今可见的《江都集礼》佚文中，材料的时代多在汉魏与六朝前期，与之相似的是《通典》唐前礼论材料中，南朝后期的内容也相对显得单薄。参考《隋书经籍志》与《旧唐书经籍志》的著录情况，不管是唐初，还是中唐，南朝后期的礼学著作还是有相当的留存。这种材料数量上的不平衡使得我们不得不思考，是否南朝前期礼论文献的较早集结，影响了后世《江都集礼》的材料选择，进而以此为中介，在文献上决定了杜佑《通典》的格局，而《通典》作为这一学术脉络中唯一完整存留至今的著作，最后又对我们所理解的先唐礼学图景发挥了决定性的影响。

【作者单位：清华大学历史系】

《通典》与汉唐边疆

汉代的蛮夷"保塞"

商赛博

一、从余英时对"保塞"的理解说起

顷读余英时先生《汉代贸易与扩张》一书，见书中论及"保塞蛮夷"，认为"保塞"肯定是当时的一个专用术语。然而对于"保塞"一词的含义，余先生的理解似乎有误。他在书中论述的第一个个案为：

> 中国的冒险者卫满在王朝之初逃到朝鲜，并在那里自立为王，惠帝和吕后时期，他被汉廷任命为"外臣"。在《史记》和《汉书》中，都将他和"保塞外蛮夷"一词相提并论，"保塞外蛮夷"也许可以解释为表示"外部的保卫边境的蛮夷"的专门术语。①

根据脚注，不难找到余先生所引的文献原文，即《史记·朝鲜列传》："会孝惠、高后时天下初定，辽东太守即约满为外臣，保塞外蛮夷，无使盗边。"②推敲原文，我们基本可以确定，余先生的理解是错误的。按照余先生的理解，"保塞外蛮夷"一句应断为"保塞/外蛮夷"，这一句整个为一个名词术语，而"保塞"的意思为"保卫边境"。但依照这种解释，并不符合古文的语序，整句

---

① 余英时：《汉代贸易与扩张》，邬文玲等译，上海：上海古籍出版社，2005 年，第 62—63 页。
② 《史记》卷一一五《朝鲜列传》，北京：中华书局，1982 年，第 2986 页。

话的语言逻辑也十分奇怪,"无使盗边"一句一下就失去了指称的对象。

实际上此处的"保"字应当训为"安"或者"养",整句的语序应当为"保/塞外蛮夷",意为安辑保养塞外的蛮夷①,不要让他们在边境上为患。"无使盗边"的宾语即是"塞外蛮夷"。杜佑《通典》在引用这句话时,将其略引为:"辽东太守即约满为外臣,保塞外。"②省略了"蛮夷"二字,这说明他的看法是一样的,认为"塞外蛮夷"一词是一个宾语。这可以作为一个佐证。余先生这里应当是犯了训诂中常见的"望文生训"的错误,简单地把"保"字根据现代汉语的语义理解为"保卫",进而把此处的"保塞"断为一词,故有此误。

不止是这一处偶误,余氏在整本书中都把"保塞"一词简单地理解为"保卫边境"。又如在论述"保塞蛮夷"在大多数情况下是指内蛮夷时征引《后汉书》的注释:

> 在东汉时期,部分羌人被称为"保塞羌胡"。《后汉书》的注释家解释说之所以如此称呼他们是因为他们已经归降中国并居住在帝国的版图之内保卫边境。③

根据脚注,原文为《后汉书·马援列传》的一段文字:"建初二年,金城、陇西保塞羌皆反。"此段章怀太子注曰:"羌,东吾烧当之后也,以其父滇吾降汉,乃入居塞内,故称保塞。"④显然,此处的注只是说因为这些羌人入居塞内,所以才称为"保塞",并没有提到保卫边境。"保卫边境"四字是余氏根据他自己对"保塞"的理解所加,却冠以《后汉书》注释家的解释。

又如,余先生说:"前一章所引侯应的叙述充分说明保塞羌胡位于帝国

---

① 即上文所提到的卫满所役属的真番、朝鲜蛮夷。《史记·朝鲜列传》:"满亡命,聚党千余人,魋结蛮夷服而东走出塞,渡浿水,居秦故空地上下鄣,稍役属真番、朝鲜蛮夷及故燕、齐亡命者王之,都王险。"见《史记》卷一一五《朝鲜列传》,第2985页。

② [唐]杜佑:《通典》卷一八五《边防典一》,北京:中华书局,1988年,第4986页。

③ 余英时:《汉代贸易与扩张》,邬文玲等译,第63页。

④ 《后汉书》卷二四《马援列传》,北京:中华书局,1965年,第856页。

境内的事实,侯应说自从西羌开始保卫边境以来,他们天天和汉人交往。"①此处所言侯应之说为《汉书·匈奴传下》侯应的一句话:"近西羌保塞,与汉人交通。"②又:"公元前 33 年,归降的南匈奴主动表示愿意保卫从上谷至敦煌的中国边塞,并要求罢撤边境障塞和中国的驻防史卒。③ 此段原文为:"单于骧喜,上书愿保塞上谷以西至敦煌,传之无穷,请罢边备塞吏卒,以休天子人民。"④这两处的"保塞"也不能简单地理解为保卫中国边塞。"保"字在汉代确实可以训为"守",但这里的守并非现代汉语的"守卫""保卫"的意思,其在文献中多为"自为保守"的意思。如《汉书·匈奴传》:"往来入塞,捕杀吏卒,驱侵上郡保塞蛮夷,令不得居其故。"颜师古注曰:"保塞蛮夷,谓本来属汉而居边塞自保守。"⑤又如《汉书·朱买臣传》:"故东越王居保泉山,一人守险,千人不得上。"颜师古注曰:"保者,保守之以自固也。"⑥可以看出,这些地方的"保"字多为"自保"之义,而非保卫他人,或者为他人守御。因此,上文的"保塞"也不能理解为保卫中国边塞,而应理解为居住在中国边塞而自为保守的意思。至于实际情况中确实起到了为汉帝国守卫边塞的作用,但那并非是"保塞"一词的原意。如朱圣明先生所言:"因汉匈毗邻,匈奴不侵犯汉朝边境,汉塞也就得到保护了。"⑦

二、"保"的训诂与"保塞"的词义内核

对于"保塞"一词,简单地理解为"保卫边塞"是不正确的。确如余英时先生所说,"保塞"一词在汉代是一个专门术语,在《史记》《汉书》《后汉书》

---

① 余英时:《汉代贸易与扩张》,邬文玲等译,第 63 页。

② 《汉书》卷九四《匈奴传下》,北京:中华书局,1962 年,第 3794 页。

③ 余英时:《汉代贸易与扩张》,邬文玲等译,第 64 页。

④ 《汉书》卷九四《匈奴传下》,第 3803 页。

⑤ 《汉书》卷九四《匈奴传上》,第 3756 页。

⑥ 《汉书》卷六四《朱买臣传》,第 2792 页。

⑦ 朱圣明:《华夷之间——秦汉时期族群的身份与认同》,厦门:厦门大学出版社,2017年,第 305 页。

中也经常出现。前代注家的解释各不相同,如上所引的《汉书》颜师古注释为"居边塞自保守"、《后汉书》李贤注则以"入居塞内"释之。《汉语大词典》"保塞"这一词条将其解释为"居边守塞"①。这些解释虽然不错,但在代入历史语境时总觉得不完备。我们应当从训诂出发,根据具体的语境来理解"保塞"一词的内涵。"保塞"一词中的"塞"字很好理解,虽然这个"塞"可以是"塞外",也可以是"塞内"②,但意指"边塞"则是毫无疑义的。理解"保塞"一词的关键在于对"保"字的训诂。

首先我们要了解"保"字在两汉及汉以前存在哪些义项,以免犯以今释古,望文生训的错误。《说文·人部》:"保,养也。从人,从孚省。"③"保"字在甲骨文中作"𤔡",在金文中作"𤔡","象人反手负子于背"④,"所以唐兰先生认为'保'的本义是负子于背,襁褓的'褓'是'保'的孳生字,'养'是'保'字的后起意义"⑤。唐兰先生所言为是,"保"的本义为"负子于背",引申乃有"保养"之义。

《诗·小雅·南山有台》:"乐只君子,保艾尔后。"毛传:"保,安也。"⑥又《礼记·中庸》:"宗庙飨之,子孙保之。"郑注:"保,安也。"⑦《孟子·梁惠王上》:"保民而王,莫之能御也。"赵岐注:"保,安也。"⑧是以"保"可以训为"安"。

《诗·大雅·崧高》:"往近王舅,南土是保。"郑笺:"保,守也,安也。"⑨

---

① 罗竹风主编:《汉语大词典》第1卷,上海:上海辞书出版社,1986年,第1394页。

② 朱圣明:《华夷之间——秦汉时期族群的身份与认同》,第309页。

③ 许慎:《说文解字》第八上,北京:中华书局,2013年,第159页。

④ 唐兰:《殷墟文字记·释保》,《唐兰全集》(六),上海:上海古籍出版社,2015年,第96页。

⑤ 裘锡圭:《谈谈古文字资料对古汉语研究的重要性》,《裘锡圭自选集》,开封:河南教育出版社,1994年,第204页。

⑥ 《毛诗正义》卷一〇,《十三经注疏》,中华书局影印清嘉庆二十一年南昌府学刻本,北京:中华书局,2009年,第897页。

⑦ 《礼记正义》卷五二,《十三经注疏》,第3533页。

⑧ 《孟子注疏》卷一,《十三经注疏》,第5807页。

⑨ 《毛诗正义》卷一八,《十三经注疏》,第1222页。

《左传·哀公二十七年》:"乃先保南里以待之。"杜预注:"保,守也。"①是以"保"有"守"义。

《诗·唐风·山有枢》:"宛其死矣,他人是保。"郑笺:"保,居也。"②又《诗·大雅·思齐》:"不显亦临,无射亦保。"郑笺:"保,犹居也。"③则是"保"由"安""守"之义引申而有"居"之义。

《礼记·月令》:"孟夏行秋令,则苦雨数来,五谷不滋,四鄙入保。"郑注:"小城曰保。"④又《檀弓下》:"公叔禺人遇负杖入保者息。"郑注:"保,县邑小城也。"⑤是"保"与"堡"为古今字,有"城堡"之义。

另外,《汉书·高帝纪》:"沛令后悔,恐其有变,乃闭城城守,欲诛萧、曹。萧、曹恐,逾城保高祖。"颜师古注曰:"保,安也,就高祖以自安。"⑥《史记集解》引韦昭曰:"以为保郭。"⑦而王念孙在《读书杂志·汉书第一》"逾城保高祖"条分析"保"的词义,认为:

> 韦、颜二说皆失之迂。保者,依也。僖二年《左传》:"保于逆旅。"杜注训"保"为"依"。《史记·周本纪》曰:"百姓怀之,多从而保归焉。""保归",谓依归也。《荆燕世家》曰:"与彭越相保。"《庄子·列御寇篇》"人将保女矣",司马彪注曰:"保,附也。""附"亦"依"也。王逸注《七谏》曰:"依,保也。"⑧

王念孙在此列举《左传》杜注、《史记》《庄子》诸条及王逸注之依、保互文,足以说明"保"确实有"依恃"之意。实际上,保在很多地方确实训为"依"更加合

---

① 《春秋左传正义》卷六〇,《十三经注疏》,第4742页。
② 《毛诗正义》卷六,《十三经注疏》,第768页。
③ 《毛诗正义》卷一六,《十三经注疏》,第1112页。
④ 《礼记正义》卷一五,《十三经注疏》,第2957页。
⑤ 《礼记正义》卷一〇,《十三经注疏》,第2838页。
⑥ 《汉书》卷一《高帝纪第一上》,第9—10页。
⑦ 《史记》卷八《高祖本纪第八》,第350页。
⑧ [清]王念孙:《读书杂志·汉书第一》,上海:上海古籍出版社,2015年,第450页。

适。如《汉书·匈奴传》载呼韩邪单于款塞来朝时,"自请愿留居光禄塞下,有急保汉受降城"。对此,颜师古解释为:"保,守也。于此自守。"①他的这个解释确实"失之迂"了。汉朝显然是不可能把受降城这一军事要塞让出来让匈奴在此来自守的。此处的"保"字显然训为"依"更加符合语义,呼韩邪单于的请求应该是若有急则依附汉朝的受降城来抵抗郅支单于。

根据旧注,我们可以确定,"保"字在汉代有养、安、守、居、依、小城等义。那么,在"保塞"一词中,"保"应当作何解呢? 从对具体语境的分析来看,"保"字在"保塞"这一词语中的内涵不是单一的、确定的,而是多元的、综合的、复杂的。如上所引颜师古注谓:"保塞蛮夷,谓本来属汉而居边塞自保守。"这里颜师古显然认为"保塞蛮夷"中的"保"字包含了"居"和"守"两重义涵。又《后汉书·乌桓鲜卑列传》说乌桓"明、章、和三世,皆保塞无事"②,这里的"保塞无事"显然是对前文所述建武时期乌桓渠帅 81 人"皆居塞内,布于缘边诸郡"③这一状态的延续性描述。这里"保塞"的"保"显然是有"居"的意思,而"无事"又说明乌桓这一时期安居于塞内,没有生什么事端。下文记载鲜卑也说"明章二世,保塞无事"④,在"保塞无事"这种语境下"保塞"的"保"字"居"和"安"的义涵是很明显的。又《汉书·匈奴传下》记载因为匈奴攻击乌桓,"乌桓分散,或走上山,或东保塞"⑤,这里的"保塞"则明显是乌桓部众依附于汉朝边塞自相保守,以免受匈奴的攻击,"保"的"依附"与"自守"的义涵更加明显。上述这些语境中,"保"都显然有"居"的意思,因为无论是偏重于"依附"还是"自守"或是"安于边塞",都内在地含有居于边塞的意思。

因此,我认为,"保塞"中的"保"包含有上述居、安、依、守等多重义涵,意为居住在边塞以自安,依附(汉朝的)边塞以自守,可能根据不同的语境而有所偏重,其中"居"应当是最基本的义涵。这与历史学家对"保塞"一词

① 《汉书》卷九四《匈奴传下》,第 3798—3799 页。
② 《后汉书》卷九〇《乌桓鲜卑列传》,第 2983 页。
③ 《后汉书》卷九〇《乌桓鲜卑列传》,第 2982 页。
④ 《后汉书》卷九〇《乌桓鲜卑列传》,第 2986 页。
⑤ 《汉书》卷九四《匈奴传下》,第 3820 页。

的总结是相吻合的。如廖伯源在《论汉代徙置边疆民族于塞内之政策》一文中认为"所谓'保塞蛮夷',盖指降附汉廷之蛮夷,居于边塞附近,依塞自保,亦助汉守边塞"①。在廖先生的这一解释中,"保"字包含了"居""依""守"等三重内涵。朱圣明在《华夷之间》一书中也根据史料进一步总结了"保塞"一词在汉代的五种含义:(1)塞外民族居住在塞内自保。(2)塞外民族受到压迫,为寻求军事、政治庇护入塞自保。(3)塞外民族居住在塞内替汉守塞。(4)遭遇紧急情况,塞外民族入居塞内,协助汉朝守塞。(5)塞外民族作为汉朝藩属,不侵扰边塞。② 应当说,朱圣明先生的总结十分到位,他这里总结的五种含义已经含括了"保"字"居""依""守""安"等多重义涵。朱先生从史料出发的总结正可以与我们从训诂出发的考察可两相印证。

三、蛮夷"保塞":作为一种华夷秩序的模式

"内诸夏而外夷狄"是汉晋时期的大多数士人认为最为理想的一种华夷秩序的模式。这种模式的论述以江统的"徙戎论"为代表,主张采取"限隔华夷"的方法。对于这一模式的议论历史上还有很多,从汉代的班固、蔡邕到晋朝的邓艾、郭钦,乃至唐代的薛谦光、刘贶等人大略都持此种看法。他们认为诸夏与夷狄风俗、饮食、衣服不同,居处各异,其地与中国有山川大漠相隔,此"天地所以绝外内也",所以应当限隔华夷,区别内外。又因为"其地不可耕而食也,其民不可臣而畜也"③,所以也不应当劳师远征,靡费中国,以事四夷。对夷狄应当采取"其叛也不为之劳师,其降也不为之释备"④,"来则惩而御之,去则备而守之","外而不内,疏而不戚"⑤这样一种既疏远又防备的态度,让夷狄"欲为寇而不能,愿臣妾而不得"。这样一种

---

① 廖伯源:《论汉代徙置边疆民族于塞内之政策》(2007)《秦汉史论丛续编》,中华书局,2018 年,第 3 页。
② 朱圣明:《华夷之间——秦汉时期族群的身份与认同》,第 304—305 页。
③ 《汉书》卷九四《匈奴传下》,第 3834 页。
④ [唐]杜佑:《通典》卷二〇〇《边防典十六》,第 5499 页。
⑤ 《汉书》卷九四《匈奴传下》,第 3834 页。

论调在中国历史上有很多人支持，在舆论上占据主流的地位。然而在实际中，这种限隔华夷、区别内外的模式却从未得到真正的执行。因为这样的建议从根本上违背了历史发展的大趋势，在实际中根本难以施行①。

与此相反的一种华夷秩序的模式则是将降附的蛮夷迁入内地，比于齐民，与汉人相杂处，主张"用夏变夷"。如东汉建武中把归服的先零种"徙置天水、陇西、扶风三郡"，永平时，将散降的滇吾余众"徙七千口置三辅"。②这种模式下徙居内地的羌戎与汉人言语不通，风俗各异，难以适应在当地的生活，且往往为地方势力侵夺其财产，穷恚无聊，以致反叛。

另有一种模式处于两者之间，那就是让蛮夷"保塞"，是"惠此中国，以绥四方"③的模式。如上文所言，蛮夷"保塞"是指让蛮夷居于边塞以自安，依附于边塞以自守。其中让蛮夷安居于边塞是这种模式的核心，安绥蛮夷是最重要的，至于是否助汉守边则在其次。朱圣明先生在论述到"保塞蛮夷"时认为："根据保塞动机的不同，保塞又分为'自保'和'替汉保塞'。对于'蛮夷'，这两种性质的保塞很难区别开来。塞外民族降附汉朝，居于塞内，通常是因为势力遭到削弱寻求汉朝庇护为谋求某种政治利益。然而，与此同时他们也加强了汉朝边郡地区的军事力量，很多时候也被驱使与汉朝军队一起抵抗来自塞外的侵略。"④实际上并不用做这种区分。当蛮夷依附于汉帝国，并且安居于汉帝国的边塞时，不论其是否在军事上为汉帝国所利用，在实际中一定会起到为汉朝"藩屏"的作用，也一定会减轻汉朝边庭的国防压力。当四方蛮夷绥安时，一定能够"惠此中国"。蛮夷"保塞"的模式既不像徙戎论那样要求限隔华夷、区别内外，对蛮夷处之以疏远而防备的态度，也不像"用夏变夷"的模式那样要求蛮夷徙居内地，成为帝国治下的编户齐民，而是只求让蛮夷安居在边塞地区，自为保守，不为边患罢

---

① 程妮娜等：《中国历代边疆治理研究》，北京：经济科学出版社，2017年，第163页。

② 《后汉书》卷八七《西羌传》，第2878—2879、2880页。

③ 按：《诗·大雅·民劳》此句"中国"本指京师，"四方"本指诸夏。此处用其语典，以"中国"指中原王朝，"四方"指四方蛮夷。

④ 朱圣明：《华夷之间——秦汉时期族群的身份与认同》，第317页。

了。"保塞"模式虽然不像限隔华夷、区别内外的"徙戎"模式那样有许多人论述,在舆论上获得许多支持,但在实际情况中,却比前两种模式更为常见。就两汉而言,西汉自宣帝时呼韩邪单于款塞以来,匈奴保塞称藩,历元、成、哀三世,这一模式都得到了良好的运行。史称"数世不见烟火之警,人民炽盛,牛马布野"①。直到王莽秉政之后轻启边衅,这一局面才被打破。《后汉书》称自南单于款五原塞之后,"由是乌桓、鲜卑保塞自守,北虏远遁,中国少事"②。明、章、和三世,这一模式都得到了很好的维持。

蛮夷"保塞"的模式之所以比前两种模式更为常见,无他,只是因为"保塞"的模式更符合实际情况,更为可行且有效。即使中原王朝强盛,将四夷都迁居内地也是不可能的,内迁的模式注定只能小规模地实施,而且还易生肘腋之患。徙戎的模式因为违背民族融合的发展趋势,实际上也不可能做到。因为自古以来都是夷夏杂处的,蛮夷和诸夏一直就是相融的、相接的。"保塞"的模式不用将蛮夷内迁以图化之为编氓,也不用将蛮夷赶到塞外以分别夷夏。在中原王朝强盛而四夷衰弱的时候,中原王朝不需要投入很多的资源,只需要对四夷保持强大的威慑并给予他们安全的保障,就可以形成并维持这种模式。在这种模式下,中原王朝的国防压力会大大减轻,边塞地区的生产也得以恢复和发展。建武二十六年(50),南单于内附之后,光武帝就令建武初年因匈奴钞略而内迁的边民布还诸县,"于是云中、五原、朔方、北地、定襄、雁门、上谷、代八郡民归于本土"③。在这种模式下,双方在边塞地区相安无事而又得以交通往来,应该说对于双方都是有利的。"绥"的是"四夷",但"惠"的并不仅仅是"中国"。

【作者单位:清华大学历史系】

---

① 《汉书》卷九四《匈奴传下》,第 3826 页。
② 《后汉书》卷一九《耿弇列传》,第 716 页。
③ 《后汉书》卷一《光武帝纪第一》,第 78 页。

南方民族的两种华夏化路径

——蛮在《通典》之前的知识谱系

杜 杰

引 言

南方民族的华夏化，是中华民族多元一体格局形成过程的重要一环。《礼记·王制》叙四方之民，"南方曰蛮，雕题交趾，有不火食者矣"。① 从《史记》起，南方民族就列于四夷传记之中，唐初修撰正史，"南蛮"与"东夷""西戎""北狄"并列，构成形式完备的"四夷传"。至杜佑《通典·边防典·南蛮上》，汇集前代史料，构建了中唐以前南方徼内民族的知识谱系，分别继承并发展了《史记·西南夷列传》呈现的边境羁縻与《后汉书·南蛮列传》呈现的郡县齐民两种华夏化模式，呈现出汉唐间南方民族经由多元路径融入统一多民族国家的完整图景，值得分析探究。

学界对《边防典》所涉民族的研究颇多，由于《边防典》主要取材自前代史书，研究着重于文本比对和史源考证。② 在中唐的历史节点上，《边防典》具有承上启下的重要意义，既是对汉唐以来大一统华夏政权边疆建设历史的回顾总结，也是对唐代以降周边民族记述新格局的尝试。在这方面，胡鸿《能夏则大与渐慕华风》一书具有重要的启发意义，其中"史学有关异族的知识建构"一节，分析了从《史记》到唐代官修诸史，如何在经学"四

---

① ［清］孙希旦：《礼记集解》卷一三《王制二》，北京：中华书局，1989年，第359页。

② 参见李锦绣：《〈通典·边防典〉"吐火罗"条史料来源与〈西域图记〉》，《西域研究》2005年第4期，第25—34、110—111页。

夷"框架的影响下形成一套关于周边族群的严整结构,并分析了《史记·匈奴列传》与《后汉书·南蛮列传》的叙述策略及构建的谱系模型对后世的开创性意义。[①] 与此同时,在历史文本演变和书写的脉络下展开分析,也能呼应近年来的"历史书写"研究,探讨边疆族群形象在史书中得到怎样的呈现,历代史书形成的历史意识怎样得到传承,进而塑造华夏帝国的符号秩序和多元一体的中华民族共同体。[②] 但相较于西戎和北狄当中影响较大,特别是建立了强大政权的民族,[③]南方民族的研究仍较为不足。《边防典·南蛮上》的结构尚被视为"一种混乱的大杂烩",[④]有待继续探索。

南方民族的华夏化过程也一直受到关注,相关研究从 20 世纪延续至今。早期研究多强调各民族的源流和与当今民族的对应关系,并致力于为各民族建立谱系。但近年来,研究思路逐渐发生转变。

王明珂的系列著作,倾向于族群认同"主观论",将"族群"视为可选择

---

① 参见胡鸿:《能夏则大与渐慕华风》,北京:社会科学文献出版社,2017 年,第 133—162 页。

② 近年来,南方民族地区的历史书写与建构产生了突出的成果,如谢晓辉对此进行了详尽深刻的分析。罗群、王文光、孙骁、王丹等都是其代表。王明珂指出:"'正史'文类所对应的情境规范,便是'华夏帝国'结构。'正史'文类所蕴含的结构、规律与其文本内涵符号的变易性,也对应'帝国'内在的结构、规律与变易。"参见王文光:《〈汉书〉、〈后汉书〉民族列传与汉代边疆民族历史的文本书写》,《中国边疆史地研究》2013 年第 4 期,第 117—125 页;谢晓辉:《西南民族地区的历史书写与历史——基于湘西地区的一点反思》,《新史学》第 13 卷,2020 年,第 81—98 页;罗群:《边疆观的历史书写与建构——以云南为中心的讨论》,《中国边疆史地研究》2022 年第 4 期,第 12—30 页;孙骁、王丹:《从殊俗到慕化:汉晋时期的西南边疆族群历史书写》,《云南社会科学》2021 年第 6 期,第 161—169 页;王明珂:《英雄祖先与弟兄民族:根基历史的文本与情境》,北京:中华书局,2009 年,第 57—58 页。

③ 个别研究如吴玉贵:《西突厥新考——兼论〈隋书〉与〈通典〉、两〈唐书〉之"西突厥"》,《西北民族研究》1988 年第 1 期,第 111—130 页;张云:《〈通典·吐蕃传〉的史料价值》,《中国边疆史地研究》2002 年第 3 期,第 106—110、120 页;牛时兵:《从"开国西蕃"到"退居河朔":4—8 世纪中期吐谷浑史研究》,兰州大学博士学位论文,2021 年;许佳:《〈通典·高句丽〉研究》,福建师范大学硕士学位论文,2014 年;梁云:《早期拓跋鲜卑基本史料比较研究——〈魏书〉与〈北史〉〈通典〉〈文献通考〉关系辨析》,《内蒙古社会科学(汉文版)》2015 年第 2 期,第 43—48 页。围绕"西戎"和"北狄"的整体研究如李锦绣、余太山:《〈通典〉西域文献笺注》,上海:上海人民出版社,2009 年;李荣辉:《六世纪中叶到九世纪蒙古高原—北亚族群研究——以〈通典·北狄〉记述族群为中心》,内蒙古大学博士学位论文,2017 年。

④ 胡鸿:《能夏则大与渐慕华风》,第 160—161 页。

的,可被利用的,并且能随情势变化的资源竞争的"工具"。从"历史记忆"的角度阐释了华夏边缘民族如何借助历史记忆和英雄祖先故事来形成自己的华夏身份,寻求在华夏空间中的地位。① 这对我们分析各民族的起源神话具有重要意义。

鲁西奇和罗新的研究重新界定华夏化的标准。鲁西奇认为魏晋南北朝时期区别华夏与群蛮的根本标志在于"是否著籍、是否输纳赋役以及'城居'(聚居)还是'村居'(散居)"。② 罗新则强调华夏化的政治维度,指出南方非华夏民族的华夏化主要是一个政治过程,与华夏政权的国家意志和利益紧密相关。③ 胡鸿《能夏则大与渐慕华风》则成为分析政治体视角下华夏化的力作,指出"一个人群的华夏化首先是融入或建立具有秦汉魏晋式政治文化的帝国政治体的过程"。④

同时,南方民族在文化与族群上具有多样性,⑤吕思勉很早注意到南方不同区域的多样性,他将魏晋时期的南方,分为荆、雍、豫州;梁州、益州,以及交州、广州、宁州三个区域,华夏化程度和难度渐次提升。⑥ 罗新指出,华夏化在时间、空间上,以及各族群之内和同一族群的不同单元之间都呈现出不均性。⑦ 胡鸿分析了长江中游山区蛮族被整合进华夏政治体网络的过程。裴艾琳尝试探究了西南土著政治体华夏化的多元性,即一面借由羁縻府州等制度被纳入华夏政治体系,另一方面又能维持其非华夏化的政治实态,而游移于华夏网络的内外。同时也分析了唐中期王朝华夏网络衰退的总体趋势下,土著族群地区形式上华夏化而实质上蛮夷化

---

① 参见王明珂:《华夏边缘:历史记忆与族群认同》,杭州:浙江人民出版社,2013 年;王明珂:《英雄祖先与弟兄民族:根基历史的文本与情境》。

② 鲁西奇:《释"蛮"》,《人群·聚落·地域社会:中古南方史地初探》,厦门:厦门大学出版社,2011 年,第 49 页。

③ 罗新:《中古北族名号研究》,北京:北京大学出版社,2009 年,第 2 页。

④ 参见胡鸿:《能夏则大与渐慕华风》,第 19 页。

⑤ 罗新:《王化与山险——中古早期南方诸蛮历史命运之概观》,收入《王化与山险:中古边裔论集》,北京:北京大学出版社,2019 年,第 3—29 页。

⑥ 参见吕思勉:《两晋南北朝史(上)》,上海古籍出版社,2005 年,第 710—726 页。

⑦ 罗新:《王化与山险——中古早期南方诸蛮历史命运之概观》,收入《王化与山险:中古边裔论集》,第 3—29 页。

的现象。① 但西南方向的相关研究仍显薄弱。

鲁西奇提出"内在的边陲",对理解南方民族华夏化的多样性颇有启发。作者提出,相对于国家力量的外部边界,探究帝国疆域内部网络的空隙如何被填充,这些空隙及居于其间的人群如何组织自己的社会,并将自己融入帝国体系之中,对中华帝国政治经济与社会文化体系之形成过程及其空间格局与变迁的认识也大有意义。②

本文将以《通典·边防典·南蛮上》徼内"南蛮"诸族为中心,分析内容及结构层次,考察当时的南方民族知识谱系,并将其置于从《史记》到唐代正史南方民族传记演进的总体格局,尝试揭示汉唐之际南方民族的两种华夏化路径及特点。本文认为,《南蛮上》所列 27 条可分为"南蛮"与"西南夷"两种华夏化路径,由"盘瓠种"至"獠"为"南蛮",为王朝内部边缘,遵循"郡县齐民"路径,在文本上承袭《后汉书·南蛮列传》谱系;"夜郎"至"松外诸蛮"为"西南夷",在文本上延续《史记·西南夷列传》谱系,为王朝外部边缘,遵循"边境羁縻与大姓保境"路径。至唐代,两种路径汇入新的大一统王朝,《通典》亦对此作了相应的补充,呈现出唐中前期南方民族华夏化的新进展。

一、 西南族群华夏化: 边境羁縻,大姓保境

《边防典·南蛮上》"西南夷"部分,整体格局始于《史记》,其中夜郎、滇、邛都、莋都、冉駹在《西南夷列传》中已有记载。《史记》中三篇南方民族传记,《东越列传》和《南越列传》实为已华夏化的地方政权简史,仅有《西南夷列传》完整呈现了西南民族从原生政治形态到与华夏政权接触,被纳入羁縻统治的过程。此后,《汉书》与《后汉书》基本承袭其构建的西南民族认

---

① 裴艾琳:《唐宋之际南方边地的华夏进程与族群融合》,《社会科学》2021 年第 11 期,第 156—170 页。

② 参见鲁西奇:《内地的边缘:传统中国内部的"化外之区"》,《学术月刊》2010 年第 5 期,第 121—128 页。

识谱系,而在时间和空间范围上有所扩充。总体来看,汉唐之际的西南夷历史基本可以分为羁縻郡县和大姓保境两阶段,即《南蛮上·序略》所概述:

> 其西南诸夷,夜郎之属,悉平定置郡县。//公孙述时,夜郎大姓为汉保境。后汉初从番禺江奉贡。①

前一部分,是中原存在大一统政权时对西南地区的治理方式。但《通典》在序略中没有点出西南诸郡的特殊性——因俗而治的"初郡":

> 汉连兵三岁,诛羌,灭南越,番禺以西至蜀南者置初郡十七,且以其故俗治,毋赋税。②

这些"初郡"实际上设置在当地原有的酋邦基础之上,当地诸民族的统治者,即"南夷君长",都被称为"王"或"侯",如夜郎统治者先被称为"夜郎侯",入朝后又被封为"夜郎王"。③ 筰都在《史记》中称为"有君长",而《后汉书·西南夷列传》明确称为"**筰都国**"。④

只有邛都比较特殊,"邛都"在与汉朝接触前,处于"无君长"的状态,但到两汉之际,却出现了"自立为王"的大动荡:

> 粤嶲蛮夷任贵亦杀太守枚根,自立为邛谷王。⑤

"自立为王"这一政治意味明显的举动可以从两个角度分析,一方面,原本

---

① [唐]杜佑:《通典》卷一八七《边防典三·南蛮上》,北京:中华书局,2016年,第5032页。
② 《史记》卷三○《平准书》,北京:中华书局,1982年,第1440页。
③ 《汉书》卷九五《西南夷两粤朝鲜传》,北京:中华书局,1962年,第3841—3842页。
④ 《后汉书》卷八六《南蛮西南夷列传》,北京:中华书局,1965年,第2844页。
⑤ 《汉书》卷九五《西南夷两粤朝鲜传》,第3846页。

"无君长"的邛都在受到汉朝的政治文化影响后,产生了政治上的分化。另一方面,也表明此时的邛都首领尚未完全接受汉的政治权威。如滇王和夜郎侯都询问汉使"汉孰与我大"①,并非完全出于"不知",而是可以理解为对另一种陌生的政治秩序的茫然,因为尚未完全融入华夏天下秩序,特别是心态上还没有完全接受汉为中心,自己为边缘的格局,所以习惯性地先将"汉"放在以自己为中心的秩序中衡量一番。到了西汉末期,西南地方统治者就对华夏式的政治名号相当熟悉了。王莽贬钩町王邯为侯,"王邯怨恨",②说明他已经清楚地意识到了"王"和"侯"在华夏政治体中的等级关系。

图1　汉代西南夷主要族群及边郡分布图③

① 《史记》卷一一六《西南夷列传》,第2996页。
② 《汉书》卷九五《西南夷两粤朝鲜传》,第3846页。
③ 底图参考谭其骧主编:《中国历史地图集》第二册《秦 西汉 东汉时期》,北京:中国地图出版社,1982年,第29—32页。

《通典》所记西南夷各部的顺序——夜郎、滇、邛都、冉駹、筰都,与《史记》中的各"族"名保持一致。《史记》所描绘大体上可以视为以区域为基本单元呈现的政治格局,即以一个较大的政权为中心,周边围绕着数个较小的有君长的政治体。从最东南端的夜郎开始,分别形成了夜郎、滇、邛都、徙、筰都、冉駹、白马诸"君长"。这些较大的"邦国"是后来汉王朝介入当地事务并赖以建立郡县的主要划分依据。而以夜郎为首,一是夜郎政治发育程度最高,有"夜郎最大"的称谓;另一方面是夜郎在地理位置上最为深入华夏内地,从蜀郡和南越两个方向,均可到达夜郎。这种由近及远的思路,同样体现在《南蛮上》之中。而这些名称一直为后来的正史沿用,只有"白马"则比较特殊。《西南夷列传》中白马是唯一明确族群属于"氐类"的,在《南蛮上》中,白马被划入"西戎"的"氐"当中,这是因为氐人在魏晋时代向西北、关中发展,脱离了西南夷的地域范围。可见时人也认识到了族属与政治体的差别。

《汉书》大体上维持了《史记》之框架,《后汉书》则有较多突破。一方面细化了《史记》《汉书》中的描述。《史》《汉》当中对西南夷各族群并没有分列条目,大体是按照时间线索的大事记概述。而《后汉书》则对夜郎、滇等分条目叙述,并补充了有关各政权和族群历史起源、风俗习惯的大量史料,注释显示,其内容与《华阳国志》《风俗通》《哀牢传》等地方史料或是地理志书内容高度一致,这表明自东汉以来,关于西南地区风俗和历史的了解有了大的飞跃。这些起源神话,如哀牢国"九隆"的传说,尚未被纳入华夏早期神话的谱系。但是已经有华夏式政治观念的书写,如哀牢附汉前夕,哀牢王对部下耆老说:"中国其有圣帝乎?天祐助之,何其明也。"①可见正处于两种政治文化交融,并且华夏观念日渐深入边塞的阶段。另一方面,后汉书增加了《史记》和《汉书》没有记载的族群,包括东汉初年新归附的哀牢国,哀牢之外的焦侥和掸,已经远达今天缅甸境内,至此,构成了对西南夷地区最完整的认识图景。

---

① 《后汉书》卷八六《南蛮西南夷列传》,第 2848 页。

在《后汉书》之后，单独的西南夷列传即消失于正史中。"序略"中另一句话揭示了两汉之际当地政治发展开始萌发的新特点——地方大姓崛起，这将在汉末至魏晋主导西南夷（南中）地区的政治进程。"序略"记载"公孙述时，夜郎大姓为汉保境。后汉初从番禺江奉贡"①。这表明两汉之际，面对统一华夏政权的崩溃，当地大姓开始成为维系西南夷地区华夏存在的重要力量。《通典》此句来自《后汉书·西南夷列传》②，此处引用该句颇为精炼，点出了这一地区在汉唐华夏大分裂之间的发展情形，表明了这些大族的两面性，一是"保境"，即专权一方，抵御外部势力的进入；二是"为汉"，即始终坚持华夏认同，一旦中原再度统一，即归顺臣服。

三国时期蜀汉政权尚对南中之地发动征伐。到晋代，南中与建康朝廷失去了政治上的联系，只能借助一些当地的大姓。"在汉至魏晋时期，朝廷一直难以有效且全面地统治'南中'，因而常通过'南中大姓'对本地作形式上的管辖、羁縻"，③即"保境"。《华阳国志》记载：

> 永昌元年，晋朝更用零陵太守南阳尹奉为宁州刺史、南夷校尉，加安西将军。奉威刑缓钝，政治不理。咸和八年，遂为雄弟寿所破获，南中尽为雄所有。惟牂柯谢恕不为寿所用，遂保郡，独为晋，官至抚夷中郎将、宁州刺史、冠军。④

正如《南齐书·州郡志》指出，宁州"道远土墝，蛮夷众多，齐民甚少。诸爨、氐强族，恃远擅命，故数有土反之虞"⑤。

尽管如此，在历代《地理志》或《州郡志》当中，宁州的建置从未取消，其

---

① ［唐］杜佑：《通典》卷一八七《边防典三·南蛮上》，第5032页。
② 《后汉书》具体记载各家姓氏："公孙述时，大姓龙、傅、尹、董氏，与郡功曹谢暹遏保境为汉。"《后汉书》卷八六《南蛮西南夷列传》，第2845页。研究指出这是南中大姓最早的历史记载。参见尹建东：《汉唐间南中地域社会政治格局与权力结构的嬗变——以"夷帅""长吏""大姓"为中心的考察》，《云南师范大学学报》2016年第4期，第55页。
③ 王明珂：《英雄祖先与兄弟民族：根基历史的文本与情境》，第120页。
④ ［晋］常璩：《华阳国志》卷四《南中志》，济南：齐鲁书社，2000年标点本，第52页。
⑤ 《南齐书》卷一五《州郡志下》，北京：中华书局，1972年标点本，第303页。

在政治上属于华夏政权的一部分，是可以确定无疑的。这些地方大姓，尽管有顺应当地习俗的"夷化"一面，如《华阳国志》记载东晋时期"南人言论，虽学者亦半引'夷经'"①，但在文化上和政治上，他们仍然保持着对中央王朝和华夏文化的强大向心力。这也是其能够在隋唐统一政权建立之后，迅速归附的重要原因。《南蛮上》所记爨氏的自我认同，始终是华夏文化与血统，他们在数百年后仍然坚持华夏记忆与晋朝授予的官职"西爨者，南宁之渠帅，梁时通焉。自云：'本河东安邑人，七叶祖事晋，为南宁太守。属中原乱，遂王蛮夷。'"②与此同时，他们逐渐利用庄蹻形象来维系自己华夏起源的共同记忆，到唐初，这成为当地的普遍现象，似乎已经取代了原来的神话传说："自夜郎滇池以西，皆云庄蹻之余种也。"③从故事情节上看，庄蹻入滇后楚国断绝关系，改从夷俗，或许正符合魏晋时期南中各大族在游离于王朝统治之外的年代，融合华夷风俗自治于当地的情形。④

二、南蛮华夏化：列为郡县，同之齐人

相较于地处偏远，长期游离于华夏边缘的西南族群，在《边防典·南蛮上》"序略"中，占据了主要篇幅的是"南蛮"群体，这部分族群早在上古时代就与华夏建立了联系，在起源上被视为与华夏上古帝王有紧密的联系。这部分的代表便是三支蛮人——盘瓠蛮、廪君种、板楯蛮。

> 南蛮，其在唐虞，与之要质，故曰要服。夏商之时，渐为边患。暨于周代，党众弥盛，故《诗》曰："蠢尔蛮荆，大邦为雠。"至楚武王时，蛮与罗子共败楚师，杀其将屈瑕。楚师后振，遂属于楚。及吴起相悼王，南并蛮越，遂有洞庭、苍梧之地。秦昭王使将伐楚，略取蛮夷，置黔中

---

① ［晋］常璩：《华阳国志》卷四《南中志》，第 364 页。
② ［唐］杜佑：《通典》卷一八七《边防典三·南蛮上》，第 5055 页。
③ ［唐］杜佑：《通典》卷一八七《边防典三·南蛮上》，第 5057 页。
④ 王明珂：《英雄祖先与弟兄民族：根基历史的文本与情境》，第 87 页。

郡。汉兴以后,时有寇盗。①

这一段引自《后汉书·南蛮列传》,阐述了南蛮与华夏接触的历史,其历史最早追溯到三代:

> 其在唐虞,与之要质,故日要服。夏商之时,渐为边患。逮于周世,党众弥盛。宣王中兴,乃命方叔南伐蛮方,诗人所谓"蛮荆来威"者也。又曰:"蠢尔蛮荆,大邦为雠。"明其党众繁多,是以抗敌诸夏也。
>
> 平王东迁,蛮遂侵暴上国。晋文侯辅政,乃率蔡共侯击破之。至楚武王时,蛮与罗子共败楚师,杀其将屈瑕。庄王初立,民饥兵弱,复为所寇。楚师既振,然后乃服,自是遂属于楚。鄢陵之役,蛮与恭王合兵击晋。及吴起相悼王,南并蛮越,遂有洞庭、苍梧。秦昭王使白起伐楚,略取蛮夷,始置黔中郡。汉兴,改为武陵。岁令大人输布一匹,小口二丈,是谓賨布。虽时为寇盗,而不足为郡国患。②

《通典》是对《后汉书》这段内容的概括。值得注意的是,《后汉书》这段内容,列于"长沙武陵蛮"之下,而《通典》将其提升至"序略",即总括的地位。可见在杜佑看来,南蛮的整体情形与长沙武陵蛮相差不大。大体可以概括为如下三个模块。

(1) 早期起源。

"其在唐虞,与之要质"表明时间极早,且与华夏上古历史存在关联。如盘瓠种传说可追溯到上古帝王高辛氏:

> 盘瓠种,昔帝喾时患犬戎入寇,乃访募天下有能得犬戎之吴将军头者,妻以少女。时帝有畜狗名曰盘瓠,遂衔其将军首而至,乃以女配

---

① ［唐］杜佑:《通典》卷一八七《边防典三·南蛮上》,第5031—5032页。
② 《后汉书》卷八六《南蛮西南夷列传》,第2830—2831页。

之。盘瓠得女,负走入南山,在国之南,即五溪之中山。止石穴中,生六男六女,因自相夫妻。织绩木皮,染以草实,好五色衣服,制裁皆有尾形,衣裳斑兰,语言侏离。其后滋蔓,号曰蛮夷。①

这段文字亦直接来自《后汉书·南蛮列传》,引自应劭《风俗通》,在《后汉书》中,将其作为长沙武陵蛮的起源。同时,这段史料在更早的《魏略》中已经出现,叙述了盘瓠的由来。② 晋人干宝之《搜神记》记载更加详细生动。③ 后世影响极大,盘瓠神话中"狗"的形象在西南许多少数民族中都广为流传。④ 值得注意的是,其与华夏上古帝王高辛氏联系起来,显然表明所谓"盘瓠种"受华夏文化影响之早,内化之深。但在《通典》中,作者虽然录入了这段内容,但对其神怪的阐述进行了批评:"范晔《后汉史·蛮夷传》皆怪诞不经,大抵诸家所序四夷,亦多此类,未详其本出,且因而商略之。"⑤

　　类似地,廪君种的起源神话亦来自《后汉书》,而最早的史源同样可以追溯自先秦古籍《世本》⑥。

　　(2)秦代纳入郡县与汉代叛服模式。

　　从起源神话上看,这些族群从一开始就没有产生异于华夏的政治体和政治文化。荆汉一带的蛮人,在楚国时期就深受华夏政治体的影响。盘瓠

---

　　① [唐]杜佑:《通典》卷一八七《边防典三·南蛮上》,第5032页。
　　② 《后汉书》记:"昔高辛氏有犬戎之寇,帝患其侵暴,而征伐不克。乃访募天下,有能得犬戎之将吴将军头者,购黄金千镒,邑万家,又妻以少女。时帝有畜狗,其毛五采,名曰盘瓠。下令之后,盘瓠遂衔人头造阙下,群臣怪而诊之,乃吴将军首也。帝大喜,而计盘瓠不可妻之以女,又无封爵之道,议欲有报而未知所宜。女闻之,以为帝皇下令,不可违信,因请行。帝不得已,乃以女配盘瓠。盘瓠得女,负而走入南山,止石室中。所处险绝,人迹不至。于是女解去衣裳,为仆鉴之结,著独力之衣。帝悲思之,遣使寻求,辄遇风雨震晦,使者不得进。"唐李贤注引《魏略》"高辛氏有老妇,居王室,得耳疾,挑之,乃得物大如茧。妇人盛瓠中,覆之以盘,俄顷化为犬,其文五色,因名盘瓠"。《后汉书》卷八六《南蛮西南夷列传》,第2830页。
　　③ [晋]干宝:《搜神记辑校》卷二四《盘瓠》,北京:中华书局,2019年,第396页。
　　④ 参见周翔:《叙事情节与社会功能:盘瓠神话流传与变异辨析》,《民间文化论坛》2018年第3期,第33页。
　　⑤ [唐]杜佑:《通典》卷一八七《边防典三·南蛮上》,第5032页。
　　⑥ 李贤注云"并见《代本》",《后汉书》卷八六《南蛮西南夷列传》,第2840—2841页。

种在记载中只有"渠帅"一级的小群首领。而巴地民族早在周朝也已被视为华夏分封体系的一员。即"巴、濮、楚、邓,吾南土也"。①《华阳国志》更记载巴国参与了大禹在会稽大会诸侯及周武王灭商之战,并与吴、楚并列受封为子爵,还列于姬姓诸侯国,不过恐有夸大之嫌。②

到秦代,盘瓠蛮与廪君蛮均被秦王朝纳入郡县管理,"秦惠王并巴中,以巴氏为蛮夷君长"③,廪君种成为秦民;半个世纪后,"秦昭王使白起伐楚,略取蛮夷,始置黔中郡"④,盘瓠蛮亦归顺秦国。由此,他们开始了漫长的华夏化过程。在此过程中,尽管"时为寇盗"⑤,但秦和西汉时期,南蛮始终稳固处于郡县体制之下,势力未有充分发展,故《史记》基本无载。另一方面,他们的叛乱基本上是对日渐增加的赋役的反抗,似乎未见政治诉求。

其中,巴郡阆中县蛮夷被认为是一支独立的部族,在汉代被称为"板楯蛮",又称"賨人",因其"天性劲勇",成为朝廷重要的兵源,"遂代代服从,至后汉以后,郡守常率以征伐"⑥。

(3) 魏晋南朝迁移融合。

继《后汉书》之后,《宋书》又对"荆雍州蛮"和"豫州蛮"立传,其族源记载直接沿袭前代史书。将前者记为盘瓠之后:

　　　　荆、雍州蛮,盘瓠之后也。分建种落,布在诸郡县。荆州置南蛮,雍州置宁蛮校尉以领之。⑦

---

　　① 《春秋左传正义》卷四五《昭公九年》,阮元校刻《十三经注疏》,北京:中华书局,2009年影印本,第4466页。

　　② 《华阳国志》记:"(禹)会诸侯于会稽,执玉帛者万国,巴、蜀往焉。周武王伐纣,实得巴、蜀之师,著乎《尚书》。巴师勇锐,歌舞以凌殷人,前徒倒戈,故世称之曰'武王伐纣,前歌后舞'也。武王既克殷,以其宗姬封于巴,爵之以子,——古者远国虽大,爵不过子,故吴、楚及巴皆曰子。"[晋]常璩:《华阳国志》卷一《巴志》,第21页。

　　③ [唐]杜佑:《通典》卷一八七《边防典三·南蛮上》,第5034页。

　　④ [唐]杜佑:《通典》卷一八七《边防典三·南蛮上》,第5033页。

　　⑤ [唐]杜佑:《通典》卷一八七《边防典三·南蛮上》,第5032页。

　　⑥ [唐]杜佑:《通典》卷一八七《边防典三·南蛮上》,第5036页。

　　⑦ 《宋书》卷九七《夷蛮列传·荆雍州蛮》,北京:中华书局,1974年,第2396页。

后者记为廪君之后：

> 豫州蛮，廪君后也。盘瓠及廪君事，并具前史。西阳有巴水、蕲
> 水、希水、赤亭水、西归水，谓之五水蛮，所在并深岨，种落炽盛，历世为
> 盗贼。北接淮、汝，南极江、汉，地方数千里。①

但细查之后可以发现，刘宋时期的荆、雍二州，所对应的正是《后汉书》
中廪君种活动的地域，即巴郡、南郡地域，而豫州在《后汉书》中并没有蛮人
活动的记载。这种变化与史书中蛮人分布地域的演变是对应的。

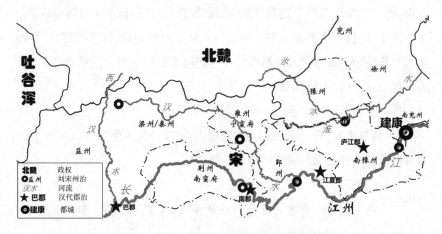

图 2   刘宋时期荆雍州蛮、豫州蛮分布图

首先，武陵郡的"盘瓠种"有向北活动的趋势。这一方面是他们自己
的劫掠，如《后汉书》记载："武陵蛮六千余人寇江陵。"②另一方面，他们也
作为应征的军队而离开故土，进入三峡一带，如三国时期，蜀军驻扎秭归，
"武陵五溪蛮夷遣使请兵"③。可见他们的活动范围不断向北发展，已经
占据了原先廪君种的活动范围，因此到刘宋时期，改称"荆、雍州蛮"也是

---

① 《宋书》卷九七《夷蛮列传·豫州蛮》，第 2398 页。
② 《后汉书》卷八六《南蛮西南夷列传》，第 2833 页。
③ 《三国志》卷三二《蜀书·先主传》，北京：中华书局，1982 年，第 890 页。

合理的。

而原先的廪君种，则在东汉时期已经被迁移至江夏一带，并向东发展攻掠庐江郡，恰好对应刘宋时期的豫州、南豫州。《后汉书》载：

> 至建武二十三年，南郡潳山蛮雷迁等始反叛，寇掠百姓，遣武威将军刘尚将万余人讨破之，徙其种人七千余口置江夏界中，今沔中蛮是也。
>
> ……
>
> 诸军乃分道并进，或自巴郡、鱼复数路攻之，蛮乃散走，斩其渠帅，乘胜追之，大破圣等。圣等乞降，复悉徙置江夏。光和三年，江夏蛮复反，与庐江贼黄穰相连结，十余万人，攻没四县，寇患累年。庐江太守陆康讨破之，余悉降散。①

因此，在刘宋时期，所谓"盘瓠种"与"廪君种"之间还能有比较明确的区分，但此后，廪君种的认同逐渐消失，两支蛮人逐渐"移徙交杂，亦不可得详别"。到《魏书》中，就没有了关于廪君种的记载，只称蛮为"盘瓠之后"②。正因如此，《通典》没有将刘宋及以后"沔中蛮"的史事系于"廪君种"之后，而是放在了三支蛮人的末尾，事实上起了总结的作用。尽管"沔中蛮"最早来源于廪君种，但大约在刘宋时期，廪君种这个认同在蛮人中已逐渐让位于盘瓠种，究其原因，大概是相比来历不明的"廪君"，直接与华夏古帝王相关的"盘瓠"传说更有利于蛮人在保持自己身份的同时向华夏靠拢。

而廪君种，即巴人的另一支——板楯蛮，发展为所谓的"巴氏"，并建立了自己的华夏化政权——成汉。这里，《通典》在《后汉书》关于板楯蛮的记载之后，补充了《晋书》，表明板楯蛮在其族源上也可以追溯到"廪君"，而后

---

① 《后汉书》卷八六《南蛮西南夷列传》，第 2841 页。
② 《魏书》卷一〇一《蛮列传》，北京：中华书局，1974 年，第 2245 页。

来,他们还建立了自己的华夏化政权——成汉。①

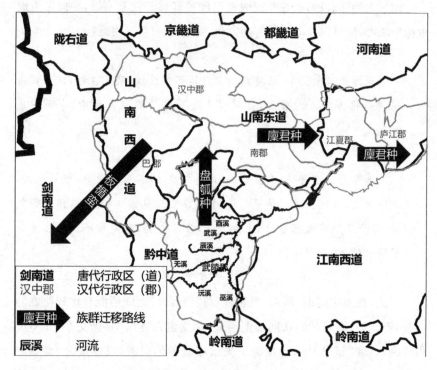

图3　汉唐间"南蛮"各族迁移图②

在板楯蛮之后,《通典》因南朝时期诸蛮"或移徙交杂,亦不可得详别"
而将其统一综述,概括为"沔汉诸蛮",这部分蛮人因南北对立,能够互相得
到对立政权的封爵,因而实力壮大起来。但总体上看,其势力发展壮大的

---

① 《晋书·李特载记》云"值天下大乱,自巴西之宕渠迁于汉中杨车坂,抄掠行旅,百姓
患之,号为杨车巴。魏武帝克汉中,特祖将五百余家归之,魏武帝拜为将军,迁于略阳,北土复
号之为巴氐。"《晋书》卷一二〇《李特载记》,北京:中华书局,1974年,第3022页。

② 底图参考谭其骧主编:《中国历史地图集》第五册《隋 唐 五代十国时期》,北京:中国
地图出版社,1982年,第34—35页。图中实线为唐代行政区界线,虚线为汉代行政区界线。
此图中分别表示了汉代"南蛮"三个主要族群在汉唐之间的迁移方向,其中"盘瓠种"活动范围
由武陵向北发展,占据了原先廪君种的活动范围,到刘宋时期,改称"荆、雍州蛮"。"廪君种"
在东汉时期已经被迁移至江夏一带,并向东发展攻掠庐江郡,形成"南郡蛮""沔中蛮""江夏
蛮"等群体。"板楯蛮"则迁移入蜀,建立成汉政权。

过程,也是不断吸纳华夏政治结构与意识形态的过程。到《南齐书》中,蛮人已经完全失去了族属的区别,《南齐书·蛮列传》当中仅有"南襄城蛮""司州蛮""武陵酉溪蛮"等按照行政区划划分的蛮人群体。至《梁书》《陈书》已无蛮传。而《通典》之中,齐武帝之后,蛮人事迹改为使用北朝年号,这或许可以从两方面来解释,一是反映南朝后期对长江中游控制力减弱,北朝势力强化;二是南朝的蛮人相较其北朝境内的同族,更早失去蛮人的特征。《魏书》卷一〇一仍有《蛮列传》一节,泛称蛮人为"盘瓠之后"。《周书·异域列传》类似,称"太祖略定伊、瀍,声教南被,诸蛮畏威,靡然向风矣"①,可见北朝已经完全掌握了汉沔一带的控制权。经过北朝数十年的讨伐,至北朝末年,"群蛮慑息,不复为寇"②。至《隋书》中所讲的南蛮是"古先所谓百越"③,他们已经完全融入华夏之中,南北朝时代在长江中游居住的三支蛮人,已不被提及。

此外,亦有"獠"被视为蛮之别种,区别在于华夏化程度低,"诸夷之中最难以道义招怀也"④。考察正史"獠"最开始并无单独传记,几条记载中的"獠",居住在永昌郡⑤、牂牁郡⑥和岭南⑦等相当偏远的地区,华夏化程度很低。巴蜀地区偶见有"獠"之记述,"(蜀有)滇、獠、賨、僰,僮仆六百之富"⑧。这部分獠人应当是被当作奴隶买来或是掠来,故而《晋书》称"蜀土无獠"⑨。

正史中第一次为"獠"立传,要到《魏书》,此后《周书》亦有"獠"传,《通典》内容大部分采自其中。而《通典》中"蜀本无獠"的判断,则来自《晋书》。由此可知,獠人作为蜀地重要的一支族群,要到两晋之际成汉政权引大量

①　《周书》卷四九《异域列传上·蛮》,北京:中华书局,1971 年,第 887—888 页。
②　《周书》卷四九《异域列传上·蛮》,第 890 页。
③　《隋书》卷八二《南蛮列传》,北京:中华书局,1973 年,第 1831 页。
④　[唐]杜佑:《通典》卷一八七《边防典三·南蛮上》,第 5042—5043 页。
⑤　《三国志》卷四一《蜀书·霍弋传》,第 1008 页。
⑥　《三国志》卷四一《蜀书·张嶷传》,第 1052 页。
⑦　《后汉书》卷二四《马援传》,第 841 页。
⑧　[晋]常璩:《华阳国志》卷三《蜀志》,第 175 页。
⑨　《晋书》卷一二〇《李势载记》,第 3047 页。

獠人入蜀。而东晋南朝时期对蜀地控制力虚弱，"力不能制"①，獠人多"恃险不宾"②，少数贪渎的州郡官员"伐獠以自利"，直到北魏和北周，才对獠人建立起系统性的行政管理，由此可见，"獠"的华夏化，主要是在北朝末期完成的，"太祖平梁、益之后，令所在抚慰。其与华民杂居者，亦颇从赋役。"③《通典》中也说"自尔遂同华人矣"。值得注意的是，《通典》中的"南平蛮"，在《旧唐书》与《新唐书》中被称为"南平獠"，可见时人对这一支族群的定位尚存在差异，称为"獠"表明史家对其华夏化程度评价较低。而《新唐书》将"南蛮獠"列于诸獠首位，下列"剑南诸獠""葛獠"，突显了"南平（蛮）獠"在整个獠人族群中的独特地位。"魏晋以降，在中国南方僚人开始逐步与其他民族接触，杂居，互动，不断'华夏化'失去自身民族族群特点的时期，南平僚因为久居蛮夷之地，与汉民族接触少，中央政府也缺乏有效管辖，'华夏化'程度相对滞后，到唐代，国家统一，南平僚因为保留了僚人独特的风俗，在整个僚人群体中地位独特，为史家所重视，因此之后正史开始专设《南平僚传》。从唐代开始，南平僚成为整个南方僚人代表性的分支，延续僚人在史家中的记述。"④

　　以上的各族群，在《通典》中均被归类为"蛮"，他们所遵循的发展路径大体上是在华夏郡县中经过不断的反抗与斗争，最终完全融入编户齐民。到杜佑的时代，前述各支"南蛮"基本已经成为华夏郡县民众的一部分，这也是作者在《序略》中阐述的重点。

三、《通典》合二而一：唐初复归国家主导的"大一统"框架

　　经过魏晋时期数百年的演变，到唐初，随着大一统国家的再次诞生，南

---

① 《魏书》卷一〇一《獠列传》，第 2249 页。
② 《周书》卷四九《异域列传上》，第 891 页。
③ 《周书》卷四九《异域列传上》，第 892 页。
④ 周凯：《僚与南平僚——中古獠人的发展与演变》，《乐山师范学院学报》2017 年第 9 期，第 106 页。

方诸民族再次汇入华夏政治体之中。《通典·南蛮上》在分述南蛮与西南夷的历史之后,分别将唐代开拓的民族划入其后,体现了历史与现实的交融,以及汉唐之间历史的继承。

在三支"南蛮"之后,补充了"南平""东谢""西赵""充州""牂柯"五支较小的蛮人。他们都被归纳为"南蛮之别种",从地理位置上看,他们居住的位置基本上在之前讲到的蛮族生活区域以西,在之前的史书中没有记载。考察史源,应当是唐代招抚的官方记载。由于规模很小,局限在一州一郡的范围内,大体上很快也被纳入了唐代的郡县体系,对这几支蛮人的招抚,体现了唐代郡县管理向西南的进一步深入。呼应"序略"最后一句:"以其黔中东谢、西赵自古不臣中国,大唐贞观以后,置羁縻州领之。"①

在后一部分,即"西南夷"诸国之后,《通典》又叙述了唐初在西南夷地区的开拓,首先是爨氏,爨氏已经统领西南夷(南中)数百年,而真正被纳入唐王朝治,还要到大唐武德之初。

> 西爨者,南宁之渠帅,梁时通焉。自云:"本河东安邑人,七叶祖事晋,为南宁太守。属中原乱,遂王蛮夷。"梁元帝时南宁州刺史徐文盛征诣荆州,有爨瓒者,遂据南宁之地。延袤二千余里,俗多华人,震、翫统其众。大唐武德初,拜翫子弘达为昆州刺史,令持其父尸归葬本乡。段纶又遣俞大施至南宁谕之。由是部落归款。三年七月,遣使来贡方物。②

另外,《通典》略去了隋代朝廷与爨氏间的矛盾,即"持其父尸归葬"一事的由来,爨翫先朝后叛,被隋文帝所杀。"震、翫惧而入朝,文帝诛之,诸子没为奴。"③仅呈现出交往间和谐的一面。在西爨归顺之后,昆弥、诸濮和松外诸蛮野相继臣服于大唐的威德。《通典》中的相关记述,可以考证来

---

① [唐]杜佑:《通典》卷一八七《边防典三·南蛮上》,第 5032 页。
② [唐]杜佑:《通典》卷一八七《边防典三·南蛮上》,第 5055 页。
③ 《新唐书》卷二二二下《南蛮列传下·两爨蛮》,北京:中华书局,1975 年,第 6315 页。

自唐初梁建方的《西洱河风土记》，是当时的一手资料。[①]

目前来看，《南蛮上》唐代部分为历史上首次记载。之后修成的《新唐书·南蛮传》和《唐会要》两书相关部分，与《通典》内容基本相同。此外，宋初修《太平御览》相关条目亦有基本相同之语句，称出自"唐史"，吴玉贵《唐书辑校》进行过详细比对。目前关于《太平御览》之"唐书"性质尚存在争议。但可以确认的是，《通典》相关内容为存世最早之记录，大体来自唐代之官方档案、实录、国史，具有重要的史料价值。

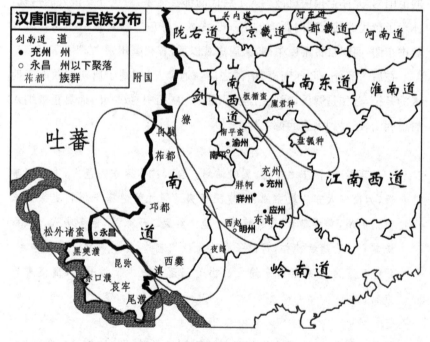

图 4　汉唐间南方民族分布图[②]

---

①　林超民对《西洱河风土记》进行详细校注与分析，见方国瑜主编：《云南史料丛刊》，昆明：云南大学出版社，1998 年，第 2 册，第 216—221 页。

②　底图参考谭其骧主编：《中国历史地图集》第五册《隋 唐 五代十国时期》，第 34—35 页。按：此图中分别表示了《南蛮上》所列的南方民族四个主要部分，自右至左依次为汉代南蛮、隋唐南蛮、汉代西南夷和隋唐西南夷，与中原的距离由近及远逐步增加。

综上所述,《通典·南蛮上》的安排并非混乱无序。整体上看,呈现出五个地域自东向西分布,这是《通典》排布诸族的基本思路,从"盘瓠种"到诸濮和"松外诸蛮",距离越来越远。而《通典》对南蛮和西南夷两部分族群的阐述,又基本上遵循《史记·西南夷列传》及《后汉书·南蛮列传》之思路,这体现出由于地理环境、距离远近及经济生产方式的差异所产生的两种不同的华夏化路径。

西南夷部分,可以视为羁縻体制与地方主导下的华夏化。当地族群主要是在汉武帝时代起被纳入华夏政权,以羁縻统治的形式存在于帝国的边疆,即魏晋时代所称的"南中"地区。西南夷部分的主要史料和书写格局来源于《史记·西南夷列传》。但在魏晋时期,基本上游离于中央政府的直接管理,由当地大姓统辖,因而正史无载。但这些大族的华夏认同始终稳固,他们兼具汉文化素养和夷人认可,在文化上选择"攀附"楚国将领庄蹻,寓意自己虽然与中原来往隔绝,但始终归心华夏。

南蛮部分,可以视为郡县体制与中央主导下的华夏化。南蛮主体是早期的三支蛮人——盘瓠种、廪君种、板楯蛮,在地理分布上深入内地,起源早,而且在起源传上攀附华夏上古帝王。汉代以来华夏化过程深入,但魏晋时期势力一度强盛。同时,生活在巴蜀地区的獠人,亦被认为是蛮人别支,但在蛮人之中地理分布最靠西,而且发展程度最迟缓,因此列在南蛮之末。

直到唐代,这两种不同的华夏化路径汇合于新的大一统政权。东谢、西赵等几个新归附的支系,象征南蛮华夏化在新王朝的延续和发展。而西南诸大族则重新与王朝建立联系,由"保境自守"重新回归王朝羁縻统治。故而《通典》的记载呈现出打通古今,合二而一的思路,暗含作者的目标,即为唐代处理南方民族之间的关系提供借鉴。

四、余　论

当然,《通典·南蛮上》仍存在诸多有待探索的问题,目前最主要的有以下两个。

　　首先,唐中期之后西南地区记载的结构性缺失,完全没有提到贞观以后西南地区民族分布和政治格局最大的变化——南诏崛起。但作者并非不了解这一时期云南形势,在整个《边防典》的总序中,明确记载了唐与南诏的交往,即作为反面教训列举的"杨国忠讨蛮阁罗凤,十余万众全没"。后来的《新唐书》《文献通考》都加入相关内容。相反,作者却补入了似乎比南诏更加遥远的诸濮,而作者对诸濮部落的描述只有异域风俗,完全没有政治、军事方面的内容。对此,作者以"诸濮与哀牢地相接"①加以解释,又比较牵强地将他们与《尔雅》和《逸周书》中的一些记载联系起来,但显然不够有说服力。实际上,《通典》这段记载最可能的来源是晋郭义恭《广志》,②很可能直到晋朝,中原人才知晓诸濮的存在,在那时哀牢政权早已不存,并无任何关系将诸濮与哀牢联系起来。而据《新唐书》记载,诸濮在唐朝龙朔年间才正式朝贡。③ 这种"舍近求远"的选择很可能是有意为之。本文推断,可能是因为唐中期之后对西南的开拓受挫。由于吐蕃和南诏的崛起,西南夷再度与唐朝中央失去了直接联系,而且和魏晋时期不一样的是,在文化上也出现了向吐蕃靠拢的趋势。④ 鉴于南诏背唐的巨大挫折,《通典》有意抹去了在当时有着强大影响力的南诏。但排除南诏之后,仍然需要描写一些云南族群以彰显唐朝对此地的影响,因此才"舍近求远"。不过这目前仅属于推测,尚不知《通典》对整个云南地区的认识是否体现当时朝廷和士人的共同看法,需要进一步分析。

　　其次,对南蛮地域的划分。这部分又分为两个层面,一是交广地区。《后汉书·南蛮西南夷列传》包含岭南诸族,"蛮夷……连涉荆、交之区",但正如胡鸿注意到的,后来交趾的非华夏人群完全被排除在"南蛮"之外。《通典》的格局更为独特,岭南诸族被放在了《南蛮下》当中,与徼外之海南

---

① 　[唐]杜佑:《通典》卷一八七《边防典三·南蛮上》,第 5057 页。
② 　[宋]李昉等:《太平御览》卷七九一《四夷部一二》,北京:中华书局,1960 年影印本,第 3508 页。
③ 　《新唐书》卷二二二下《南蛮列传下·南平獠》,第 6328—6329 页。
④ 　参见王明珂:《英雄祖先与弟兄民族:根基历史的文本与情境》,第 125、144 页。

诸国共同构成南蛮的另一部分。这一考量是出于何种原因,本文尚未对此做出探究。二是"西夷"究竟属于西戎还是南蛮。《史记》和《后汉书》中的"西南夷"实际上是包含两个主要区域,以蜀郡为标准,今云南和四川南部的各民族与川西地区的各族也存在巨大差异,后者越往北越接近氐、羌,至白马则完全属于氐人。关于这部分"西夷"何时从"西南夷"分离出去,也是值得探究的。正如《南蛮上》中的"附国"条,在《隋书》中属于"西域"一节,《通典》亦云"汉之西夷"也,但却归入"南蛮",作者自述原因是地理位置相近,"以其地接汶山,故为附焉"。但仍显突兀,为何作者不参照正史中的分类,令人不解。

　　综上所述,《通典·边防典·南蛮上》作为中唐时期南方民族认识的总汇,对研究汉唐之间南方民族的华夏化进程具有重要意义。通过精心的材料选取和结构编排,《南蛮上》在继承《史记·西南夷列传》与《后汉书·南蛮列传》的基础上,呈现出西南夷"边境羁縻"和南蛮之"郡县齐民"两种华夏化模式,以及最终融合于唐代大一统的整体进程。对相关文本的分析,既有助于考察汉唐之间南方民族华夏化的多样进程,亦有助于分析以杜佑为代表的中唐士人的边疆观、民族观。但本文只是对《通典》南方民族史的整体探讨,许多具体问题尚有进一步探究的广阔空间。

【作者单位:清华大学历史系】

北魏、后燕、后秦关系视域下的参合陂之战

——兼释《通典·兵典五》"师行众悲恐则败"

王乐毅

一、 对参合陂之战相关史料的质疑

在十六国后期燕亡魏兴的历史中,发生在 395 年的参合陂之役是一场具有转折意义的战役。后燕慕容宝大败于参合陂,慕容垂在 396 年报复北魏的战事中病故,燕魏攻守之势就此逆转。历来史家对这一场战事的关注,主要有三个方面:其一,关注战役本身,探讨在优势的情况下,燕何以败;其二,参合陂之战的诱因;其三,参合陂的地望问题。①

---

① 参合陂之战的诱因问题本质上即燕魏关系何以破裂的问题,研究成果丰富。最新研究从后燕内部的政治斗争着眼,可参看廖基添:《慕容农与后燕兴衰:以"列人集团"为中心的考察》,《中华文史论丛》2013 年第 4 期,第 261—285 页;廖基添:《再论后燕与北魏的兴替:"秦燕之争"背景下的考察》,《国学研究》2021 年第 45 卷,第 265—288 页。关于参合陂的地望问题,严耕望将其总结为三说:(1)郦道元《水经注》主张的在盐池西南的参合径,北魏所置参合县地区,今内蒙古乌兰察布市凉城县岱海地区。(2)《大清一统志》主张的今阳高县汉代参合故城地区。(3)丁谦以蟠羊山为证,主张今乌兰察布市黄旗海。相关研究可以参考严耕望:《北魏参合陂地望辨》,《唐代交通图考》第五卷《河东河北区·太原北塞交通诸道》附篇八,上海:上海古籍出版社,2007 年,第 1397—1402 页。张文平:《参合陂考》,《中国边疆学》第 10辑,北京:社会科学文献出版社,2018 年,第 27—55 页。张文平:《燕魏参合陂之战地望新考》,《历史地理研究》2019 年第 2 期。任乃宏:《"牛川"与"参合陂"地望新探》,《地方文化研究》2020 年第 1 期。

古人主要在兵法的意义上关注参合陂之战,如杜佑《通典·兵典五》"师行众悲恐则败",所举事例为参合陂之战及慕容垂的报复战。① 《十一家注孙子》卷中"将军可夺心"下,杜牧引用了参合陂之战中拓跋珪欺骗慕容宝、慕容垂已死作为事例。② 明人唐顺之《武编》后集卷一"激"条亦选用了参合陂之战及慕容垂的报复战为事例。③ 今人对于参合陂之战的关注更多地注目于战役的细节,讨论魏胜燕败的原因。具体的研究如冈崎文夫《魏晋南北朝通史》《中国历代战争史》《北魏史》《中国军事通史》、张继昊《拓跋珪的崛起与北魏王朝的肇建》、张金龙《北魏政治史》(二)、田中一辉《从登国元年到皇始元年的拓跋珪》,等等。④ 这些著作、论文对参合陂战役中拓跋珪战胜燕军的原因进行了极其详尽的分析,主要观点包括:拓跋珪的正确策略、部署,燕军内部矛盾,慕容垂生病、天气因素、后秦援兵等,可以说现有研究已经将正史中关于参合陂之战的所有记载涉及战役胜负的因素都包括在内。

然而,这些看似全面的因素分析都是基于正史记载的总结与归纳。严格来说,这不仅仅是今人的观点,同样也是记载这件事的史官,如邓渊、魏收等人的观点。对于参合陂之役的记载主要见于《魏书》及《晋书·慕容垂载记》,就其史源来说,当出自邓渊《代记》及范亨《燕书》。邓渊《代记》作于

① ［唐］杜佑:《通典》卷一五二《兵典五》,北京:中华书局,2016 年点校本,第 3878 页。

② 杨丙安:《十一家注孙子校理》卷中《军争篇》"将军可夺心",北京:中华书局,1999 年,第 149 页。

③ ［明］唐顺之编辑:《武编》后集卷一"激",《中国兵书集成》,北京:解放军出版社、沈阳:辽沈书社联合出版,1989 年,影印明曼山馆刻本,第 14 册,第 1149—1150 页。

④ 〔日〕冈崎文夫:《魏晋南北朝通史》,肖承清译,上海:中西书局,2020 年,第 161 页。台湾三军大学编:《中国历代战争史》第五册《两晋时代》,北京:军事译文出版社翻印,1983 年,第 329—332 页。杜士铎编:《北魏史》,太原:山西高校联合出版社,1992 年,第 94—97 页。罗琨、张永山:《中国军事通史》第八卷《两晋南北朝军事史》,北京:军事科学出版社,1998 年,第 231—236 页。张继昊:《从拓跋到北魏:北魏王朝创建历史的考察》,新北:稻乡出版社,2003 年,第 260—265 页。张金龙:《北魏政治史(二)》,兰州:甘肃教育出版社,2008 年,第 69—88 页。〔日〕田中一辉:《从登国元年到皇始元年的拓跋珪》,刘跃进、徐兴无主编:《大夏与北魏文化史论丛》,南京:凤凰出版社,2020 年,第 281 页。

道武帝天兴五年(402)7月至天赐四年(407)5月之间。① 范亨其人生平不详,据《魏书·崔浩传》,他曾于太武帝神䴥二年(429)受命与崔浩等人撰修国书。又据《史通》,《燕书》是申秀与范亨分别取杜辅全所录前燕起居注而成的《燕纪》与董统所撰后燕国书,合成一史的结果。② 申秀曾任北燕散骑常侍、中书监,③因此《燕书》的成书时间当不早于太武帝太延二年(436)灭北燕。故今天所见到的关于参合陂之战的原始史料都形成于北魏。

邓渊撰《代记》本就是道武帝一系列开国建制的附属产品。④ 申秀、范亨在北魏一朝撰《燕书》恐怕也要考虑到北魏的政治文化氛围,尤其是参与过撰修北魏国史的范亨,他熟悉北魏朝廷对参合陂之战的态度,对相关史料进行删削再正常不过。因此,可以看到参合陂之战的经过看似十分清楚,但其中颇有一些关键信息缺失了。如根据《魏书》《资治通鉴》的时间,⑤燕军在7月就到达五原,原本在五原屯田的拓跋仪撤至黄河以南的朔方。9月份,燕军完成了渡河的准备工作,随时可以渡河,《资治通鉴》称"燕太子宝列兵将济"。此时拓跋珪亲率军至黄河,筑台告津,沿河连旌,千有余里,即沿黄河布防,阻止燕军渡河。这是参合陂之战前期最紧张的时刻,燕、魏两军隔黄河对峙,随时可能爆发大规模的战事。然而,意外的是燕军始终没有发起攻击,直至撤军被追击。通观燕、魏参合陂之役的全过程,双方交战并未在两军紧绷对峙的时候,而是在一方撤军的时候。那么,这场战役中最大的疑问就出现了:燕军为什么不渡河进攻?

正史给出了两个解释:一是燕军主帅慕容宝害怕了;二是大风吹走了

---

① 田余庆:《代歌代记和北魏国史》,《拓跋史探》(修订本),北京:生活·读书·新知三联书店,2019年,第212—215页。

② [唐]刘知几撰,[清]浦起龙通释:《史通通释》卷一二《古今正史》,上海:上海古籍出版社,2009年,第333页。

③ 《晋书》卷一二五《冯跋载记》,北京:中华书局,1974年,第3131页。[宋]李昉等编:《太平御览》卷一二七《偏霸部十一·北燕冯跋》,北京:中华书局,1960年,第614页下栏。

④ 楼劲:《天兴庙制所示拓跋早期"君统"与"宗统"》,《北魏开国史探》,北京:中国社会科学出版社,2017年,第201—257页。

⑤ 《魏书》卷二《太祖纪》,北京:中华书局,1974年,第26页。[宋]司马光,[元]胡三省注:《资治通鉴》卷一〇八"孝武帝太元二十年",北京:中华书局,2011年,第3475页。

燕军的船只。第一种解释出自《晋书·慕容垂载记》,原文作"宝进师临河,惧不敢济。还次参合"。① 这是《晋书》基于慕容宝率军至黄河以后始终不渡河一事做出的事后评价,而非燕军不渡河进攻的原因。第二种解释出自《魏书·徒河慕容廆传》及《资治通鉴》。《魏书》原文作:

> 宝乃引船列兵,亦欲南渡。中流,大风卒起,漂宝船数十艘泊南岸,擒其将士三百余人。太祖悉赐衣服遣还。②

《资治通鉴》作:

> 燕太子宝列兵将济,暴风起,漂其船数十艘泊南岸。魏获其甲士三百余人,皆释而遣之。③

《中国军事通史》及田中一辉《从登国元年到皇始元年的拓跋珪》都谈到了大风吹走燕军船只的影响。④ 看起来似乎是燕军做了一次试探性渡河,但是因大风而终止了。若据《魏书》,似乎是部分尝试渡河的燕军,在船至黄河中间时,被大风吹至南岸。不合理之处在于双方并未发生战斗。若据《资治通鉴》,则是燕军并未尝试渡河,只是暴风把燕军船只吹至黄河南岸。根据船只飘至黄河南岸的情况,可知当时大体上刮的是北风。从军事角度来说,北风对燕军是顺风,利于燕军渡河进攻,对防守的魏军则是逆风,不利于魏军防守。因此《资治通鉴》的记载更加合理,燕军可能并未作渡河的尝试。被大风吹至南岸的船只只有数十艘,甲士三百余人,相较于出征的燕军人数而言,只是其中很少的一部分。恐怕被吹走的船只也只是燕军船

---

① 《晋书》卷一二三《慕容垂载记》,第3098页。
② 《魏书》卷九五《徒河慕容廆传》,第2067页。
③ 《资治通鉴》卷一〇八"东晋孝武帝太元二十年八月",第3476页。
④ 罗琨、张永山:《中国军事通史》第八卷《两晋南北朝军事史》,第233页。〔日〕田中一辉:《从登国元年到皇始元年的拓跋珪》,《大夏与北魏文化史论丛》,第281页。

只的一小部分,并不足以妨碍大局,这从燕军撤退时烧毁船只的举动可以看出,他们还保有渡河的船只。因此,就燕军不渡河这个问题而言,正史给出的理由都没有充分的解释力。

在这个认识的基础上,回看其他导致魏军胜利的原因,就可以看到史料中存在的不协调之处。首先,关于燕军内部的矛盾。《资治通鉴》称:"燕、魏相持积旬,赵王麟将慕舆嵩等以垂为实死,谋作乱,奉麟为主;事泄,嵩等皆死,宝、麟等内自疑。"①这条史料不见于他处,并存在一些问题。慕舆嵩这个名字不仅在这里出现,396年拓跋珪攻后燕并州,击败并州刺史慕容农,慕容农司马慕舆嵩闭晋阳城门拒慕容农。②慕舆嵩若在395年死去,就不会发生396年闭晋阳城门拒慕容农的事情。胡三省注认为这两个慕舆嵩并非同一人。③严衍《资治通鉴补》则认为395年的慕舆嵩可能是慕舆曒之讹。严衍的依据是屠本《十六国春秋》对参合陂之战的记载。④然而屠本《十六国春秋》关于慕容麟的部分中又出现了这条史料,写作慕舆嵩,并且明确记载此事发生在慕容宝参合陂战败以后。⑤

慕舆这个姓氏,胡三省在《通鉴释文辨误》中认为慕舆与慕容两氏的关系就如同拓跋与拔拔两氏,是在得姓之初各自为氏。⑥《资治通鉴》将这条史料放在参合陂之战的叙事中,似乎是为了说明拓跋珪截断燕军与中山之间的使节往来,并放出慕容垂已死的谣言对燕军内部的影响。根据廖基添的研究,参合陂之战中,出征的燕军来源复杂,大体上包括慕容德、慕容麟、

---

① 《资治通鉴》卷一〇八"东晋孝武帝太元二十年九月",第3476页。
② 《晋书》卷一二四《慕容宝载记》,第3094页。
③ 《资治通鉴》卷一〇八"东晋孝武帝太元二十一年九月",第3484页。
④ [明]严衍撰:《资治通鉴补》卷一〇八"东晋孝武帝太元二十年九月",1876年盛氏思补楼活字印本,第15页。[明]屠乔孙、项琳之编辑,[清]汪日桂订:《十六国春秋》卷四五《后燕录三》,《中国野史集成》编委会、四川大学图书馆编:《中国野史集成》第2册,成都:巴蜀书社,1993年,影印清汪日桂欣托山房重刊本,第429页(下)。
⑤ [明]屠乔孙、项琳之编辑,[清]汪日桂订:《十六国春秋》卷五〇《后燕录八》,《中国野史集成》第2册,第456页。
⑥ [元]胡三省:《通鉴释文辨误》卷四《通鉴九十五》"九年城大慕舆湼"条,《资治通鉴》附录,第9805页。

慕容农三人的部曲,政变的风险极高。① 而且燕军后撤时,慕容宝听取沙门昙猛之言,还曾令慕容麟率军殿后。因此慕舆嵩等人是否在参合陂之战中谋划政变,以及假设确实存在政变,政变影响是否严重到使燕军无法团结作战这些都是问题。

　　与之相关的因素即慕容垂的病情以及北魏阻断燕军与中山之间的信使。《魏书》记作"太祖遣捕宝中山行人,一二尽擒,马步无脱",②《资治通鉴》作"珪使人邀中山之路,伺其使者,尽执之"。③ 这个因素的问题在于,拓跋珪有可能在某次行动中捕获燕军与中山之间往来的信使,而不大可能完全隔断燕军与中山之间的通信。因为燕军是一支拥有数万人的大军,并未被包围。且在拓跋珪沿黄河布防的背景下,他不可能派出大量军队隔断燕军与中山之间的通信。④ 这个因素有可能在短时间内使慕容宝生疑,但很难持久产生影响,这一点可以从燕军回撤时全军放松的状态里看出。

　　这些因素外,天气因素是一个给予拓跋珪追击提供便利,而在燕军统帅意料之外的因素。但这个因素是否就能造成燕军统帅超乎异常的松懈同样是个问题。后秦援军这个因素,从作战的角度来说,是有可能改变双方局势的因素,但是后秦军队在参合陂之战中的作用,因史料阙如而无法讨论。参合陂之战的记载看似完善,实则漏洞百出,掩盖了许多促成北魏获胜的关键信息。

---

① 廖基添:《再论后燕与北魏的兴替:"秦燕之争"背景下的考察》,第265—288页。

② 《魏书》卷九五《徒河慕容廆传》,第2067页。

③ 《资治通鉴》卷一〇八"东晋孝武帝太元二十年九月",第3476页。

④ 吕思勉对《魏书·太祖纪》所载魏军拓跋虔五万骑、拓跋仪五万骑、拓跋遵七万骑的记载表达了怀疑,认为魏军此时的实力远远弱于后燕军队,参见《两晋南北朝史》,上海:上海古籍出版社,2005年,第231—232页。《北史·魏宗室传》《魏书·昭成子孙传》均记载拓跋遵的兵力是七百,这一数字大体上是被认可的参见〔日〕田中一辉《从登国元年到皇始元年的拓跋珪》,《大夏与北魏文化史论丛》,第279页。关于拓跋遵的任务,《魏书·太祖纪》称"塞其中山之路",时间上列在九月。《北史·魏宗室传》《魏书·昭成子孙传》均作"慕容宝之败也,别率骑七百邀其归路"。《魏书·太祖纪》的记载更合理,颇疑拓跋遵率骑七百所执行的就是抓捕后燕信使、暂时切断后燕大军与中山之间通信的任务。

二、 朔方对关中的军事意义及其在北方政治格局中的地位

正史对参合陂之战的叙述看似完善,实则前后不一、漏洞百出,促使北魏获胜的一些关键信息被省去。这些问题的存在会影响对于慕容垂发起针对北魏报复战的相关史料的解读。如参合陂战后,慕容宝、慕容德急切地向慕容垂建言发起报复战,以及萧方等《三十国春秋》叙述慕容垂的情绪是"惭愤呕血"都颇为反常。①

后燕军队是在撤军途中完全没有防备的情况下,遭拓跋珪追击而败,可以说非战之罪,这或许是慕容宝急切报复的原因。但慕容宝敢于如此建言,至少他认为燕军依旧可以轻易地覆灭北魏。慕容垂"惭愤"的情绪记载又见于《晋书·慕容垂载记》《魏书·徒河慕容廆传》及《资治通鉴》,口径极为统一。慕容垂"愤"的情绪是可以理解的,无论怎么说,后燕对拓跋珪都有恩情,拓跋珪坑杀投降燕军的行为自然让他愤怒。但是"惭"的情绪就有些费解,慕容垂戎马一生,他同样经历过战败的情况,而且他也并非参合陂之战里后燕军的统帅。慕容垂为了稳固慕容宝的地位,而令慕容宝统军招致大败,似乎可以作为他"惭"的解释。除此之外,是否还存在这样的可能,即参合陂之败还与慕容垂本人相关。

关于参合陂之战的现有史料并不支持慕容宝战败与慕容垂存在关联的猜想。因此本文并不从正史记载的参合陂之战出发,而是从参合陂之战前北方的国际局势出发,探讨可能影响参合陂之战结果的国际因素。

如第一节所述,参合陂之战中最大的疑问是燕军为什么不渡河攻击?由于这场战事最终爆发在燕军撤军途中临时驻扎的参合陂,因此战事前期最紧张的燕、魏两军隔黄河对峙就成为史家的视野盲区。双方对峙时燕军驻扎在黄河以北的五原郡,魏军驻扎在黄河以南的朔方郡。燕军如果渡过

---

① [宋]李昉等编:《太平御览》卷三二三《兵部五四·败》,第 1486 页下栏。[梁]萧方等著,[清]汤球辑,吴振清校注:《三十国春秋辑本》,天津:天津古籍出版社,2009 年,第 65 页。

黄河,就进入朔方,即今鄂尔多斯地区。

　　在中国干湿地区的划分中,鄂尔多斯被划作半干旱地区,年降水量在200—400 mm 之间,是一个农牧交错的地带。在中国历史研究中,长期以来这一地区被视作中原王朝与北方游牧民族政权南北对峙的前线。然而,在十六国时期,南北对峙之外,还存在与其东部代北地区之间的东西竞争。

　　朔方与代北之间的东西竞争始于 310 年铁弗部首领刘虎被拓跋部击败徙据朔方,结束于北魏太武帝灭夏。相关论述如徐冲《赫连夏历史地位的再思考》,①将铁弗与拓跋之间的东西竞争描述为双螺旋态势,即双方呈现互为因果的交替发展。这种东西竞争局面的形成一开始就是由于中原政局的变化而波及边疆。然而,在十六国前期,朔方铁弗部与代北拓跋部之间的竞争仅仅局限于边疆。直至 376 年前秦灭代,建都中原的政权插手朔方与代北之间的竞争,此后这两块边疆地区之间的竞争逐渐成为更大范围的东西对峙——即建都关中的政权与建都关东的政权之间东西对峙的一环。

　　前秦介入朔方与代北之间的竞争,是一个被动的过程,而非主动的过程。其源头在于朔方地区对建都关中政权独特的军事地理意义。

　　关中平原北部是陕北黄土高原地区,这一片高原的北部有东西横亘400 余里的横山山脉,横山山脉以北就是鄂尔多斯地区。② 对于建都关中的政权而言,这道东西横亘的横山山脉以及横山以南的黄土高原区就是关中地区北方最重要的军事屏障,这里受到外敌进攻,整个关中地区就无法安定。而要确保这道军事屏障的安定,关中政权就必须控制横山山脉以北的鄂尔多斯地区,将军事防线北推至黄河以北的阴山山脉。历史上相关事

---

①　徐冲:《赫连夏历史地位的再思考》,《大夏与北魏文化史论丛》,第 100—106 页。

②　《陕西军事历史地理概述》编写组:《陕西军事历史地理概述》第二章《陕北的地理特点及军事价值》,西安:陕西人民出版社,1985 年,第 62—108 页。史念海:《陕西北部的地理特点和在历史上的军事价值》,《史念海全集》第四卷《河山集四集》,北京:人民出版社,2011年,第 62—112 页。此外还可以参考〔日〕前田正名:《陕西横山历史地理学研究:10—11 世纪鄂尔多斯南缘白于山区的历史地理学研究》,杨蕤、尹燕燕译,北京:中国社会科学出版社,2018 年。

例不胜枚举,如秦始皇遣蒙恬北击匈奴,夺取河套。汉武帝对匈奴开战,同样要夺取河套地区,解除游牧势力对关中的军事压力。反面事例如后秦控制鄂尔多斯地区失败,赫连勃勃崛起,与后秦在陕北黄土高原地带进行了残酷的争夺战,是促成后秦灭亡的重要因素。①

361年,刘卫辰遣使降于苻坚。365年,刘卫辰、曹毂叛前秦,攻掠前秦杏城以南郡县(杏城在今陕西黄陵县西南),②屯于马兰山。马兰山是今天陕西省铜川市东北,向东北方绵延至今渭南市白水县之间的一道山岭。③刘卫辰、曹毂反叛,掠夺杏城以南郡县后,并未撤回鄂尔多斯,反而驻扎在杏城以南的马兰山,可知他们可能有继续南下攻略关中的意图。因此,苻坚亲率中外精锐平叛,于同官川击败曹毂弟曹活,曹毂投降。同官川的位置,顾祖禹《读史方舆纪要》称:

> 同官川,在县东北五十里。县东有雄川、乌泥川,县西有雷平川,又有盘川水出马兰山,流入于乌泥川,俱汇于同官川而为漆水,南入耀州界。唐神龙元年,同官县水溢,漂居民五百余家。太和三年同官暴水,漂没二百余家,即同官诸川矣。④

同官川是漆水上游的一条支流,据战场位置,可知刘卫辰、曹毂屯驻的位置就在今铜川市附近。苻坚击败曹毂后,遣邓羌击刘卫辰,于木根山擒获刘卫辰,⑤平定朔方。这年九月,苻坚亲如朔方,巡抚夷狄,以刘卫辰为夏阳

---

① 顾涛:《大夏的出征战略与重要战役复原》,《大夏与北魏文化史论丛》,第28—58页。

② 牟发松、毋有江、魏俊杰:《中国行政区划通史·十六国北朝卷》上编《十六国行政区划》,上海:复旦大学出版社,2015年,第351页。

③ 顾祖禹叙述马兰山的位置说:"马兰山,县(同官县)东北五十里……《邑志》云:'山在县北二十里。其山连延绵亘,接同州白水县界。'"[清]顾祖禹:《读史方舆纪要》卷五四《陕西三·耀州同官县》,北京:中华书局,2005年,第2616页。

④ [清]顾祖禹:《读史方舆纪要》卷五四《陕西三·耀州同官县》,第2617页。

⑤ 关于木根山的位置,可以参看莫久愚:《〈魏书〉木根山地望疏证》,《内蒙古社会科学(汉文版)》2011年第4期。

公,统其部落。① 前秦灭代以后,又以黄河为界,黄河以西归刘卫辰,黄河以东归刘库仁。刘卫辰重新获得了对鄂尔多斯地区的统治权,《魏书·铁弗刘虎传》称"坚后以卫辰为西单于,督摄河西杂类,屯代来城"。②

　　吕思勉在《两晋南北朝史》中叙述晋元帝东渡以来中原的形势说:"刘、石东西对峙,其后刘卒并于石,一也。石虎死后,燕、秦又东西对峙,其后燕卒并于秦,二也。前秦丧败,后燕、后秦,又成东西对峙之局,其力莫能相尚,宋武夷南燕,破后秦,功高于桓、谢矣,然关中甫合即离,其后陵夷衰微,北方遂尽入于拓跋氏,三也。"③前赵与后赵、前秦与前燕之间的东西对峙之局颇为明确,唯后燕、后秦之间的东西对峙之局,则颇有疑问。④ 实际上,后秦与后燕之间确曾存在短暂的对峙之局,只不过双方的对峙并非以秦燕交战的方式表现出来,而对峙的地点也并非常见的崤函一线,而是在遥远的朔方,即鄂尔多斯地区。

---

① 刘卫辰被封为夏阳公后,其部落很可能被安置在夏阳,即今陕西省韩城市境内。《郑能进修邓太尉祠碑》记前秦冯翊护军郑能进所统中有"兼统夏阳治"一句,田余庆据此认为冯翊护军兼统刘卫辰受封夏阳公以后所统诸部。参见田余庆:《代北地区拓跋与乌桓的共生关系》,《拓跋史探》(修订本),北京:三联书店,2019 年,第 167—175 页。对于这方碑铭的研究还可以参看马长寿:《碑铭所见前秦至隋初的关中部族》,桂林:广西师范大学出版社,2006 年。

② 《魏书》卷九五《铁弗刘虎传》,第 2055 页。关于代来城的位置,当前主要存在陕西榆林与内蒙鄂尔多斯的争议。主张陕西榆林说的有前田正名、戴应新、市来弘志,见〔日〕前田正名:《平城历史地理学研究》第四章第三节《平城通往西域的交通线》,李凭、孙耀、孙蕾译,上海:上海古籍出版社,2012 年,第 129—130 页,初稿作《北魏平城时代のオルドス沙漠南縁路》,《東洋史研究》1972 年第 2 号。戴应新:《赫连勃勃与统万城》,西安:陕西人民出版社,1990 年,第 61—64 页。〔日〕市来弘志:《代来城の位置と現况について》,西北环发中心,陕西师范大学编:《统万城遗址综合研究》,西安:三秦出版社,2004 年,第 98—106 页。此外市来弘志还有《从统万城和代来城的地理关系看匈奴铁弗部的活动范围》一文也涉及了代来城的位置问题,见侯甬坚等编:《统万城建城一千六百年国际学术研讨会文集》,西安:陕西师范大学出版总社,2015 年,第 112—117 页。内蒙古鄂尔多斯说,具体位置并不确定,顾祖禹认为在榆林镇北,〔清〕顾祖禹:《读史方舆纪要》卷六一《陕西十·榆林镇》"代来城",第 2923 页。谭其骧主编:《中国历史地图集》第四册《东晋十六国·南北朝》图 11—12 前秦,北京:中国地图出版社,1996 年。黄义军:《代来城新考》,《统万城建城一千六百年国际学术研讨会文集》,第 417—424 页。

③ 吕思勉:《两晋南北朝史》,第 186 页。

④ 廖基添:《再论后燕与北魏的兴替:"秦燕之争"背景下的考察》,《国学研究》第 45 卷,2021 年。

这一局面的形成是前秦崩溃以后,关中、河北地区前秦势力的强弱差异造成的。相较于慕容垂反秦复燕的主战场河北地区,后秦建国的关中地区,本就是前秦的根基所在,残余势力强大。这就导致当后燕已经占据河北及其东北方的幽州、平州,政权已经稳定下来时,后秦却迟迟不能消灭前秦残余的苻登势力,以至于无法完全控制关中。[①]

如果以386年后燕、后秦分别称帝为起点,395年7月参合陂之战前为终点。可以看到,在这十年里,自386年10月至391年7月这将近六年的时间里,关中地区与关东地区的主要政治势力格局大体是稳定的。而自391年7月之后,这个相对稳定的格局开始瓦解。

386年正月,慕容垂在中山称帝,拓跋珪在牛川继代王位。4月,姚苌在长安称帝。10月,慕容永击败苻丕,进据长子。自386年10月以后,至391年7月,关中地区后秦主要致力于消灭前秦苻登势力。慕容永西燕占据并州,介于后燕、后秦之间,成为两者的缓冲。后燕则主要致力于稳定代北地区,以及滑台的丁零翟魏政权。后燕在代北地区通过扶持拓跋珪,以及军事征服的方式,先后击败独孤部、贺兰部,事实上控制了代北地区。

居于朔方的铁弗部在前秦崩溃后并未加入中原的战局,在中原建国的各个政权,后秦、西燕、后燕都与铁弗部交好。《魏书·铁弗刘虎传》称:

> 慕容永之据长子,拜卫辰使持节、都督河西诸军事、大将军、朔州牧,居朔方。姚苌亦遣使结好,拜卫辰使持节、都督北朔杂夷诸军事、大将军、大单于、河西王、幽州牧。[②]

《资治通鉴》列此二事于386年10月。而在387年,刘卫辰还曾送马三千匹

---

① 李磊认为前秦苻登势力的出现与壮大和姚苌政治上的失误以及苻坚的影响力之间有着密切的关系,见李磊:《淝水战后关陇地区的族际政治与后秦之政权建构》,《西南民族大学学报》2018年第7期。关于淝水之战后关东与关西的对比,可以参看小野响:《前秦崩壊と華北動乱:淝水の戦い前後における関西と関東》,《立命館東洋史學》第39号,2016年。

② 《魏书》卷九五《铁弗刘虎传》,第2055页。

给慕容垂,《魏书·刘库仁传》称:

> 卫辰与慕容垂通好,送马三千匹于垂,垂遣慕容良迎之。显击败良军,掠马而去。垂怒,遣子麟、兄子楷讨之,显奔马邑西山。麟轻骑追之,遂奔慕容永于长子。①

显然刘卫辰与后燕之间同样保持着友好关系。因此,在 386 年 10 月至 391 年 7 月之间,关中的后秦与关东的后燕被并州的西燕政权与朔方的铁弗部隔开,后秦致力于消灭符登,后燕致力于控制代北,双方确实谈不上对峙。但是随着后燕对代北地区控制的加深,尤其是 390 年燕、魏联合击败贺兰部后,代北诸部尽受后燕控制,后燕、后秦隔朔方对峙的局势逐渐明晰起来。

三、 秦魏关系的转变与东西竞争中的参合陂之战

　　391 年 7 月,后燕扣留拓跋珪弟拓跋觚求名马,拓跋珪放弃拓跋觚与后燕决裂,并与后燕的敌国西燕结盟。拓跋珪为了避开后燕的征伐,西撤至纽垤川(今内蒙古达尔罕茂明安联合旗艾不盖河)。② 同一月,铁弗部刘卫辰遣其子直力鞮出稒杨塞(今内蒙古包头市昆都仑沟沿岸),进至黑城(今内蒙古武川县西)。③ 九月份拓跋珪袭击五原,屠灭了铁弗部这支力量。正史并未记载这次战事的详细过程,不清楚直力鞮出稒杨塞是否是向拓跋部进攻。10 月份,拓跋珪攻击了附属于铁弗部的柔然。11 月份与铁弗部直力鞮在铁岐山大战,随后杀入朔方,覆灭铁弗部。至此,夹在后秦、后燕之间与各个政权交好的铁弗部覆灭。

---

① 《魏书》卷二三《刘库仁传》,第 606 页。
② 鲍桐:《北魏北疆几个历史地理问题的探索》,《中国历史地理论丛》1999 年第 3 期。
③ 王仲荦:《北魏延昌地形志北边州镇考证》,《北周地理志》,北京:中华书局,1980 年,第 1086—1095 页。

正如田中一辉所说,拓跋珪灭亡铁弗部进驻朔方,是以西燕为"盾",又以黄河作为应对后燕的防线。[①] 实际上占据并州的西燕不仅是拓跋部的"盾",在 386 年 10 月至 391 年 7 月间,西燕是关中以及朔方的"盾"。西燕的主体是被苻坚迁徙的慕容部人,在前秦崩溃,慕容部起兵反秦建国时,由于自前燕延续下来的内部矛盾,反秦运动分为两支,互不统属。关东地区由慕容垂统帅,主要攻掠冀州、幽州、平州,即慕容氏前燕的旧地,建立了后燕政权。关中则以慕容冲为统帅,覆灭前秦后,由于慕容部人思乡东返的心态,以及关中地方势力的反抗而撤离关中,战胜前秦苻丕势力后,停驻于并州,政权几经更迭,最终以慕容永为首,建立西燕政权。[②] 西燕与关中的后秦、朔方的刘卫辰势力并无矛盾,他的对手主要是慕容垂建立的后燕,因此西燕就成了黄河以西的关中、朔方的屏障,对后燕则是一个强大的威胁。这一点可以从慕容垂征西燕之前的朝议中看出,《晋书·慕容德载记》称:

> 于时慕容永据长子,有众十万,垂议讨之。群臣咸以为疑,德进曰:"昔三祖积德,遗咏在耳,故陛下龙飞,不谋而会,虽由圣武,亦缘旧爱,燕、赵之士乐为燕臣也。今永既建伪号,扇动华戎,致令群竖从横,逐鹿不息,宜先除之,以一众听。昔光武驰苏茂之难,不顾百官之疲,夫岂不仁? 机急故也。兵法有不得已而用之,陛下容得已乎!"垂笑谓其党曰:"司徒议与吾同。二人同心,其利断金,吾计决矣。"遂从之。[③]

---

① 〔日〕田中一辉:《从登国元年到皇始元年的拓跋珪》,《大夏与北魏文化史论丛》,第 281 页。

② 后燕与西燕之间的竞争,可以参看〔日〕谷川道雄:《隋唐帝国形成史论》,李济沧译,上海:上海古籍出版社,2011 年,第 55—56 页;〔日〕三崎良章:《五胡十六国の基础の研究》第四章《後燕·南燕の官僚機構》,东京:汲古书院,2006 年,第 76—97 页;刘玉山、刘伟航:《十六国时期慕容西燕、后燕几个问题的再探讨》,《东南文化》2007 年第 1 期;李海叶:《慕容鲜卑的汉化与五燕政权——十六国少数民族发展史的个案研究》,北京:中国社会科学出版社,2015 年,第 94—96 页;李磊:《后燕建立之际的合法性诉求及其运作》,《史林》2020 年第 4 期。

③ 《晋书》卷一二七《慕容德载记》,第 3162 页。

《晋书·慕容垂载记》称：

> 于是议征长子。诸将咸谏，以慕容永未有衅，连岁征役，士卒疲息，请俟他年。垂将从之，及闻慕容德之策，笑曰："吾计决矣。且吾投老，扣囊底智，足以克之，不复留逆贼以累子孙也。"①

慕容德敏锐地意识到后燕能够迅速平定燕、赵之地，根源在于慕容氏三祖高祖慕容庑、太祖慕容皝、烈祖慕容儁的遗德、旧爱，造成了燕赵之士乐为用的效果。慕容永同样出自慕容氏，建号之后，就形成了西燕、后燕逐鹿之局。这里的逐鹿并非指对汉晋以来天下的竞争，而是对前燕三祖遗留下的基业的竞逐，两燕之间的矛盾与竞争是无法调和的。因此考虑到自己已年迈的现实与后辈子孙的安稳，慕容垂发起了对西燕的战争。

后燕经营代北起于慕容垂反秦战争中，代北游牧部落在独孤部刘库仁率领下于 384 年加入前秦一方对抗慕容垂。386 年，慕容垂称帝后，借助拓跋部内拓跋珪与受到西燕、独孤部刘显共同支持的拓跋窟咄争位威胁的时机，出兵扶持拓跋珪，先后击败独孤部、贺兰部，并将两个部落迁徙至后燕边境，②与拓跋部一起，成为后燕防御草原游牧势力的屏障。391 年 7 月，拓跋珪与后燕决裂，并率部撤至朔方，对后燕而言意味着又一支对后燕有敌意的游牧势力出现了。至此，关中与关东之间的政治局势变成了，关中的后秦政权继续与前秦苻登作战，并州的西燕、朔方的北魏都是与后燕敌对的政权，滑台的翟魏则对后燕叛服无常，是一个不稳定因素。

因此北魏与后燕决裂后，后燕的国际环境空前恶化，周边尽是敌国。面对这种局面，慕容垂全面开启了对后燕周边敌对势力的征服战争。391年 12 月自中山南下，准备进攻丁零翟魏政权。392 年 3 月进攻，6 月灭亡翟魏政权。393 年，慕容垂不顾群臣劝阻，又发起了对西燕的战争。慕容

---

① 《晋书》卷一二三《慕容垂载记》，第 3088 页。
② 独孤部刘显战败后，其部落最终被安置在广宁。贺兰部则被安置在上谷。

垂灭西燕是一场彻底颠覆 386 年 10 月以后形成的关中与关东之间政治格局的战争。这场战争打响以后,居于朔方的拓跋珪一方面出兵援助西燕,另一方面遣使至后秦,试图与后秦建立友好关系。《魏书·贺狄干传》称:

> 太祖遣狄干致马千匹,结婚于姚苌。会苌死兴立,因止狄干而绝婚。①

即拓跋珪以贺狄干为使节,以马千匹向后秦请婚,刚好碰上姚苌病死,姚兴继位,姚兴扣留了贺狄干,并拒绝了拓跋珪的请婚。正史并未记载拓跋珪遣贺狄干出使的具体时间,根据"苌死兴立"的表述,姚苌死于 393 年 12 月,可知遣使必在十二月之前。

393 年 8 月,拓跋珪以薛干部不送赫连勃勃为由,袭击了驻扎在三城的薛干部。三城在今天延安市东南。② 拓跋珪袭击薛干部时,薛干部首领太悉佛正在攻打曹覆,这里的曹覆,《魏书·高车传》附薛干部事迹又作"曹覆寅"。365 年,与刘卫辰、曹毂反叛前秦,苻坚击败曹毂部落。曹毂死后,苻坚封曹毂长子曹玺为骆川侯,统领两万余落居于贰城以西,史称西曹;封曹毂小子曹寅为力川侯,领两万余落居于贰城以东,史称东曹。太悉佛攻击的曹覆或即东曹的力川侯曹寅,作战的位置就在贰城以东地区。太悉佛得知三城被拓跋珪袭击以后,投奔了后秦。

薛干部帅太悉佛是《魏书·太祖纪》的译名,《魏书·高车传》记作太悉伏,《晋书·赫连勃勃载记》记作叱干他斗伏。《晋书·姚兴载记》记载有鲜卑薛勃的事迹:

> 鲜卑薛勃于贰城为魏军所伐,遣使请救,使姚崇赴救。魏师既还,

① 《魏书》卷二八《贺狄干传》,第 685 页。
② [清]顾祖禹:《读史方舆纪要》卷五七《陕西六·延安府》"三城"条,第 2722 页。

薛勃复叛，崇伐而执之，大收其士马而还。①

《十六国春秋辑补》列此事于姚兴皇初二年（395）。②贰城的位置虽然还存在杏城西北（今陕西黄陵县西北）、平凉东南的争议，③但就大的地理范围来说，就位于陕西北部的黄土高原上。395 年正是参合陂之战的年份，这一年北魏军队主要忙于应付来自后燕军队的巨大压力，并无南下攻击陕北黄土高原地区部落的记载，而且后秦还遣杨佛嵩出兵救北魏。考虑到薛勃这个名字极有可能是薛干太悉佛的鲜卑语名的节译，推测《晋书·姚兴载记》中的薛勃就是《魏书》及《晋书·赫连勃勃载记》中的薛干太悉佛或叱干他斗伏。④《魏书》记载的是拓跋珪袭击三城的时间，《晋书·姚兴载记》记载的是太悉佛得知三城被袭后，自贰城向后秦请降的时间。且无论是《魏书·太祖纪》或《魏书·高车传》附薛干部事迹，记载太悉佛都是"奔姚兴"，而非奔姚苌，可知太悉佛向后秦投降时，姚苌已经过世。因此太悉佛向后秦投降应在 394 年初，即后秦皇初元年，北魏登国九年。

据此推测，北魏向后秦遣使请婚极有可能是在袭击三城薛干部以后顺势遣使，即 393 年 8 至 12 月间。姚兴拒绝拓跋珪请婚并扣留使节的行为，无疑表明了后秦对北魏敌视的态度。

---

① 《晋书》卷一一七《姚兴载记》，第 2976—2977 页。

② ［北魏］崔鸿撰，［清］汤球辑补：《十六国春秋辑补》卷五一《后秦录三》，北京：中华书局，2020 年点校本，第 639 页。

③ 贰城的具体位置学界还有争议。胡三省注称"贰城，贰县城也，在杏城西北、平凉东南。"（《资治通鉴》卷一一五"东晋安帝义熙五年九月"，第 2677 页。）顾祖禹主要依据"杏城西北"，将其定在鄜州中部县西北，即今陕西省黄陵县。见《读史方舆纪要》卷五七《鄜州中部县》"贰城"条，第 2737 页。今人则综合考虑"杏城西北、平凉东南"，认为贰城可能更接近平凉，相关研究见吴宏歧：《后秦"岭北"考》，《中国历史地理论丛》1995 年第 2 期，第 189 页；牛敬飞：《十六国时期"岭北"地望综论》，《西北民族论丛》第 16 辑，北京：社会科学文献出版社，2018 年，第 68—70 页；顾涛：《大夏的出征战略与重要战役复原》，《大夏与北魏文化史论丛》，第 39 页。

④ 吴洪琳亦主张《晋书·姚兴载记》中的薛勃部落就是薛干部，见吴洪琳：《铁弗匈奴与夏国史研究》，北京：社会科学出版社，2011 年，第 46 页。尹波涛《后秦史》亦采纳了吴氏的观点，见尹波涛：《后秦史》，北京：社会科学文献出版社，2022 年，第 119 页注①。

这种态度的产生,一方面是因为393、394年之交,后燕与西燕的战事尚未结束,整个并州以西包括关中、朔方还没有直面后燕的军事压力,大环境整体上是安全的。

其次,后秦统治集团对北魏可能是陌生的。拓跋部主要生活在代北,与关中相隔较远。① 且自386年以后,拓跋部一直都以后燕附属势力的名义征伐四方。与之相反,后秦姚氏对原居于朔方的部族可能更加熟悉,因为两者地理上相接,发生交集的可能性更大,如铁弗部就接受了后秦的官爵。生活在三城的薛干部,虽然不知是否也被后秦封授,但无疑也是后秦相对熟悉的部族。因此,391年12月拓跋珪杀入朔方,并在朔方地区扩大势力范围的举动,对后秦而言,则是后燕的附属势力进入朔方,并攻击了后秦的附塞部落。考虑到朔方地区对后秦关中的军事地理意义,拓跋部出现在朔方对后秦无疑是一个威胁,后秦对于进入朔方的拓跋部自然是充满敌意并戒备的。因此,393至394年之交,后秦在收到太悉佛的求援之后,立刻派姚崇率兵救援太悉佛,此时秦军假想的敌人正是北魏军。北魏军并未进至贰城追击薛干部,在魏军撤还后,太悉佛可能并不愿被秦军迁徙,因此有了"薛勃复叛,崇伐而执之"的记载。

最后,在后秦苌死兴立的权力交接时刻,姚兴本身的地位并不稳固。姚兴地位的不稳固来自其功劳、威望并不足以使掌握强兵的宗室归心。《晋书·姚兴载记》中姚苌死后,姚硕德部属劝说姚硕德奔秦州,以及尹纬劝说姚兴急攻苻登二事形象说明了因姚兴地位不稳固带来的政治风险:

> 苌死,兴秘不发丧,以其叔父绪镇安定,硕德镇阴密,弟崇守长安。硕德将佐言于硕德曰:"公威名宿重,部曲最强,今丧代之际,朝廷必相猜忌,非永安之道也。宜奔秦州,观望事势。"硕德曰:"太子志度宽明,

---

必无疑阻。今苻登未灭而自寻干戈,所谓追二袁之踪,授首与人。吾死而已,终不若斯。"

兴自称大将军,以尹纬为长史,狄伯支为司马,率众伐苻登。咸阳太守刘忌奴据避世堡以叛,兴袭忌奴,擒之。苻登自六陌向废桥,始平太守姚详据马嵬堡以距登。登众甚盛,兴虑详不能遏,乃自将精骑以迫登,遣尹纬领步卒赴详。纬用详计,据废桥以抗登。登因急攻纬,纬将出战,兴驰遣狄伯支谓纬曰:"兵法不战而制人者,盖为此也。苻登穷寇,宜持重,不可轻战。"纬曰:"先帝登遐,人情扰惧,今不因思奋之力,枭殄逆竖,大事去矣。纬敢以死争。"遂与登战,大破之,登众渴死者十二三,其夜大溃,登奔雍。兴乃发丧行服。太元十九年,僭即帝位于槐里,大赦境内,改元曰皇初,遂如安定。①

姚硕德部属劝说姚硕德奔秦州,是因为姚硕德在后秦宗室中威名宿重且部曲最强,担心被姚兴猜忌。废桥之战中,姚兴采取了前后夹击的战术,以骑兵绕后逼迫苻登军向前,尹纬、姚详以步兵挡正面。尹纬占据废桥后,只需要固守,就可以与姚兴一起困死苻登军队。因此尹纬要出战时,姚兴遣狄伯支以兵法劝阻尹纬。但尹纬意识到了姚苌死后,后秦内部不稳定的危险,姚兴急需灭亡苻登的军功来稳固地位,因此抗命出兵,一举击败了苻登大军。姚兴也借助战胜苻登的军功正式即皇帝位。

在这些因素的综合影响下,姚兴对北魏采取了敌视态度,拒绝北魏请婚并扣留魏使。然而,促成姚兴敌视北魏的因素很快就发生了变化。首先,后秦在 394 年 7 月终于斩杀了苻登,平定了关中。其次,394 年 8 月,慕容垂灭亡了西燕。自此关中的屏障消失,后秦与北魏开始直面后燕的军事压力。

面对西燕政权灭亡、后秦与后燕相邻的新形势,姚兴一方面派出外交使节与后燕交好,另一方面后秦与北魏的关系开始缓和。394 年 12 月,姚

---

① 《晋书》卷一一七《姚兴载记上》,第 2975—2976 页。

兴遣使送后燕太子慕容宝之子至燕，并与后燕结好。后秦与北魏关系缓和一事史无明载，《魏书·许谦传》记 395 年后燕大军来伐，拓跋珪遣许谦为使向后秦请援一事：

> 慕容宝来寇也，太祖使谦告难于姚兴。兴遣将杨佛嵩率众来援，而佛嵩稽缓。太祖命谦为书以遗佛嵩曰："夫杖顺以翦遗，乘义而攻昧，未有非其运而显功，无其时而著业。慕容无道，侵我疆场，师老兵疲，天亡期至，是以遣使命军，必望克赴。将军据方邵之任，总熊虎之师，事与机会，今其时也。因此而举，役不再驾，千载之勋，一朝可立。然后高会云中，进师三魏，举觞称寿，不亦绰乎！"佛嵩乃倍道兼行。太祖大悦，赐谦爵关内侯。重遣谦与佛嵩盟曰："昔殷汤有鸣条之誓，周武有河阳之盟，所以藉神灵，昭忠信。夫亲仁善邻，古之令轨，歃血割牲，以敦永穆。今既盟之后，言归其好，分灾恤患，休戚是同。有违此盟，神祇斯殛。"宝败，佛嵩乃还。①

这里的慕容宝来寇即参合陂之战。许谦作书给杨佛嵩一事，仅见于《魏书·许谦传》。引文中"杖顺以翦遗"的"遗"字，点校本《魏书》修订本据诸本及《册府元龟》将其改为"逆"字。② 拓跋珪遣许谦向后秦请援在 395 年 7 月，姚兴同意了，并遣杨佛嵩出兵。大体上可以认为，在 395 年 7 月之前，后秦与北魏之间的关系已经有了缓和，但正史失载。通观 394 年 8 月至 395 年 7 月之间的事情，有一件事可以从侧面给我们提供线索，即《晋书·姚兴载记》所记薛勃反叛一事。

> 鲜卑薛勃叛奔岭北，上郡、贰川杂胡皆应之，遂围安远将军姚详于金城。遣姚崇、尹纬讨之。勃自三交趣金城，崇列营掎之，而租运不

---

① 《魏书》卷二四《许谦传》，北京：中华书局，2017 年，第 611 页。
② 《魏书》卷二四《许谦传》，第 685 页。

继，三军大饥。纬言于崇曰："辅国弥姐高地、建节杜成等皆诸部之豪，位班三品，督运稽留，令三军乏绝，宜明置刑书，以惩不肃。"遂斩之。诸部大震，租入者五十余万。兴率步骑二万亲讨之，勃惧，弃其众奔于高平公没奕于，于执而送之。[①]

上文已将薛勃比定为薛干太悉佛，这里的鲜卑薛勃反叛就是薛干太悉佛的事迹。《十六国春秋辑补》将其列在皇初四年（397）是有问题的。[②] 太悉佛叛归岭北的事情，《魏书·太祖纪》列于395年正月，称"太悉佛自长安还岭北，上郡以西皆应之"，时间上当以《魏书》为准，只不过北魏方面并不知道太悉佛是叛后秦，逃至岭北，故用"还"字来描述。太悉佛叛逃引起了巨大的波澜，以至于姚兴亲征才将其镇压下去。考虑到太悉佛本就是受到北魏袭击而逃至后秦，在后秦对北魏存在敌意的背景下，太悉佛作为后秦撬动岭北、对付北魏的棋子本不该出现叛逃这种情况。太悉佛叛逃，应是后秦与北魏缓和关系的结果。后秦与北魏缓和关系后，太悉佛就失去了存在的意义，甚至会有生命危险，这种情况下他才会不顾一切地叛逃。而这同样是西燕灭亡后，关中与朔方所面临安全环境恶化的结果。因此后秦与北魏关系缓和应在395年正月前后，其出发点是为了共同应对来自后燕的军事压力。

但是在影响后秦敌视北魏态度的三个因素中，第二个因素，即北魏出现在朔方，对后秦是威胁这一点并没有因其他两个因素的改变而发生变化。因此395年后秦对北魏的心态是，一方面，为了后秦的安全考虑，必须阻止后燕的力量进入朔方，这就要求与北魏共同对抗后燕，至少不能让北魏倒向后燕。另一方面，北魏驻扎在朔方，本身就是对后秦的威胁。在这样的心态下，可以看到，后秦对北魏的政策极为犹豫。一方面，后秦并未放还魏使贺狄干。贺狄干被放回，是在402年柴壁之战以后。另一方面，姚

---

① 《晋书》卷一一七《姚兴载记上》，第2978页。
② 《十六国春秋辑补》卷五一《后秦录三》，第640页。

兴虽然派出军队支援北魏,但是他又似乎不愿真的支援北魏。这从两点上可以看出:其一,派出的主将是杨佛嵩。杨佛嵩是在393年8月投奔后秦的,至北魏请援的395年7月,杨佛嵩投奔后秦尚不足两年。而且《晋书·姚兴载记》记412年姚兴遣杨佛嵩讨伐赫连勃勃后,说:"佛嵩骁勇果锐,每临敌对寇,不可制抑,吾常节之,配兵不过五千。"[1]因此杨佛嵩救援北魏时,所带兵力恐怕亦不超过五千。面对后燕的大军,很难说五千秦军能在战场上起到什么作用。其二,关于杨佛嵩稽缓的问题。杨佛嵩本就是降将,受命救援北魏,却稽缓不进,只能说这本就是姚兴的态度,姚兴并不愿意真的与后燕军队开战。

然而,后秦军队出现在北魏军与后燕军对峙的前线,与不出现在对峙前线,带来的政治影响是不同的。尤其自后燕一方看来,后秦军出现在北魏军与后燕军对峙的前线,并且旗帜鲜明地站在北魏一方,原本后燕讨伐北魏的战事,就变成了后燕军对后秦、北魏开战。而平定关中的后秦的分量,无疑要远远超出还处于游牧行国阶段的拓跋氏北魏。战事的性质就会从后燕惩罚叛逃的附属部落,变成关中与关东之间的战争。

关中与关东之间的竞争,在十六国时期,前有前赵、后赵的竞争,后有前秦、前燕的竞争。而前秦、前燕的竞争,对后秦姚氏,后燕慕容氏来说都是亲身经历过的事情,殷鉴不远。因此,后秦军与后燕军同时出现在彼此敌对的战场上,对双方来说恐怕都是毫无准备、出乎意料的。在这种情况下,虽然进攻的主动权还在前线燕军手中,但是能否进攻的决定权,却不在前线燕军统帅手中。作为后燕的太子,慕容宝无疑能够决定后燕许多日常事务,但恰恰与后秦开战这一事件,不是慕容宝能够决定的。在当时的后燕,唯一能够决定是否与后秦开战的只有慕容垂,而慕容垂在中山,并未出征。

基于此,我们才能够理解为何后燕军队早早做好了渡河的准备,却迟迟不肯渡河攻击。反倒与后秦、北魏的军队隔着黄河进行长期的对峙。

---

① 《晋书》卷一一八《姚兴载记下》,第2997页。

《魏书·太祖纪》记载了拓跋珪率军对峙中的一个细节"连旌沿河东西千里有余"，对这个记载，通常会被理解为魏军的军容盛况，而且由于是拓跋珪率军与后燕军对峙，千里有余的旗帜自然而然会被认为是魏军的旗帜。然而，从国际关系的角度来看，魏军的旗帜起不到阻止燕军渡河的作用，但是后秦的旗帜就有可能阻止燕军渡河，因此这千里有余的旗帜应是后秦军队的旗帜，黄河北岸的燕军所看到的是千里有余的后秦军旗帜。

后燕军统帅无法决定是否开战，他们只能派出信使至中山询问慕容垂。但是这件事本质上是一个后秦、后燕关系的问题，慕容垂也无法单独做出决定，他需要知道后秦姚兴是否有对后燕开战的意图。可以推测，在后燕军与后秦—北魏联军对峙的时间里，中山与长安之间恐怕进行了复杂的交涉，最终的结果可能是各自撤军。因此《魏书·许谦传》记载后秦援军说的是"宝败，佛嵩乃还"。慕容宝败可以有两种理解：慕容宝在参合陂被追击固然是"败"，慕容宝自黄河撤军同样是"败"，杨佛嵩极有可能在慕容宝自黄河撤军后就率秦军返回长安。撤军的命令恐怕并非出自杨佛嵩、慕容宝，而是直接来自姚兴和慕容垂。这恐怕也是后燕军队撤至参合陂以后，超乎寻常的放松的原因。但是，后燕方面忽略了后秦对北魏的约束力的问题。后秦与后燕之间达成的一致，由于后秦对北魏缺乏足够的节制力，导致对北魏无效。因此，我们看到拓跋珪出人意料地追击了完全没有戒备的燕军，由于后秦军已经撤离，所以参与的只有北魏军，而慕容垂发起的报复战也只针对北魏。在参合陂战场上，慕容垂惭愤呕血，因为他是这次大败的直接责任人。

四、总结——兼释《通典·兵典五》"师行众悲恐则败"

参合陂之战不单单是北魏与后燕之间的战争，更是关中政权与关东政权之间东西竞争的一个缩影。

北魏取胜的背后，是后秦、北魏、后燕之间复杂的博弈与较量的结果。作为这场东西竞争风暴中的风眼，拓跋珪首先把握住了朔方地区对关中政权独特的军事地理意义,迫使后秦尽管不情不愿,却不得不派兵与后燕军对峙。关中的后秦与关东的后燕在毫无准备的情况下对峙于战场,使关中与关东的东西竞争呈现出明明是刚刚开始,却瞬间走向顶峰的局面。在燕、秦双方无意于开战,彼此撤军的背景下,拓跋珪趁机偷袭了回撤的后燕军队,成为这场东西竞争开始时最大的赢家。

参合陂之战后,慕容垂在次年的报复战里病逝,北魏趁机攻打后燕,占据中原,乃至于后秦、北魏之间的柴壁之战,赫连勃勃的崛起,都是这场东西竞争的继续,直至北魏太武帝灭夏,第三次东西竞争才告终结。与前两次东西竞争的不同在于,这次东西竞争始终围绕着朔方展开。

唐人杜佑最早关注了这一战例在兵法上的意义,而且从心理层面对后燕军队战败的结果进行了解读。《通典·兵典五》"师行众悲恐则败":

> 后燕慕容垂遣其子宝步骑七万伐后魏,战于参合陂,大败。宝以数千骑奔免,士众还者十一二。宝恨参合之败,屡言魏有可乘之机。垂由是自率大众伐魏。至参合陂,见往年战处积骸如山,设吊祭之礼,死者父兄一时号哭,军中皆恸。垂惭愤欧血,因而寝疾,却还,道卒。①

这段史料出自萧方等《三十国春秋》。②《通典》的内容整体上比较关注军队中士兵的精神状态,强调将军要爱护、激励士兵,使军队保持良好的精神状态。军队精神状态不好,如骄、悲等精神状态,就会打败仗。参合陂之战及报复战的事例被用来证明军队处于"悲"的精神状态下的糟糕结果。军队"悲"的精神状态影响了主帅慕容垂,致使慕容垂情绪激动,发病逝于军中,报复战未能达成灭魏的目标。当然,招致燕军处于"悲"的精神状况的参合陂之败,则是北魏、后秦、后燕三方关系纠缠之下,由一场简单的军事

---

① ［唐］杜佑:《通典》卷一五二《兵典五》,第3878页。
② 《太平御览》卷三二三《兵部五四·败》,第1486页(下)。《三十国春秋辑本》,第65页。

仗变成了参杂着复杂国际因素的政治仗的结果。《通典》总结"师行众悲恐"的背后,一方面是士兵们因亲人阵亡而悲痛,另一方面则是主帅因政治考量导致战役大败的羞愧愤懑。

【作者单位:清华大学历史系】

群采与资治：《通典·突厥传》的史料价值

雒晓辉

自司马迁创作《史记》，纪传体史书对边疆地区的记载皆是以"列传"的形式进行。《通典》在继承《政典》的基础上，①第一次将"边防"独立列为一个门类，从历代正史、唐朝国史、实录、奏章、府库文书、诸家著作中提取史料，使四夷地理志演变为"置边防遏戎狄"②的《边防典》。

为明确周边部族的历史与历代中原王朝的关系，按照"覆载之内，日月所临，华夏居土中，生物受气正"③的方位划分原则，大别为东夷、南蛮、西戎、北狄四部分。"北狄"部分记述了41个部族与地区，共有7卷，几乎占《边防典》（16卷）的一半，而《突厥传》（上、中、下）又是"北狄"部分的主体。

《通典·突厥传》大致包含三方面的内容：第一，突厥的族源风俗与典章制度；第二，突厥大事记及突厥内部的分合离散、盛衰变迁；第三，突厥从西魏北周至唐开元时期与中原王朝，特别是与唐王朝交往的事迹。

一、《通典》中突厥早期史的史源

首先，关于突厥的族源问题，《通典·突厥传》在开篇即做了交代，其曰：

---

① 李锦绣：《〈通典·边防·西戎〉"西域"部分序说》，《欧亚学刊》第七辑，2005年，第123页。

② ［唐］杜佑：《通典》卷一《食货典》，北京：中华书局，2016年点校本，第1页。

③ ［唐］杜佑：《通典》卷一八五《边防典序》，第4969页。

突厥之先,平凉杂胡也,盖匈奴之别种,姓阿史那氏。后魏太武灭沮渠氏,阿史那以五百家奔蠕蠕,代居金山,状如兜鍪,俗呼兜鍪为"突厥",因以为号。或云,其先国于西海之上,为邻国所灭,男女无少长,尽杀之。有一儿,年且十岁,以其小不忍杀之,乃刖足断臂,弃于大泽中。有牝狼每衔肉至于儿处所,此儿因食之,得以不死。其后遂与狼交,狼有孕焉。负于西海之东,止于山上。其山在高昌西北,有洞穴,狼入其中,遇得平壤茂草,地方二百余里。后狼生十男,长大外托妻孕,其后各为一姓,阿史那即其一也。子孙蕃育,渐至数百家。经数代,相与穴处而臣于蠕蠕。又云,先出于索国,在匈奴之北。其部落大人曰阿谤步,兄弟十七人,其一曰伊质泥师都,狼所生也。谤步等性并愚痴,国遂被灭。泥师都既别感异气,能征召风雨。娶二妻,云是夏神、冬神之女,一孕而生四男。其大儿名讷都六设,众奉为主,号为突厥。都六所生子,皆以母族为姓,阿史那是其一也,号阿贤设。此说虽殊,然**俱狼种**也。[1]

这段材料反映了两点史实:一是,直至回纥兴起、突厥衰亡的 8 世纪,唐朝官方仍未弄清突厥的族源;二是,相关突厥族源存在着多种传说,在杜佑看来值得一提的有三:分别是"平凉杂胡说""西海说"和"索国说"。

"平凉杂胡说"初见于《隋书·突厥传》。[2]"西海说"和"索国说"初见于《周书·突厥传》。由于"西海说""索国说"都强调突厥祖先与狼的关系,所以《周书·突厥传》在论述突厥族源时得出了"终狼种也"的结论。[3]

《隋书·突厥传》虽提到了"西海说",但其更认同"平凉杂胡说",认为突厥是匈奴的别部。所谓别部,是指在政治上相统属,种族上相异的部落。[4]

---

[1]　[唐]杜佑:《通典》卷一九七《边防典十三·突厥上》,第5385页。

[2]　《隋书》卷八四《突厥传》,第1683页。

[3]　《周书》卷五〇《突厥传》,第907—908页。

[4]　周一良:《论宇文氏之种族》,林幹编:《匈奴史论文集》,北京:中华书局,1983年,第54页。

也就是说,在"平凉杂胡说"中的突厥祖先与狼之间不存在血缘关系,也就不是所谓的"狼种"。

《通典·突厥传》将三说并列而首述"平凉杂胡说",似乎是认同此说,但在段末却出现了"此说虽殊,然俱狼种"的总结,又似乎是赞同后两说。因此,《通典·突厥传》记述的突厥族源,不仅无助于厘清其脉络,反而进一步造成了困惑。

其次,关于突厥的官职与典章制度,《通典》的主要史源依然是《周书》《隋书》《北史》,但比之三书却又增补了许多新的内容。

表1　《通典》与《周书》《隋书》《北史》相应史文对照

《周书》	《隋书》	《北史》	《通典》
大官有**叶护**,次**设**,次**特勤**,次**俟利发**,次**吐屯发**,及余小官凡二十八等,皆世为之。	官有叶护,次设,次特勤,次俟利发,次吐屯发,下至小官,凡二十八等,皆世为之。	官有叶护,次设,次特勤,次俟利发,次吐屯发,及余小官,凡二十八等,皆世为之。	其后大官有**叶护**,次**设**,次**特勤**,次**俟利发**,次**吐屯发**,及余小官凡二十八等,皆代袭焉。

都说突厥职官有二十八等,却没有一本史籍是记录完全的。《周书》《隋书》等提及的官职,只有叶护、设、特勤、俟利发、吐屯(发)五等,而且仅停留在静态的描述上。幸运的是,《通典》在此条史料之外,另载有不见于他处的突厥官职与官号。

《通典·突厥传》记载:

> 可汗,犹古之单于也;号其妻为可贺敦,亦犹古之阏氏也。其子弟谓之**特勤**,别部领兵者谓之**设**,其大官**屈律啜**,次**阿波**,次**颉利发**,次**吐屯**,次**俟斤**……

> 国贵贱官号凡有十等,或以形体,或以老少,或以颜色、须发,或以酒肉,或以兽名。其勇健者谓之始波罗,亦呼为英贺弗。肥粗者谓之**大罗便**。大罗便,酒器也,似角而粗短,体貌似之,故以为号。此官特贵,惟其子弟为之……

又谓老为哥利,故有哥利**达官**。谓马为贺兰,故有贺兰**苏尼阙**,苏尼,掌兵之官也。谓黑色者为珂罗便,故有**珂罗啜**,官甚高,耆年者为之。谓发为索葛,故有**索葛吐屯**,此如州郡官也。谓酒为訇你热汗,**热汗**掌监察非违,厘整班次。谓肉为安禅,故有**安禅具泥**,掌家事如国官也。有时置附邻可汗,附邻,狼名也,取其贪杀为称。亦有可汗位在**叶护**下者。或有居家大姓相呼为遗可汗者,突厥呼屋为遗,言屋可汗也。①

以人事叙述为主,兼及典章制度述评的《通典》不仅增加了官职与官号的名称,而且通过与突厥日常生活习俗的结合,给我们展现出了突厥官制的主动特征。

其一,作为疆域辽阔、属部众多的游牧政权,突厥政权的结构形式是部落分治,尚未发展到中央集权制;其二,突厥官制具有游牧部落军政合一的特点;其三,突厥官制中官职与爵位既有联系也有区别,尚做不到官爵分离;②其四,基于游牧族群"生称谥"③的传统,名号分化为官职与官号,官号与官职相依相伴。

由于《周书》《隋书》对突厥官制的记载简略,故而两《唐书·突厥传》在这一方面多采自《通典》,且没有超出《通典》。一是说明唐初尚存的周隋时代的相关史料很可能在安史之乱中流失了,有些资料甚至早在开元时期就见不到了。比如《隋书·经籍志》中所记《北荒风俗记》《诸蕃风俗记》《突厥所出风俗事》等书,已不见于反映开元时期唐朝官方藏书情况的《旧唐书·经籍志》。二是表明两《唐书》对《通典》此一部分史料的认同。

通过梳理、详勘突厥早期族源、官制的史料,明确可知突厥早期史事主

---

① [唐]杜佑:《通典》卷一九七《边防典十三·突厥上》,第5385—5386页。
② 戴显群:《突厥官制考析》,《福建师范大学学报》1990年第3期,第92—93页。
③ 罗新:《可汗号研究——兼论中国古代"生称谥"问题》,《中国社会科学》2005年第2期,第188页。

要见于《周书·突厥传》《隋书·突厥传》《隋书·长孙晟传》《北史》《北齐书》①等正史。《周书》与《隋书》《北史》虽成书于唐初,但其史源却是周隋时代的官方档案与官方史籍,原始性、可信性极强,因此相关早期突厥有关的内容史料价值也是极高的。

由于《通典》相关早期突厥史的记载,基本上是对《周书》《北齐书》《隋书》所载的复述与综述,属于二手资料,以至于没有太多的史料价值。反而是突厥官制部分,因保存下了不见于他书的吉光片羽,显得弥足珍贵。

二、《通典·突厥传》主体部分的史源与撰述特点

以时间为划分标准,《通典·突厥传》所记录的突厥与中原王朝交往、融合的史事,大致可分为三个阶段:一是从西魏至隋末(542—618);二是从唐朝立国到调露元年后突厥复起(618—680);三是从调露元年后突厥复起到玄宗四载突厥败亡(680—745)。

相关第一阶段的史事记载,与记录突厥早期族源、官制一样,是以《周书》《隋书》《北史》为蓝本,对部分内容进行了增删和改写。删除的地方非常多,诸如《隋书》中诸多讨论突厥问题的诏敕、奏疏,北齐遣派高僧诱导佗钵可汗崇信佛教,隋朝用计分化突利与都蓝、诱杀千金公主等史事。尽管我们了解《通典》的写作目的是"实采群言,征诸人事,将施有政"②,但对这种博通有余、细致不足的结果还是颇为惋惜。

相关第二、三阶段的史事记载,不仅是《通典·突厥传》的主体部分,而且是本朝人记本朝事,相对而言其史料价值是最高的。

(一)《国史》《实录》与主体部分的史源

陆扬认为直至9世纪以后的相关文献才具有多样性,同一事件也才具

---

① 《北齐书》中没有突厥专传,但有一些人物传记涉及早期突厥与中原王朝的关系,如卷四《文宣帝纪》、卷七《武成帝纪》、卷八《后主传》、卷一二《范阳王绍义传》等。

② [唐]杜佑:《通典》序卷第一,第1页。

有"多重声音",反观唐代前期许多史书的编纂由于被官方史学垄断,使得官方观点占据主导,呈现出整齐划一的特点。①

陆扬的这一观点是基于主流史料而言的。而两《唐书》《通典》等主流史料,之所以在相关唐朝前期的军政问题上有着极其相似,甚至是完全相同的观点,这是因为其依据的主要史源是相同的,即唐朝的《国史》与《实录》。

历经安史数年的战乱,史馆及各部所藏文牍档案等虽散失不少,但中宗、睿宗、玄宗等朝的国史大都得到了保存。安禄山起兵时,集贤学士韦述把令狐德棻、吴兢等编撰未完的《国史》藏于终南山中,并在山中继续编纂,终成112卷,才使得"圣朝大典,得无遗逸"②。

例如《通典·突厥传》关于后突厥的记载与《旧唐书·突厥传》就是完全一致的,说明二者应有共同的史源。黄永年通过一系列的考证、详勘,认为《通典》的主要史源就是《国史》与《实录》。③而如此前后相连、成系统的后突厥记录更可能出自《国史》,而非相对零散的《实录》,④因此二者的共同史源极有可能就是《国史》。当然也存在另外一种可能,那就是《旧唐书》直接抄录《通典》。

此外,对默啜可汗继位方式的记录,对毗伽可汗称呼的混乱,也间接证明《国史》是《通典·突厥传》的主要史源。

《通典·突厥传》载"骨咄禄死时,其子尚幼,默啜遂篡其位,自立为可汗⑤"。"篡"是儒家伦理中对臣子非法夺取王(皇)位的春秋笔法。实际上,在突厥的汗位传承中,兄终弟及与子承父业是长期交叉并存的两种传位方式。⑥

游牧政权在创业之初,往往采取兄终弟及的传位方式,这是为了保证

---

①　陆扬:《清流文化与唐帝国》序论,北京:北京大学出版社,2016年,第3页。

②　《旧唐书》卷一〇二《韦述传》,第3184—3185页。

③　黄永年:《唐史史料学》,北京:中华书局,2015年,第67页。

④　胡康:《后突厥汗国末期史事新证——基于史源学的考察》,《学术月刊》2022年第1期,第180页。

⑤　[唐]杜佑:《通典》卷一九八《边防典十四·突厥中》,第5416页。

⑥　肖爱民:《试析突厥汗位的继承制度——以前突厥汗国、东突厥汗国和后突厥汗国为中心》,《北方文物》2013年第1期,第55—60页。

部落时时有成年、强壮、有力的首领。开创突厥汗国的土门可汗之后,分别是他的三个儿子乙息记可汗、木杆可汗、佗钵可汗先后承位;重振东突厥汗国的始毕、处罗、颉利三位可汗也是兄弟。

默啜不仅是骨咄禄的嫡亲兄弟,也是后突厥汗国再建的主要领导者之一。加之骨咄禄的儿子们年幼,由他继位可谓是名实相宜。

《阙特勤碑》东面第 16—17 行记载:

> 我父可汗,在创建如此强大的国家,取得权力之后,弃世而去。(我们)为我父可汗建立了歼敌石,以匐职可汗列其首。**根据国家法规,我叔继承汗位。我叔可汗**为可汗之后,重新组织和养育突厥大众,他使贫者变富,寡者变多。①

《毗伽可汗碑》北面第 8—9 行记载:

> 我父可汗与**我叔可汗**,在其在位期间,完全组织和(号令)天下各族。②

由此可知,骨咄禄的儿子们不仅认同默啜的可汗地位,也很尊崇他的事业功绩。所谓的默啜篡位,乃是当时唐突双方敌对状态下,唐朝方面的官方观点。而这种观点主要见于武周时期史官编写的《国史》之中。因为武则天恼恨默啜,甚至将其改名为"斩啜"。所以在《通典》中常出现默啜、斩啜混用的情况,比如《通典·州郡典》中就有"北庭节度使,防制突骑施、坚昆、斩啜"③的记载。这是证明《国史》是《通典》主要史源的又一侧证。

默啜之后,继位的是毗伽可汗默棘连。默棘连原是突厥的"小杀"。

---

① 《阙特勤碑》,芮传明:《古突厥碑铭研究》(增订本),第 181 页。
② 《毗伽可汗碑》,芮传明:《古突厥碑铭研究》(增订本),北京:商务印书馆,2017 年,第 231 页。
③ 〔唐〕杜佑:《通典》卷一七二《州郡典二》,第 4479 页。

"杀"(Šad),也被汉文译为"设"或"察",①是突厥汗国中最为重要的军事官员。② 因为"杀"统领军队,位高权重,故"常以可汗子弟及宗族为之"③。新的可汗继位,往往会加封兄弟子侄为典兵之"杀"。默棘连与兄长默矩,就是在这种情况下,被叔父默啜册封为"杀"。

《通典·突厥传》中称已即位的毗伽可汗为"小杀",是因为在开元时期的《国史》以及王晙、张说等人的奏疏中,坚持称毗伽为"小杀"④。开元时期的唐朝君臣之所以称毗伽为小杀,将其看作是臣属,这是基于开元九年(721)毗伽"遣使请和,乞与玄宗为子"⑤,双方建立了父子关系。

正如景凯东所言:"以亲属来界定两个政权之间的关系形态,相较于刚性的臣属和朝贡关系,更具有弹性和情感色彩。借由建立这种虚拟亲属关系,唐朝得以与数个强邻保持相对友好的局面,从而在变幻莫测的战略局势中争取最大程度的主动权。"⑥不可否认,在藩属关系中,父子关系远比不上君臣关系牢靠,双方在心照不宣的情况下维持这种软性的名分,只是各取所需。然而,从人伦角度上来讲,父子关系毕竟是一种有高下之别的关系形态,父方政权在相处中占有一系列优势。这可看作是唐玄宗君臣称呼毗伽可汗为小杀的原因之一。《通典》未加辨驳,而直接沿用了这一称呼,说明他在基础史料上坚持采用《国史》。

《通典·突厥传》主采《国史》《实录》的另一侧证,是它很少采纳唐朝前期的笔记小说。比如在记录阿史那社尔流连西域不附唐时,《通典》载为

---

① 薛宗正:《突厥史》,北京:中国社会科学出版社,1992年,第120页。
② 郭宏珍:《突厥语诸族社会组织研究》,北京:社会科学文献出版社,2008年,第298页。
③ [唐]杜佑:《通典》卷一九九《边防典十五·突厥下》,第5433页。
④ [唐]杜佑:《通典》卷一九八《边防典十五·突厥中》,第5421—5423页。
⑤ 《旧唐书》卷一九四《突厥传》,第5175页。
⑥ 景凯东:《王言所见唐与民族政权的"父子""兄弟"关系》,《北京社会科学》2022年第5期,第71页。

"柘羯不至"①,而成书在前的《贞观政要》则记之为"拓跋不至"②。实际上,无论是"柘羯"还是"拓跋"都是"拓设"的误写,③两书都有误,但两者之错却各不相同,说明后者没有采用前者。

唐玄宗时期的集贤学士刘𫗧依据自己的见闻、本着"实录"的精神,撰写了《隋唐嘉话》一书,记载隋朝至开元时期历史人物的言行事迹,以补正史之阙。因此成书在后的唐宋史籍大量吸收和征引了《隋唐嘉话》的相关记载。

《资治通鉴》在记录唐与突厥为何会达成渭水之盟时,就曾注意到了《隋唐嘉话》④中的细节:"(李)靖请倾府库赂以求和,潜军邀其归路,帝从其言,胡兵遂退。于是据险邀之,虏弃老弱而遁,获马数万匹,玉帛无遗焉。"⑤而这些,在《通典·突厥传》中却不见痕迹。这说明《通典》在《国史》《实录》之外很少采纳笔记小说。

(二)主体部分的撰述特点

说完《通典·边防典》的主要史源,我们谈下本部分的撰述特点。

在博通的基础上,这一部分具有明显的侧重点,即详东略西、详后略前。具体言之,即是在东、西突厥两者之间,重视东突厥与唐朝的关系。在东突厥与唐朝碰撞交融的过程中,更重视调露元年(680)之后复起的后突厥。

最能说明"详东略西"的是《通典·突厥传》对西突厥创始可汗、可汗世系的梳理。相比东突厥可汗世系的清晰、明确。西突厥在汗国创始人、可汗世系方面,无疑是混乱的。相关汗国创始可汗,有室点密、达头、射匮、阿

---

① [唐]杜佑:《通典》卷一九七《边防典十三·突厥上》,第5413页。
② [唐]吴兢撰,谢保成集校:《贞观政要集校》卷九《议安边第三十六》,北京:中华书局,2009年,第503页。
③ 吴玉贵:《突厥汗国与隋唐关系史研究》,北京:中国社会科学出版社,1998年,第209页。
④ [唐]刘𫗧:《隋唐嘉话》卷上,北京:中华书局,1979年,第5页。
⑤ 《资治通鉴》卷一九一"唐高祖武德九年八月癸未"条,第6020页。

波、泥利等说法。在可汗世系上,则分别有室点密系与阿波系。①

首先,《周书》不涉及西突厥史事。其次,《隋书》与《北史》虽有西突厥的专传,但关于创始可汗、可汗世系,两书的观点是明确的,即西突厥就是"阿波系突厥"。

《通典·突厥传》在记录西突厥史事时,对室点密系与阿波系突厥未加以区别。凡涉及室点密系射匮可汗以前事,直接抄自《隋书·西突厥传》,对此也没有加以必要的说明。这样的结果,让本来分属于两个政权的阿波系突厥与室点密系突厥的历史被机械地嫁接在了一起。《旧唐书·西突厥传》继承了《通典》合并阿波系突厥与室点密系突厥为一传的做法,进一步造成了突厥史研究中的混乱。②

对于 10 世纪编修《旧唐书》的史家来说,突厥的分裂已是遥远的过去,认识混乱、模糊,是可以理解的。但早在 8 世纪的杜佑仍然把突厥的分裂归结到不同时代的木杆可汗和沙钵略可汗的关系上,就有些说不过去了。毕竟在很长一段时间中,西突厥被唐军所征服,西突厥故地被唐朝以羁縻府州的方式纳入"中国"的治理体系之中。这种错误,无疑是从侧面反映出《通典》对西突厥史事的考订是不够翔实的。

"详后略前",即是对复起的后突厥详载,对归附唐朝的东突厥简述。具体表现有两方面。一是,明显的篇幅占比。二是,杜佑多将后突厥与唐朝交往的史事与 8 世纪唐朝北疆的治边策略做对比。

《通典》在记录唐与后突厥关系的史料中,有很大一部分内容涉及了双方和亲。在杜佑看来,御边的要旨是"怀柔远人,义在羁縻",而和亲恰是一项体现御边要旨的安边政策。经历安史之乱冲击的唐王朝,就是利用和亲

---

① 王瓀:《阿波可汗是西突厥汗国的创始者——兼论突厥汗国的分裂与西突厥汗国的形成》,《历史研究》1982 年第 2 期;薛宗正:《西突厥开国史续辨——兼与吴玉贵同志切磋论难》,《西北民族研究》1989 年第 1 期;孟楷卓、于子轩:《以室点密为中心再探突厥早期史》,《历史研究》2022 年第 4 期。

② 吴玉贵:《西暨流沙:隋唐突厥西域历史研究》,上海:上海古籍出版社,2020 年,第 9 页。

政策稳住了消灭后突厥而起的回纥,为此不惜将"真公主"嫁给回纥可汗。①

对于后突厥的屡屡请婚、请和亲,唐中宗是明诏绝之,睿宗先是答应,后不了了之,玄宗则是一直拒绝。自武后已降,至玄宗中期,后突厥屡扰北疆,唐朝方面则是疲于应付,那么为何要爱惜一女,不与突厥和亲呢? 一句"竟不许其和亲"②,表明杜佑不赞同中宗、玄宗这种拒和亲的做法。

实际上,不同于唐后期的被动性与权宜性,唐前期的对外和亲乃是一项成熟的安边之策。诉诸在唐型天下秩序的建构中,和亲制度与羁縻制度、质子制度是唐王朝统合周边部族的软实力。尤其在中华强盛、四夷尊唐的情况下,获得和亲的周边部族,不仅可借助唐王朝的政治权威来加强和巩固自己在当地的统治,也可从和亲公主的赏赐中获得经济利益。因此,只有那些需要"缓辔羁縻"的周边部族才有资格与唐王朝和亲。

武德元年(618),立国之初的大唐,为稳定后方、扫灭北地群雄,遣太常卿郑元璹以"女妓遗突厥始毕可汗,以结和亲"③。但这里的"和亲",是指双方的进一步盟好,而不是互通婚姻,建立翁婿或甥舅的拟血缘关系。

贞观三年(629),迫于内部的分崩离析与漠北薛延陀的侵扰,突厥颉利可汗"遣使称臣,请尚公主,修婿礼"④,此举不仅没能缓和唐突双方的紧张关系,反而让唐廷窥得其外强中干的现状。

至于唐与后突厥的和亲,更多是双方之间的虚与委蛇。仅就后突厥默啜可汗的表现而言,其遇到唐朝新皇即位就请婚,遇到唐廷有所求,就提出物质条件,其在和亲中的反复不定,乃是根据其扩张和掠夺的需求而变化的,和亲往往只是其武力行动的向导。⑤ 相比默啜,毗伽可汗的求婚态度更加诚恳,但其政治动机仍然是为了"夸耀诸夷",借以安定内部。勘破了这一玄机的唐朝也就不可能与之和亲,哪怕毗伽可汗所求的是"假公主"。

① 龚荫:《唐代和亲政策述论》,《思想战线》2000 年第 1 期,第 111 页。
② [唐]杜佑:《通典》卷一九八《边防典十四·突厥中》,第 5423 页。
③ 《册府元龟》卷九七八《外臣部·和亲》,第 11325 页。
④ 《资治通鉴》卷一九三"唐太宗贞观三年秋八月丙子"条,第 6065 页。
⑤ 蒋爱花:《唐代和亲往事》,北京:中国民主法制出版社,2019 年,第 147 页。

　　综上所述,《通典·突厥传》所记录的突厥与唐王朝交往、融合的事迹,是其中最主要的内容。这一部分内容的史源主要是《国史》,其次是《实录》和部分诏敕、奏疏。对比成书在后的两《唐书》《资治通鉴》等正史,《通典》此一部分内容并未溢出多少信息。反而是成书在后的两《唐书》依据碑铭、笔记、《唐历》等史料,增加了许多信息,继而导致了《通典》这一部分史料价值相对有限。

　　此外,至 8 世纪末、9 世纪初,突厥已被新兴的回纥势力吞灭,突厥人也大都散落四处,或成为华夏的编户,或成为其他游牧势力的"别部"。因此《通典》撰写突厥史事,与记录匈奴、鲜卑、柔然一样,意在以史为鉴,重在安边,所以更重视东突厥(618—680)、后突厥(681—745)与唐王朝之间的军政互动,进而呈现出"详东略西""详后略前"的撰写特征。

三、《通典·突厥传》与唐代北疆史的研究

　　通过参稽、追溯《通典·突厥传》的史源发现,其中绝大多数的史料属于是拼合、简抄后的综述,虽有突厥官制部分保存有佚籍片段的情况,却少之又少。但这并不能彻底否定《通典·突厥传》的史料价值。

　　客观上讲,《通典·边防典》中史料价值最高的是"西戎部分",尤其是相关吐蕃①、吐火罗②的记载。而最能体现杜佑,或者说传统中国士大夫边防意识的无疑是"北狄部分",其中引"防"入边、确立边防地位、重视经济、屯田固边等边防策略的提出,大都是针对北方的游牧势力,而突厥恰好是其中的代表。换句话说,《通典·突厥传》中的诸多史料在研究唐北疆史时,固然需要仔细甄别、研判,但更值得关注的是其背后体现的边防思想,以及为明确这一思想而形塑出的撰写特征。

　　首先,"外而不内,疏而不戚,来则御之,去则备之"的边防思想,影响了

----

①　张云:《〈通典·吐蕃传〉的史料价值》,《中国边疆史地研究》2002 年第 2 期。

②　李锦绣:《〈通典·边防典〉"吐火罗"条史料来源与〈西域图记〉》,《西域研究》2005 年第 4 期。

杜佑对史料的选用和裁剪,以及对诸史事的评价。

安史乱后,唐朝士大夫重新思索中原王朝与周边部族的关系,主张"严夷夏之别"。在此基础上,《通典》遵循"外而不内,疏而不戚,来而御之,去则备之"的边防政策,是对唐王朝所面临困境的一种客观反映。

突厥与唐朝的军政互动主要集中在 7 世纪中期至 8 世纪中期,彼时的唐王朝是当时整个东亚乃至是亚洲的政治、经济与文化中心。唐太宗平定东突厥,被西北胡族君长尊为"天可汗",唐朝皇帝兼有中原地区的天子和胡人族群的天可汗双重身份,既营造了胡汉一家的社会氛围,也为唐代社会多元文化共处并存提供了一个制度和法理框架。[1] 也就是说,在对待北方游牧族群的问题上,7 世纪的唐王朝是招徕"胡马度阴山"而不是"不教胡马度阴山"。[2] 因此,其倡导的是"溥天之下,莫非王土;率土之滨,莫非王臣"的"天下主义"的观念。

杜佑不能用同理心去看待内附突厥与唐朝的关系,因而对唐中央政府所推行的一些政策产生误解。举两个典型的事例。

其一,不赞同贞观四年唐太宗安置东突厥降众的羁縻策略。东突厥汗国覆亡,面对百万计的突厥部众,唐朝内部大致有三种安置方法,也可以说是三种分歧。一是迁往内地,改游牧为农耕,使"百万强胡,化而为汉"[3],持此主张者是凉州都督李大亮;二是将突厥部众遣回漠南,任其自生自灭,秘书监魏徵是此主张的坚定支持者;三是仿照东汉"建武故事",将突厥部众安置在河套一带,由中书令温彦博提出。现存安置突厥部众的奏疏至少有 12 篇,见于《通典·突厥传》的只有 5 篇。上述的三种分歧,《通典·突厥传》中只见后两者,即魏徵与温彦博的论争。

温、魏论争的结果是温彦博胜出,因此唐廷决议在塞下建置羁縻州来

————————

　　① 雒晓辉:《节度使体制前唐王朝对北疆的经营与应对》,清华大学博士学位论文,2022年,第 88—89 页。

　　② 李鸿宾:《唐朝前期的南北兼跨及其限域》,《中国边疆史地研究》2016 年第 2 期,第91—92 页。

　　③ 《旧唐书》卷六一《温彦博传》,第 2361 页。

安置突厥部众。杜佑对唐太宗采纳温议的举措非常惋惜,言道"太宗竟从其计"①。他认为,直至贞观十三年(639)结社率发动叛乱,才让唐太宗意识到温议的错误,所谓"结社率之反也,太宗始患之"②,而唐廷将突厥部众遣回漠南,即是对温议的修正。事实果真如此吗?

对比三种安置意见。第一种明显太急,而且要短期内以强制手段改变游牧族群的生活习俗,根本上就是一种空想,所谓"于事为难,理亦不可"。因此,杜佑根本没有提及这一意见。第二种则太消极,且不具备实操性。因为此意见既不符合初唐"四海一家,贵在德治"的历史大背景,也违背了客观现实。

仅就客观形势而言,以薛延陀为首的铁勒诸部早在东突厥灭亡前,就已完全占据了漠北草原,与唐朝建立藩属关系。③ 如果唐朝方面坚持将突厥部众回迁至漠南,势必会引起大漠南北的政治变动。

而变动的结果无外乎两个,一是薛延陀吞并突厥部众,做大于北疆;二是唐朝扶植突厥与薛延陀对抗,使两方分治大漠南北。前者是唐朝不愿见到的,而后者的实现则需要唐朝的武力支持,因为仅靠突厥残部是无法立足漠南的。

事实证明,贞观时期的突厥部众想要回迁漠南,是根本无法做到的。贞观十三年,唐朝册封阿史那思摩为乙弥俟利苾可汗,扶植突厥复国,让其率领部众遣回漠南,表面上看是基于结社率叛乱,实则是为了牵制薛延陀向西域的扩张。④ 然而,仅仅数年回迁至漠南的突厥就再次被薛延陀逼回河套,唐朝只能继续以羁縻府州的方式安置之。

其次,《通典·突厥传》中的总结性记述太多,虽符合其博通的特点,却混淆了诸多事件的发展脉络。

---

① ② ［唐］杜佑:《通典》卷一九七《突厥上》,第5398页。

③ ［宋］王钦若等编纂,周勋初等校订:《册府元龟》卷九六四《外臣部·封册第二》,南京:凤凰出版社,2006年,第11167页。

④ 段连勤:《薛延陀与薛延陀汗国》,《中国古代北方民族史论著选集》,西安:西北大学出版社,2015年,第415页。

例如安北、单于二都护府的建置沿革问题。单于、安北二都护府是唐王朝辖领北方草原诸羁縻府州的最高军政机构,也是了解唐王朝北部边疆局势变化与大漠南北政治动向的重要窗口。因此相关北疆二府的政治沿革问题一直都是学界关注的焦点。

自 20 世纪以来,岑仲勉、谭其骧、严耕望等诸多学者围绕着北疆都护府的建置时间、数量等问题争论不休,①此后,李大龙、王世丽、艾冲、李宗俊、李丹婕等学人又加入这一争论队伍之中,②而归根结底的"祸源"就是《通典》对永徽元年(650)北疆军政机构的总结化记述:

> 车鼻既败之后,突厥尽为封疆之臣,于是分置单于、瀚海二都护府。单于领狼山、云中、桑乾三都督,苏农等十四州,瀚海领金微、新黎等七都督,仙萼、贺兰等八州,各以其酋为都督、刺史。高宗东封泰山,狼山都督葛逻禄社利等首领三十余人,并扈从至岳下,勒铭于封禅之碑。自永徽以后二十余年,北鄙无事。③

此段文字是考察永徽元年北疆治边机构变化的核心史料,但所记载的史事要远超出永徽元年。据相关史籍记载,

(1) 车鼻政权覆亡,事在永徽元年 6 月。

---

① 严耕望:《唐代安北单于两都护府考》,《唐代交通图考》第一卷《京都关内区》,北京:北京联合出版公司,2021 年,第 323—340 页;岑仲勉:《突厥集史》,第 1066、1070 页;谭其骧:《唐北陲二都护府建置沿革与治所迁移》,《长水集》(下),北京:人民出版社,1987 年,第 264 页。

② 李大龙:《都护制度研究》,哈尔滨:黑龙江教育出版社,2012 年,第 134—138 页;王世丽:《安北与单于都护府——唐代北部边疆民族问题研究》,昆明:云南人民出版社,2006 年,第 52—53 页;艾冲:《唐代安北都护府迁徙考论》,《陕西师范大学学报》2001 年第 4 期,第 110—111 页;李丹婕:《瀚海都护府与瀚海都督府之辨——兼及唐前期管辖北方游牧部族势力的军政建制及其调整》,《民族研究》2019 年第 6 期,第 93 页;李宗俊:《唐代安北单于二都护府再考》,《中国史研究》2009 年第 2 期,第 64 页。

③ [唐]杜佑:《通典》卷一九八《边防典十四·突厥中》,第 5433 页。

(2) 狼山都督府,初名狼山州①,隶属于燕然都护府,事在永徽元年10月。②

(3) 贺兰州,初名榆溪州,是由漠北契苾部所置,永徽四年(653)升格为贺兰都督府,③至于其降格称贺兰州,应当是在永徽四年以后。

(4)"单于"都护府之名,是唐高宗拒绝阿史德氏"请行胡法"后的改称,事在麟德元年(664)。④

(5)"瀚海"都护府之名,是燕然都护府在北迁至回纥后的改称,事在龙朔三年(663)。⑤

(6) 桑乾都督府,是唐廷配合北疆都护府的调整,由定襄都督府析分而置,同样是在龙朔三年(663)。⑥

(7) 高宗封禅泰山,北族各酋首相随,事在乾封元年(666)。⑦

简言之,《通典》所录的这段史料,乃是杜佑对永徽之后三十余年间北疆军政格局的概括性叙述。后世诸多学人依此讨论永徽元年北疆军政机构的嬗变,因而产生了永徽元年北疆都护府的"一府说""二府说"和"三府说"。⑧

再次,倒果为因的"推定式"书写现象严重。如对突厥系车鼻政权存续条件、政权性质的定位。《通典》记载:

> 突厥别部车鼻可汗,亦阿史那之族也,代为小可汗,牙在金山之北。颉利之败,北荒诸部推为大可汗。⑨

① 《新唐书》卷四三下《地理志·羁縻府州》,第 1121 页。
② 《唐会要》卷其三《安北都护府》,第 1558 页。
③ 《新唐书》卷二一七下《回鹘传》,第 4142 页。
④ 《唐会要》卷七三《单于都护府》,第 1551 页。
⑤ 《资治通鉴》卷二○一"唐高宗龙朔三年二月"条,第 6333 页。
⑥ 《新唐书》卷四三下《地理志·羁縻府州》,第 1120 页。
⑦ 《旧唐书》卷五《高宗纪下》,第 89 页。
⑧ 雒晓辉:《都护在燕然:唐永徽元年北疆治边机构的调整》,《历史地理研究》2022 年第 4 期,第 22 页。
⑨ [唐]杜佑:《通典》卷一九八《边防典十四·突厥中》,第 5413 页。

杜佑对车斛勃鼻政权的简短性概括,至少存在三处推定式书写。

第一处,将车鼻部归为阿史那之族。游牧政权组织中的"别部""别种",是指在政治上相统属,种族上相异的部落。如果车鼻部是阿史那氏之族,则属于是蓝突厥近支,不应当算作"别部"。为何车鼻部是突厥别部,还是阿史那之族呢?

唐武德三年(620)一度称雄西域的"契苾——薛延陀"汗国解体,其汗族所在的契苾部被迫四散迁移,可以肯定去向的大致有三支。其中一支为躲避西突厥兼并而北徙金山,即本文所提到的"车鼻"。[①] 换句话说,"车鼻"这个部落名称的变化,是基于迁徙的结果,而不是族属改变的依据。

金山是东、西突厥汗国的分界线之一,金山右侧属西突厥,左侧属东突厥。车鼻部为躲避西突厥的讨击,被迫迁移至金山左侧,成为东突厥的属部。[②] 然一旦被纳入属部,就必须接受"吐屯监政"。[③] 从这个角度上讲,所谓的"突厥别部有车鼻者,亦阿史那之族也",实则是指负责监察车鼻部的吐屯阿史那氏成为该部的实际首领。

第二处,认为斛勃父子"代为小可汗"。由于吐屯是世袭制,斛勃父子"世为"车鼻部吐屯是极有可能的,然而斛勃父子却不可能是统押一方的小可汗。

为解决疆域辽阔、部落纷众的治理难题,突厥汗国推行的是"宗族分封"与"吐屯监政"的政策。[④] 因此,在突厥汗政权组织中多位可汗同时并存乃是常态化的现象。6 世纪时期,强大的突厥汗国之所以被隋廷以"远交近攻,离强合弱"的策略分化、离间,最终分裂为东、西两部,最主要的原因就是突厥施行的是"大小可汗分治"的制度。因此,在启民可汗重建的东突厥汗国中,分押方面的小可汗被地位相对较低的"设"取而代之。是以自仁

---

① 薛宗正:《车鼻施的崛起》,《西北民族研究》2000 年第 2 期,第 145 页。
② 芮传明:《古突厥碑铭研究》(增订本),第 82 页。
③ 韩儒林:《突厥官号考释》,收入《穹庐集》,上海:上海人民出版社,1982 年,第 322 页。
④ 郭宏珍:《突厥语诸族社会组织研究》,北京:社会科学出版社,2008 年,第 285 页。

寿三年(603)启民可汗"尽有步迦之众"①,至贞观四年颉利可汗被唐军擒获,前后二十余年间,突厥内部只有突利与苏尼失两位小可汗。

《资治通鉴》"唐太宗贞观四年三月"下记载:

> 初,始毕可汗以启民母弟苏尼失为沙钵罗设,督部落五万家,牙直灵州西北。及颉利政乱,苏尼失所部独不携贰。突利之来奔也,颉利立之为小可汗。②

由上可知,突利与苏尼失这两位小可汗并不是同时并存的,而是前后相继的。突利是始毕可汗的嫡长子,是东突厥名正言顺的汗位继承人。始毕卒后,突利年幼,先后由其两位叔父处罗和颉利继任大可汗。作为政治补偿,颉利以之为负责东方事务的小可汗,建牙幽州之北。③ 薛宗正认为,突利才是始毕之后东突厥汗国的法定大可汗,处罗与颉利只是摄政汗④。且不论薛氏此说是否正确,但有一点可以说明,即东突厥汗国的小可汗不属于普遍化与制度化的建置。

颉利可汗在众叛亲离、孤危飘零之际,册封"独不携贰"的叔父苏尼失为小可汗,安抚拉拢之意可谓是一目了然。但颉利不在拓设、欲谷设等兵败漠北,汗国元气大伤之时,就加强与苏尼失部的联系。不在突利、郁射设因汗位与之矛盾激化、离心离德之时,就册封苏尼失,而是在突利归唐之后。

换种角度来看,这恰好说明在重建的东突厥汗国中,小可汗已不再是汗庭分封和推恩的手段,而是汗国中仅低于大可汗的"副贰"。所以说,无论是基于制度还是时势,斛勃父子都不可能是"世为小可汗"。

第三处,斛勃被"北荒诸部推为大可汗"的记载是最典型的"推定式"书

---

① 《资治通鉴》卷一九七"隋文帝仁寿三年"条,第5600页。
② 《资治通鉴》卷一九三"唐太宗贞观四年三月"条,第6074页。
③ 《旧唐书》卷一九四《突厥传上》,第5160页。
④ 薛宗正:《突厥史》,第208页。

写。"诸部"与"北荒诸部"的称谓,在内容范畴上至少要涵括东突厥余众,与半数以上的铁勒九姓。此种记载虽反映了东突厥汗国覆亡后上层贵族的复国欲望,但无疑是扩大了意图复国的群体。实际上,在东突厥亡国后,绝大多数的突厥余众都选择了降唐,少数不愿归唐的也是避走西域。[①] 而铁勒诸部更是早在东突厥灭亡前,就成立了联盟性质的薛延陀汗国。

通过对《通典·突厥传》的梳理,也提醒了我们,历来被认同的正史文本的正当性并非是不证自明的。在具体问题的研究中,应严格甄别与仔细研判史料的学术价值。有必要揭示出那些孤立的、碎片的史料是如何被史家从原本的文本环境中抽离出来,整合成全新的历史叙述的。

读其书,还要知其人。《通典·突厥传》呈现出的优缺点,在很大程度是基于作者杜佑兼具政治家与史学家的双重身份。作为一个史学家,他对历史有着深切的沉思,作为一个政治家,他对现实有着深刻的洞察。因此在选材和编撰上,将"以史为鉴,重在安边"的指导思想反映其中,使我们今天读来,仍能感受到当时的时代脉搏与他的苦心孤诣。

【作者单位:内蒙古师范大学历史文化学院】

---

① 《旧唐书》卷六二《李大亮传》,第 2388 页。

改革开放 40 年来的中古礼学和礼制研究

杨 英

引 言

礼,是中国古代贯穿始终的一整套对政治制度、社会结构进行整体设计、调适、约束的全方位规范,它渊源古老,从周代起就达到了思想上高卓凝练,结构上宏大精细,细节上叹为观止的地步,举凡名物器用、典章制度、经籍版本,无不可以归入礼学范畴;而郊祀祭祖、庙堂朝觐、观兵振旅、丧服守缌,乃至亲属间的称谓仪式、各阶层的婚丧嫁娶种种,无不可以归入礼制,其内容包罗万象,几乎囊括了古代社会从廊庙到民间,从平吉到凶丧的一切制度设计和生活事相,因朝代更迭和社会变动造成的相应变化更是层出不穷,因此"礼"是三礼礼学、庙堂礼典、乡里礼秩三方面的综合,是从庙堂到乡里,从书本到实践,全方位制度化的一套体制和行为规范。虽然从古代起就有被包涵在经学研究中的三礼经典和名物制度的训诂学,但是,现代学术范式下的礼学与礼制研究是 20 世纪才开始有的。尤其改革开放 40 年以来,礼学与礼制研究成为一个新的领域,取得了长足的进展。各段礼学和礼制研究都涌现出大量成果,中古的礼学和礼制(尤其是礼制)研究成果可以用"井喷"来形容。下文将具体介绍学界对中古传统礼学、庙堂礼典、乡里礼秩三方面研究的重要成果。

一、先声：日本、中国台湾、西方学者的中古礼制研究

改革开放的前 20 年，人们的思维禁锢尚未完全打破，学术研究领域百废待兴，就礼制研究而言，日本、中国台湾、西方学者暂时走在了前面，堪称后来大陆学者礼制研究的先声，详下文。

（一）日本、中国台湾学者的中古礼制研究

在日本、中国台湾学者中，各种不同学术训练背景的学者介入中古礼制研究，从"擦边球式"的礼制研究，到专门的礼制研究成果都有。"擦边球式"的礼制研究大致是制度史背景的学者在研究中涉及礼制研究的某些方面，专门的礼制研究则直接深入礼典本身。日本学者研究中古礼制成就最卓著的是金子修一，他从 70 年代研究起步一直至今，硕果累累。他从皇帝祭祀的角度切入，研究涉及魏晋、隋唐的郊祀、宗庙、即位礼等领域，用实证的方法还原了这些礼制的过程，如《魏晋より隋唐に至る郊祀・宗廟の制度について》①；《中国古代における皇帝祭祀の一考察》②；《皇帝祭祀より見た漢代史》③；《唐代の大祀・中祀・小祀について》④；《唐の太極殿と大明宮：即位儀礼におけるその役割について》⑤；《关于魏晋到隋唐的郊祀、宗庙制度》⑥；《北魏における郊祀・宗廟の祭祀について》⑦，等等。他考察了皇帝祭祀和国家祭祀之间的关系，如《唐朝と皇帝

---

① 〔日〕金子修一：《魏晋より隋唐に至る郊祀・宗廟の制度について》，《史学雑誌》第 88 卷，1979 年第 10 号。

② 〔日〕金子修一：《中国古代における皇帝祭祀の一考察》，《史学雑誌》第 87 卷，1978 年第 2 号。

③ 〔日〕金子修一：《皇帝祭祀より見た漢代史》，《大東文化大学漢学会誌》第 43 号，2004 年。

④ 〔日〕金子修一：《高知大学学術研究報告》人文科学編，1976 年。

⑤ 〔日〕金子修一：《山梨大学教育学部研究報告》第 1 分册，通号 44 号，1993 年。

⑥ 〔日〕金子修一：《日本中青年学者论中国史・六朝隋唐卷》，上海：上海古籍出版社，1995 年，第 360—370 页。

⑦ 〔日〕金子修一：《山梨大学人文学術紀要》第 47 号，1996 年。

祭祀——その制度と現実》①。这些论文观点多数被集中收入《古代中国と皇帝祭祀》②。金子由纪、江川式部等学者撰写了书评③。他还坚持对礼制文献作第一手考证,近年来出版了《大唐元陵仪注新释》④,用力和勤勉可见一斑。

　　除了金子修一之外,渡边信一郎的研究涉及政治制度、礼仪、乐制等多个领域,他的《天空の玉座——中国古代帝国の朝政と儀礼》⑤值得格外关注,此书的中译本《中国古代的王权与天下秩序——从日中比较史的视角出发》⑥由徐冲完成。渡边信一郎考察礼仪时基本的视角是在关心权力的空间构成时,将礼仪当做权力在一定空间运行的程式,如《宮闕と園林——3～6世纪中国における皇帝権力の空間構成》⑦就体现了这种研究方法。妹尾达彦对隋唐时期长安城礼仪空间的营造及其变化进行了别开生面的研究,他指出隋及唐初的长安城以宇宙论为基础,国都是以皇帝为中心的国家礼仪的舞台,这些礼仪实现了宇宙秩序与人间秩序的沟通,成为祈求王朝正统性的重要方式。后来大明宫的建造打破了长安城的空间对称,国家礼仪的轴线开始向东偏移,道教崇拜、民间习俗都参与了这一历史过程⑧。这一阶段还有多位日本学者进行了扎实的中古礼制研究,本文在此

---

　　①　〔日〕金子修一:《特集　唐王朝をどう考えるか》,《歴史評論》第 720 期,2010 年。

　　②　〔日〕金子修一:《古代中国と皇帝祭祀》,东京:汲古书院,2001 年。中译本名为《中国古代皇帝祭祀研究》,徐璐、张子如译,西安:西北大学出版社,2018 年。

　　③　〔日〕金子由纪:《書評・新刊紹介:金子修一著「中国古代皇帝祭祀の研究」》,唐代史研究会;〔日〕江川式部:《〈書評〉金子修一著「中国古代皇帝祭祀の研究」》。

　　④　〔日〕金子修一:《大唐元陵儀注新釈》,东京:汲古书院,2013 年。

　　⑤　〔日〕渡边信一郎:《天空の玉座——中国古代帝国の朝政と儀礼》,东京:柏书房,1996 年。

　　⑥　〔日〕渡边信一郎:《中国古代的王权与天下秩序——从日中比较史的视角出发》,徐冲译,北京:中华书局,2008 年。

　　⑦　〔日〕渡边信一郎:《宮闕と園林——3～6 世纪中国における皇帝権力の空間構成》,《考古学研究》季刊 47(2),2000 年。

　　⑧　〔日〕妹尾达彦:《唐長安城の儀礼空間——皇帝儀礼の舞台を中心に》,《東洋文化》第 72 号,1992 年;《円仁の長安——9 世纪の中国都城と王権儀礼》,《中央大学文学部史学紀要》第 53 号,2008 年;《长安:礼仪之都——以圆仁〈入唐求法巡礼行记〉为素材》,《唐研究》第 15 卷,北京大学出版社,2009 年,第 385—434 页。

仅胪列一小部分,如小南一郎《射の儀礼化をめぐつて》①;户崎哲彦《唐诸帝号考(上)——皋陶から睿宗まて》《唐諸帝号攷(下):殇帝から哀帝まで》②;《唐代皇帝受册尊号仪の复元(上、下)——唐代皇帝即位儀禮の復元に向かつて》③;《唐代尊号制度の構造》④。佐藤和彦《唐代における皇后・皇太后の冊位に関する一問題——〈大唐开元礼〉所見の"皇后正殿"》,⑤丸桥充拓《唐宋変革時期の军礼と秩序》⑥,等等。新城理惠复原了唐代的先蚕礼和籍田礼,⑦梳理了其仪式,探讨历代源流,着重探讨这一礼仪与皇后权力的关系。这一阶段日本学者的礼制研究,或从皇帝权力、天下秩序、东亚世界的格局等视角出发,或对礼制各组成部分的细节进行考察,筚路蓝缕,摸索范式,对中、日下一代学者的影响都很大。

中国台湾学者的礼制研究跟日本有类似的地方,高明士研究释奠礼,视角集中在古代教育、道统上⑧,其《皇帝制度下的庙制系统——以秦汉至隋唐作为考察中心》⑨以皇帝制度为背景考察了庙制系统。甘怀真也研究庙制,他的《唐代家庙礼制研究》⑩全面探讨了唐代的家庙制度的渊源、建

---

① 〔日〕小南一郎编:《中國古代禮制研究》,京都:京都大学人文科学研究所,1995 年,第47—116 页。

② 〔日〕户崎哲彦:《唐诸帝号考(上)——皋陶から睿宗まて》《唐諸帝号攷(下):殇帝から哀帝まで》,分别见《彦根論叢》第 264、266 号,1990 年。

③ 〔日〕户崎哲彦:《唐代皇帝受册尊号仪の复元(上、下)——唐代皇帝即位儀禮の復元に向かつて》,分别见《彦根論叢》第 272、273、274 号,1991 年。

④ 〔日〕户崎哲彦:《唐代尊号制度の構造》,《彦根論叢》第 278 号,1992 年。

⑤ 〔日〕佐藤和彦:《唐代における皇后・皇太后の冊位に関する一問題——〈大唐开元礼〉所見の"皇后正殿"》,《立正大学大学院文学研究科年报》第 17 号,1999 年。

⑥ 〔日〕丸桥充拓:《唐宋变革时期の军礼と秩序》,《東洋学研究》第 64 卷第 3 号,2005 年。后被收入《唐代军事财政与礼制》,中文版由张桦译,西北大学出版社,2018 年。

⑦ 〔日〕新城理惠:《唐代先蚕儀礼の复元:「大唐開元札」先蚕条訳註を中心に》,《史峰》第 7 号,1994 年,第 1—33 页;《中国の籍田儀礼について》,《史境》第 41 号,2000 年。

⑧ 高明士:《中国中古的教育与学礼》,台北:台湾大学出版中心,2005 年,又《唐代的释奠礼制及其在教育上的意义》,《大陆杂志》第 61 卷第 5 期,1980 年;《隋唐庙学制度的成立与道统的关系》,《台大历史学报》第 9 期,1982 年。

⑨ 高明士:《皇帝制度下的庙制系统——以秦汉至隋唐作为考察中心》,《文史哲学报》第 40 期,1993 年。

⑩ 甘怀真:《唐代家庙礼制研究》,台北:商务印书馆,1991 年。

筑形式、地理分布、相关祭祀的制度规定、跟身份制度的关系等,他还在《皇权、礼仪与经典诠释:中国古代政治史研究》①中涉猎了更广的礼学与礼制研究,该书分上、中、下篇,上篇为"礼观念的演变与儒教国家的成立",包括先秦礼观念再探、西汉郊祀礼的成立、"制礼"观念的探析、《大唐开元礼》中的天神观四个专题;中篇为"政治学与经典诠释",其中跟礼有关的是"汉唐间的丧服礼与政治秩序",下篇为"礼制与'东亚世界'的政治秩序"。书中运用"儒教""经典诠释""士大夫社会"等概念,讨论儒者在特定的历史脉络下如何通过儒家经典诠释以创造多面相的政治秩序,本书涉及的议题非常多,包括郊祀、服丧、礼的观念、制度,皇帝制度等,跨的时段从汉晋至唐朝的礼学的纷争和礼制重构等专门内容,引入视角和方法,启发意义大于实证意义。此外还有黄进兴对孔庙、武庙祭祀制度的研究论文,是将孔庙、武庙祭祀放在儒家道统和政治文化演进的大背景下考察的②。

以上这些均不是直接深入礼制本身考察的路子,而是将礼制中的某些点放在东亚儒家文化大背景下考察,在启迪思路方面具有重要意义。

(二)西方学者的研究

西方学者的研究与日本、中国台湾学者非常不同。由于语言的隔阂,少有西人学者深入研究礼学文本,但他们素来深厚的社会学和文化人类学传统深刻影响了他们的中国古代礼制研究。麦大维(David McMullen)的礼制研究集中于唐代,其专著《唐代的国家与学者》(*State and Scholars in*

---

① 甘怀真:《皇权、礼仪与经典诠释:中国古代政治史研究》,台北:台湾大学出版中心2003 年出版,大陆为华东师大出版社 2008 年出版。

② 黄进兴:《权力与信仰:孔庙祭祀制度的形成》,《大陆杂志》第 86 卷 5 期,1993 年;《学术与信仰:论孔庙从祀制与儒家道统意识》,《新史学》第 5 卷 2 期,1994 年。均收入氏著《优入圣域:权力、信仰与正当性》,台北:允晨文化事业公司,1994 年。黄进兴:《武庙的崛起与衰微(七至十四世纪):一个政治文化的考察》,收入周质平等主编:《国史浮海开新录——余英时教授荣退论文集》,台北:联经出版事业公司,2002 年,第 249—282 页。

T'ang China)①和《官僚与宇宙论：唐代的礼仪编码》②均涉及国家的制度和政策导向与唐代儒学发展之间的关系，对唐代三部礼典(《贞观礼》《显庆礼》《开元礼》)的编修，有关郊祀、太庙、明堂、封禅等礼仪之争，礼制在科举制度中的位置等涉及唐代礼制的重大问题等作了提纲挈领式的研究。魏侯玮(Howard J. Wechsler)1985 年出版了专著《玉帛之奠：唐代合法化过程中的礼仪和象征性》③，探讨唐代前三朝皇帝如何运用礼制和历法、童谣之类的象征事务体现李唐王朝的统治合法性。此书采用了很多西方社会科学的理论，对即位、郊祀、宗庙、先代帝王、巡狩、封禅、明堂等重要礼制的历史源流和现实功能进行了分析，是目前西人唐代礼制研究中最具理论深度的作品，在西方汉学界有一定影响。熊存瑞(Victor Cunnrui Xiong)《隋唐长安：中古中国的城市研究》④亦从空间的角度研究城市，部分涉及礼制内容。以上这几部书著均是从西方人文社科的分科领域考察唐代典章制度的，几乎不涉猎中国古代礼学和礼制本身那一套自洽的话语，这是西人研究中国礼制的特点。相比之下，伊佩霞(Patricia Ebrey)的实证性研究更加闪出光芒，1991 年她出版两种有关《朱子家礼》和《家礼》的专著，其一为《〈朱子家礼〉：十二世纪中国冠、婚、丧、祭礼典施行的指导手册》⑤，是《朱子家礼》的英文文本翻译与介绍，另一为《帝制中国时代的儒教和家礼：一种有关仪礼的

---

①　David McMullen，*State and Scholars in T'ang China*，New York：Cambridge University Press，1988.

②　David McMullen，*Bureaucrats and Cosmology：The Ritual Code of the Tang Dynasty*，David Cannadine and Simon Price ed. *Rituals of Royalty：Power and Ceremonial in Traditional Societies*，London：Cambridge University Press，1992.

③　Howard J. Wechsler，*Offerings of Jade and Silk：Ritual and Symbol in the Legitimation of the T'ang Dynasty*，New Haven：Yale University Press，1985. 中国学者对此书的介绍，见朱溢：《事邦国之神祇：唐至北宋吉礼变迁研究》导论，上海：上海古籍出版社，2014 年，第 13—14 页。

④　Victor Cunrui Xiong，*Sui，Tang Chang'an：A Study in the Urban History of Medieval China*，Ann Arbor：University of Michigan，Centre for Chinese Studies Publications，2000.

⑤　Patrica B Ebrey，*Chu Hsi's Family Rituals：A Twelfth Century Chinese Manual for the Performance of Cappings，Weddings，Funerals，and Ancestral Rites*，Princeton：Princeton University Press，1991.

社会史书写》①,至今仍是西方世界研究《家礼》的代表性奠基之作。

以上是日本、中国台湾和西方学者的中古礼制研究。日本、中国台湾学者偏于实证,西方学者则因学术传统跟中国的差异巨大,显示出了万花筒般的景象。他们多半从"仪式"构成的角度出发解读中国中古的礼典。这些研究对大陆学者而言具有积累范式、展现新研究领域的意义,尽管所展现出的东西在当时大陆学者眼里是东鳞西爪的,但这些吉光片羽是重要的,它开启了下面"新声妙入神"的阶段。

二、 大陆学者前 20 年的中古礼制探索: 概念、视角、方法

"礼俗"概念和视角是民国时期舶来的,这一时期西方社会科学的概念和方法被引进,许多概念和领域国人先前未曾听闻,从社会史角度将"礼"当作一种风俗加以研究就是这样的一种视角,以《民国丛书》为例,《民国丛书》选出一千种影印,编入五百册,是模仿《四部丛刊》而来,内容涉及哲学、佛学、基督教、回教、社会学、民族学、政治学、法学、经济学,等等。其中杨树达的《汉代婚丧礼俗考》是当时以礼俗为切入视角的名著,该书 1933 年商务印书馆出版,改开之后"礼俗"作为一个新研究领域进入大陆学者视野,极大开拓了 80 年代至新世纪前的学术领域并显出巨大活力。但这一阶段用"礼俗"视角切入的著作中,介绍性、通论性的占了大多数②,深厚专

---

① Patrica B. Ebrey, *Confucianism and Family Rituals in Imperial China*: *a Social History of Writing About Rites*, Princeton: Princeton University Press, 1991.

② 这里挂一漏万地列举一部分以"礼俗"冠名的书者:何联奎:《中国礼俗研究》,台湾中华书局,1983 年;徐吉军:《中国丧葬礼俗》,杭州:浙江人民出版社,1991 年;乔继堂:《中国岁时礼俗》,天津:天津人民出版社,1991 年;高寿仙:《中国宗教礼俗:传统中国人的信仰系统及其实态》,天津:天津人民出版社,1992 年;王昌富:《凉山彝族礼俗》,成都:四川人民出版社,1994 年;刘善群:《客家礼俗》,福州:福建教育出版社,1995 年;田广林:《契丹礼俗考论》,哈尔滨出版社,1995 年;王炜民:《中国古代礼俗》,北京:商务印书馆,1997 年;杜家骥:《中国古代人际交往礼俗》,北京:商务印书馆,1996 年;郭振华:《中国古代人生礼俗文化》,西安:陕西人民教育出版社,1998 年,等等,均为介绍性、通论性的作品。

精的学术著作很少,较有价值的中古礼俗研究有谢宝富《北朝婚丧礼俗研究》①考证了婚龄、婚聘礼俗,以及魏、齐、周宗室男女的通婚、守节与再嫁、后娶与妓妾等问题,在当时具有填补中古礼俗研究空白的意义。朱大渭、刘驰等著《魏晋南北朝社会生活史》②中亦有部分内容涉及中古礼俗;赵守俨《唐代婚姻礼俗考略》③亦对唐代婚姻礼俗作了考证。但是"礼俗"视角毕竟是舶来品,假如民国时期它起了引进概念、开阔视野的作用的话,在如今现代人文社科研究愈来愈成熟的 21 世纪,学者继续采用这一概念就需要越来越专门的礼经学、社会学、文化人类学和历史人类学知识。但一直以来学者们在礼俗研究中,各自概念界定有太多主观和随意的地方,究竟哪些内容是礼俗尚未达成共识,这些都反映出当时的礼俗研究处于刚刚起步摸索门径的阶段。本文总结礼俗视角下的研究成果,将采用"乡里礼秩"这一概念,它更能反映最初由国家规划设计的"礼"在民间形成的秩序这层含义。

中古礼制研究这段时间开始了最初的起步。首先是陈戍国的六卷《中国礼制史》从先秦一直到元明清④通叙历代礼典,杨志刚《中国礼仪制度研究》⑤亦属此类,此二书有开创之功,但未及关注到礼制背后的政治制度、官僚结构、社会组织等诸多复杂因素。此外,任爽《唐代礼制研究》⑥介绍了吉、宾、军、嘉、凶等唐代礼制的基本内容及其演变以及唐代的礼制与唐代的法律、社会、政治等的联系,是中古礼制研究起步时代的作品。

以上是前 20 年中古礼学和礼制研究的状况。经过了这一阶段的探索和积淀,礼学和礼制研究终于在后 20 年迎来了它的大发展,它生机勃勃,对于补充以往史学研究框架下被遗忘的那些角落的历史真相,探求不同历史时段国家和权力的存在方式、各阶层人们生活的真实场景具有极为重要

---

① 谢宝富:《北朝婚丧礼俗研究》,北京:首都师范大学出版社,1998 年。
② 朱大渭、刘驰等:《魏晋南北朝社会生活史》,北京:中国社会科学出版社,1998 年。
③ 赵守俨:《唐代婚姻礼俗考略》,《文史》第 3 辑,北京:中华书局,1963 年。
④ 陈戍国:《中国礼制史》6 卷,长沙:湖南教育出版社,1991 至 2011 年次第出齐。
⑤ 杨志刚:《中国礼仪制度研究》,上海:华东师范大学出版社,2001 年。
⑥ 任爽:《唐代礼制研究》,长春:东北师范大学出版社,1999 年。

意义,也使得史学研究走出以往按经济、政治、文化等模块粗分领域,而后彼此关联甚少的那么一种状态,走向更具细、更生动、更接近历史真实的新境界。中古礼学和礼制研究,尤其是礼制研究,跟其他断代比最为活跃,有活力的学术增长点不断出现,完整的学术框架日渐清晰。虽然学者们因为不同的学术训练和问题意识,关注的问题各有侧重,这种多视点的研究对于勾勒出中古礼制层面众多的实相恰恰有慢慢积累个案的意义。中古时期,礼学方面值得注意的是:三礼注疏学从发展成熟到登峰造极;礼制方面可分为两个层面,庙堂的礼典(国家的五礼礼典)得以一次次重构并获得重大更新,这是国家的层面;乡里礼秩在中晚唐初见端倪,是后来近古时期极为重要的"礼制下移"的源头所在,这是社会的层面。下面便分这三方面介绍学界的研究。

三、 中古礼学义疏的发展和成熟

首先是礼类文献的整理。方向东、王锷点校的清人秦蕙田《五礼通考》2020 年由中华书局出版。该书共 20 册,汇集了历代吉凶军宾嘉五礼的文献,包括中古部分。从内容看主要是庙堂礼典部分,搜集完备。该点校本的出版反映的是 21 世纪礼学文献整理覆盖范围达到了一个新水平。此外,李昕主编的《历代国家祭祀文献集成》(燕山出版社,2020 年)卷帙庞大,达 146 册,主要包括:(1) 正史的《郊祀志》《礼仪志》以及其他相关传记;(2) 历代礼书、会典、会要及其他典章中关于国家祭祀礼仪的部分;(3) 历代大型类书中关于国家祭祀礼仪的文献;(4) 历代学者关于郊社、宗庙、封禅、明堂、禘祫等的研究性文献,其中包括了若干中古时期的国家祭祀文献,这是文献汇编。在礼类文献研究方面,魏晋至隋唐的礼学义疏研究近 20 年开始展开,这一阶段三礼总义性质的研究有杨天宇《郑玄三礼注研究》[①],该书从校勘与训诂两个方面重点研究了郑玄三礼注的成就,是从经

---

① 杨天宇:《郑玄三礼注研究》,北京:中国社会科学出版社,2008 年。

学脉络来研究三礼学的代表性成果。乔秀岩(桥本秀美)的礼学研究涉及
文献点校、三礼本身及其版本学、三礼义疏等方面,还撰写了大量书评。其
中跟中古礼学有关的有:《〈礼是郑学〉说》①《论郑王礼说异同》②《经疏与律
疏》③,其专著《义疏学衰亡史论》④从今存中古义疏中对诸家之说阐幽发
微,曲折地勾陈出了中古义疏学衰亡的轨迹。梁满仓《魏晋南北朝五礼制
度考论》⑤有部分内容叙述了魏晋南北朝的三礼之学;张帅《南北朝三礼学
研究》⑥对南北朝三礼学作了综述性研究;华喆《礼是郑学:汉唐间经典诠
释变迁史稿》⑦以"礼是郑学"作为理解经典、分析礼说的方法,回溯了从郑
玄礼学创立到唐代《五经正义》的编订为止五百年礼经学发展的过程,重新
梳理了汉唐经学诠释的发展脉络,提出汉唐经学传统是以"如何理解郑玄"
为主轴构建而成的,并围绕郑玄说及后来学者对郑玄的质疑、批评、调整和
回归等,发掘出经说本身的演变关系,是最近礼学研究的新锐力作。王启
发对南朝皇侃的《礼记》学及其经学史价值作了考辨,认为皇侃作为南学代
表,其《礼记义疏》的内容主要有:对郑注的引申和发挥,对郑玄无注处的解
说,对郑注以及《礼记》本文的指误、关于异代法之说、对《礼记》本文及郑玄
注一些字词的音义和断句的标注等。皇侃在承继郑注的基础上有自己的
主张和判断,也将以《礼记》为核心的经典注疏学引向更为丰富,更具有时
代性特色的知识关注点上。⑧

　　丧服制度是中古时期礼学的重要内容。张焕君对魏晋南北朝丧服制

---

① 乔秀岩:《〈礼是郑学〉说》,林庆彰主编:《经学研究论丛》第 6 辑,台北:学生书局,
1999 年。

② 乔秀岩:《论郑王礼说异同》,《北大史学》第 13 辑,北京:北京大学出版社,2008 年。

③ 乔秀岩:《经疏与律疏》,蔡长林主编《隋唐五代经学研讨会论文集》,台北:"中央研究
院"中国文哲研究所,2009 年。

④ 乔秀岩:《义疏学衰亡史论》,台北:万卷楼图书公司,2013 年。

⑤ 梁满仓:《魏晋南北朝五礼制度考论》,北京:社科文献出版社,2009 年。

⑥ 张帅:《南北朝三礼学研究》,山东师范大学博士论文,2013 年。

⑦ 华喆:《礼是郑学:汉唐间经典诠释变迁史稿》,北京:生活·读书·新知三联书店,
2018 年。

⑧ 王启发:《南朝皇侃的礼记学及其经学史价值》(上、下),《湖南科技大学学报》2018 年
第 5、6 期。

度作了研究①并以此为基础发表多篇论文,他以郑玄、王肃关于三年之丧的丧期之争为主线,考察了双方争论的理论依据以及两汉以来的实行情况,认为在这一过程中,社会与经典之间相互作用形成密切的互动关系②。他还考察了丧服变除与情礼兼重、礼玄双修与情礼冲突、称情直往与观念调适三方面内容,认为居丧之礼在魏晋时期也受到格外重视,经典与社会间没有完全割裂,新的经典也在二者的妥协过程中产生③。史睿《魏晋士人的伦理困境与丧服之争》分析魏晋时期丧服之争的内在含义④。任慧峰、范云飞认为六朝礼学主要存于家族,南朝与北朝的士族、郡姓也需要礼法来区别门第、整顿宗族乡里,这两者相辅相成,六朝国家礼典的修订无不由世家大族来承担,本来应该由国家掌控的朝仪之学成了士族世代相传的家学,这种情况到了隋唐才得以改变。⑤ 赵澜考察了唐代丧服制度⑥,但总体说来,由魏晋时期的礼学注疏嬗变到社会风气改变的细化研究仍然不够充分,研究方法也还在探索中。

　　隋唐时期是礼学注疏学的巅峰。李洛旻介绍了贾公彦《仪礼疏》的版本、基本内容和学术渊源,并对贾疏解郑玄注(明据、解义、证说)的方法作了深入剖析,阐述了贾疏中的尊卑系统及原则,并对昏礼、乡饮酒礼、乡射礼、丧礼、飨礼、聘礼等具体礼典环节作了考述,分析了吉、凶礼的界线,并对贾疏各礼典中的器物(鼎、币等)使用原则、仪容动作仪节作了阐述,还将《仪礼疏》与《周礼疏》作了比较,指出《仪礼疏》的得失。是目前贾疏研究最为专精的作品⑦。吴丽娱对王通《续六经》对经典意识的影响作了考察,认为《续六经》是试图创建中古正统和打造帝王之道的时代新篇章,不仅影响

　　①　张焕君:《魏晋南北朝丧服制度研究》,清华大学博士论文,2005 年。

　　②　张焕君:《从郑玄、王肃的丧期之争看经典与社会的互动》,《清华大学学报》2006 年第 6 期。

　　③　张焕君:《从居丧之礼的变化看魏晋时期孝道观的调适》,《史学集刊》2011 年第 6 期。

　　④　史睿:《魏晋士人的伦理困境与丧服之争》,收入汤勤福主编:《中国礼制变迁及其现代价值研究》,上海:上海三联书店,2015 年。

　　⑤　任慧峰、范云飞:《六朝礼学与家族之关系再探》,《孔子研究》2016 年第 2 期。

　　⑥　赵澜:《唐代丧服制度研究》,福建师范大学博士论文,2008 年。

　　⑦　李洛旻:《贾公彦〈仪礼疏〉研究》,台北:万卷楼图书有限公司,2017 年。

了贞观之治,也带动了隋唐之初的疑经改经之风,引发了诸多经学争议和礼制改革,促进了新经典的出笼和经典意识的变化①。吴羽则以唐《五礼精义》为切入点对中晚唐礼学的新趋向作了考察,认为在藩镇跋扈的背景下,各种治礼者试图提出解决之道。韦彤《五礼精义》试图通过辨析历代制度沿革,阐明礼仪背后的礼"义",打通三礼之学与仪注之学的道路,目的是建立稳定的社会秩序。这是唐代名族学术变迁的一个缩影。到北宋,韦彤《五礼精义》成为礼仪机构的案头必备书,经过北宋对唐代礼制和礼学的消化吸收和改造,宋代礼仪和礼学真正走向了成熟。② 冯茜《唐宋之际礼学思想的转型》③虽然重点在宋代,但序章和第一章有部分涉及唐代部分,认为唐代杜佑编撰《通典》反映了"通礼"传统,并对中晚唐礼书编撰中的礼学作了考察,反映了新一代学者已注意到礼学对礼典文本重构的影响,并着手开始具体研究。

从魏晋南北朝到隋唐,礼学注疏从渐进走到登峰造极,但直至目前的学术界成果看,中古三礼注疏之学的具体内容及其脉络成果还不够丰富,至于如何为各政权服务的研究更是刚刚开始,以上这些研究成果起点虽高,但尚未出现集中成片并且形成脉络的研究,因此未来有待在方法上综合文献学和制度史研究,以求获得新突破。

四、 中古庙堂礼典的重构

礼制研究这一阶段全面铺开,成果增长十分迅猛。首先值得关注的是中国社会科学院历史所《礼与中国古代社会》,该书以礼制通史的形式面世,兼涉礼学(包括三礼文本、礼学思想、家礼)、礼制(各朝吉凶军宾嘉五

① 吴丽娱:《从王通〈续六经〉到贞观、开元的改撰〈礼记〉——隋唐之际经典意识的变化》,《中华文史论丛》2017年第3期。
② 吴羽:《今佚唐代韦彤〈五礼精义〉的学术特点及其影响——兼论中晚唐礼学新趋向对宋代礼仪的影响》,《魏晋南北朝隋唐史资料》第25辑,2009年,第148—168页。
③ 冯茜:《唐宋之际礼学思想的转型》,北京:生活·读书·新知三联书店,2020年。

礼、乡里礼秩)等领域,它是一个建立新世纪礼学、礼制研究范式的尝试,是一个起点高、内容全的重大成果①。中古章节中,魏晋南北朝部分由梁满仓执笔,隋唐部分由吴丽娱、雷闻执笔。在该书中,魏晋南北朝五礼得到了通叙性研究,隋唐庙堂礼典、国家祭祀的内容则反映了一时前沿(详下文)。另外郭善兵《中国古代帝王宗庙礼制研究》②中也有中古部分的内容。总之,魏晋南北朝隋唐时期是庙堂礼典重构的重要阶段,这重构一次又一次,有中原模式、有北族模式,所有这些因素到唐代汇聚成了唐式五礼的高峰,因此该阶段庙堂礼典重构的研究成果是多且重要,详下文。

(一) 魏晋南北朝礼制研究(庙堂礼典部分)

首先值得一提的是顾涛《汉唐礼制因革谱》③。该书是作者穷十年精力,对汉唐礼制(主要是传世文献记载)因革作认真梳理的集大成专著,全书达 117 万字,作者追寻陈寅恪《隋唐制度渊源略论稿·礼仪》认为隋唐制度有三源(北魏北齐、梁陈、西魏北周)的思想脉络,上溯汉、魏,下至唐《开元礼》,以朝代为框架分为礼制创立(西汉)、成型(东汉至西晋)、成熟(东晋南朝)、新建(北朝)、极盛(隋至唐开元)五卷,严格依时间先后为序将史料予以系年、考辨和疏释,作者"近距离地拿着放大镜"极仔细地考察比对从汉至唐开元年间历代礼制的前后因革、歧出和流变,试图梳理出在《仪礼》和《大唐开元礼》两座高峰之间,九百年来各项礼制的枝节变化。本书在汉唐礼制文献的勾稽考辨堪称登峰造极。不足之处是仅用文献学方法略显单一,难以做到对礼制重构的诸个案细节的真切还原,这也是目前限制礼制研究整体水平继续提高的瓶颈之一。

汤勤福主持的国家社科基金重大项目"中国礼制变迁及其现代价值研究"结项,成果《中华礼制变迁史》由中华书局 2022 年出版。该书一套四

① 汤勤福:《中国礼制史研究的创新之作——评〈礼与中国古代社会〉》,《中国史研究》2018 年第 1 期。
② 郭善兵:《中国古代帝王宗庙礼制研究》,北京:人民出版社,2007 年。
③ 顾涛:《汉唐礼制因革谱》,上海:上海书店出版社,2018 年。

册,第二、三册分别为"秦汉魏晋南北朝隋编"和"唐五代辽宋金编",是迄今为止最新的中古礼制研究成果。汤勤福先生从长时段综览的角度对集权礼制的阶段性及其特点作了概括,认为集权礼制阶段是以大一统专制主义的中央集权为政治基础,以五礼为形式,可分为四个发展阶段:秦统一到隋朝、唐宋、元明清(道光前)、道咸以降到民国政府是集权礼制的转型阶段。① 其中诞生于西晋的五礼制度是适应大一统王朝的礼制体系。晋武帝结束了割据局面,重新创建大一统,加之郑、王等人礼学思想已臻成熟,适应大一统的五礼制度便破土而出。②

　　具体礼制的断代研究,三国礼仪向来关注的人较少,梁满仓给予了关注,认为三国时期社会礼仪具有与国家礼仪同等重要的地位,一些社会礼仪行为与国家政治发生了紧密的关系,国家礼法在某些方面开始对社会礼仪进行约束和规范③。李万生在分析蜀汉亡国原因时认为,诸葛亮因于蜀汉有不世功勋,亮去世后三十年蜀汉君臣为之在沔阳立庙,此为非礼,因为按礼制诸葛亮仅可配食于昭烈帝刘备庙,而不可以单独立庙享祀,蜀汉君臣知此为非礼而立庙祭祀,可谓精神崩溃。④ 此说新颖,但是为诸葛亮立庙祭祀属于后来历史常见的礼制重构现象,与蜀汉的精神崩溃和亡国之间的关系尚值得更深入考察。

　　魏晋时期庙堂礼典研究近年逐步展开。首先是梁满仓《魏晋南北朝五礼制度考论》⑤,本书对魏晋南北朝时期吉凶军宾嘉五礼的制度化过程作了全面考察,涉猎了五礼的仪节、功能等,囊括中古时期的礼学、礼制范围,在中古礼学研究中有开辟领域的奠基之功。杨英有多篇论文研究魏晋南北朝礼制的多个个案,《魏晋郊祀及祭祖礼考》概况地考察了魏晋时期的郊祀和祭祖礼⑥,《曹操"魏公"之封与汉魏禅代"故事"——兼论汉魏封爵制

①　汤勤福:《集权礼制的变迁阶段及其特点》,《华东师范大学学报》2020 年第 1 期。
②　汤勤福:《秦晋之间:五礼制度的诞生研究》,《学术月刊》2019 年第 1 期。
③　梁满仓:《三国礼仪的内容及特点》,《湖北文理学院学报》2012 年第 7 期。
④　李万生:《礼秩与国运——蜀汉亡国原因探讨》,《清华大学学报》2018 年第 4 期。
⑤　梁满仓:《魏晋南北朝五礼制度考论》,北京:社会科学文献出版社,2009 年。
⑥　杨英:《魏晋郊祀及祭祖礼考》,《北大史学》第 9 期,北京:北京大学出版社,2002 年。

度之变》①以曹操被封为"魏公"的故事为核心考察了汉魏封爵制度的变化;《曹魏"改正朔、易服色"考》②考察了"改正朔、易服色"作为一种政治文化传统在魏晋之际发生的变化,魏文帝曹丕的"改正朔"(不改历法而定服色、牺牲)奠定了由"禅让"所建的新王朝跟由"革命"所建的新王朝不同的传统,此后魏明帝"改正朔"恢复了历法和服色牺牲同步改易的秦汉传统,也是明帝加强中央集权的众多措施之一。杨英还通过考察西晋《新礼》的撰作,厘清了中古时期礼典、律典分流的过程,认为自曹魏起,礼仪类内容就逐渐从原先的律令"故事"中析出,西晋继承这一趋势,并加上儒家经典中的部分礼仪制度,糅合原先的汉魏礼仪"故事",最终形成《新礼》,并以一种早期的五礼体例来安排,实现了从内容到体系对"汉魏故事"的彻底更新③。她还对北魏仪注的撰作过程、具体内容作了考察。从天兴年间至孝文帝太和之前大致处在仪注撰作的前期,太和年间大规模的礼仪建设使仪注大量出现,太和之后虽然政治动荡,世风日下,但仪注撰作的数量在继续增加,并朝更精细、完备的方向发展。北魏仪注涉及五礼的各个方面。它是后来隋朝五礼的渊源之一④。刘凯对汉唐间耕耤礼方位的变化作了考察,认为周秦汉唐间天子耕耤礼之耤田方位存在着从本乎"宗周旧制"之"南耕"逐渐向源出"汉家故事"的"东耕"转化之轨迹,并考察了从汉到唐耤田方位的变迁,以及跟政治史背景的关联⑤。刘凯还对九锡制度的渊源作了考察,认为规范化九锡始出《礼纬·含文嘉》,时段当在王莽受"九命之锡"至《白虎通》成书之间,在白虎观会议后,由班固剔除王莽以九锡为篡位工具的实践影响,回复至九锡渊源的宗周九命褒奖功臣的最初功能,并将

---

① 杨英:《曹操"魏公"之封与汉魏禅代"故事"——兼论汉魏封爵制度之变》,《苏州大学学报》2014 年第 5 期。

② 杨英:《曹魏"改正朔、易服色"考》,《史学月刊》2015 年第 10 期。

③ 杨英:《中古礼典、律典分流与西晋〈新礼〉的撰作》,《社会科学战线》2017 年第 8 期。

④ 杨英:《北魏仪注考》,《中国社会科学院历史研究所学刊》第九辑,北京:商务印书馆,2015 年。

⑤ 刘凯:《从"南耕"到"东耕":"宗周旧制"与"汉家故事"窥管——以周唐间天子/皇帝耤田方位变化为视角》,《中国史研究》2014 年第 3 期。

之与封爵、土地相关联①。

　　梁满仓整体考察了从曹魏到北魏的宗庙制度发展变化的过程,认为曹魏皇家宗庙制度经历了五庙到七庙的过程,对后世产生了深刻的影响。魏明帝建立七庙制度及迁毁机制虽然主观上是想把儒家经典记载的制度变为现实,但其本身却含有破坏此制的因素。两晋宗庙制度比曹魏更加成熟完善;南朝则有七庙制受到高度重视、维系皇帝大宗、确立太祖独尊地位三个特点;北魏前期宗庙制度的祭祀祈福色彩远大于礼仪制度色彩,孝文帝太和改制是北魏前期宗庙制度向五礼制度下的宗庙制度转变的关键②。姜望来考察了北齐庙制,认为北齐高氏统治时期,帝位传承存在着子继与弟及的深刻矛盾,其宗庙变迁则反映此种矛盾之发展与变化并关涉皇权政治的盛衰③。

　　直至目前,深入礼经和注疏剖析细节,同时结合王朝政治史背景考察郊庙、明堂等各种制度,已经是礼制研究的一个重要学术增长点。魏晋南北朝礼制研究出现了多篇这样理路的高水平论文。如牛敬飞以此思路,对魏晋南朝郊祀、明堂中的五精帝背后反映的郑、王之说与当时礼制的互动,④西晋"太祖虚位"的背后的亲庙设计与实践矛盾之间的问题、⑤魏晋南北朝北郊神位演变问题⑥作了深入细致的考察,这些个案考察从深入剖析经义出发,揭示出它的众多节点跟国家礼仪政治实践中的关系。赵永磊则对北朝国家礼制的多个个案作了考察。第一,北魏太庙制度的建构个案。北魏太庙制度的建构在塑造华夏正统过程中,面临着胡汉问题、南北正朔之争、皇权等复杂因素需要取舍,北魏前期的先祖祭祀以东庙为主,至孝文

---

① 刘凯:《九锡渊源辨》,《中国史研究》2018 年第 1 期。
② 梁满仓:《魏晋南北朝皇家宗庙制度述论》,《中国史研究》2008 年第 2 期。
③ 姜望来:《祖宗与正统:北齐宗庙变迁与帝位传承》,《首都师范大学学报》2015 年第 1 期。
④ 牛敬飞:《经学与礼制的互动:论五精帝在魏晋南朝郊祀、明堂的发展》,《文史》2017 年第 4 辑,第 132—136 页。
⑤ 牛敬飞:《两汉魏晋庙数刍议——从西晋"太祖虚位"谈起》,《孔子研究》2021 年第 1 期。
⑥ 牛敬飞:《论魏晋南北朝北郊神位之演变》,《学术月刊》2017 年第 1 期。

帝改革先祖祭祀制度,太庙祭祀的地位始得以凸显,彰显出北魏先祖祭祀由胡汉杂糅走向以华夏制度为主导的历史转变①。第二,北魏平城明堂的形制和具体礼仪个案。北魏孝文帝所建平城明堂主要糅合了汉魏故事、《月令》明堂九室说等,显示出孝文帝塑造华夏正统的政治心态。平城明堂的告竣,标志着北魏平城礼仪空间格局的基本建立。② 第三,对北齐庙制中太祖二祧庙影响的研究③,第四是北周蜡祭的构建理路。北周吉礼并非为北周新创,而是多因袭卢辩等人所定西魏旧礼。反映出其天下观并非局限于关陇一隅,而是以九州为基本范畴,象征西魏北周君主君临天下之意,折射出西魏北周强烈的华夏正统观念。④ 以上论文均是在深入汉晋北朝的经学,对之条分缕析的前提下结合政治诉求造成的礼仪建构事实,阐发幽微,填补空白,更重要的是突破了先前的研究方法局限,提供了新的研究范式。

　　刘凯对一些具体的国家祭祀事件作了研究。比如将“鸿从南来雀不惊”的歌谣与前凉张氏政权表面拥晋的传统结合起来,可窥见歌谣背后的“正统”意蕴;⑤他还考察了东晋哀帝隆和元年(362)因“天文失度”欲行“洪/鸿祀”,遭臣下谏止的事件。⑥ 胡博文,郭善兵对北魏亲蚕礼的时间、地点、主要参与者和车舆作了考察,认为北魏亲蚕礼既参考了周制,也吸纳了汉魏仪注。⑦

　　以上是历史学者对中古礼制的研究。文学史学者跻身礼制研究主要关注的是郊庙歌诗。何靖通过对北周郊庙燕射歌曲的详细考察,分析了南北文风交融,认为北周郊庙燕射曲不出于北魏,是对南朝萧梁雅乐继承与

---

① 赵永磊:《塑造正统:北魏太庙制度的构建》,《历史研究》2017 年第 6 期。

② 赵永磊:《神圣与世俗:北魏平城明堂礼仪发覆》,《学术月刊》2021 年第 1 期。

③ 赵永磊:《神主序列与皇位传承:北齐太祖二祧庙的构建》,《学术月刊》2018 年第 1 期。

④ 赵永磊:《制造“周制”:北周蜡祭的构建理路发微》,《中国史研究》2022 年第 3 期。

⑤ 刘凯:《“鸿从南来雀不惊”考释》,《隋唐辽宋金元史论丛》第九辑。

⑥ 刘凯:《东晋哀帝欲行“洪/鸿祀”考》,《中国史研究》2022 年第 4 期。

⑦ 胡博文、郭善兵:《略论北魏亲蚕礼及其历史地位和作用》,《大同大学学报》2021 年第 6 期。

改造的结果,但辞、曲调均有极大变化。其直接原因是南北文风交融对北周在政治上极力树立"正统"王朝地位的影响。① 岳洋峰亦就这一课题进行了考察。② 马银川对汉魏六朝游艺赋中的礼文化及政教内涵作了考察,③刘怀荣考察了梁武帝制礼作乐与歌诗的关系,以及这些作品在歌诗发展史上的文学价值。④ 这些成果视角集中于郊庙歌诗本身,文学研究向礼制拓展体现了文学史学者们跨学科的尝试,也反映了礼制研究的多学科背景在逐渐结出果实。

中古国家礼制尤其是祭祀礼受到佛道的影响,这是众所周知的,但长期以来缺乏深入研究,目前这一情况开始改变。刘玉叶研究了梁武帝的素食改革,通过对相关文献事迹梳理其编年,并考察了对国家祭祀的牺牲供奉制度有重大影响的《断酒肉文》时间。⑤

魏晋南北朝凶礼的研究近年有很大进展。高二旺《魏晋南北朝丧礼与社会》重点考察了魏晋南北朝时期实践层面上丧礼的程序和仪节、丧礼规格、丧服制度,并着重考察凶礼跟吉、嘉、军、宾四礼的关系,探讨了这一时期丧礼变化背后深层的政治、经济与文化动因,还从微观上对丧礼的仪节、丧服服叙、丧服变除和居丧祭祀以及丧礼等级进行了广泛的讨论。⑥ 凶礼研究因为涉及礼经(尤其《丧服》学)和现实政治的博弈,先前的研究一直停留在将之作为礼俗的水平(礼俗角度的凶礼研究见下文),目前较深入的凶礼个案开始突破礼经研读这一较高门槛,并和政治博弈视角结合,出现了一些专精论文。如杨英考察了西晋《新礼》中的凶礼部分,认为其中的丧服制度以晋武帝"三年之丧"为顶层设计,它废除了汉文帝"短丧诏",并对礼经中的"三年之丧"和"谅闇"进行了重新诠释,进而调整了汉魏以来不规范

---

① 何靖:《南北文风交融与北周郊庙燕射歌曲新变》,《文学遗产》2021年第2期。
② 岳洋峰:《复古与新变:北周〈郊庙歌辞〉的创作模式及其走向》,《宁夏师范学院学报》2021年第9期。
③ 马银川:《论汉魏六朝游艺赋中的礼文化及其政教内涵》,《东岳论丛》2023年1月。
④ 刘怀荣:《梁武帝制礼作乐与歌诗之关系》,《中原文化研究》2019年第6期。
⑤ 刘玉叶:《梁武帝素食改革事迹考》,《五台山研究》2020年第4期。
⑥ 高二旺:《魏晋南北朝丧礼与社会》,上海:上海古籍出版社,2017年。

的丧服服叙制度。具体有两方面：一是规定了天子(诸侯)"旁亲绝期"、卿大夫"绝缌"，确立了跟晋代五等爵制和官制相匹配的服丧原则和具体细节，使汉魏以来随意性较大的丧服服叙制度归拢到君统的原则之下；二是确定了"弟子为师"及"寄公为所寓"之服，使得私人关系不能干扰官僚等级制度。通过这些调整重新建立了丧服服叙所体现的政治秩序和伦理秩序。此外，对"汉魏故事"中的丧葬用物和仪制的调整反映的是一种政治上的实用和理性主义，这种理性主义跟大幅度调整丧服服叙制度精神实质是一致的。①

在凶礼的礼议层面，韩旭对西晋初年"三年之丧"的议礼过程及杜预的重新诠释作了详细考察；②张锐考察了东晋永和元年(345)的褚太后敬父礼之议，认为这是一次经学立场、价值取向与现实政治考量交织在一起的大讨论，争议围绕褚太后以何种礼仪与其父褚裒见面，蔡谟等主张依邴原议，何充等主张依郑玄议。何充依仗自己执掌建康朝廷大权的地位获得了最后的胜利。③邹远志认为就《丧服》学而言，西晋兼取郑王为用，东晋虽出现了朝廷与缙绅阶层在礼制上的若干分歧，但总体上也是参用郑王而酌其中。晋代礼学兼用郑王的事实为南北朝两种礼学体系皆渊源于西晋的观点提供了支持。④ 以上成果深入剖析丧礼的制度或礼议，大大提升了以往的水平。

丧葬礼制用物繁多复杂，目前对之的专门研究开始兴盛。王铭研究了汉魏晋南北朝丧葬仪制吉凶相参的历史演变，认为吉卤簿进入丧葬凶礼的仪制发端于汉魏，反复于西晋，扩充与规范于南北朝，总体上在历史进程中不断以"故事""殊礼"与成例的形式固定下来。其仪制内容渐次包含了吉驾卤簿、鼓吹、旌旗、仪服等物化礼乐，其结果是在出丧时以枢车为中心形

---

① 杨英：《统孝于忠：西晋〈新礼〉对汉魏丧服及相关"故事"的调整》，《社会科学战线》2023 年第 4 期。

② 韩旭：《晋文帝丧服之争始末——兼论联名奏、诏往来》，《魏晋南北朝隋唐史资料》第 44 辑，上海：上海古籍出版社，2021 年。

③ 张锐：《东晋褚太后敬父礼之议考论》，《中国典籍与文化》2020 年第 3 期。

④ 邹远志：《论两晋礼学对郑王之学的择从及其学术史意义》，《古代文明》2018 年第 1 期。

成了凶部伍，以魂车为中心形成了吉部伍。由此造成了中古丧葬礼虽为凶礼，却实际上具有吉、凶相参的二元属性。中古丧葬礼的精神在"哀"的原则之外鲜明渗透了"荣"的成分。从"哀"到"荣"的原则争议与实践强化，可见中古时期权力加持的追赠恩荣观念的彰显，也体现了经典性规范与等级性礼制背后的五礼制度化进程与权力恩遇机制的渗透。①

　　丧葬礼制的名目和仪式也开始有了更专业的研究。梁满仓考察了东晋招魂葬和五礼制度的关系，东晋招魂葬与传统的招魂习俗不同，它是一种丧葬方式，即墓穴中没有尸体只有灵魂。这种丧葬方式与儒家传统的形神观念发生了冲突，也对正在建设的五礼制度产生了威胁，因此受到朝廷高官大儒的猛烈抨击。在南北朝后期乃至隋唐，招魂葬有越来越盛行的趋势，这和五礼制度成熟有一定的关系。② 由于有墓葬考古实物的支撑，这方面研究随着考古资料的刷新而日新月异。李梅田、李童运用大量考古资料研究了中古时期的招魂葬，招魂葬之俗大致出现于汉代，盛行于东晋，唐代更为普遍，招魂葬在中古时期有愈演愈烈之势。东晋初期虽有招魂葬"不合古礼"的争议，但未能阻挡永嘉之乱后对招魂而葬的现实需求；唐代招魂葬流行的原因可能是祭祀方式的改变，汉代以后，墓葬和宗庙、祠堂一样成为安魂之所，墓葬既可藏形，亦可安魂。墓地祭祀成为丧葬仪式中的重要内容。正常死亡而遗体不可得者的特殊葬式，一般以衣冠招魂而葬，主要盛行于东晋和唐代。招魂葬除了墓室内尸骨无存外，在图像配置、墓室设置以及墓志等方面也存在一些有意而为的行为。③

　　军礼主要有梁满仓的研究。梁满仓对魏晋南北朝军礼鼓吹作了考察，认为鼓吹的形成、发展与成熟与五礼制度化是同步的，鼓吹在三国时制度化的特征并不明显。两晋时赐给将领鼓吹的记载不但多于三国时期，而且用于军事目的的范围也更广泛，南朝和北魏孝文帝改革以后的北朝，军礼

①　王铭：《追赠恩荣：汉魏晋南北朝丧葬仪制吉凶相参的历史演变》，《首都师范大学学报》2022 年第 1 期。

②　梁满仓：《东晋招魂葬与五礼制度》，《华东师范大学学报》2021 年第 4 期。

③　李梅田、李童：《魂归于墓：中古招魂葬略论》，《江汉考古》2019 年第 4 期。

鼓吹进入了比较成熟的发展时期。军礼鼓吹制度化丰富了整个南北朝军礼制度的内容,极大地提高了军队的战斗力①。梁满仓还考察了魏晋南北朝的军法实践,认为军法是军礼内容的一部分②。

　　宾礼研究以前受文献记载较少这一局限,近年因为学者视野变宽以及图像学成为热点,对梁元帝《职贡图》的研究成为前沿。赵灿鹏③、王素④对梁元帝《职贡图》的文字、图像作了研究,还原梁与西域诸国的关系;⑤米婷婷认为梁元帝《职贡图》"女蛮"即"临江蛮";⑥罗丰考察了台北故宫藏职贡图题材的国家排序;⑦葛兆光对(传)李公麟《万方职贡图》所反映宋人正统的华夷秩序进行了考察,文章第一部分追溯了从 6 世纪上半叶梁元帝萧绎开始的绘制《职贡图》的传统;⑧霍巍认为从近年来有关梁元帝《职贡图》摹本的新发现,以及青海吐谷浑故地南北朝至唐代吐蕃时期的考古新成果综合分析可以观察到:在南北对峙的政治格局之下,南朝与西域各国的交流不仅并未中断,反而通过与川西北高原、甘青一带"西戎"各古代民族之间积极的交往、互动,建立起以长江上游益州、中游荆州为重镇的丝路交通网络,体现出南朝中央的"大一统"国家观和民族观,维系了秦汉以来以中国为中心的"世界秩序"及"朝贡制度"的延续,并对后世产生了深远影响。⑨这些研究成果日后有可能带动宾礼研究走向深入。

　　嘉礼,学者目前注意到的主要是魏晋南北朝婚姻的内容。史睿认为所谓山东士族尚婚娅,江南士族尚人物是指山东士族姻亲关系密切,倚靠外

　　① 梁满仓:《魏晋南北朝军礼鼓吹刍议》,《中国史研究》2006 年第 3 期。

　　② 梁满仓:《魏晋南北朝军法实践及其礼制归属》,《人文杂志》2007 年第 4 期。

　　③ 赵灿鹏:《南朝梁元帝〈职贡图〉题记佚文的新发现》,《文史》2011 年第 1 辑。

　　④ 王素:《梁元帝〈职贡图〉"高昌国使"图像与题记》,《魏晋南北朝隋唐史资料》第 41 辑,上海:上海古籍出版社,2020 年,第 72—78 页。

　　⑤ 王素:《梁元帝〈职贡图〉与西域诸国——从新出清张庚摹本〈诸番职贡图卷〉引出的话题》,《文物》2020 年第 2 期。

　　⑥ 米婷婷:《梁元帝〈职贡图〉"女蛮"即"临江蛮"考》,《文物》2020 年第 2 期。

　　⑦ 罗丰:《邦国来朝——台北故宫藏职贡图题材的国家排序》,《文物》2020 年第 2 期。

　　⑧ 葛兆光:《想象天下帝国——以(传)李公麟〈万方职贡图〉为中心》,《复旦学报》2018 年第 3 期。

　　⑨ 霍巍:《梁元帝〈职贡图〉与"西戎"诸国》,《民族研究》2022 年第 4 期。

族(包括母族、妻族)支援获取继承权、士族身份；江南士族多基于个人才能赢得社会和政治地位。南北朝时代南方妻妾地位分明，嫡子庶子差异小，婚姻两家关系相对疏远；北方家庭妻妾地位不稳定，嫡子和庶子地位有天渊之别，婚姻两家关系十分密切①。

此外，由于礼制内容包罗万象且研究可从多个视角切入，这些不同视角带入的方法对礼制研究产生了明显的推进作用，目前推进作用最明显的视角是从已经高度成熟的官僚制研究着手，尤其是作为官僚制可视化表征的舆服制度的研究，这方面阎步克的研究引领风潮。《服周之冕：〈周礼〉六冕礼制的兴衰变异》②是作者在多年官制史研究基础上拓展到与官阶挂钩的冕服制度的成果，作者通过分析《周礼》六冕制度及其对历代冕制的影响，探讨服饰礼制与政治权力的关系，认为《周礼》的建构反映的是周朝政权与神权的分配，东汉到中古时期出现了"古礼复兴运动"，王朝在宗经、复古思潮促动下，同时从尊君、实用出发，立足现行品位结构而调整古冕等级，最终导致了"服周之冕"的低落。阎步克还有《官阶与服等》③继续了这一课题的研究。沿此思路的有孙正军《也说〈隋书〉所记梁代印绶冠服制度的史源问题》④，他认为《隋书·礼仪志》所载的冠服制度并非本自梁令，而是以《宋书·礼志五》所记百官印绶冠服制度为基础，补充西晋《泰始令》及其衍生著作，以及东晋以降至梁初的各种制度变革综合而成。

另外一个重要视角是从礼仪空间入手。空间安排是礼仪格局的一种方式，礼仪是政治权力的空间展示。康乐《从西郊到南郊：国家祭典与北魏政治》⑤就是这样的作品，本书视角从主神受祭地点由西到南的空间转换入手，挖掘出国家祭典背后反映的是从游牧政治体到变身为中原王朝的政

---

① 史睿：《南北朝士族婚姻礼法的比较研究》，《唐研究》第 13 卷，北京：北京大学出版社，2007 年。第 177—201 页。

② 阎步克：《服周之冕：〈周礼〉六冕礼制的兴衰变异》，北京：中华书局，2009 年。

③ 阎步克：《官阶与服等》，上海：复旦大学出版社，2010 年。

④ 孙正军：《也说〈隋书〉所记梁代印绶冠服制度的史源问题》，《中华文史论丛》2011 年第 1 期。

⑤ 康乐：《从西郊到南郊：国家祭典与北魏政治》，台北：稻乡出版社，1991 年。

治文化深层次变化。

以上是魏晋南北朝时期庙堂礼典研究的大致情况。相比之下,隋唐时期庙堂礼典的研究成果更丰富,论文数量之多超过其他断代。下文便从礼典的文本撰作和行用、吉凶军宾嘉五礼的考察状况等方面予以介绍。

（二）隋唐礼制研究（庙堂礼典部分）

隋唐作为强盛的大一统王朝,进行过多次礼典编撰和礼乐制作,目前这方面的研究热度开始高涨。唐代礼制的管理部门、册礼的形式等作为传统制度史研究的延伸,开始出现研究成果。梁力考察了唐代的三《礼》科和《开元礼》科的设置背景、考试方式、应考者升迁流转的变化（品级不低,升迁顺畅）,认为礼科的运行为唐中后期（安史之乱后）礼学的发展、礼制的恢复、社会秩序的稳定及提高皇权权威发挥了重要作用。[1]　孟宪实从"王言之制"的视角对唐代最隆重的官员任命方式——册礼作了研究,唐高宗以来的册礼改革使它成为皇室专属。册礼改革对皇室与百官作了区分。册礼改革后,大臣获得同皇室一样的册命礼仪,虽然少之又少。但史书记载重视这些非常之礼,证明册礼改革是成功的。册书功能的细分与变化是制度发展的又一新证。[2] 曹璐璐对唐宋国家礼乐机构（礼部、太常寺及其跟尚书六部的关系）变迁作了考察。[3] 但论文数量更多的是唐代庙堂礼典的具体研究,详下文。

1. 礼典的文本编撰和行用

学者对唐前期颁布的《贞观礼》《显庆礼》《开元礼》三部礼典有不同程度的研究。高明士《论武德到贞观礼的成立——唐朝立国政策的研究之一》考察了唐初礼典的撰作及其背景[4];吴丽娱强调了《贞观礼》继承《开皇

---

①　梁力:《唐代礼科相关问题论析》,《晋阳学刊》2020 年第 3 期。

②　孟宪实:《唐代册礼及其改革》,《历史研究》2021 年第 3 期。

③　曹璐璐:《唐宋国家礼乐机构变迁考》,《唐都学刊》2023 年 1 月。

④　高明士:《论武德到贞观礼的成立——唐朝立国政策的研究之一》,收入中国唐代学术委员会编:《第二届国际唐代学术会议论文集》,台北:文津出版社,1993 年。

礼》的一面和总体上的北朝特色,但新增的"二十九条"反映了《贞观礼》对南朝礼制的吸收和融合①;史睿通过《显庆礼》颁布前后礼典和法典频繁修改的现象指出,这一时期礼典与法典的礼制规定趋于统一②。吴丽娱对唐高宗朝《显庆礼》及龙朔至仪凤时期两次"格"的操作及其与朝政的关系作了重新探讨,指出《显庆礼》在推翻和批判《贞观礼》与永徽律令格式相关法条的同时,是一批贞观顾命大臣的贬逐和覆灭,而龙朔修格也以官名官号的革新作为开始,所修成的格完成于封禅前夕,是贯彻武则天意志和扩张其权力的产物。也演为武周革命的先声③。

《大唐开元礼》是唐建国百年来的第三部礼典,它至今保存完好,因其重要性,众多学者对之进行了研究。赵澜探讨了《开元礼》的编修背景,经过和行用问题④;吴羽从《开元礼仪鉴》入手对唐代礼书的编撰作了考察,认为南朝刘宋学者编成了《礼论》,此后直接催生了《江都集礼》这部鸿篇巨制,而这一传统则又对《开元礼》的问世具有一定的催生作用。国家礼书终于史学化,虽然唐代礼制中有北朝系统的礼仪,然而从该个案研究可以看出,在国家礼书的编撰上,南朝的影响深远⑤。杨华考察了《开元礼》在太庙、郊祀、丧服等礼制上如何取舍郑玄、王肃的学说,认为尽管王肃礼学占上风,但《开元礼》的颁布意味着唐朝实现了礼制上的南北融汇,郑王杂糅⑥。刘安志认为《开元礼》在唐代受到礼经一般的尊重,与仪注是体、用关系,尽管《开元礼》中有些礼仪没有能够施行,但基本原则和规定在中晚唐还是得到了遵循⑦。台湾学者张文昌则以《大唐开元礼》为中心,整体考

① 吴丽娱:《关于〈贞观礼〉的一些问题——以所增"二十九条"为中心》,《中国史研究》2008 年第 2 期。

② 史睿:《〈显庆礼〉所见唐代礼典与法典的关系》,收入高田时雄编:《唐代宗教文化与制度》,京都:京都大学人文科学研究所,2007 年,第 115—132 页。

③ 吴丽娱:《试析唐高宗朝的礼法编纂与武周革命》,《文史》2016 年第 1 期。

④ 赵澜:《〈大唐开元礼〉初探——论唐代礼制的演化历程》,《复旦学报》1994 年第 5 期。

⑤ 吴羽:《今佚唐〈开元礼义鉴〉的学术渊源与影响》,《魏晋南北朝隋唐史资料》第 26 辑,2010 年。

⑥ 杨华:《论〈开元礼〉对郑玄和王肃礼学的择从》,《中国史研究》2003 年第 1 期。

⑦ 刘安志:《关于〈大唐开元礼〉的性质及行用问题》,《中国史研究》2005 年第 3 期。

察了唐代礼典的编纂与传承①,其专著《制礼以教天下——唐宋礼书与国家社会》②认为唐代国家礼典注重当代性和完整性,宋代注重沿革性和修正性,期间的变化发生于晚唐,追溯沿革以维护当代礼典的效力成为晚唐至南宋礼典编纂的主要原则,以"今王定制"为目标的《政和五礼新仪》其实与这一思维背道而驰,未能达到预期效果。与这一过程相应,太常礼官编纂礼典的职能加强,皇帝获得了礼制争议的最终裁决权,礼典吸收了现行的宗教因素。因为唐宋时期私礼编纂的盛行,张文昌将唐宋礼仪的演进脉络通盘掌握,并作了规模宏大、脉络也较清晰的阐述。

　　吴丽娱撰写了多篇论文对《开元礼》的撰作、行用作了深入考察,她认为太宗后期到高宗朝有完全不按《礼记》和郑玄说定礼的倾向,《开元礼》"改撰《礼记》"的做法是这一思潮的延续。关于《开元礼》的修撰过程,她重点关注了《开元礼》颁布的前两年,朝廷在礼制上理顺诸多争议,突出皇帝的权威,引入道教性质的礼仪为皇帝祈福求寿的状况。吴丽娱还认为中晚唐和五代时期,《开元礼》被视作具有指导意义的新经典,但晚唐五代礼制的更替主要以制敕格式和相关法令为依据,《开元礼》更多是作为一种原则和纲领而存在③。吴丽娱还对《开元礼》中冬至圜丘(附封禅)和祈谷仪、"迎气"仪中五方帝用物及其等级,以及雩祀和明堂二仪的用物作了考察,认为大体都是出自两种途径。一是参照、抄袭《贞观礼》抑或《显庆礼》;二是在两种礼之上修改。④

　　吴丽娱还对《大唐开元礼》文本进行了专门研究。具体成果有:(1) 对国图藏敦煌 BD09349A《大唐开元礼》残卷的考察和分析。作者从《开元礼》

　　① 张文昌:《唐代礼典的编纂与传承:以〈大唐开元礼〉为中心》,台北:花木兰文化出版社,2008 年。
　　② 张文昌:《制礼以教天下——唐宋礼书与国家社会》,台北:台湾大学出版中心,2012 年。
　　③ 吴丽娱:《营造盛世:〈大唐开元礼〉的撰作缘起》,《中国史研究》2005 年第 3 期;《新制入礼:〈大唐开元礼〉的最后创作》,《燕京学报》新 19 期,2005 年;《礼用之辨:〈大唐开元礼〉的行用释疑》,《文史》2005 年第 2 辑。
　　④ 吴丽娱:《〈开元礼〉五方帝祭祀补考——〈大唐开元礼〉札记之三》,《隋唐辽宋金元史论丛》第 9 辑,上海:上海古籍出版社,2019 年。

禘祫皇帝亲仪所表现出的字词用语规律出发,利用传世本的禘礼部分对祫礼的高祖太宗部分阙文进行订补,并对卷子本身重新做了修改和复原。同时讨论了卷子自身的性质;①(2)结合校勘,对《大唐开元礼》的吉祭祀部分(祭五方帝、朝日夕月、蜡祭百神、方丘神州、太社、先农、先蚕等)中主祭、摄祭、执事官员的站位和方向问题作了考察;②(3)从讨论陛、阶二字在坛、堂祭祀的使用规则出发,追寻明堂礼中二字的混用及成因,发现本应是室内祭祀的明堂礼混入不少坛祭的内容,推测有可能是由于《贞观》《显庆》二礼的明堂祭祀不足征用所致,由此也证明明堂礼因无法再行堂祭而不得不改行坛祭的混乱和衰落。③ 这些论文说明学界对《开元礼》文本的专门研究已经展开。

综上所述,以上有关礼典的文本编撰和行用的论文考证深入,基本厘清了从唐初至宋代庙堂礼典文本撰作的轨迹,其前后动态变化也已呈现。但也存在不足,那就是较注重政治博弈的取舍,对唐朝"议礼"即三礼训诂学在礼典文本重撰的具体影响考察不够深入,除郑玄王肃外的礼家较少受到重视,这一点范云飞在探讨唐代东都庙议的经义逻辑时作出了新推进。范云飞认为唐代围绕东都太庙存废曾有过四次礼议,时人用"三论六故"展开其逻辑结构,即三种主要论点,六条核心论据。各家宗旨又可分为强调洛阳军政地位的"两都并建"、强调长安太庙独尊地位的"尊无二上"。王彦威之议涵盖全部"六故",但论证漏洞过多,郑遂强调"正经正史"的效力。顾德章则明确构建了以"正经"观念为核心的礼议方法论,完成了"尊无二上"论的经义建构,在制度和学理上对后世有深远影响。唐东都庙议所见的礼议方法论的逐步完善与中晚唐回向原典,追求大义的经学转向暗合。④ 文章引进了"经义逻辑"的概念,对"三论""六故"的各家说法运用了

---

① 吴丽娱:《敦煌 BD09349A 号残卷争议与开元宗庙礼复原》,《敦煌吐鲁番研究》第 21 卷,2022 年,第 131—140 页。

② 吴丽娱:《东向西向的困惑:从祭祀的站位看礼秩的尊卑(续)——〈大唐开元礼〉札记之五》,《隋唐辽宋金元史论丛》第 11 辑,上海:上海古籍出版社,2021 年。

③ 吴丽娱:《从陛、阶二字的混用解析开元明堂礼》,《中华文史论丛》2022 年第 2 期。

④ 范云飞:《唐代东都庙议的经义逻辑》,《文史》2021 年第 1 辑。

比较严谨的形式逻辑分析法,开始走出古人的礼经训诂乃至今人对之的理解全凭经验判断的传统路数,这一方法将来还有很大空间。

在整个唐代礼典施行的发展线索上,吴丽娱格外关注"皇帝礼"和"国家礼"之间的差别,她通过考察"开元后礼"的发展变化试图说明两项问题,一项是"开元后礼"的分期,另一项是皇帝"私"礼的分化及其与国家公制的融合。她认为国家礼制的层面有两条线索:一条是代表正统国家制度的儒家礼仪,另一条代表皇帝的私家典礼,皇帝制度的加强与皇帝"私"家典礼的登堂入室是开元、天宝变礼的最大特征。国家礼制中出现的道教(亦包括佛教)崇祀是皇帝坚持将个人意念以及皇家私礼、家礼灌输入国家制度的结果①。姜伯勤分析贞元、元和五礼之学以"变礼"为特征的两条线索时认为,一条线索是通过郊祀礼、宗庙禘祫制度的整备及简约化,进一步强调王朝正统性及中央集权绝对性的象征意义;另一条线索是将士族家礼、家训和通行习俗纳入五礼中,使礼仪庶民化、实用化及不与社会生活脱离,用国家提倡的意识形态来提升日常生活习俗②。这一洞察的确切中肯綮,恰可跟宋以后的礼制下移史实合拍。

2. 对吉凶军宾嘉五礼礼典的具体考察

吉礼的重要内容之一就是国家祭祀。雷闻对唐朝国家祭祀有专门的研究,他的《唐代道教与国家礼仪——以高宗封禅活动为中心》③考察了高宗封禅大典以及其中的道教投龙奠玉仪节;《试论隋唐对于先代帝王的祭祀》④考察了隋唐对于先代帝王的祭祀;他的专著《郊庙之外:隋唐国家祭祀与宗教》⑤以国家祀典和民间祭祀(二者都受佛、道影响)的关系为视角,考察了唐朝国家祀典内容及释奠、孔庙祭祀礼;国家祭祀与道教、佛教的互

①　吴丽娱:《皇帝"私"礼与国家公制:"开元后礼"的分期及流变》,《中国社会科学》2014年第4期。

②　姜伯勤:《唐贞元、元和间礼的变迁——兼论唐礼的变迁与敦煌元和书仪》,收入《敦煌艺术宗教与礼乐文明》,北京:中国社会科学出版社,1996年。

③　雷闻:《唐代道教与国家礼仪——以高宗封禅活动为中心》,《中华文史论丛》第68辑,2002年。

④　雷闻:《试论隋唐对于先代帝王的祭祀》,《文史》2007年第1辑。

⑤　雷闻:《郊庙之外:隋唐国家祭祀与宗教》,北京:生活・读书・新知三联书店,2009年。

动性关系以及岳渎祭祀、道教与民间信仰的交汇；并从礼制的角度出发，考察了国家祭祀与各种地方祠祀的互动关系，认为国家对"祀典"和"淫祀"的认定，隐含着正统的儒家意识形态与地方性崇拜的对立和妥协。最后以祈雨为个案，剖析了隋唐国家祭祀与社会的互动。蔡宗宪对汉唐间的"淫祀""淫祠""祀典"几个祠祀概念作了考察①，朱溢《事邦国之神祇：唐至北宋吉礼变迁研究》②是对以国家祭祀为主的吉礼更为精细的研究。本书导论以国际化视角详尽分析了唐宋礼制研究的学术史，重要成果胪列殆尽，并指出了路径、不足和方法。正文考察了唐代吉礼体系内部的纵向架构（大祀、中祀和小祀制度）和横向架构（各种吉礼仪式按照"祀天神，祭地祇，享人鬼，释奠于先圣先师"的原则分类），尤其对高宗武后时期、开元至贞元年间、北宋初年至英宗时期、神宗时期、徽宗时期的大、中、小祀作了动态考察，并勾勒出其跟政治势态、典章制度之间的互动关系；第三章讨论郊祀礼仪体现了作者相当扎实的经学功底；"皇帝亲郊"的视角则可看出金子修一、吴丽娱等学者的影响。第四章讨论太庙祭祀，考证了唐宋太庙的庙数变迁等，其中禘祫礼仪部分是填补空白的研究；第五章讨论文、武释奠礼仪，及晚唐至北宋孔庙释奠礼仪在地方社会的深入展开，推进了高明士先前的研究。吉礼是一个庞大的体系，节点众多，难度很大。本书通过对吉礼各节点的考察体现出唐宋政治各面相的浮沉消长，且动态把握较好，是青年学者礼制研究的优秀作品。朱溢还发表了多篇论文，他分析了山川崇拜背后的权力概念、政治动机；③考察了唐代孔庙释奠礼仪④以及唐宋太庙庙数的变迁⑤和唐至北宋太庙禘祫礼仪的变化⑥，这些均填补了

---

① 　蔡宗宪：《淫祀、淫祠与祀典——汉唐间几个祠祀概念的历史考察》，《唐研究》第 13 卷，2007 年，第 203—232 页。

② 　朱溢：《事邦国之神祇：唐至北宋吉礼变迁研究》，上海：上海古籍出版社，2014 年。

③ 　朱溢：《论唐代的山川封爵现象——兼论唐代的官方山川崇拜》，《新史学》第 18 卷第 4 期，2007 年。

④ 　朱溢：《唐代孔庙释奠礼仪新探——以其功能和归属类别的讨论为中心》，《史学月刊》2011 年第 1 期。

⑤ 　朱溢：《唐宋时期太庙庙数的变迁》，《中华文史论丛》2010 年第 2 期。

⑥ 　朱溢：《唐至北宋时期的太庙禘祫礼仪》，《复旦学报》2012 年第 1 期。

先前的空白。

吉礼的神祀场所是专门的礼仪空间。赵永磊对隋唐郊坛圜丘的形制作了考察，认为唐长安城圜丘遗址的考古发掘工作未能全面开展，在考古资料有限的情况下不妨根据相关文献资料进行补充，史籍中有关隋唐圜丘三壝形制及燎坛方位的记载，对相关研究具有一定的参考价值。北宋初年开封圜丘坛壝的形制取法唐代圜丘旧制，依据宋代相关文献记载，可以考证隋唐圜丘三壝尺寸并准确定位《开元礼》圜丘燎坛的方位①。

除了礼仪空间之外还有对吉礼用物的考察。吴丽娱从《开元礼》制作方式以"折衷"《贞观》《显庆》二礼出发，通过在不同郊天礼仪式中尊罍设置的数量、方式，证明"五方帝"在实际祭祀中存在着不同等差，由此认为其中既有"五方帝"在古礼和经学中原始地位的考量，也体现出《开元礼》对于儒家天神观念的修复和坚持②。吴羽则通过对宋代太一宫的考察，勾稽出宋代国家将十神太一纳入国家祭祀系统时，对十神太一进行了道教化的目的是为了维持传统的国家祭祀神祇系统的稳定。宋代国家在将十神太一道教化之后，十神太一才正式进入道教的神祇系统。在太一宫里举行的国家礼仪中，道教仪式和道士不占主导地位。它是宋初消弭晚唐以降的地方主体意识，重建国家认同和社会秩序的一项政治措施③。

除了场所、用物之外，礼制构成要素还有吉礼礼典施行的各环节，这方面的研究也已开始。吴羽对宋代帝、后神御开光的礼仪与择吉日作了研究，认为在宋代帝、后神御开光中存在着不属于佛、道二教的择吉术，这意味着在贵族制度衰微并终结的唐宋时代，国家在加强皇帝家族的神圣性，建立新的意识形态过程中，一方面不断从佛教、道教、方术中吸取资源，另一方面则逐步将吸收来的内容改造，使之与传统的国家礼仪和儒家礼仪能

---

① 赵永磊：《隋唐圜丘三壝形制及燎坛方位探微》，《考古》2017 年第 10 期。

② 吴丽娱：《从经学的折衷到礼制的折衷——由〈开元礼〉五方帝问题所想到的》，《文史》2017 年第 4 辑。

③ 吴羽：《宋代太一宫及其礼仪——兼论十神太一信仰与晚唐至宋的政治、社会变迁》，《中国史研究》2011 年第 3 期。

够有机地结合①。本文分析已经显示出对佛、道、儒构成礼仪的诸因素细分考量的方法。

　　综上所述,吉礼中的神祇部分得到了比较充分的讨论,其中的佛、道因素(尤其是道教)也开始受到学者瞩目,但是佛、道因素如何如涓涓细流般渗入庞大复杂的国家祀典,这方面诸因素融汇过程目前的考察尚不细致,有待今后更深入的研究。

　　明堂因为涉及祖先配祀,是性质比郊天更复杂的祭祀,研究成果也比较多。首先是明堂的史事。曹建强研究了唐高宗议立明堂的史事,认为在高宗执政前期,征高丽、封禅等一系列事件反映的是内政外交趋向于开拓性,而总章之后,高宗实现政权的平稳交接才是重中之重,所以对于“王者之堂”的修建不再热衷。② 吴丽娱追寻和梳理了高宗、武则天时期明堂礼的发展线索与轨迹,认为高宗时期的明堂礼可以分为两个阶段。第一个阶段自永徽二年(651)建立高祖与太宗并配明堂开始,到显庆元年实行太宗独配,再到显庆二年许敬宗批判郑玄“六天”、取消明堂五帝以昊天上帝取而代之为止,建立了与武德贞观完全对立的礼仪规范。第二个阶段以封禅的乾封元年敕令恢复感帝、五方帝、神州祭祀,并实行全面的并配制度始,到仪凤修格将对《贞观礼》的回归作为主要的宗旨。两阶段可以认为分别是以《显庆礼》和《仪凤格》为宗旨的,最终建立在二者之上的折中意向形成礼法实际运行中的主流。③

　　其次是明堂的形制。吕博着重探讨唐太宗、唐高宗期间有关明堂形制、祭祀理念的争议,认为祭祀理念一天、六天若无准绳,则明堂形制五室、九室亦难确定。九室与五室的讨论看似是关乎学术讨论,其实背后的政治派别也若隐若现,明堂形制、祭祀理念难以敲定的背后,隐然包藏着新旧势

　　① 吴羽:《宋代帝、后神御开光的礼仪与择吉研究》,《暨南史学》2016年第1期。
　　② 曹建强:《唐高宗议立明堂史事初探》,《乾陵文化研究》第13辑,西安:三秦出版社,2019年。
　　③ 吴丽娱:《关于唐代明堂的一些问题》,《魏晋南北朝隋唐史资料》第40辑,2019年11月,第163—187页。

力的斗争。①

　　再有就是明堂和郊庙的歌诗,这一点文学史学者关注较多。张树国将唐代宗庙雅歌创作分为从贞观到开元初年、玄宗时期、玄宗以后三个阶段,内容有四:一是太庙雅歌,贯穿了唐代从远祖到昭宗(哀帝除外)的帝王史;二是为冤死或夭折的皇室成员立庙祭奠的歌曲;三是借大型武舞表达王业艰难的乐章,如《破阵乐》《凯安》等舞蹈;四是对先王的祭祀。太庙雅歌是其中的主体。② 余丹、康震研究了初、盛唐明堂赋的文本语境与书写策略,历代文人对明堂的书写是一种参与礼制阐释与政治建构的话语方式,明堂赋在书写策略上的差异性,是明堂礼制与政治体制变迁、士人身份阶层等因素共同影响的结果。历代明堂书写的共同累积构成了明堂的意义系统和礼制内涵。③ 左汉林认为唐高宗、武后(合中宗、睿宗)时期,郊庙歌辞的撰写有特殊意义,是朝廷政治的最直接反映。武后前期的郊庙歌辞多为其篡唐作舆论准备,中宗和睿宗时期的郊庙歌辞则显示出对李唐复国及拨乱反正的祝颂。这个时段的郊庙歌辞虽然文学性不强,但其政治背景及其所包含的政治意义却耐人寻味。④

　　封禅、巡守亦有学者进行讨论。封禅的讨论先前已经相当充分。孟献志对唐代国家祭祀中仅有两例的女主亚献(高宗武后参与封禅礼以及中宗韦后参与郊祀礼)作了研究,纠正了以往学术界的看法,认为武后亚献是在礼制范围内进行的调和私礼与公礼内容的事件,并且武后所参与的祭祀并不是封禅中的核心祭祀环节,韦后则逾越了礼制的规定,进入到核心祭祀环节担任助祭,造成了"名不副实"的情况。⑤ 张琛对唐代皇帝行幸礼仪

---

　　① 吕博:《唐初明堂设计理念的变化》,《魏晋南北朝隋唐史资料》第 37 辑,上海:上海古籍出版社,2018 年,第 115—130 页。

　　② 张树国:《唐宗庙雅歌的纂辑与宗庙礼乐的演变》,《乐府学》第 7 辑,北京:学苑出版社,2012 年,第 63—81 页。

　　③ 余丹、康震:《礼制与政治:初盛唐明堂赋的文本语境与书写策略》,《求是学刊》2020年第 4 期。

　　④ 左汉林:《唐高宗武后朝郊庙歌辞的创作及其特征》,《内蒙古大学学报》2020 年第 3 期。

　　⑤ 孟献志:《公祭与私礼:礼制观念变化下的唐代女主亚献》,《中国社会历史评论》第 26卷,天津:天津古籍出版社,2021 年,第 1—11 页。

（即巡守礼）作了研究，包括行幸前的礼制运作、皇帝行幸进发的礼仪制度、皇帝行幸仪卫、扈从、驾行给养与供置制度，并探讨了驾行礼仪制度与唐代的国家治理。该书涵盖内容极广，包括跟行幸有关的礼典展演、礼仪用物以及涉礼政治制度和资源配置，但在走出现象描述，朝进一步逻辑化、系统化方面仍有提升空间。①

　　牛敬飞研究了中古五岳祭祀时间的演变，认为从汉到唐，五岳祭祀一度从汉制一祷三祠降为春秋两祠，似受地方祭祀及民俗影响。北周时，朝廷重视《周礼》及郑玄五精帝之说，这些思想落实在礼制上便是扩充五郊兆。北周五郊从祀之神遍及天地诸神祇，五岳因从祀五郊，开始按五郊迎气日享祀。以五郊迎气日祭五岳，摆脱了秦汉以祭祀次数区别礼秩的制度设计，突出了五岳的五行内涵。隋唐未废此制，或正是体会到这一"进步"，这一关中礼制的孑遗最终进入盛唐礼制并成为后世五岳祭祀的准则。②

　　凶礼研究首推吴丽娱《终极之典——中古丧葬制度研究》③。全书以72万字的篇幅讨论了皇帝和官僚的丧礼，更多围绕中晚唐制度进行。上编分为上、下两个单元，内容为皇帝（附皇后、太子）丧礼制度（或言"国恤"）的沿革；下编一是丧葬礼令关系与官员丧葬法式的探讨，二是官员葬礼和相关待遇的专题研究，全书引用天圣令、元陵仪注等新资料，结合《开元礼》等唐代礼典所反映的"国恤"、赠赙、丧礼、期服等制度的内容，考察了有唐一代凶礼各方面内容的变迁，是目前唐代凶礼研究内容最丰富、方法最前沿的作品。吴丽娱还有多篇论文研究唐代凶礼：（1）研究中古皇帝丧服"权制"的来龙去脉，发现存在三个阶段和三种方式（行于两汉的葬毕加服三十六日、魏晋南北朝大部分朝代所行的既葬或卒哭除服、北齐和唐前期的既葬三十六日、唐后期至宋改为二十七日的"以日易月"）。文章认为"权制"体现国家权力和君臣丧服的一致性，其中各阶段方式的交替则源自不同时

---

①　张琛：《唐代皇帝行幸礼仪制度研究》，上海：三联书店，2022 年。

②　牛敬飞：《论中古五岳祭祀时间之演变》，《世界宗教研究》2017 年第 5 期。

③　吴丽娱：《终极之典——中古丧葬制度研究》，北京：中华书局，2012 年。

代造陵与入葬时限的实际需要和调整①。（2）通过新出墓志研究了唐代挽郎在皇帝（后、太子）葬礼中的出现、活动和作用，以及挽郎作为门荫入仕的来源、在参选减选和试判考试方面所享受的特殊待遇。②（3）从《大唐元陵仪注》出发，考察了皇帝葬礼中山陵诸使的设置。中古礼仪观念是国家、皇帝并重，皇帝葬礼的各个程序是皇帝生活与国家制度协调下的产物，是中唐之际颜真卿等试图恢复和重新建构统治秩序的一个重大方面。山陵使也因作为仪式的主要执行者，使得整个葬礼更加具有可操作性而成为固定的设置。③

品官丧葬仪礼在礼典中一直存在，宋代《天圣令》残本在宁波天一阁发现，极大刺激了唐代品官丧葬礼仪的研究。吴丽娱据此分析了唐代《丧葬令》的构成，分级划分，爬梳了其他令以及格、式、制敕中规定的丧葬制度，对唐五代丧葬制度更加重视中下层官员和一般民众丧葬要求的趋势作了探讨；比较了丧葬令与开元礼的凶礼部分④。并通过举哀、诏葬等制度的变化揭示了丧葬礼仪与皇帝制度、官僚制度的紧密结合⑤。她还撰文考证了唐代的赠赗与赠谥制度⑥，以及公卿巡陵和陵庙荐食制度⑦，揭示了中古皇室和贵族丧礼各角度的面相及其前后变化。对唐代礼制研究可谓贡献卓著。

凶礼施行起来环节众多，且有佛道、民间信仰因素渗入，这方面开始有学者研究。吴羽探讨了唐宋葬事择吉避忌的变化，认为约在南北朝时期，

①　吴丽娱：《关于中古皇帝丧服"权制"的再思考》，《中国史研究》2014 年第 4 期。

②　吴丽娱：《助葬必执绋——唐代挽郎一角》，《首都师范大学学报》2014 年第 2 期。

③　吴丽娱：《唐代的皇帝丧葬与山陵使》，《魏晋南北朝隋唐史资料》第 24 辑。

④　吴丽娱：《唐朝的〈丧葬令〉与丧葬礼》，《燕京学报》新 25 期，2008 年，第 89—122 页。

⑤　吴丽娱：《从〈天圣令〉对唐令的修改看唐宋制度变迁——〈丧葬令〉研读笔记三篇》，《唐研究》第 12 卷，北京：北京大学出版社，2006 年；《唐朝的〈丧葬令〉与唐五代丧葬法式》，《文史》2007 年第 3 辑；《关于唐〈丧葬令〉复原的再检讨》，《文史哲》2008 年第 4 期。

⑥　吴丽娱：《唐代赠官的赠赗与赠谥——从〈天圣令〉看唐代赠官制度》，《唐研究》第 14 卷，北京：北京大学出版社，2008 年；《光宗耀祖：试论唐代官员的父祖封赠》，《文史》2009 年第 1 辑，总第 86 辑。

⑦　吴丽娱：《唐宋之际的礼仪新秩序——以唐代的公卿巡陵和陵庙荐食为中心》，《唐研究》第 11 卷，2005 年。

除"除服"之外的葬事择吉已经避建日,这种传统一直延续到宋。魁、罡日百事宜避的说法影响及于朝廷,应在唐代宗大历至德宗建中年间;进入王朝历日并成为常识可能是在唐德宗建中四年之后不久。而在敦煌,直到大中十二年至乾符三年间,"百事宜避"魁、罡日的观念才逐渐贯彻到历日中去。在敦煌,直到北宋初,历日中葬事才避复日,显示出明显的地域特点。葬事避忌常识的形成与传播很可能与国家对意识形态和方术的整顿及当时的政局紧密相关,又与中央政权对地方的控制力紧密相关①。这一研究从一个侧面反映了民间习俗和庙堂礼典的互相影响。凶礼相对而言资料多,涉及阶层广泛,以后在复原仪式过程,考察其性质流变方面仍大有余地。

涉及中古军礼的研究成果不多,除了梁满仓《魏晋南北朝五礼制度考论》有部分涉猎外,日本学者丸桥充拓的《唐代军事财政与礼制》第九至十四章是军礼研究,作者以起源各异的诸礼集于军礼并最终归于《开元礼·军礼》的过程为研究内容,从追溯五礼制度的确立过程开始,到分析《大唐开元礼》的出征仪式、射礼,梳理了正史《礼志》记载的两汉魏晋南北朝射礼的发展。② 本书不足在于:一是作者不清楚"五礼"的框架结构在唐以前的缓慢发展,以至于认为《宋书·礼》未按"五礼"结构分类,结构混乱(第212页);二是作者认识中"礼仪"的边界并不清晰,分起类来有失据之处,如射礼部分提到两汉魏晋的"军事性训练仪式"与"非军事性射礼"(第251页),作者的三礼学功底也限制了对《开元礼》中军礼的深入认识,这些是异域学者对中国古代的"礼"终究隔膜所致。王博结合唐代的政治事件背景,对唐代直至宋代军礼中的射礼作了细致入微的考察,认为《开元礼》中军礼的颁布标志着射礼的成熟,从施行看,唐代大射礼集中于前期,太宗朝步入高峰期,玄宗朝天宝年间便销声匿迹。唐代射礼虽为军礼,却没有看到借助射礼强化军队战斗力的目的,玄宗时大射礼中的宴会内容加强,到宋代,大射礼被宴射礼取代。真宗时宴会礼仪进一步正规化,北宋末期宴射礼被收入

---

① 吴羽:《唐宋葬事择吉避忌的若干变化》,《中国史研究》2016年第2期。
② 〔日〕丸桥充拓:《唐代军事财政与礼制》,张桦译,西安:西北大学出版社,2018年。

《新仪》,正式收入国家礼典中①。王博还对唐代献俘礼作了研究②。总之,就军礼鼓舞士气,彰显政治权力,安排边疆各族裔军镇的轻重并体现格局变化这些重要功能而言,目前的军礼研究只能说刚刚起步。

宾礼研究比军礼充分。石见清裕《唐の国书授予仪礼について》复元了唐代的番主、番使谒见皇帝礼仪以及皇帝宴请番主、番使,国书授予的礼仪,对其中的一些关节进行了解说和讨论③。更重要的成果是王贞平《唐代宾礼研究:亚洲视域中的外交信息传递》④,本书采用国际化研究视角,在"概念的引入"章节介绍了"差序格局观",并围绕着亚洲各国"权利中心论"的形成,介绍了宾礼视角下多元时空中的亚洲国际格局,以及宾礼与外交中软、硬实力的运用关系。还通过对唐代宾礼各环节(迎劳、赐舍、食料、蕃主奉见)以及元日(及冬至)朝贺仪式、皇帝宴蕃国主、蕃国使等礼典的考证,和 753 年日本使"争长"事件,剖析了唐代宾礼作为亚洲外交"公共产品"的性质,并考察了宾礼中的口头信息传递及"译语"职能,以及它们对日本、朝鲜及渤海诸国的影响。通过宾礼的"去政治化"考察了唐"实用多元主义"对外策略的形成,以及"朝贡体制"中接待礼仪与交往内容的分离。该书是近年唐代宾礼研究的重量级著作。目前的书评中,尹承认为该书存在随意界定研究对象、以文献中的条文为历史实际、对礼的随意想象等问题,并指出了该书中多处对文献的误读⑤;李效杰、王永平的书评认为该书立足唐代亚洲国际关系深入发展的历史背景,分析了宾礼的动态过程,从唐与不同国家关于宾礼的"互动"中梳理出宾礼的政治基础、发展趋势以及背后的亚洲国际关系格局。该书还拓展了"全球史研究的新境界",同时还

---

①　王博:《唐宋射礼的性质及其变迁——以唐宋射礼为中心》,《唐史论丛》第 19 辑,西安:三秦出版社,2014 年,第 98—118 页。

②　王博:《唐代献俘礼的构造与皇帝权力》,《陕西历史博物馆馆刊》2014 年;王博:《献俘礼から见た唐·宋军礼の变容》,《史滴》第 34 期,第 41—67 页。

③　〔日〕石见清裕:《唐の国书授予仪礼について》,《東洋史研究》第 57 卷第 2 号,1998 年。另外他的《唐代的外交与墓志》由王博译出,西北大学出版社 2018 年出版。

④　王贞平:《唐代宾礼研究:亚洲视域中的外交信息传递》,上海:中西书局,2017 年。

⑤　尹承:《王贞平〈唐代宾礼研究:亚洲视域中的外交信息传递〉》,包伟民、刘后滨主编《唐宋历史评论》第 9 辑,北京:社科文献出版社,2022 年。

在唐代亚洲国际关系格局方面尝试进行了理论"建构",有着重要的启发意义。① 李鸿宾的书评认为王书的价值主要表现在通过对宾礼程序细致入微的考索,就其背后隐藏的唐朝谋求亚洲宗主地位之传统、现世表现及其意涵进行了有深度的揭示。其中就周边远域那些"朝拜"者自身动机和意愿的描述,以及如此意愿背后呈现的多元权力格局的分布,使得他们在回应唐朝大国诉求的同时亦有自身愿望的追求和相应行为的展现,在很大程度上解构了唐朝以宾礼架构宗藩网络的政治意图;该书作者采纳"去政治化"对此予以表述,其词汇揭露事实真相之精准。② 李丹婕介绍唐代的外交文化时也提到该书,认为隋唐的统治者拥有更加多元的政治资源可用于打造政权合法性,锤炼主流意识形态。包括儒家在内的各种文化传统,在当时形成了一个庞大的政治资源库,而这些政治资源一定程度上为当时欧亚世界的政治精英所共享。③

涉及宾礼的图像资料也开始进入学者视野。毕德广考证了唐章怀太子墓墓道所绘"东客使图"中由右向左第三位使者的族属,学者一般认为是东罗马人,个别学者认为是粟特人,但从该墓墓道壁画的布局及方位秩序、人物面貌特征看,此人应来自大唐东部,再结合人物发式、叉手礼等因素,可推测其为唐代契丹人④。

嘉礼研究领域仍然可以窥见吴丽娱先生的贡献。探讨婚仪的有《唐代婚仪的再检讨》⑤;探讨册封皇后礼的有《朝贺皇后:〈大唐开元礼〉中的则天旧仪》⑥;《兼容南北:〈大唐开元礼〉的册后之源》⑦认为武则天对唐代礼

---

① 李效杰、王永平:《唐代宾礼与亚洲格局——读〈唐代宾礼研究:亚洲视域中的外交信息传递〉》,《唐史论丛》第 31 辑,西安:三秦出版社,2020 年。

② 李鸿宾:《礼典规约下多重视角的互动——王贞平教授〈唐代宾礼研究〉书后》,《国学学刊》2019 年第 2 期。

③ 李丹婕:《宾礼之外:比较视野下的隋唐外交文化》,《读书》2019 年第 12 期。

④ 毕德广:《唐章怀太子墓"东客使图"新论》,《考古与文物》2020 年第 5 期。

⑤ 吴丽娱:《唐代婚仪的再检讨》,《燕京学报》新 15 期,2003 年,第 47—68 页。

⑥ 吴丽娱:《朝贺皇后:〈大唐开元礼〉中的则天旧仪》,《文史》2006 年第 1 辑。

⑦ 吴丽娱:《兼容南北:〈大唐开元礼〉的册后之源》,《魏晋南北朝隋唐史资料》第 23 辑,2006 年。

制有很深的影响,皇后礼制得到了强化不仅表现于朝贺礼仪,还表现在册后礼仪和册太子礼仪上,并对"纳后"和"临轩册后"的区别及其历史渊源进行了讨论。探讨册封太子礼的有《太子册礼的演变与中古政治——从〈大唐开元礼〉的两种太子册礼说起》①,她认为《开元礼》中的册太子礼仪也有"临轩册立"和"内册皇太子"两种,武则天出于夺权和昭显皇后权威的目的,吸收并扩大了"内册皇太子"这一出现在北齐的礼仪,并使之明确区分于"临轩册立"礼仪。探讨养老礼的有《论中古养老礼仪式的继承与兴衰——兼析上古宾礼之遗存废弃与皇帝的礼仪地位》②,追溯了两汉魏晋养老礼的宾礼渊源与其兴废,北魏复兴养老礼的儒家化因素及其体现的勋贵之尊,以及唐《贞观》《开元礼》对养老礼的修正及宋代养老之仪的变革。并认为养老礼反映了皇帝礼仪地位的变迁。她还对起居仪作了探讨,认为朝贺制度是一种更加正式的起居仪;③并对唐代的礼仪使、大礼使作了考察④。吴丽娱还有 2 篇论文以官员的上事仪为主题,通过尚书仆射上事礼仪的升降,论述了唐后期官场礼仪在伸张朝廷权威和笼络藩镇武将之间的两难境地;通过节度刺史上事礼仪,提出了晚唐五代官场礼仪的重心在藩镇的观点。佐藤和彦对唐前期皇太子尊崇师傅礼仪的历史渊源、制度文本、实际运作以及唐后期太子师傅性质的变化展开了讨论⑤。

其他学者亦有论文讨论嘉礼。乔凤岐利用传世文献,考察了唐朝册命皇太子的两种形式:临轩册命皇太子(在太极殿或宣政殿进行)和内册皇太

---

①　吴丽娱:《太子册礼的演变与中古政治——从〈大唐开元礼〉的两种太子册礼说起》,《唐研究》第 13 卷,2007 年,第 63—86 页。

②　吴丽娱:《论中古养老礼仪式的继承与兴衰——兼析上古宾礼之遗存废弃与皇帝的礼仪地位》,《文史》2013 年第 4 期。

③　吴丽娱:《试论唐五代的起居仪》,《中国社会科学院历史研究所学刊》第 4 集,北京:商务印书馆,2007 年。

④　吴丽娱:《唐代的礼仪使与大礼使》,《中国社会科学院历史研究所学刊》第 5 集,北京:商务印书馆,2008 年。

⑤　吴丽娱:《试论唐后期中央长官的上事之仪——以尚书仆射的上事为中心》,《中国社会科学院历史研究所学刊》第 3 集,北京:商务印书馆,2004 年,第 263—291 页;《晚唐五代中央地方的礼仪交接——以节度刺史的拜官中谢、上事为中心》,收入卢向前编《唐宋变革论》,合肥:黄山书社,2006 年,第 250—282 页。

子(在东宫明德殿举行)。册命皇太子是一项非常重要的政治活动,受册之后谒太庙也是储君之位受于祖宗的体现。① 佐藤和彦《大唐开元礼からみる立皇后仪礼》②辨析了皇后和皇太后的册礼中"皇后正殿"所指的现象,还注意到《开元礼》中的册后礼仪有"纳后"和"临轩册后"的区别。婚礼研究论文有郭海文《唐代公主的婚姻礼仪》③;张葳《唐代公主出降行拜舅姑礼初探》④过对公主出降行拜舅姑之礼在有唐一代所引起的相关问题的梳理。

周凯、张剑光考察了唐五代的入阁礼仪。入阁礼仪是唐五代时期君臣朝参制度的一种特殊形式。作为一种固定的礼仪制度,它最早形成于武则天当政时期,其性质类似于正衙常参,到了玄宗时期,常态化的入阁听政逐渐减少,肃宗朝以后,由于日常听政活动被迫暂停,"朔望入阁"开始出现常朝化趋势,至代宗时,入阁更是打破了朔望日的界限,单日亦可施行。敬宗时,形成于玄宗朝的"朔望入阁"又得以恢复。唐僖宗乾符以后,入阁的常朝属性逐步确立,但唐代入阁的本质逐渐脱离其原旨。而五代以降,由于承袭唐末之制,形式上类似于朔望大朝的"前殿入阁"继续施行,并逐渐发展成为朝廷盛礼,成为"一时之上仪"。⑤

从研究方法看,唐宋礼制研究的主流是深入礼制内部,考察其功能、流变,吴丽娱《礼制变革与中晚唐社会政治》⑥是这一研究理路的很好总结。

在唐朝的物化礼乐部分,李志生对隋唐后妃命妇礼服制渊源作了全面考析。隋唐后妃命妇礼服制以"开皇制"和"武德制"为主的,其承袭来自"北齐制",而北齐制又承袭北魏之制(北魏后妃命妇礼服制源头是宋将殷孝祖妻萧氏归魏带来的南朝后妃服饰制度),河清二年(563)令改易旧物,

---

① 乔凤岐:《唐朝册命皇太子的礼仪》,《中州学刊》2020 年第 12 期。

② 〔日〕佐藤和彦:《大唐开元礼からみる立皇后仪礼》,《立正大学东洋史论集》第 17号,2005 年。

③ 郭海文:《唐代公主的婚姻礼仪》,《社会科学评论》2009 年第 3 期。

④ 张葳:《唐代公主出降行拜舅姑礼初探》,《江汉论坛》2005 年第 4 期。

⑤ 周凯、张剑光:《唐五代入阁礼仪探析》,《江西社会科学》2021 年第 5 期。

⑥ 吴丽娱:《礼制变革与中晚唐社会政治》,该文是黄正建编《中晚唐政治与社会研究》一书的第二章,北京:中国社会科学出版社,2006 年,第 108—267 页。

"北齐制"影响了后来的开皇制,但开皇制对北周制的吸收也不少。而唐制又承"开皇制"而来。故"北齐制"是为隋唐后妃命妇礼服制重要的来源之一。至于南朝制度的影响,在"大业制"中有对宋制直接承袭的,故隋制对刘宋制度的吸收,也并非全是转于魏、齐的二手制度。从后妃命妇礼服看,陈寅恪的隋唐制度"三源说"(北魏北齐、梁陈、西魏北周)也是适用的。①

　　包铭新、崔圭顺结合唐代礼制文献记载对《步辇图》反映的服色制度及其他细节作了考察。按照贞观四年的规定,礼官所穿是文献上说的绯色,不是"朱色""红色"。绯色与丹秋三染而得的纁色基本相同,只是略深一点。根据唐代职官制度,礼部里四、五品官员是礼部侍郎(正四品下)和其下面的礼部、祠部、膳部、主客的四司郎中(从五品上),而四、五品官员应服用绯色。但以四司掌管的事务分析来看,"诸蕃朝觐之事"更密切为主客郎中。因此该图之礼官的具体官职应为礼部主客郎中或他的上司礼部侍郎,不是"赞礼官"。②

　　综上所述,目前唐代礼制研究已经展现出了生机勃勃、全面铺开的景象,五礼中众多的名目开始累积起研究个案。从制度史、宗教史、物化礼乐等视角也有很多不同的方法来深入唐代礼制,从余欣主编《中古时代的礼仪、宗教与制度》③可以窥见一斑。这些活跃的方法已经开始辐射到别的断代的礼制研究并产生成果。

五、 中古礼制下移和早期乡里礼秩的内容

　　"礼制下移"是中古中后期开始出现的历史倾向,它是宋以后社会转型中诸多变化中的重要一种,其发端在中古中期。《礼记·曲礼》所记"礼不

---

① 李志生:《隋唐后妃命妇礼服制渊源考析》,《唐史论丛》第32辑,西安:三秦出版社,2021年,第3—25页。
② 包铭新、崔圭顺:《唐代礼官服色考——兼论〈步辇图〉的服色问题》,《故宫博物院院刊》2006年第5期。
③ 余欣主编:《中古时代的礼仪、宗教与制度》,上海:上海古籍出版社,2012年。

下庶人"一直是先秦两汉魏晋南北朝奉行的原则,在这漫长的历史时段里,国家礼典并不为庶人制礼,到了唐代中叶,《大唐开元礼》开始为庶人制礼。北宋末年制定的《政和五礼新仪》订有"庶人婚仪""庶人冠仪""庶人丧仪"等专门针对庶人的礼文。这部礼典修成后,朝廷要求所有乡村的礼仪都依照《新仪》来做,甚至一度下令普通民众办婚礼、丧礼,都必须邀请礼生来引导礼仪。明清朝廷承袭为庶民制礼的做法。唐宋之间从"礼不下庶人"到为庶人制礼,有其复杂的政治、社会背景。唐宋间的政治社会变革在推动"礼下庶人"中也起了重要作用——随着中古士族的衰亡,地方社会出现了权力的空档,再也没有"世家"来主导乡村的秩序,宋代士大夫面临的一个重要使命就是社会秩序的重建,为此他们设计出各种方案,明清社会史上非常重要的祠堂、族谱、乡约、保甲、社学、社仓等制度,大多是在宋代由士大夫构想和推行的①。推行的结果就是乡里礼秩②逐渐成型,最终跟庙堂礼典浑然一体。因此,礼制下移和乡里礼秩的初现,是中古庙堂礼典外植根于社会的礼仪的重要内容。其中,书仪和杂礼书的出现是礼制下移的最初源头。对明清有巨大影响的宋代《朱子家礼》的出现,正是对此前的书仪、杂礼书作取舍,并糅合《仪礼》一部分内容重新构思的结果。宋至清乡里礼秩逐渐发展成熟,它由序齿(乡饮酒礼)、祀神(祭祀地方性神灵)、收族(举行宗族祭祖礼)三大类礼仪构成,而魏晋隋唐时期,虽然近世意义上的宗族尚未出现,植根于宗族基础上,以《朱子家礼》为蓝本的宗族祭祖礼也未出现,但存在一些私家庙制和祭祖行为;乡饮酒礼则是存在的,它是沟通庙堂和乡里之间二者关系的桥梁,但跟后来宋至清那种旨在为乡里序齿的乡饮酒礼有重大差别,此外,能归入"礼"的框架但有民间自身特色的祀神、丧葬等乡里礼秩的组成部分,也有一些研究成果,下文便具体介绍。

---

① 刘永华:《礼仪如何下乡(访谈)》,收入《时间与主义》,北京:北京师范大学出版社,2018年。

② 张寿安提出"礼秩"的概念,非常适合用来考察乡里基层存在的内容性质各异的礼仪,本文称之为"乡里礼秩",参见《十八世纪礼学考证的思想活力:礼教论争与礼秩重省》,北京:北京大学出版社,2005年。目前对之较为成熟的个案研究多集中在运用历史人类学进行区域社会史研究的明清阶段。

（一）礼制下移

1. "礼制下移"综合性研究的尝试及局部细节考察

"礼制下移"是一个包含众多内容的巨大课题。王美华《礼制下移与唐宋社会变迁》①对此作了专门考察。书分八章，第一章考察了以《大唐开元礼》《政和五礼新仪》为核心的官方礼制的发展；第二章考察了唐宋时期官方礼制的庶民化倾向；第三章考察了包括城隍、社稷信仰在内的地方州县祭祀；第四章是庙学体制的构建、推行与唐宋地方的释奠礼仪；第五章以乡饮酒礼的修订、下移为核心，考察了唐宋地方社会的变迁；第六章以"礼法合流"为核心考察了唐宋礼制制度、文本的推行和司法审判的模式；第七章是唐宋地方官社会教化实践与礼制下移的关系；第八章对官方旌表与唐宋孝悌行为的变异作了考察。本书牵涉面广，驾驭难度高，因此各章均有未遑深入之感，但本书作为"礼制下移"综合性研究的较早尝试，有其开创贡献。

唐代藩镇的礼仪，其名目、制度、施行方式直至目前为止仍几乎没有学者关注。略涉及的是张丹阳利用唐大中五年《张季戎慕志》的资料对唐代的乐营及乐营使状况的考察。墓志记载张氏于会昌五年（846）曾担任乐营使，根据墓志所载张季戎详细官历，通过其前后担任职官性质、转迁规律的分析，可以确认他所任乐营使是东都留守府武职系统下的一个"使职"。唐代乐营是隶属于军镇、军队的音乐机构，乐营使是方镇中管理乐营的最高长官；其职官具有一定的临时性，一般都由方镇中武官或武将兼任；乐营使与客将、知客等负责方镇礼仪沟通的官员存在互动。②

礼制下移的表现之一就是各种私家礼仪开始兴起。中古时期世家大族未彻底退出历史舞台，因此存在私家庙祀。游自勇探讨了长安私家的庙祀③，赵旭详细考察了唐宋的家庙制度，认为唐代至少在贞观以前就确立

①　王美华：《礼制下移与唐宋社会变迁》，北京：中国社会科学出版社，2015 年。

②　张丹阳：《唐代乐营及乐营使新考》，《文化遗产》2023 年第 1 期。

③　游自勇：《礼展奉先之敬——唐代长安的私家庙祀》，《唐研究》第 15 卷，北京：北京大学出版社，2009 年，第 435—481 页。

了五品以上之官按国家典制建立不同世数家庙的制度。《开元礼》中有品官家庙制度的规定,一般官员的家庙规格不是按照封爵高低,亦非祖考功业,而是按照子孙所拥有职事官的品级确立,但唐代官方定的家庙制度难以推行,原因是:(1) 对承嗣立庙官员品秩要求过高,同时又受传统礼经的制约,极易造成绝嗣而废庙的情况;(2) 以职事官三品为界,祭祀频度与规格不尽相同。六品以下官只能祭祖祢于正寝,更不可能有"祫"的奢望。(3) 家庙营缮不易,耗资不菲,而唐代自天宝以来,私家之庙多荟萃于长安城内的繁华之处,以至于宰辅之家或有艰于营缮者①。本文是直至目前对唐代家庙制度前后变迁考察最仔细的作品。后来经过唐宋之间的剧烈社会变革,加上宋代《朱子家礼》的构想和实践,私家庙制作为礼制下移的一种,才经过重构,最终在民间扎根。

2. "礼制下移"的最初源头:书仪和杂礼书

从先秦一直到中古时期,整套礼制内容广泛,庙堂礼典是国家层面的需要,舆服、仪仗等各级礼仪制度则是贵族官员独享的尊荣。中古世家大族的存在宛如社会的凝结核,一次次在王朝崩覆之后与皇权合谋重构礼典,也因社会的变迁,自己编撰自己社会阶层所需的礼仪,书仪就是这样的产品。随着世家旧族的没落,书仪在社会上广为流传,这部分内容有的保存至今,它们是后来乡里礼秩进行制度设计时的资源。学界对"书仪"的内容性质存在两种不同的看法,一种认为书仪是写信的程式和范本,供人模仿和套用;另一种认为书仪是兼有书札体式和典礼仪注内容的著作。金传道、王宁通过检讨敦煌写卷中保存的十余种书仪,认为就"书仪"原有意义而言是指写信的程式和范本,典礼仪注部分中唐以后才被附加到少数书仪中②;陈静则认为后一种看法才是正确的③。六朝时期士族家礼兴盛,书仪

① 赵旭:《唐宋时期私家祖考祭祀礼制考》,《中国史研究》2008 年第 3 期。
② 金传道、王宁:《"书仪"内容辨正》,《内蒙古大学学报》2010 年第 5 期。
③ 陈静:《书仪的名与实》,《中国典籍与文化》2000 年第 1 期。

类著作也于此时出现、增多①，梁满仓考察了魏晋南北朝书信礼仪的社会影响②；杜海考察了书仪的源流变迁，并对敦煌书仪研究作了总结③。周一良、赵和平《唐五代书仪研究》④考察了书仪的源流、敦煌写本书仪、表状笺启书仪、《朋友书仪》、杜友晋《吉凶书仪》及《书仪镜》、郑余庆《大唐新定吉凶书仪》敦煌写本残卷、晚唐五代时的吉凶书仪写卷、后唐时代刺史专用书仪和甘州回鹘表本、《新集杂别纸》等的内容、性质，以及敦煌写本书仪中的部分唐代社会文化生活和婚丧礼俗等，此书是改开后书仪研究的开山之作。吴丽娱《唐礼摭遗——中古书仪研究》⑤对书仪研究作了新时代继往开来的总结，并在诸如《朋友书仪》的作者问题、复书与别纸的流变、表状笺启类书仪的渊源等方面提出了许多创见。她还有多篇论文对朋友书仪、家族内外关系的书仪、官场上下应酬的表状书仪均作了仔细研究⑥。

　　除了具体研究书仪内容外，吴丽娱还就书仪吸收礼经，下及民间的状况作了研究：《敦煌所出杜佑丧服制度图与郑余庆元和书仪》⑦考察了书仪对礼经的吸收和向民间普及；《正礼与时俗——论民间书仪与唐朝礼制的同期互动》⑧考察了敦煌书仪吸收官场礼仪，起到下及民间作用的情况；《从敦煌书仪的表状笺启看唐五代官场礼仪的转移变迁》⑨认为唐后期藩镇体制的建立，使书仪制作者的群体发生了从中央官员到地方僚属的转

　　①　任慧峰、范云飞：《六朝礼学与家族之关系再探》，《孔子研究》2016 年第 3 期。

　　②　梁满仓：《魏晋南北朝时期书信礼仪的社会影响》，《北京社会科学》2015 年第 2 期。

　　③　杜海：《书仪源流述论》，《兰州大学学报》2013 年第 5 期；《敦煌书仪研究评述》，《史学月刊》2012 年第 8 期。

　　④　周一良、赵和平：《唐五代书仪研究》，北京：中国社会科学出版社，1981 年。

　　⑤　吴丽娱：《唐礼摭遗——中古书仪研究》，北京：商务印书馆，2002 年。

　　⑥　吴丽娱：《关于晚唐五代别纸类型和应用的再探讨——〈新集杂别纸〉研究之二》，《魏晋南北朝隋唐史资料》第 30 辑。

　　⑦　吴丽娱：《敦煌所出杜佑丧服制度图与郑余庆元和书仪》，《敦煌吐鲁番研究》第 5 卷，北京：北京大学出版社，2000 年。

　　⑧　吴丽娱：《正礼与时俗——论民间书仪与唐朝礼制的同期互动》，《敦煌吐鲁番研究》第 9 卷，2006 年。

　　⑨　吴丽娱：《从敦煌书仪的表状笺启看唐五代官场礼仪的转移变迁》，《中国社会历史评论》第三卷，北京：中华书局，2001 年。

移,展现官场礼仪的表状笺启书仪遂取代吉凶书仪而成为制作的主流,其制作再次从中央回到地方。总之书仪作为贵族官僚的仪范,后来流传到全社会,在此基础上形成各种杂礼书。姜伯勤指出贞元、元和年间,朝廷在礼仪上作了不少调整,强调王朝的正统性和中央集权的绝对性,同时礼书逐渐呈现仪注化和庶民化的趋势①。王美华考察了唐代家礼的修撰,认为与世家旧族有密切关系②。这些研究均涉及了"礼制下移"的部分早期脉络。今后在打通断代研究壁垒,引进新研究范式且不局限于资料考证的路数下,有关研究才可能出现长足进展。

(二) 乡饮酒礼、祀神、丧葬礼俗——"大一统"对乡里礼秩中多种元素的包容

乡里礼秩中,包括了存在于基层的序齿、收族、祀神的各种礼仪。因为近世意义上的宗族要到宋中期之后才出现,所以植根于宗族基础上的祭祖礼尚未登上历史舞台,但民间祀神广泛存在,虽然它有浓重的民间宗教色彩,但被限定在礼制的大框架内。侯旭东译太史文的《幽灵的节日:中国中世纪的信仰与生活》③以鬼节为切入点,考察了以《盂兰盆经》为基础的鬼节在中古中国扎根的历史及风行于各阶层的盛况,是佛教社会史的新颖作品,这一范式目前正向国内引进。而作为乡里礼秩组成部分的乡饮酒礼和民间祀神,研究成果稍为丰富,详下文。

1. 乡饮酒礼

高二旺考察了中国古代乡饮酒礼的四期流变,认为先秦是经典乡饮酒礼的形成时期,东汉以后乡饮酒礼受到了皇权的支持,并更多地同教育兴学结合起来。魏晋南北朝时期乡饮酒礼衰落,唐宋乡饮酒礼得到了皇权的更多干预,并融入科举制下的人才选拔仪式,"鹿鸣宴"盛行一时。明代朝

---

① 姜伯勤:《唐贞元、元和间礼的变迁——兼论唐礼的变迁与敦煌元和书仪》,收入《敦煌艺术宗教与礼乐文明》,北京:中国社会科学出版社,1996年。
② 王美华:《世家旧族与唐代家礼修撰》,《吉林师范大学学报》2012年第6期。
③ 〔美〕太史文:《幽灵的节日:中国中世纪的信仰与生活》,侯旭东译,杭州:浙江人民出版社,1999年。

廷通过酒礼入律加强对社会的控制,清代继续通过饮酒礼倡导守法、尊老、重德的统治理念,此时成为乡饮酒礼的总结期。① 在断代研究中,唐朝乡饮酒礼的讨论稍多,高明士《论隋唐学礼中的乡饮酒礼》②对隋唐乡学中的乡饮酒礼作了整体考察,认为它来源于"三礼"记载的周制,在唐代是乡学教育体系中的一种形式。杨亿力考察了唐代的鹿鸣宴、乡饮酒礼与科举制度之间的关系,认为唐代的鹿鸣宴即脱胎于乡饮酒礼,乡饮酒礼以其"宾贡"功能和学礼身份得以与唐代的科举制度相衔接,并逐渐受科举影响而产生分化,"正齿位"的功能在后世的县一级乡饮酒礼中得以保留;而州一级举行的"乡饮酒礼"在后来的发展中逐渐脱去了"敬老"、祭祀职能,强化了"送行""资助"色彩,并至迟在贞元年间又融合进了文人唱和的风气,初步具备了"鹿鸣宴"的样态。到了晚唐,鹿鸣宴已经基本成型并独立,但它的名称尚未流传开来,唐之后乡饮酒礼与鹿鸣宴各自独立发展。③

王美华发表了数篇研究乡饮酒礼的论文,具体考察了唐宋乡饮酒礼的演变、乡饮酒礼和唐宋地方社会的关系④。游自勇纵向考察了整个唐代的乡饮酒礼及其与地方社会的关系,认为它包含了贡士、正齿位、饮国中贤者等多种含义,其中以贡士之仪最为重要。地方官普遍把举行乡饮酒礼作为推行教化、改革风俗的重要手段。随着社会秩序的混乱和经费短缺等问题,乡饮酒礼逐渐衰微下去,游文对王美华的一些观点进行了回应⑤。顾涛注意到了《仪礼·乡饮酒礼》和后代乡饮酒礼之间的重大差别,那就是因为秦开始大一统中央集权的建立,周代原有的乡治基础被摧毁,导致后代乡饮酒礼的变质,甚至被养老礼鸠占鹊巢。《仪礼·乡饮酒礼》所载的由乡

---

① 高二旺:《中国古代乡饮酒礼的四期流变》,《南都学坛》2022 年第 2 期。

② 高明士:《论隋唐学礼中的乡饮酒礼》,《唐史论丛》第 8 辑,西安:三秦出版社,2006 年,第 1—28 页。

③ 杨亿力:《唐代鹿鸣宴刍议——兼论鹿鸣宴与乡饮酒礼之关系》,《华中学术》2011 年第 1 期。

④ 王美华:《唐宋时期乡饮酒礼演变探析》,《中国史研究》2011 年第 2 期;《乡饮酒礼与唐宋地方社会》,《社会科学辑刊》2010 年第 4 期。

⑤ 游自勇:《唐代乡饮酒礼与地方社会》,《首都师范大学学报》2015 年第 2 期。

长亲自主持的周代乡饮酒礼,体现宾主、长幼乃至全乡的和睦关系,它是西周春秋以来乡治精神的高度凝结,是乡里官民会聚的公共空间。乡治是一种由下而上的社会自发组织模式,学界长期以来对此认识不清,段玉裁亦误释乡礼本义。西汉成帝以来重建乡饮酒礼,至《大唐开元礼》形成了新的体系,即分列为皇帝养老、刺史乡饮酒和县令正齿位三项仪式近似的礼典。这一历史演变,乃是秦汉以来地方社会组织模式发生根本性变动的结果,周代乡礼的礼义内核在东汉至西晋渐为养老尚齿所寄居,至隋唐以后再一次被乡贡尊贤所占据。乡饮酒礼就像鹊巢之被鸠居,礼制史上的这一演变可称为"礼仪的鸠占化"。明清以降,尊长、尚齿的礼义与中央集权进一步共振,乡礼再度变质。① 这一发现至关重要,为推进"礼"在国家治理手段方面提供了极其有益的宝贵思路。

2. "国家的在场"之———乡里礼秩中的民间祀神

乡里礼秩中的民间祀神部分,跟庙堂礼典中吉礼部分的国家神祀一起,构成了"礼"祭祀方面的从上到下的层级体系。魏晋南北朝隋唐的民间祭祀因为文献记载有限,一直以来研究成果不多,近年来有所突破。刘凯对西门豹邺地成神的轨迹及其异化作了考察。三国至北魏太和年间的西门豹形象在政府认可的"贤臣"与民众倾向的"神人"间游移,至北齐时,出现了与"豹祠"并列、结合的"石婆",通过徐之才、之范兄弟关于"豹祠娶石婆"对话的解读,可确知巫现对鲜卑上层民众的影响。两宋时,西门豹治邺的功绩也被埋没,西门豹神灵的形象部分"异化"为动物,成为名副其实的"豹神"了。② 刘凯还考察了北魏对杂祀的清整过程。认为北魏杂祀与王朝正统祭祀虽有碰撞、冲突,却也可在一定条件下交融乃至转化。可关注情形有三:以西郊为核心的原始祭典从王朝正统祭祀转变成杂祝;嘎仙洞石室从游离于中央政权之外的杂祀,被收纳入王朝正统祭祀;与淫祀

---

① 顾涛:《礼制史上的鹊巢鸠居——乡礼的礼义及其历史演变》,《文史哲》2022 年第 2 期。

② 刘凯:《贤臣·神人与异化的神明:西门豹邺地成神的轨迹及其异化》,《东岳论丛》2019 年第 7 期。

概念相类的杂祀,被政府清整的同时亦因政治实用主义而被纳入王朝祭祀范畴。北魏杂祀政策背后是皇权有意识也有能力完成杂祀的清整及其与正祀的相互转化,而东晋皇权在门阀政治中自顾不暇,甚至需要借助杂祀以求取政治抗争上的有利形势。① 以上研究均注意到了祀神中国家力量的影响。

祀神需要聚众,这又涉及国家和社会的关系。雷闻通过考察隋唐时期的聚众之禁,透视中古国家与宗教的关系。从隋朝开始,国家律令就对聚众有明确的禁约,唐初的《永徽留司格》有了对僧尼俗讲的限制措施,目前所见《垂拱刑部格》与《开元户部格》也都有相关禁令,其对象包括了宿宵行道与白衣念佛的佛教斋会,隐逸人的广聚徒众,以及百姓的排山社等社邑组织。唐玄宗严禁僧、道人士在俗家居止,又严禁僧道离开所属寺观去山林兰若修炼。代宗则下诏不许州县公私借佛寺道观居止,并严禁僧尼道士进行斋会礼谒之外的"非时聚集"。从宪宗元和十年到文宗时,又陆续对两京与诸州寺观的俗讲聚众的时间、寺观数量等做出严格规定。隋唐的聚众之禁趋向严厉,反映了国家对宗教性聚众的天然恐惧与警惕,官府总是尽量限制僧人与俗人之间的联系,这一点,也对日本的律令有所影响。②

3. "国家的在场"之二——丧葬及其他礼俗

前文已述"礼俗"属于 20 世纪初出现的概念,指上层精英文化之外的下层风俗。③ 从当下"礼"的研究进展水平看,它属于乡里礼秩的组成部分,与庙堂礼典一起构成"礼"的制度化整体。丧葬礼俗则跟庙堂礼典中的凶礼部分一起构成从上往下的丧礼体系。在魏晋南北朝隋唐时期,它由世家大族主导,在民间更是有多种多样的表现形式。目前考古学者的研究仍然习惯使用"礼俗"的概念来研究墓葬文化及实物资料。李梅田的专著《葬

---

①　刘凯:《清整与转化:北魏杂祀简考》,《东岳论丛》2021 年第 4 期。

②　雷闻:《隋唐时期的聚众之禁:中古国家与宗教仪式关系之一侧面》,《文史哲》2022 年第 4 期。

③　杨英:《百年来中国礼制研究的概念史回顾》,《中国社会科学报》2022 年 10 月 17 日历史学版。

之以礼》运用了"礼俗"的概念,沿用考古学者熟谙的分区域、分时代分析墓葬的方法,对北朝十一个地区的地域文化(洛阳、邺城、云代、幽蓟、青齐、关中、河西、辽东等)作了分析,并分析了不同时段墓葬文化的区域互动与嬗变,作者还采用丧葬模式和礼仪空间这样的新视角,通过丧葬图像、墓室图像、随葬器物这样的用物,透视汉唐丧葬礼俗的变迁。[①]

但随着研究的进展,学者们在分析丧葬物质文化的过程中,开始注意剖析从属于"礼"的制度化体系、来自上层的器物及其背后的运作方式和民间自发产生部分二者的差别,李嘉妍系统研究了东汉至北朝的墓葬石堂,认为东汉时期墓上建筑形成了一套以石堂、墓阙、墓垣等为代表的成熟的墓葬地面建筑,并形成完整的发展序列,逐渐与墓室的布局形成统一的整体。经历三国魏晋时期的动荡,至北魏仍存于地表,为后人借鉴使用。北魏至隋时的墓内石堂或石棺床都是东汉墓上以石堂为代表的墓上建筑在地下的一种转化。统治者的汉化政策与现实建制的影响共同推动了墓内石堂的出现。史称"东园秘器"的石棺是上层统治者政治取向的直接体现,图像题材、线刻手法及布局构图都无一不循礼制,出于官方机构统一定制;而士大夫墓葬所出的石堂、石棺床则在继承东汉传统的基础上,个体之间体现出一定的差异性。[②] 作者敏锐地感受到了跨越时段、林林总总的丧葬物质遗存背后的礼制框架存在,并将从东汉石堂到北魏、北周的墓祭串成一个线索,再分析了这个线索中,从属于丧葬礼制的"东园秘器"和士大夫自己雕造的石棺床之间的差别,厘清了"物"的使用和配置在丧葬礼制中的分布,从分析范式上作出了重要推进。

在从属于乡里礼秩的葬俗中,有许多不处在原先王朝的凶礼规范内的东西,佛教的传入大大增加了这部分内容。吴桂兵对中古丧葬礼俗中的佛教因素作了系统的考古学研究,并分析其演进系谱。具体资料从汉、三国

————————

①   李梅田:《葬之以礼:魏晋南北朝丧葬礼俗与文化变迁》,上海:上海古籍出版社,2021年。

②   李嘉妍:《东汉至北朝的墓葬石堂研究——兼论"宁懋石室"的形制与性质》,《故宫博物院院刊》2022年第1期。

两晋的墓葬、摇钱树等,到高句丽和南北朝的壁画,乃至隋唐的佛寺、经幢和僧人墓葬,直到辽金墓葬中的佛教因素。[1]

以上是丧葬礼俗。"礼俗"还包括许多生活细节,坐姿就是其中一种。顾涛从《北齐校书图》中的坐姿出发,深入探讨了坐姿在魏晋南北朝时期的演变,从跪坐到垂足坐不仅反映了这一历史时期的习俗之变,还反映了礼教对之认可度的变化。从秦汉以前的"跪坐时代"到唐宋以后的"桌椅时代"转变的中间状态便是"踞坐"的出现,《北齐校书图》(宋摹本)中"一人坐胡床"的坐姿可为明证。然而在南朝刘宋时期,礼教主义者难以接受"蹲—箕踞—踞坐"的坐姿,认为不合礼制。但最终反映旧礼教的坐姿被淘汰。坐姿的演变所折射出的除了风俗之变,更有礼仪制度整体上的结构性变迁。[2]

以上研究成果说明中古乡里礼秩的内容其实比原先学者注意到的要多。"国家在场"的概念虽然目前较多见于明清社会史的研究,但把它运用于中古乡里礼秩考察将是可行的,因为"礼"是一个包罗极广的制度化体系,它在方方面面都是层级化的,乡里礼秩的很多方面体现的就是"国家在场"。虽然传世文献对于中古时期非国家的民间场合较少关注,但笔记小说、墓志、佛道典籍中仍然可以窥见非国家的民间社会的不少面相,其中从属于"礼"的部分将来还有待于继续展开。

六、结　语

本文对改革开放 40 年来中古礼学和礼制的研究作了总结。改革开放 40 多年以来,学者们冲破原先各种条条框框所造成的思想窠臼,礼学研究不再局限于先秦三礼经学的范围内,中古礼学开始受到重视。郑玄的三礼学、六朝的丧服学、唐贾公彦、王通的经学均开始进入学者的视野并出现了

---

① 吴桂兵:《中古丧葬礼俗中佛教因素演进的考古学研究》,北京:科学出版社,2019 年。
② 顾涛:《魏晋以降的礼俗与观念变迁——从〈北齐校书图〉中的坐姿说起》,《艺术学研究》2022 年第 4 期。

相关研究成果。但是,相对于中古礼学注疏唐人登峰造极的水平而言,目前的中古礼学研究只能说是刚刚起步。至于中古礼制研究,日本、中国台湾、西方学者的研究在选题、方法上曾对大陆学者的研究起了开拓视野的作用,目前庙堂的吉凶军宾嘉五礼研究,从文本重构到礼典实施均已展开,许多点上的事相开始一点点清晰,有些礼典发展的前后脉络开始明晰。此外从不同视角进行的礼制研究亦产生了许多成果,如冕服作为制度史表征的含义,宫殿、衙署、礼制建筑在整体"礼仪空间"中的观感和内涵蕴意。虽然这方面的研究范式尚在摸索中,但已初步开创了不同于以往的学术格局。从中古中期开始,礼制下移初现端倪,乡里礼秩初现,这方面已出现一些个案研究,但尚属于零星的研究。

中古礼制研究的整体不足是:庙堂礼典文本的撰作对"议礼"过程的运用细节考察尚浅,礼典展演的过程在研究中也未全方面复原,"礼制下移"这一课题未受到中古学者的充分重视,敦煌书仪、家庙制度、乡饮酒礼等的研究目前仍各自作为单点存在。这些方面存在的瓶颈将随着个案的积累、范式的更新逐步得到突破。总之,改革开放40年以来的中古礼学与礼制研究成果迭出,目前已形成一个新的学术研究领域,在将来,它将成为跟制度史、经济史、社会史的研究相得益彰的领域,更深刻地揭示古代统治技术和社会生活的真实,深入描绘古人日常生活的鲜活面相,这些均有待来者的努力,未来可期!

【本文原刊《文史哲》2020年第5期,收入本集又有大量增补
作者单位:中国社会科学院历史研究所】

编后记：谈《通典》的整本书阅读

顾　涛

　　2022 年秋，我新开了一门研究生课"《通典》研究"。为什么要开设这门课呢？主要是我有感于当今古代制度史研究的薄弱，像《通典》这样的制度史经典，在历史系的研究生心目中已畏如崇山峻岭，失却了攀登的心气。章太炎当年，"三通不过五百卷，一日看两卷，二百五十日可毕"（《历史之重要》，1933 年），那读书的劲头，我们今天的研究生难道就赶不上了吗？我们当今同样有很踏实、很刻苦的读书种子，主要是劲不往这个方向使了，我们已不觉得"三通"这样的书，有作为必读书的价值。这是章太炎那一代人与我们之间的坎。

　　中秋节后的 9 月 16 日，课程的第一堂课，当然是导引，是期许，是鼓励。下课后有一位同学当面给我提出质疑，他说当今学术界古代制度史研究的成果不可谓少呀，绝不是像我说的那样"薄弱""式微"之类的，并给我举出了不少实例。我被说服了，于是乎在第二次课上自我纠谬，说上周对古代制度史研究现状的界定，应当叫作制度史研究"对传统的偏离"。我之所谓"传统"，当然指的就是《通典》，放宽一些，还包括《通典》一路沿承下来的"三通""十通"之类的一批"大书"。

　　不想到了 11 月 5 日，在清华大学举办的"《通典》与中国制度史"学术工作坊上，吴丽娱教授作开场致辞，直截了当地说，《通典》等制度史史籍"目前用到往往只是检索，贯通性阅读、钻研减少"，"其结果是基础性的制度史研究少人问津，成了薄弱环节，甚至很少人开课"（参见本书第 11 页）。吴老师的感受，"少人问津"，"薄弱环节"，与我在 9 月 16 日第一堂课上所说的竟是如此的一致。

吴老师说《通典》如今只是用来检索,少有人愿意通读,我称之为《通典》的流于工具书化。之所以会流于工具书化,当然与《通典》200 卷的体量直接相关,而且内容覆盖到经济、人力资源、职官、礼乐、刑法、地理、边疆等国家治理的方方面面。从现代学科体系中训练出来的学者,学力所及往往只是其中的一隅,为了让效率最大化,当然希望能急速地从这部大书中调取出相关一节史料来,为己所利用。这是一种现代科学惯常使用的方法,即隔离法,将被研究的对象从一个庞杂的体系中隔离出来,进行单一的集中的观察、测量与分析。就像当年周予同对现代经学研究与前现代经学作出的区分,他说:"经是可以让国内最少数的学者去研究,好像医学者检查粪便,化学者化验尿素一样。"(《僵尸的出祟》,1926 年)采用检查、化验,方法固然已发生剧变,但比这更具釜底抽薪之效的,是"经"与"粪便""尿素"之类的一股脑儿被塞进试管,在化验师的显微镜下,变化成另一幅微观的结构图景。

方法论的变化,其背后实际上是一种视角的转变,观念的革命,新型问题意识的牵引。由此恍然大悟,我们所置身的,早已是一个历史学研究的新时代。让我们把目光投向吹响这个新时代号角的那一刻。时在 1902年,梁启超的《新史学》在日本的《新民丛报》刊发,这是向旧史学挥刀断水的一面大纛,从时间上说,较鲁滨逊(James H. Robinson)在大洋彼岸出版《新史学》(1912)还要早十年。今天,在我写下这篇编后记的同时,思想史家汪晖教授在清华园大礼堂主讲梁启超,我非常喜欢他的这一讲题:"见梁启超——于新旧二世界之界"。今年是梁启超诞辰 150 周年,清华是理应好好纪念梁启超的,更应倡导同学们阅读《饮冰室文集》,进入梁启超的思想与人生;传承梁启超的道德与文章。历史学的新、旧二世界,梁启超堪当分水岭。梁启超、鲁滨逊等一批学者所倡导的"新史学",成为席卷全球的一股滚滚向前的浪潮,身在这股潮流中的我们,如今已深谙于新史学的基本学术理念。当年向旧史学轰出的枪林弹雨,置身其中的我们似乎已日用而不觉。

新史学的三大基本学术理念，其一是史料的平等主义，即经史子集四部传世文献、出土新资料、各种稀见档案，等等，均不分彼此，更无所谓高下，统统纳入一个史料库容器，将依着新的一套标准别择。梁启超当年所瞄准的旧史学的流弊，一在"难读，浩如烟海，穷年莫殚"，二在"难别择……不能别择其某条有用、某条无用，徒枉费时日脑力"，三在"无感触，虽尽读全史，而曾无有足以激厉其爱国之心"。他打了好几个形象的比方来说明这几个问题，其中一个是说："人身者，合四十余种原质而成者也，合眼、耳、鼻、舌、手、足、脏腑、皮毛、筋络、骨节、血轮、精管而成者也。然使采集四十余种原质，作为眼、耳、鼻、舌、手、足、脏腑、皮毛、筋络、骨节、血轮、精管无一不备，若是者，可谓之人乎？"（《饮冰室文集之九》）从旧时代各种史料中所取得的四十余种原质俱备，只不过是一具尸体，就像上帝取地上的尘土照着自己的模样塑了一个人形，必须得朝他的鼻孔吹进一口气，这个人才有了灵魂，活了（《创世记》2.7）。新史学正是从旧时代的多种史籍中采集出了各种"原质"，而要注入其中的是一个新的灵魂。

其二就是注入的这个新的灵魂，是现代的新学科体系、新认识观念，从其来源上说也就是自觉借用了西方社会科学的概念与方法。我们且看梁启超当年给出的一个新史学重构的基本框架（《原拟中国通史目录》，《饮冰室专集之四十九》）：

（1）政治之部：民族篇、地理篇、阶级篇、政制组织篇、政权运用篇、法律篇、财政篇、军政篇、藩属篇、国际篇、清议及政党篇

（2）文化之部：语言文字篇、宗教篇、学术思想篇、文学篇、美术篇、音乐剧曲篇、图籍篇、教育篇

（3）社会及生计之部：家族篇、阶级篇、乡村都会篇、礼俗篇、城郭宫室篇、田制篇、农事篇、物产篇、虞衡篇、工业篇、商业篇、货币篇、物运篇

第一部分、第二部分借用西方的一些理论、观念、方法，但基本上还是贴着

古代史籍的大框架展开的,第三部分则完全代表了一种现代的、新型的研究路径。这种研究路径逐渐生根发芽,发展壮大,时至 20 世纪下半叶,"社会史,或者说新社会史、新史学的研究在历史学界似乎已经成为一种'显学',或被视为史学界的主流"(《陆震《关于社会史研究的学科对象诸问题》,1987 年)。用王先明的话说,叫作"社会学的概念、理论、方法、术语向历史学的'大迁徙'",在这其中,方法上一旦借用多了,历史学的属性就会冲淡,因此更多的借用是发生在概念、理论和术语上,也就是"社会化、社会集团、社会结构、社会分层、社会流动、社会控制、社会分化、社会功能等社会学的理论、概念、范畴被移植为历史学的概念和范畴"(《走向社会的历史学》,2010 年),从概念、理论、术语又拓展到研究范畴,比如人口史、婚姻史、家庭史、医疗史、生态史、灾荒史……由此,旧时代史料库中的史料,按照这样一套全新的逻辑与结构得以重组。

其三是自觉关注社会的普通人、底层人、边缘人。注重下层群众的社会活动,注重个体行为、生命体验、日常的衣食住行、所思所想,由此冲击了传统史学的精英主义、英雄人物史观。就像梁启超之所以关注墨学,正是因为在他看来墨子之道"秦汉以后士大夫信奉者盖鲜,而其统乃存于匹夫匹妇"(《墨子学案·自序》)。在《中国之武士道》(1904)中,梁启超固然列入了孔子、晏婴、伍子胥、赵武灵王、蔺相如、项羽这样的大人物,但绝大多数都是弘演、鬻拳、先轸、狼瞫、先縠、栾书、郤至这样的小人物,甚至还有一些是连姓名都没有留下的普通人、底层人,比如杞梁之母、北郭骚之友、邢蒯瞆之仆以及江上渔父、溧阳女子、田横宾客,等等。研究对象的转变,使得原来在大尺度下几乎被忽略的微观世界得到大幅彰显,历史学对古代社会认知的棱角与颗粒度更为饱满,原来被一张稀疏的网所删汰掉的历史真实浮出水面,大量隐蔽的光景、陌生的角落被历史研究者所聚焦。

以上史料、方法和研究对象上的结构性转变,共同造就了历史研究的主流话语体系。《通典》在这一话语体系中被界定为"百科全书",成为一个庞杂的史料库,研究者往往只为了从中攫取一鳞片爪,而这一鳞半爪又不甚符合显微镜的宽窄,还需进行大量的裁剪或拼接。当娴熟了显微镜的使用技术，司空见惯于这个新时代的"新"，没有通读过《通典》这样的书，又有什么值得大惊小怪呢？

然而，历史学的真谛在于反思，在于质疑。罗新教授曾说："历史本质上是一种论辩，是一种不同意，一种对已有论述的质疑、纠正、提升或抗争，是在过去的混沌中重新发现或发明关联、模式、意义与秩序。"（《有所不为的反叛者：批判、怀疑与想象力》）这个新时代经过不断的沉积与沙汰，正在逐渐进入旧历史的行列，反思与质疑的呼声早已如雨后春笋。诸如碎片化、枝叶化、猎奇化、壁垒化、画地为牢式、自我陶醉式、空洞玄谈式、吹毛求疵式、见树不见林等，学术界不乏鞭辟入里的棒喝。我认为可以一言以蔽之，即历史学研究进入了碎片化时代。碎片化时代的现实困境是全球共有的，"史学在经历了 2000 年的辉煌之后，其指引公众生活的古训几乎荡然无存"，用哈佛大学一位历史学家的话，叫作"史学莫名其妙地不再关乎历史"（Daniel L. Smail 语），由此造成对历史学科的巨大冲击："人文学科陷入重重危机，突出表现在修习历史的学生人数不断下降；行政人员和政治老板愈来愈多地要求院系展示其所谓'影响'；而院系内部对自身学科的价值却愈发地缺少自信，只好冷眼静观相邻学科的教室学生爆满、受人追捧、对公众发生更大的影响。"（Jo Guldi、David Armitage《历史学宣言》）用中国人熟悉的话语说，就是经世致用传统的巨量流失，历史学成为"躲进小楼"的一小部分人自娱自乐的游戏。

新史学的流弊已冲击到历史学的学科根基。

2019 年 1 月 3 日，中国历史研究院成立，习近平总书记致贺信，毫不含糊地指出，"历史研究是一切社会科学的基础"，历史研究工作者应"立时代之潮头，通古今之变化，发思想之先声"，应"充分发挥知古鉴今、资政育人作用"。1 月 7 日，清华大学历史系立即召开组织生活，请张国刚教授给教师们主讲中国历史学博大的经世致用传统，引发全系教师热烈讨论。当时，我刚刚拿到新鲜出炉的《汉唐礼制因革谱》样书，回想自己孜孜矻矻于此书十年，《通典·礼典》的 100 卷虽然翻览了上千次，却终究未能洞悉《通典》卷首所收杜佑《进通典表》中所说的"将施有政，用乂邦家"的宗旨。杜佑的好友李翰在《通典序》中更是直截了当地指出此书"事非经国礼法程制,亦所不录",其中所录均"缉熙王猷,至精至纯"者。一时间内心深受震动,将《通典》打碎为一地散钱,烛照、撷取、放大其中的某一局部,固然也能获得严可均般从《通典》中辑得 1329 条资料编入《全上古三代秦汉三国六朝文》的惊喜(据时永乐统计),也能如张一纯般从《通典》中获得一部唐代佚书——杜环《经行记》1511 字,并为之作出详细笺注的充盈,然而这终究离杜佑本人的宗旨相去远矣,离《通典》所开创的中国制度史传统相去远矣。

应当回到国家制度的大格局上,回到中国制度史的大脉络上,来接续中国历史学研究的深厚传统。时代已给历史学家提出了艰巨的任务,"中国特色社会主义制度和国家治理体系是以马克思主义为指导、植根中国大地、具有深厚中华文化根基",这个"植根"与"根基",不是靠显微镜的技术所能呈现出来的,微观与碎片浮现出来得再多,也无法拼接为一幅大开大合的全景图像。"一个国家选择什么样的国家制度和国家治理体系,是由这个国家的历史文化、社会性质、经济发展水平决定的。"(习近平《坚持和完善中国特色社会主义制度、推进国家治理体系和治理能力现代化》,2019年)制度史的研究应当跳脱出中国古代提供"原质",另借一套欧美学者从彼国历史文化、社会性质、经济发展水平的实践中所概括出来的理论,将两者抟合起来的研究模式。这"第二个结合"的研究深度,将直接影响到对中国特色社会主义制度的深入理解。我们的研究者需要在新史学的洪流中稳住脚跟,有定力,不跟风,不随波,回向中国制度史的主干体系,由微观走向宏观,出理论,出思想,做一番艰难困苦的开山工作。

这一番艰难困苦的开山工作,毫无疑问应当从《通典》的整本书阅读开启大门。整本书阅读,就不是"只为找材料,去杜佑《通典》里找,仅要拿人家的精心结撰来做自己的方便使用",而是千丝万缕地看制度的嵌合,一脉关注地看制度的流变。历史学家钱穆的识见是值得重视的:"一个政府之一切制度,当然是互相配合,有其会通的。不能说我只要研究赋税制度、经济制度,或者法律制度、兵队制度等,各个分别地研究。固然也可以分门别类地作各别的研究,然而其间是血脉贯通,呼吸相关的。""所以,我们研究制度,则必然是一种通学。一方面,每一制度,必前有所因,无可凭空特起,此须通古今。又一方面,每一制度,同时必与其他制度相通合一,始得成为某一时代、某一政府之某一制度。此须通彼此。"(《中国史学名著·杜佑〈通典〉(上)》)整本书阅读,宗旨即在读出《通典》之何以为"通"。即使如梁启超的《新史学》,虽一面推旧史学之病源,但另一面也不废古代史家有"创作之才者",杜佑《通典》即位居第二,在司马迁之后。杜佑之卓然创作,即在制度的间架中、制度的脉络里,这是需要入乎史料又出乎史料,在一出一入中见制度设计的纵横捭阖,见《通典》之何等体大思精。

于是我从 2020 年起开始独自进入《通典》的大山,一头思考杜佑的覃思精蕴,一头思考制度的沿革流变,期待与"第二个结合"在学理上顺利会师。2021 年申报"《通典》研究"新课,2022 年正式开课,首届的学生是令人欣喜、鼓舞人心的。因为是繁杂的文本与史料,就需要伏案、需要沉浸、需要坐冷板凳;因为要进入杜佑的思绪,就需要比较、需要灵感、需要激烈碰撞。我们每一次课,同学们都会做精心的准备,眼看着有同学为了下一周课程要讨论的一个段落,竟写出十万字的史料对读札记,眼看着同学们从对《通典》的敬而远之,一学期下来能提出自己的真知灼见。有时两个半小时的课,硬拖成了三个半小时,有时大家你一言、我一语争执不休,最终我还是决定与其左祖右祖,不如沉默不语,因为新知即在争论中酝酿、熔铸。感谢赵悦、商赛博、刘子正、陈宇航、圈丙红、梅笑寒、杜杰、邹晟、张子圆、杨克、郝悠扬、杜浩翰 12 位同学的全程参与。这部文集中,有好几篇即是这个课堂的产物。

借着课程的春风,我和同学们一起举办了第一期"《通典》与中国制度史"学术工作坊。非常荣幸,我们邀请到如下 18 位学者全程参与:

【嘉宾致辞】张国刚、吴丽娱

【第一场学术报告】主持人:任锋

(1) 刘明:日本宫内厅藏北宋本《通典》鉴识

(2) 杨英:宾嘉之间:《通典·礼典》对唐以前元会和朝聘礼的认识和编排

　　（3）侯旭东：青衣行酒亡天下？——"单于无北顾之怀，猃狁有南郊之祭"析论

　　（4）刘璐：出经入史：杜佑《通典》经学思想研究之缘起

　　【第二场学术报告】主持人：杨英

　　（5）范云飞：礼书乎？史志乎？——论《通典》礼议的文本来源与性质

　　（6）赵永磊：隋唐皇帝郊社祭礼再研究

　　（7）王铭：永为常式：唐代官僚葬给吉凶卤簿的制度化机制探讨

　　（8）李明真：封建与官僚之间：《宋书·礼志》所载朝服印绶制度中的多元身份

　　（9）赵悦：晋在汉唐之间：试论《通典》汉晋唐太庙制度之书写与杜佑意旨

　　（10）黄秋怡：情礼两得：唐初丧服改制背景下《通典·凶礼》情礼关系观察

　　【第三场学术报告】主持人：赵永磊

　　（11）沈蜜：制度是如何成为"典"的——《通典》与国家治理传统的典制逻辑

　　（12）孙正军：不属九州：杜佑岭南九州分野言说试析

　　（13）黄晓巍：化经为史：论郑樵《通志略》的生成

　　（14）许洪冲：乾隆帝与"续三通"的纂修

　　（15）顾涛：《通典·礼典》的结构与法源——以"郊天"为例

　　每一位学者都拿出自己新鲜出炉的研究成品，有的甚至是刚刚思考成熟的半成品，投身于这一天的头脑风暴。张国刚教授在我去邀请的当日，就一口答应要撰写一篇新的论文，果不其然，这篇首次披露于我们这次工作坊的论作，在三个月后即以《〈通典〉及其题外话》发表于《读书》2023年第2期。文章提出了"将礼治传统融化在法治实践中""是'中国式现代化'的内容之一"的重要学术命题。中国人民大学国际关系学院的任锋教授，对中国的礼治传统有着长期的思考，在2021年岁末，他和博士生沈蜜共同撰写的《制度为什么是通的——作为政书范例的〈通典〉与国家治理传统》甫

一发表，即引起学术界的关注。在他的指导下，沈蜜将系统探索《通典》与古代国家治理传统的另一篇成果公之于世。香港科技大学的青年学者刘璐，2017 年获得香港中文大学的博士学位，她的博士论文《杜佑〈通典〉经学思想研究》(何志华教授指导)是这些年海内外少有的关注《通典》宏观结构与思想脉络的佳作。提交工作坊的论文正是其博士论文的精华之处。我们对每一位学者的倾情付出，表示由衷的感谢。然而由于各种原因，好几篇会议论文未能收入到这部文集中，令人扼腕叹息。

这次学术工作坊，由于疫情的原因，没有提交论文的校外学者均无法来到线下会场，我们特意提供了线上旁听的通道。会后收到多方反馈，对工作坊的学术价值与学术水平给予了很高的评价，数位学者均表达了出版《通典》研究文集的期盼。我随即与凤凰出版社的总编辑吴葆勤先生取得联系，吴总对传统学术的赤诚是学术界有目共睹的，他在得知这一文集的学术意义后，随即组织选题申报，以惊人的"凤凰速度"推进各项流程，数日后即寄来了出版合同。出版社抚育学术的成长，更是新兴学科生长点的伯乐，我们对"凤凰"的鼎力支持铭记于心。

同在 2022 年，京都外国语大学的福原启郎教授发表了一篇有关《通典》的重要论文，他试图回答，1931 年 1 月 26 日内藤湖南受邀至皇宫为天皇进讲，主题何以确定为《唐杜佑及其著书》。作为顶级学者、著名汉学家的内藤先生，何以要在这么一个人生中最为珍视的场合讲这一主题？其目的一定是要"表彰久已湮没、不为后世学者所顾之杜佑之卓识，阐发其潜光"(见本书第 46 页)。第一眼见到这篇论文的标题，我就决定要设法引荐给中国学术界。当我们提出要翻译这篇新作，福原先生慨然允诺。必须赞赏韩前伟、范云飞两位青年学者的工作效率，与福原先生取得联系，合作翻译全文，由福原先生初审，彼此对校，再润色、修订，全文 3 万余字，经三个多月的努力已正式亮相于中国学术界。

内蒙古师范大学的雒晓辉先生，博士学位论文研究《节度使体制前唐王朝对北疆的经营与应对》(清华大学，2022 年，张国刚教授指导)，其中大量史料出自《通典》。我见他对唐代北疆史料之娴熟，冒昧邀请他集中探讨

《通典·边防典》相关史料的结构性问题,他一口允诺下来,借着兔年农历新年度假之机,开足了马力,年后即交付最新研究成果,令人感佩。

本文集确立"礼制与边疆"为主题,当然与所收论作覆盖的学术领域密切相关,但更是抓住了《通典》中受关注程度较为稀缺的《礼典》和《边防典》两大块。《食货典》已有校笺的专著,《职官典》《刑法典》也因与其他文献差异度大而容不得学者们忽视。《礼典》和《边防典》则备受当今学者非议,如今收入的 10 篇论作,可以视作开掘这两大块的先锋队。杨英研究员曾对汉唐之际礼学与礼制的已有研究做过一番系统的回顾,此番又费去近一个月的时间,做了详细的增补,可为《礼典》研究作后备。遗憾的是,汉唐边疆的学术史回顾,梳理得还不够扎实、不够充分。

更要指出的是,礼制与边疆,分别代表着国家制度的内、外两端,礼制形塑着国家制度的身段,食货、选举等乃其精血,边疆则构成制度的末梢,定义制度的边界,同样也能吸纳新鲜的外来滋养,冲破体内的痼疾。早在秦缪公称霸西戎之际,戎人由余就已深刻揭示出中原"以诗书礼乐法度为政"自有难以自洽的深弊。秦正是吸纳了戎夷之制的优势,遂能称霸西戎,奠定日后秦始皇一统中国的政治根基。自汉以来,周礼之雍容、秦制之剽悍,交织而互补,共同构成中国的文与武,这或许是中国制度史保持了长久生命力的动力之源。礼制史研究者与边疆史研究者,合则可谓之"通"。

最后,要感谢清华大学历史系杨克同学担任本文集的编校助理工作,为推进各项流程付出了大量的心血。

2023 年 9 月 11 日,一校样改毕,识于清华人文楼